W. Axel Zehrfeld, Ingrid Voigt Hg.

Ressourceneffizienz

W. Axel Zehrfeld, Ingrid Voigt Hg.

Ressourceneffizienz

Der Innovationstreiber von morgen

Band II der Reihe „Mittelstand im Fokus"

Frankfurter Allgemeine Buch

Bibliografische Informationen der Deutschen Nationalbibliothek
Die Deutsche Nationalbibliothek verzeichnet diese Publikation
in der Deutschen Nationalbibliografie; detaillierte bibliografische
Daten sind im Internet über http://dnb.ddb.de abrufbar.

W. Axel Zehrfeld, Ingrid Voigt Hg.

Ressourceneffizienz

Der Innovationstreiber von morgen

Frankfurter Societäts-Medien GmbH
Frankenallee 71 – 81
60327 Frankfurt am Main
Geschäftsführung: Hans Homrighausen

Frankfurt am Main 2013

ISBN: 978-3-89981-305-0

Frankfurter Allgemeine Buch

Copyright	Frankfurter Societäts-Medien GmbH
	Frankenallee 71 – 81
	60327 Frankfurt am Main
Redaktion:	Bruno Pusch
Umschlag:	Anja Desch, F.A.Z.-Institut für Management-, Markt- und Medieninformationen GmbH, 60326 Frankfurt am Main
Satz innen:	Uwe Adam, Adam-Grafik, 63579 Freigericht
Titelbild:	© Photocase/MaReykä
Druck:	CPI Moravia Books s.r.o., Brněnská 1024, CZ-691 23 Pohořelice

Alle Rechte, auch des auszugsweisen Nachdrucks, vorbehalten.

Printed in Germany

Inhalt

Vorwort   9

Ressourceneffizient produzieren   12
Reimund Neugebauer

Ressourceneffizienz – Situation und Handlungsfelder   25
Andreas Blaeser-Benfer, Kai Morgenstern
und Alexander Sonntag

I Betriebliche Lösungsansätze und -strategien

Mit Ressourceneffizienz Kosten reduzieren   46

Materialeffizienz konkret!   47
Andreas Blaeser-Benfer und Alexander Sonntag

Energieeffizienz konkret!   70
Mark Junge

Energieeffiziente Prozesse   80
Jörg Haupt

Die „Schatztruhe"   87
Wolfgang Wrobel

Neue Impulse für rohstoffoptimierte
Hochtemperaturwerkstoffe „made in Germany"   97
Daniel Cölle

Ressourceneffiziente Lösung bei einem
Automobilzulieferunternehmen   107
Wolfgang Hentschel

Ressourceneffizienz bei der Produktion von Spezialgläsern   114
Ralf Reiter

Fazit – Mit Ressourceneffizienz Kosten reduzieren 121
Andreas Blaeser-Benfer

Mit Ressourceneffizienz Zukunftsmärkte erschließen 126

Ressourceneffiziente Produkte und Technologien: 127
Wachstumsmärkte bieten Chancen für deutsche
Unternehmen
Torsten Henzelmann

Flusskraftwerke – Eine Zukunftstechnik mit Vergangenheit 141
Mario Spiewack

Ein Werkstoff mit Nachhaltigkeit 153
Norbert Eisenreich

Unsere Straßen – ein gigantisches Rohstoffreservoir 165
Gerhard Riebesehl

Entwicklung eines lösemittelfreien Beschichtungssystems 174
für Rotorblätter
Thomas Nopper

Ein Unternehmen wächst mit dem Fokus auf Energieeffizienz 181
Ulrich Lang

Fazit – Mit Ressourceneffizienz Zukunftsmärkte erschließen 192
Heiner Depner und Tim Vollborth

Mit Ressourceneffizienz neue Geschäftsmodelle entwickeln 197

Mit Ressourceneffizienz nachhaltige Geschäftsmodelle 198
entwickeln
Michael Stephan und Martin J. Schneider

Nachhaltiges Veranstaltungsmanagement – 217
Tage(n) ohne Verschwendung
Cornelia Wiemeyer

Möbelmieten macht Mobilität nachhaltig 225
Daniel Ishikawa

Ein nachhaltiges Geschäftsmodell mit Spannung, Spaß und Spiel Sebastian Fleiter und Vanessa Pegel	230
Schlummernde Ressourcen in der Gesellschaft Michael Minis	236
Wie man mit Ressourceneffizienz ein nachhaltiges Geschäftsmodell entwickelt Gottlieb Hupfer und Jutta Quaiser	244
Fazit – Mit Ressourceneffizienz neue Geschäftsmodelle entwickeln Elisabeth Trillig	255

Mit Ressourceneffizienz Zugang zu Rohstoffen sichern	259
Das Rohstoffpotential durch Urban Mining Sabine Flamme, Julia Geiping und Peter Krämer	260
Ressourcennutzung, Langlebigkeit und Effizienz Nuna Hausmann und Daniel Kerber	280
Das Unternehmen und die Unternehmung Stefan Hölldobler	290
Innovative Produkte mit Umweltbonus Babak Norooz	299
Stoffliche Verwertung moderner Batteriesysteme Reiner Weyhe	303
Erfolgreich durch Kreislaufführung Gerd Timmer und Jan Timmer	308
Effizient dank Wiederverwendung Dirk Steiger	315
Fazit – Mit Ressourceneffizienz Zugang zu Rohstoffen sichern Alexander Sonntag	320

II Fazit und Ausblick

Mit „grünen Innovationen" zum Markterfolg Jens Clausen und Klaus Fichter	324
Innovationsförderung für Ressourceneffizienz Hans-Dieter Belter	332
Fazit und Ausblick Ingrid Voigt	337

Die Autoren   348

Vorwort

> *„Erfolg hat nur, wer etwas tut, während er auf den Erfolg wartet."*
> Thomas Alva Edison (1847 – 1931)

Das Rationalisierungs- und Innovationszentrum der Deutschen Wirtschaft e. V. – Kompetenzzentrum (kurz: RKW Kompetenzzentrum) beschäftigt sich mit den Themen, die den Mittelstand bewegen. Die drei Themenfelder „Fachkräfte", „Innovation" und „Gründung" bilden dabei die inhaltlichen Schwerpunkte.

Der vorliegende zweite Band unserer Reihe „Mittelstand im Fokus" widmet sich im Rahmen des Themenfeldes Innovation der Ressourceneffizienz. Lassen Sie uns erklären, warum wir dieses Thema gewählt haben. Der Buchuntertitel „Der Innovationstreiber von morgen" liefert dafür eine erste Begründung: Es geht um die wirtschaftliche Zukunftsfähigkeit Deutschlands im Allgemeinen und des deutschen Mittelstands im Besonderen. Gerade kleine und mittlere Unternehmen (KMU) müssen sich nicht nur den Folgen des demografischen Wandels stellen, wie wir es im ersten Band thematisierten, sondern auch im Wettbewerb um Ideen spezifische Herausforderungen bewältigen – und zwar besser gestern als heute. Bei der Ressourceneffizienz nun handelt es sich unbestritten um ein aktuelles Kernthema aus dem Bereich Produktivität – verknüpft mit der zu bestehenden Aufgabe für viele produzierende und verarbeitende Unternehmen, der Ressourcenverknappung und -verteuerung Herr zu werden, um wettbewerbsfähig zu bleiben. Der Zusammenhang ist dabei naheliegend: Wer als Unternehmen Einsparungen bei Material- und Energiekosten bewerkstelligen kann, muss weniger über zu reduzierende Personalkosten nachdenken und hat allgemein weniger auf der Kostenseite zu verbuchen – was mehr Spielraum auch in schlechten Zeiten schafft, wenn es um das Überleben gehen sollte.

Ressourceneffizienz besitzt jedoch auch eine zweite, sozioökologische Dimension. Wir alle stehen vor der Aufgabe, den nachkommenden Generationen eine möglichst intakte Umwelt zu hinterlassen. Das schaffen wir Menschen nur, wenn wir verantwortungsvoll und ökologisch sinnvoll mit ihr umgehen. Raubbau und rücksichtslose Ausbeute der Natur und ihrer natürlichen Rohstoffe – über diese Tatsache muss man sich im Klaren sein – fallen auf uns alle zurück, treffen aber zunächst die Unternehmen.

Stellen Sie sich produzierende Unternehmen der Hochtechnologie vor, die plötzlich keine Möglichkeiten mehr haben, an die elementaren Seltenen Erden zu gelangen, weil sie im wahrsten Sinne des Wortes „zu selten" oder zu teuer geworden sind. Oder malen Sie sich ein Unternehmen aus, dessen Produktion aufgrund der immens steigenden Energiepreise ein Fass ohne Boden darstellt, weil kein wirtschaftlich rentabler Betrieb mehr realisierbar ist. Schonen wir die Umwelt, begegnen wir aktiv der drohenden Ressourcenverknappung, so tun wir etwas für uns, für unsere Unternehmen und für kommende Generationen.

Haben Sie sich bis hierher gefragt, wo die Verbindung besteht zwischen der Ressourceneffizienz zum einen und dem Thema Innovation zum anderen? Tatsächlich sind die vielfältigen Ressourceneffizienzmaßnahmen eng mit Innovationsprojekten verknüpft, denn sie sind selbst Gegenstand, aber auch Treiber von Innovationsvorhaben. Damit schließt sich auch der eingangs umrissene Kreis: Wer als Unternehmen wettbewerbs- und zukunftsfähig bleiben will, der muss auch innovativ bleiben. Wer innovativ bleiben will, muss Wege suchen, seine Produkte besser, die Herstellungsverfahren effizienter zu machen und die Kosten zu senken. Mit Maßnahmen zur Material- und Energieeffizienz bietet sich eine ungeahnte Fülle an Potentialen, die gerade KMU nutzen können und müssen, um auch in Zukunft die tragende Säule der deutschen Wirtschaft zu sein und im internationalen Wettbewerb zu bestehen.

Das RKW Kompetenzzentrum und die RKW-Landesorganisationen haben Erfahrung im Umgang mit dem Themenkomplex Material- und Energieeffizienz – sei es durch die „Energieeffizienz Impulsgespräche" deutschlandweit oder aber abgeschlossene und aktuelle Projekte im Hause und in den Landesverbänden. In diesem Band werden Ihnen daher sowohl Experten aus dem RKW als auch fachlich kundige Gastautoren begegnen, die zusammen mit den anschaulichen Unternehmensbeispielen einen tiefer gehenden Überblick über Wege und Möglichkeiten, aber auch Denkanstöße und Anregungen zum Thema Ressourceneffizienz geben.

In diesem Sinne wünschen wir Ihnen eine gewinnbringende Lektüre. Wir würden uns sehr freuen, wenn Sie sich eingehend mit den Beiträgen beschäftigen – und mit uns darüber sprechen! Sagen Sie uns Ihre Meinung, schildern Sie uns Ihre Sichtweise, Ihre Fortschritte, Ihre

Problemfelder im Zusammenhang mit Ressourceneffizienz. Nur im Dialog ist es uns möglich, unsere fachliche Arbeit an Ihrer täglichen Praxis, Ihren Bedarfen zu orientieren und stetig zu verbessern.

Viel Vergnügen und Mehrwert beim Lesen wünschen Ihnen

Ihr
W. Axel Zehrfeld

Ihre
Ingrid Voigt

Ressourceneffizient produzieren

Reimund Neugebauer

Problemstellung Ressourceneffizienz

Unser Umgang mit wertvollen Ressourcen ist sehr verschwenderisch. Das können wir uns nicht mehr lange leisten. Rohstoff- und Energiekosten steigen kontinuierlich. Nur diejenigen Unternehmen werden zukünftig erfolgreich sein, die Materialien und Energie effizient nutzen.

Aktuell gibt es 7 Milliarden Menschen auf unserem Planeten. Bis 2050 ist mit einem Anstieg um weitere 2 Milliarden Menschen auf dann 9 Milliarden zu rechnen. Und auch die Weltwirtschaft steht nicht still. Sie vervierfacht sich laut OECD bis dahin. Bleibt dieser Trend ungebrochen, dann verbrauchen wir alle zusammen im Jahr 2050 jährlich 140 Milliarden Tonnen Mineralien, Erze, fossile Brennstoffe und Biomasse – dreimal so viel wie heute. Engpässe und drastische Preiserhöhungen gibt es allerdings schon heute.

Deutschland ist eines der erfolgreichsten Industrieländer der Welt. Das hat das Institut der deutschen Wirtschaft Köln in der aktuellen Studie „Die Messung der industriellen Standortqualität in Deutschland" gezeigt. Viele Länder haben in der Vergangenheit vor allem die Dienstleistungs- und Finanzindustrie ausgebaut. Die Bundesrepublik dagegen hat die Produktion hochwertiger Güter und Anlagen nicht zurückgeschraubt. Der Anteil der Industrie an der Wertschöpfung stieg zuletzt sogar – auf 23 Prozent im Jahr 2011. Zum Vergleich: Italien hat einen Industrieanteil von 16 Prozent, Spanien von 13 Prozent und Großbritannien und Frankreich von sogar nur 10 Prozent.

Deutschland ist vor allem wegen seiner Industrie wirtschaftlich so stark. Das bedeutet aber gleichzeitig eine große Herausforderung, denn Deutschland ist rohstoffarm: Wichtige Ressourcen wie Aluminium, Eisen, Kupfer, Nickel, Zink, Erdöl, Erdgas, Seltene Erden, Gold oder Platin sind bei uns nicht in ausreichender Menge vorhanden. Gleichzeitig verzeichneten Rohstoffe in den vergangenen Jahren einen deutlichen Preisanstieg. Verantwortlich dafür sind in erster Linie die boomenden Schwellenländer – vor allem die BRIC-Staaten Brasilien, Russland, Indien und China. Diese benötigen enorme Mengen an Material und Energie. Aber auch die Europäische Union hat wieder Gefallen gefunden an der „Old Economy". Bis 2020 soll jedes EU-Land seinen Industrieanteil auf 20 Prozent des Bruttoinlandsprodukts steigern. Außerdem muss künftig eine wachsende Weltbevölkerung mit den knappen Ressourcen auskommen. Das sorgt bereits heute für Versorgungsengpässe, Preissprünge und Verteilungskämpfe.

Eine Untersuchung der EU-Kommission hat gezeigt, dass wir rasch handeln müssen. Schon jetzt sind 14 der von der Industrie stark nachgefragten Rohstoffe schwer verfügbar. Beispiele sind Kobalt, das in Lithium-Ionen-Akkus zum Einsatz kommt, Germanium, nötig für die Produktion von Glasfaserkabeln und Infrarotsensoren, sowie Tantal für Mobiltelefone. Prognosen zufolge wird die Nachfrage nach diesen Rohstoffen bis 2030 um den Faktor drei steigen. Konsequentes Recycling ist daher unabdingbar.

Die deutsche und europäische produzierende Wirtschaft leidet bereits jetzt darunter. Gerade Produktionsprozesse hängen stark von den verfügbaren Ressourcen und deren Preisen ab. Material- und Energiekosten vieler Industrien sind schon längst wesentlich für den Preis des Endprodukts verantwortlich. In jedem Fall übersteigen sie deutlich die Kosten der Arbeit. Ein Beispiel: Im verarbeitenden Gewerbe macht der Materialverbrauch mehr als 43 Prozent der Herstellungskosten aus. Die Personalkosten belaufen sich dagegen nur auf 20,5 Prozent. In materialintensiven Branchen wie der Metallerzeugung und -bearbeitung oder der Automobilindustrie ist der Anteil des Materialeinsatzes am Bruttoproduktionswert sogar deutlich höher als 50 Prozent. Ließe sich der Rohstoffeinsatz um nur 7 Prozent reduzieren, könnte man pro Jahr 48 Milliarden Euro einsparen. Weniger Energie- und Rohstoffverbrauch wird in Zukunft also zum entscheidenden Wettbewerbsfaktor. Nur durch Ressourceneffizienz kann es der produzierenden Industrie gelingen, der Kostenspirale zu entkommen. Und der Druck, sich anzupassen, wächst Tag für Tag.

Ressourcensituation entschärfen durch effizienzsteigernde Innovationen

Verfügbare Quellen besser ausnutzen

Um dauerhaft wettbewerbsfähig zu bleiben und unsere Rolle als Technologieführer zu halten, müssen wir unsere Abhängigkeit von unsicheren Rohstoffquellen reduzieren und die in der Produktion eingesetzten Materialien besser nutzen. Effizienzsteigernde Innovationen werden immer bedeutender, um international nachhaltig wettbewerbsfähig zu bleiben. Im Prinzip gibt es zwei Möglichkeiten, die Situation zu entschärfen: entweder neue Ressourcenquellen zu erschließen oder die zur Verfügung stehenden Ressourcen noch besser zu nutzen. Für Letzteres steht Ressourceneffizienz: Sie bedeutet, die bei der industriellen Herstellung benötigten Rohstoffe optimal einzusetzen – bei gleichzeitig höchster Energieeffizienz. Das macht uns nicht nur weniger abhängig von Ressourcen, sondern ermöglicht auch Spielräume für neue Produkte und die Ausweitung der Produktion.

Der Erdölpreis hatte in den vergangenen Monaten wieder einen rasanten Anstieg zu verzeichnen. Verantwortlich dafür sind mehrere Faktoren. Dazu gehören sicherlich die politisch unsichere Lage in einigen Lieferländern, die Eurokrise und der große Energiehunger der Schwellenländer. Um unsere Abhängigkeit von konventionellen Energieträgern wie Erdöl, Kohle oder Erdgas zu verringern, müssen wir die Nutzung erneuerbarer Energien weiter vorantreiben. Schrittweise kann so auch der nukleare Anteil im Energiemix zurückgefahren werden. Gelingen kann die Energiewende aber nur, wenn wir die vorhandene Energie deutlich effizienter nutzen. Insbesondere beim Energieverbrauch und beim Rohstoffeinsatz gibt es große Einsparpotentiale. Am meisten könnten wir bei Gebäuden, der industriellen Produktion und im Verkehr optimieren.

Die EU hat die Bedeutung der Effizienztechnologien erkannt und will bis 2020 den Energieverbrauch um 20 Prozent senken. Seit Dezember 2012 gelten die von den Mitgliedstaaten vereinbarten Richtlinien, die zum Beispiel vorsehen, dass Energieunternehmen jährlich 1,5 Prozent Energie einsparen müssen. Gleichzeitig versieht Deutschland seine großzügigen Energie- und Steuersätze für Unternehmen mit hohem Energieverbrauch mit Vorgaben: Erleichterungen werden nur dann eingeräumt, wenn die Firmen Energiesparmaßnahmen einführen. Und ab 2013 gibt es nur dann günstigere Sätze, wenn der unternehmenseigene Stromverbrauch über ein Energiemanagementsystem ausgewiesen wird.

Auch der verstärkte Umwelt- und Klimaschutz setzt die produzierende Industrie zunehmend unter Druck. Neben den CO_2-Emissionen müssen auch alle anderen Einträge in Luft, Wasser und Boden verringert werden. Der globale Trend zu „grünen" Produkten ist ungebrochen. Umweltzeichen und Energielabel bestimmen immer mehr das Kaufverhalten der Menschen. Beispiele sind der „Blaue Engel", übrigens das weltweit erste Umweltzeichen, der Energiepass für Häuser, das Energielabel für Elektrogeräte oder das ebenfalls nach Effizienzklassen aufgebaute PKW-Label.

Noch müssen wir viel lernen, um Effizienzpotentiale noch besser auszunutzen. Aber es lohnt sich, weiter zu forschen. Denn die Nachfrage nach Energie- und Rohstoffeffizienz nimmt stetig zu. Unternehmen müssen die verfügbaren Ressourcen optimal einsetzen, um auch in Zukunft wettbewerbsfähig zu bleiben. In Deutschland können außer den Maschinenbauern und Anlagenherstellern auch zahlreiche andere Branchen von einem Mehr an Effizienz profitieren.

Und diese Vision endet nicht an den Toren der Fabrikhallen. Uns muss es gelingen, die Fabriken wieder in die Städte zurückzuholen, nah an die Wohnviertel der Beschäftigten. Voraussetzung dafür sind leise, emissionsarme und saubere Produktionsstätten. Unterschiedlichste Pilotprojekte haben bereits den Beweis erbracht, dass dies möglich ist. Die ressourceneffiziente Produktion ist daher in der Lage, einen großen Beitrag für die Zukunft des Produktionsstandorts Deutschland zu leisten.

Erschließung neuer Quellen

Für mehr Ressourceneffizienz müssen wir aber nicht nur verfügbare Quellen besser ausnutzen, sondern auch neue Quellen erschließen. Zum Beispiel, indem biologische Kreisläufe genutzt und nachwachsende Rohstoffe eingesetzt werden – wie zum Beispiel am Fraunhofer-Zentrum für Chemisch-Biotechnologische Prozesse CBP in Leuna. Die Forscher dort haben einen Weg gefunden, statt Erdöl Holz zur Herstellung von Kunststoffen und Chemikalien zu verwenden. Zusammen mit zwölf Partnern aus Industrie und Forschungseinrichtungen ist in Leuna eine Anlage entstanden, die Holzabfälle in Lignin und Zellulose auftrennt. Bei diesem Verfahren lassen sich 80 bis 90 Prozent des Holzes stofflich nutzen. Lediglich ein Beispiel von vielen:

Denn auch aus anderen nachwachsenden Rohstoffen können bislang erdölbasierte Produkte hergestellt werden.

Wege zur Ressourceneffizienz

Um Energie und Rohstoffe effizienter zu nutzen, sind mehrere Wege denkbar: Wir können entweder weniger Rohstoffe pro Produkteinheit verbrauchen oder Produkte länger gebrauchen. Gleichzeitig müssen wir Herstellungsprozesse und Produktdesign überdenken. Im Vordergrund muss ein schonender Umgang mit den Ressourcen, ein effizienter Verbrauch von Energie und die Fähigkeit zur Wiederverwertung stehen. Wichtig ist, immer den kompletten Lebenszyklus eines Produkts im Blick zu haben. Auch wenn häufig bei der Nutzung am meisten Energie verbraucht wird, dürfen auch die Gewinnung der Rohstoffe und das Recycling nicht außer Acht gelassen werden.

Was macht Fraunhofer?

„Fabrik der Zukunft"

Traditionelle Zielgrößen in der Produktion sind „Zeit", „Kosten" und „Qualität". Neu hinzugekommen sind heute ökologische Ziele wie Energie- und Materialeffizienz oder niedrige CO_2-Emissionen. Sie bilden den Grundstein für verantwortungsbewusstes, nachhaltiges Produzieren. Oft vergessen wird beim Thema Nachhaltigkeit jedoch den Menschen – die wichtigste Ressource, die unser rohstoffarmes Land hat. Um für die Zukunft gewappnet zu sein, müssen wir auf den demografischen Wandel reagieren. Nachwuchsmangel und späterer Renteneintritt sorgen für immer älter werdende Belegschaften. Themen wie Gesundheitsschutz oder Ergonomie bekommen immer mehr Bedeutung und beeinflussen verstärkt die Gestaltung von Arbeitsprozessen und Arbeitsplätzen. Ziel muss es sein, den Mitarbeitern möglichst lange ein adäquates Arbeitsumfeld zu bieten. Eine große Herausforderung, denn nur leistungsfähige Mitarbeiter sind in der Lage, Qualität und Produktivität in der Fertigung hoch zu halten.

Unsere Fabriken müssen daher zukünftig auf den drei Säulen Effizienz, Emissionsneutralität und Ergonomie aufbauen. Das kann nur gelingen mit hocheffizienten Produktionsstätten. Und dafür sind technische Weiterentwicklungen und langfristige Investitionen erforderlich. Doch die Anstrengung wird sich auszahlen: Diejenigen

Unternehmen, die bereits heute Kosten durch mehr Effizienz einsparen, werden diesen Vorteil zukünftig noch weiter ausbauen können.

Das Potential von Effizienzsteigerungen für Unternehmen ist groß. Das haben mehrere Studien von Fraunhofer gezeigt. Laut dem Papier „Energieeffizienz in der Produktion" sind in der industriellen Fertigung in mittlerer Frist bis zu 30 Prozent weniger Energieverbrauch möglich. Absolut gesehen liegen die Einsparungen allein bei den hier untersuchten Produktklassen nahezu bei der Hälfte des privaten Stromverbrauchs oder der Leistung von insgesamt vier Kraftwerken mit je 1,4 Gigawatt Leistung. Das Beratungsunternehmen Roland Berger hat indes gezeigt, dass bei stromintensiven Industrien der Verbrauch von Energie halbiert werden kann, wenn neue Technologien eingesetzt werden.

Diese Potentiale gilt es systematisch zu heben. Zu diesem Zweck haben wir das Fraunhofer-Institut für Werkzeugmaschinen und Umformtechnik IWU zum führenden Forschungsstandort für das ressourceneffiziente Produzieren aufgebaut. In Chemnitz und Dresden konzentrieren wir uns insbesondere auf intelligente Produktionsanlagen und Technologien zur Herstellung von Karosserie- und Powertrain-Komponenten. Gleichzeitig optimieren wir die damit verbundenen umformenden und spanenden Fertigungsprozesse.

Unser Leuchtturmprojekt ist die Innovationsallianz „Green Carbody Technologies". Hier kooperieren mehr als 65 Unternehmen in Deutschland mit dem Ziel, bis zu 50 Prozent Energie bei der Karosseriefertigung einzusparen. Dabei koordiniert Fraunhofer zusammen mit Volkswagen den Austausch und das Netzwerk von Automobilherstellern, Ausrüstern und Zulieferern. Besonderes Augenmerk gilt dabei der Energieeffizienz und dem Materialausnutzungsgrad. Beide Größen sollen über die gesamte Prozesskette hinweg optimiert werden – angefangen beim Blechhalbzeug über Werkzeugbau, Presswerk und Karosseriebau bis hin zur Lackierung.

Das IWU wird mehr und mehr zur Forschungsfabrik. Drei Produktionslinien sind bereits im Rohbau und die Forscher entwickeln und simulieren bereits in der virtuellen Realität. Diese Ergebnisse werden dann im nächsten Jahr im realen Betrieb der Forschungsfabrik „Ressourceneffiziente Produktion" umgesetzt. Diese zeichnet sich unter anderem durch energieautarke Produktionsabläufe aus. Denn in der Fabrik der Zukunft soll die Produktion im Notfall auch ohne externe Energieversorgung laufen und sensible Abläufe sicher mit Energie versorgt werden.

Die Strategie zur Umsetzung der Forschungsfabrik besteht aus drei Stufen. Die erste Stufe optimiert den Wirkungsgrad der Fertigung, die zweite kreiert optimale Kreisläufe von Material, Energie und Information und die dritte Stufe stellt regenerative Energien zur Verfügung.

Mit Hilfe neuer Produktionsverfahren kann in der ersten Stufe aus weniger Werkstoffen mehr gefertigt werden. Zum Beispiel, indem man spanende Produktionsmethoden durch Umformprozesse ersetzt. Das spart Material, Energie und Zeit: Beim Kaltwalzen von Laufverzahnungen für Getriebe reduziert sich der Materialeinsatz so bis zu einem Drittel und die Herstellungszeit um die Hälfte. Gleichzeitig geht der Energieverbrauch bei der Verarbeitung von einem Kilogramm Fertigteile um ein Drittel zurück. Sehr effizient ist auch das Innenhochdruckumformen: Hydrostatischer Druck presst hier Metall in Form. Das Gewicht einer so hergestellten Hohlwelle ist um 30 Prozent geringer.

Statt zu sie stanzen, fertigt beispielsweise das Unternehmen Freudenberg Dichtungsringe aus Blech in einer Kombination aus Umformen und Schweißen. Das Schmalband-Umform-Laserschweißen, kurz SUL, sorgt dafür, dass durchschnittlich 73 Prozent weniger Material eingesetzt werden müssen. Stanzabfälle fallen nicht mehr an. 1.800 Tonnen Stahl und etwa 2.700 Tonnen CO_2-Emissionen spart eine einzige Anlage dieser Art pro Jahr.

Laserbasierte Verfahren sind deutlich weniger materialintensiv als die galvanische Fertigung. Letztere wird beispielsweise bei der Herstellung von Goldkontakten für Tasten in Laptops, Handys oder Autos eingesetzt: Das Gold wird galvanisch auf die gesamte Fläche aufgetragen. Mit einem Laser ist das nicht mehr nötig. Anstelle der Schichten reichen winzige aufgeschweißte Goldpunkte aus. Dadurch sind Goldeinsparungen von bis zu 90 Prozent möglich. Forscher des Fraunhofer-Instituts für Lasertechnik ILT in Aachen haben diese Methode entwickelt.

Ressourcen lassen sich auch mit Hilfe von Informations- und Kommunikationstechniken einsparen. Zum Beispiel durch eine Software, die hilft, Material und Raum optimal auszunutzen. Konzipiert wurde diese von Experten des Fraunhofer-Instituts für Algorithmen und Wissenschaftliches Rechnen SCAI in Sankt Augustin. Insgesamt setzen weltweit bereits mehr als 7.000 Unternehmen auf diese Lösung. Zu den bekanntesten Anwendungen gehören AutoNester (automatische optimierte Anordnung von Schnittbildern auf Textilien, Leder, Blechen und Holz) und PackAssistant (optimierte Verpackung von

Bauteilen in Behälter). Die Software ermöglicht es, Materialien wie Metall, Holz oder Lederhäute beim Zuschneiden um 30 Prozent besser auszunutzen.

Die generative Produktion schont das eingesetzte Material in besonderer Weise. Die Produkte werden dabei direkt aus den Konstruktionsdaten aus einzelnen Pulverschichten geformt. Spezielle Werkzeuge und Vorlagen sind nicht notwendig. Abfall entsteht im Prinzip kaum. Man kann das überschüssige Pulver einfach wiederverwenden. Um das „Additive Manufacturing" einsatzbereit für die Industrie zu machen, entwickelt die Fraunhofer-Allianz Generative Fertigung neue Werkstoffe und Verfahren.

Wir können den Wirkungsgrad in der Produktion auch erhöhen, indem wir unsere Werkzeugmaschinen so gestalten, dass sie weniger Energie verbrauchen – zum Beispiel durch Leichtbau und Bionik. Große Aufmerksamkeit gilt dabei der Bewegungsbionik. Denn es ist vor allem die Bewegung, für die Energie benötigt wird. Ein Vorbild können biologische Lösungen aus der Tierwelt sein: Ähnlich wie der kleine, mobile Specht einen Baum traktiert, werden jetzt große Papierwalzen von einer kleinen, mobilen Schleifmaschine bearbeitet, die direkt an der Walze montiert ist. Das spart Kosten und Energie in hohem Maße. Denn zuvor war dieser Prozess wesentlich umständlicher: Die riesige Walze musste ausgebaut, zu einer noch größeren Schleifmaschine gebracht, instand gesetzt, zurücktransportiert und wieder eingebaut werden.

Ein weiteres Prinzip aus der Natur, dass wir nutzen können, ist das Überlagern von niedrig- und hochdynamischen Bewegungen – bekannt von der „schreibenden Hand". Als Bewegungsprinzip für spanende Werkzeugmaschinen kommt es am IWU in einer Scherenkinematik zum Einsatz. Damit gelang es, den Energieverbrauch der Maschine bei der Produktion von ersten Teststücken um rund 20 Prozent zu senken.

Das Potential für den Leichtbau steigt mit der Dynamik der Maschinen und ist insbesondere bei häufigen Beschleunigungszyklen hoch. Wer bionisch konstruiert, der kann Bauteile erheblich leichter gestalten. Wollen wir den Energiebedarf unserer Produktionstechnik signifikant senken, kommen wir am Leichtbau der eingesetzten bewegten Teile nicht vorbei.

In der zweiten Stufe müssen die Energieflüsse in der Fabrik analysiert und durch geeignete Kreisläufe optimal verwertet werden. Insbesondere ist es notwendig, die Energiebilanz systematisch zu analysieren und zu optimieren. Auch die relevanten Verbraucher gilt es zu identifizieren und auszuwerten. Stichwort Restwärme: Oft entsteht bei der Produktion Wärme, die ungenutzt in der Umgebung verpufft, obwohl sie an anderer Stelle gebraucht wird. Derartige Verlustquellen müssen erkannt und so umgeleitet werden, dass andere Anwendungen davon profitieren. Das Energiemanagement muss konsequent alle relevanten Aspekte umfassen: Es muss Lastspitzen analysieren und optimal steuern, neue Konzepte der Energiespeicherung und -umwandlung kreieren sowie alle energetischen Wechselwirkungen betrachten – sowohl innerhalb der Produktionssysteme und -prozesse wie auch zwischen der Produktion und der Umgebung.

Es reicht aber nicht aus, nur auf die Material- und Energiekreisläufe zu achten. Auch die Informationskreisläufe spielen eine wichtige Rolle. Man benötigt sie, um die schwankende Energieerzeugung und den unregelmäßigen Verbrauch intelligent zu steuern und auszugleichen. Idealerweise regeln sich die einzelnen Prozesse weitgehend selbst. Um dies zu erreichen, müssen die Komponenten der Fabrik „intelligent" werden, also ihre Umgebung wahrnehmen und auf sie reagieren können. Die Elemente selbst müssen zum Netz werden.

Die Fabrik der Zukunft bekommt in der dritten Stufe außerdem eine neue Rolle: Sie wird zum Energieerzeuger und -speicher. Die Idee ist nicht neu. Bereits heute versorgen sich viele Unternehmen selbst mit Energie. Meist produzieren sie jedoch nur so viel, wie sie selbst verbrauchen. Gleichzeitig wird die dezentrale Energieversorgung mit Blockheizkraftwerken oder anderen erneuerbaren Energiequellen immer wichtiger. Das ist gut für die CO_2-Bilanz, aber eine große Herausforderung für das Stromnetz. Verbraucher werden zu Erzeugern und speisen die nicht benötigte Energie zurück. Diese Überschüsse können wiederum von Fabriken aufgenommen und gespeichert werden. Besonders Prozesse, die viel Strom benötigen, eignen sich gut als Puffer für günstigen Strom. Wer seine Energie klug managt, kann bereits heute viele Kosten einsparen.

In Chemnitz am IWU wird ein mehrstofftaugliches Blockheizkraftwerk Strom, Wärme, Kühlung und Druckluft erzeugen. Neben dieser zentralen Stelle der Energieversorgung sollen auch Wind- und Solarenergie zum Einsatz kommen. Diese Quellen liefern dann auch den Wasserstoff für das Blockheizkraftwerk.

Produktion ohne neue Rohstoffe

1. Schritt: Rohstoffeffiziente Produktion

Wie kann die Produktion ressourceneffizient gestaltet werden? Mit welchen Verfahren lassen sich Strom und Material sparen? Zentrale Fragen, auf die wir versuchen, in verschiedenen Forschungs- und Entwicklungsprojekten Antworten zu finden. Der Wirkungsgrad einer Produktion kann auf unterschiedlichen Wegen optimiert werden: Entscheidende Stellgrößen sind, Ausschuss und Nacharbeiten zu verhindern sowie Prozesse zu verbessern und zu verkürzen. In der Automobilindustrie beispielsweise wird im Presswerk viel Energie verschwendet: Bis zu 40 Prozent der Bleche wandern ungenutzt wieder in den Kreislauf zurück. 21 Megajoule Energie stecken allein in einem Kilogramm Stahlblech. Energie, die für das Erzeugen von Werkstoffen und das Verarbeiten von Halbzeugen benötigt wird. Um Ressourcen konsequent zu managen, kommt man um ein effizienzorientiertes, virtuelles Produktdesign nicht herum. Mit Hilfe digitaler Technik können neue Produkte am Rechner zunächst entwickelt und erprobt werden. Material- und Produktentwickler testen hier virtuell Herstellungsprozess, Gestalt, Oberfläche oder andere Eigenschaften der neuen Produkte. Nun müssen die Werkzeuge der Simulation noch mit den Optimierungsmerkmalen der Ressourceneffizienz verknüpft werden. Zukünftig wird die vorausschauende Ressourcenplanung für das Produkt, das Produktionssystem und den Fertigungsprozess wesentlicher Bestandteil der Produktentwicklung sein. Dadurch werden gewissermaßen beim Designentwurf optimale Entscheidungen in Sachen Rohstoffeffizienz getroffen.

2. Schritt: Konsequentes Recycling

Rohstoffeffizient zu produzieren ist aber nur ein Baustein auf dem Weg zur Produktion ohne neue Rohstoffe. Wollen wir das Ziel „Ressourcengebrauch statt Ressourcenverbrauch" konsequent umsetzen, müssen wir uns noch viel stärker als bisher mit dem Thema Recycling beschäftigen. Wem es gelingt, Rohstoffe kaskadenartig immer wieder weiterzuverwerten und in den Produktionsprozess zurückzuführen, der spart enorme Mengen an natürlichen Ressourcen.

Wege zu diesem Ziel suchen Forscher im „Übermorgen-Projekt Molecular Sorting". Dort beschäftigen sie sich mit neuen Verfahren, um in Kreisläufen zu produzieren und Stoffe richtig zu trennen. Die Fraunhofer-Projektgruppe für Wertstoffkreisläufe und Ressourcenstrategie

IWKS in Alzenau und Hanau setzt sich mit der nachhaltigen Versorgung der Industrie mit Rohstoffen auseinander. Die Forscher sammeln Daten von globalen Stoffkreisläufen, analysieren diese und entwickeln darauf aufbauend neue Ressourcenstrategien. Gleichzeitig arbeiten sie an Lösungen, wie man auch kritische Werkstoffe ökonomisch sinnvoll und ökologisch verträglich recyceln kann. Gemeinsam mit der Industrie entwerfen die Wissenschaftler Produkte, deren Bestandteile möglichst vollständig wiederverwertet werden können. Einer der Partner ist dabei der Automobilzulieferer Bosch. Dem Unternehmen ist es gelungen, benutzte Starter, Generatoren, Klimakompressoren, Zündverteiler oder Dieseleinspritzpumpen wieder in den Produktionsprozess zurückzuführen. Allein im Jahr 2010 hat man durch „Remanufacturing" etwa 3,3 Millionen Teile für den erneuten Einsatz aufbereitet.

Die Rolle des Mittelstands

Wie so oft kommt dem Mittelstand auch beim Thema Ressourceneffizienz eine entscheidende Rolle zu. Internationale Zahlen zeigen: Gerade in Deutschland zeichnen sich kleine und mittlere Unternehmen durch einen hohen Anteil am Innovationssystem aus. Speziell der Maschinenbau ist durch eine mittelständische Struktur gekennzeichnet. Hier sind meist eigentümergeführte Familienunternehmen anzutreffen. Lediglich 2 Prozent dieser Firmen haben mehr als 1.000 Mitarbeiter. Kleine und mittlere Unternehmen sind beweglicher als Großunternehmen und agieren deshalb oft als Pioniere. Sie sind offener für neue Technologien und erschließen durch ihre Flexibilität, Unkonventionalität und Risikobereitschaft neue Märkte. Gerade bei Forschung und Entwicklung für technologische Nischenanwendungen und kleinere Nachfragepotentiale sind sie im Vorteil. Die Folge: Die Zahl der „Hidden Champions" unter den Maschinenbauern ist groß. Unternehmen also, die Marktführer eines Spezialmarktes sind oder diesen sogar erst geschaffen haben. Ihr spezielles Know-how, ihre Innovationskraft und ihre globale Kundennähe sind wichtige Faktoren für die anhaltende Exportkraft der deutschen Wirtschaft.

Der Maschinen- und Anlagenbau gilt als Herzstück der Wirtschaft Deutschlands. Das Erfolgsgeheimnis der Ausrüster der Welt liegt in ihrer Enablerfunktion: Neue Maschinen ermöglichen Produktivitätssteigerungen und die Herstellung neuer, besserer Produkte.

Unterstützende Angebote für KMU

Mittelständische Unternehmen haben dennoch mit spezifischen Hemmnissen zu kämpfen, die vor allem in ihren begrenzten finanziellen und personellen Ressourcen liegen. Die Wettbewerbsfähigkeit und Innovationsfähigkeit kleiner und mittlerer Unternehmen zu forcieren ist ein zentrales Anliegen deutscher Wirtschaftspolitik auf allen Ebenen. Und so können Mittelstandsbetriebe auch für Ressourceneffizienzmaßnahmen auf ein breites Spektrum von spezifischen Unterstützungsangeboten zurückgreifen. Einige Beispiele sollen ohne Anspruch auf Vollständigkeit erwähnt werden.

Forschungskooperationen mit Forschungseinrichtungen und Hochschulen werden häufig durch Förderungen des Bundes beziehungsweise der Bundesländer finanziell unterstützt. Ebenso ist es möglich, Projekte von Unternehmen über die Innovationsförderung des Bundes und der Länder zu fördern. Externes Know-how von erfahrenen Beratern mit Spezialkenntnissen in Material- oder Energieeffizienz kann gerade bei kleineren Mittelständlern das intern fehlende Spezialwissen ersetzen, das den Einstieg oder die Umsetzung von Ressourceneffizienzmaßnahmen unterstützt. Zum Beispiel fördert das Bundesministerium für Wirtschaft und Technologie (BMWi) die Energieberatung sowie mit Innovationsgutscheinen Beratungen zu Rohstoff- und Materialeffizienz. Die Kreditanstalt für Wiederaufbau (KfW) hat gezielt ein Förderprogramm „Energieberatung Mittelstand" (EBM) aufgelegt.

Neben diesen beispielhaft genannten finanziellen Hilfen bieten Kammern, Branchenverbände, bundesweit agierende Einrichtungen wie das Zentrum für Ressourceneffizienz ZRE sowie regionale Agenturen beispielsweise Veranstaltungen, Information, Förderberatung und Qualifizierung an. Aus der Mitarbeit in deren Netzwerken erhalten mittelständische Unternehmen neue Anregungen und es können sich Partnerschaften ergeben, in denen ihre Potentiale gebündelt und neue Wertschöpfungsketten ermöglicht werden. Inzwischen sind auch die Experten bundesweit vernetzt, wie im Kompetenzpool Ressourceneffizienz, so dass kleine und mittlere Unternehmen notwendiges Ressourceneffizienzwissen kompakt abrufen können.

Auch das Rationalisierungs- und Innovationszentrum der Deutschen Wirtschaft e. V. (RKW) mit seinem Netzwerk aus Kompetenzzentrum und Landesverbänden ist einer dieser wichtigen Akteure. Das RKW trägt seit langem mit seinem Praxiswissen zu Innovation und Produktivität zu einer hohen Wettbewerbsfähigkeit des deutschen Mittelstands bei. Mit Angeboten, die speziell auf den Mittelständler zugeschnitten sind, erleichtert das RKW etwa den KMU, in Themen der Energie- und Materialeffizienz „einzusteigen". In bundesweit angebotenen „Energieeffizienz Impulsgesprächen" werden vor Ort Ansatzpunkte besprochen, wie die Energieeffizienz bei Querschnittstechnologien verbessert und welche Förderung genutzt werden kann. Vor allem kleinere Unternehmen, die sich gegebenenfalls mit Energie- und Materialeffizienz noch wenig befasst haben, können zu ausgewählten Themen Faktenblätter und Checklisten des RKW nutzen. In einigen Bundesländern bietet das RKW flankierend Beratungen, Qualifizierungen, Veranstaltungen und regionale Unternehmensnetzwerke zu Themen und Aspekten der Ressourceneffizienz an.

Die oben genannten Beispiele illustrieren, dass mittelständische Unternehmen mit ihrem Ideenreichtum zur Ressourceneffizienz in vielen Situationen nicht auf sich allein gestellt sind. Solche Angebote flankieren die Eigeninitiative des Mittelstands, wenn es gilt, den Innovationstreiber Ressourceneffizienz frühzeitig und wirksam für ihre Zukunftsgestaltung und Wettbewerbsfähigkeit zu nutzen.

Ressourceneffizienz – Situation und Handlungsfelder

Andreas Blaeser-Benfer, Kai Morgenstern und Alexander Sonntag

Die natürlichen Ressourcen sind nur begrenzt verfügbar und im Sinne einer nachhaltigen Entwicklung für die nachfolgenden Generationen zu schonen und zu erhalten. Zu den natürlichen Ressourcen zählen zum Beispiel Energie- und mineralische Rohstoffe, Wasser, Luft, Flächen und Boden. Ressourceneffizienz ist angesichts eines globalen Wirtschaftswachstums unbestritten einer der Innovationstreiber von morgen. Sie sichert die Wettbewerbsfähigkeit vieler Industriebetriebe, ist ein Schlüssel für die Bewältigung drängender Umweltprobleme und eröffnet attraktive Märkte. Doch wofür steht der Begriff genau?

Unter Ressourceneffizienz verstehen wir im Folgenden das Verhältnis der in Erzeugnissen enthaltenen zu der für ihre Herstellung eingesetzten Menge an Energie- sowie biotischen und abiotischen Rohstoffen. Die Ressourceneffizienz zu steigern bedeutet, dieses Verhältnis zu optimieren. Ressourceneffizienz umfasst daher die Teilbereiche Material- und Energieeffizienz.

Welche enorme Bedeutung das Thema für Betriebe des verarbeitenden Gewerbes hat, macht deren Kostenstruktur deutlich. 42,9 Prozent entfallen allein auf die Material- und nochmals rund 2,2 Prozent auf die Energiekosten.[1] Ein sparsamer Umgang mit diesen Ressourcen ist angesichts hoher und schwankender Rohstoffpreise zunehmend wettbewerbsrelevant.

Ressourceneffizienz ist auch ein zentrales Anliegen der Umweltpolitik. Denn Klimaforscher warnen vor den teils unkalkulierbaren Folgen eines globalen Temperaturanstiegs.[2] Um die als kritisch betrachtete Grenze von 2 Grad Celsius nicht zu überschreiten, müssten die globalen Treibhausgasemissionen im Vergleich zu 1990 um 50 bis 80 Prozent gesenkt werden.[3] Nach aktuellen Studien wird der weltweite Ausstoß an Treibhausemissionen voraussichtlich aber erst um das Jahr 2030 sinken.[4] Deutliche Temperaturanstiege wären die Folge. Material- und Energieeffizienz sind gleichermaßen wichtige Strategien, um den CO_2-Ausstoß zu begrenzen.

Rohstoffsituation in Deutschland

Deutschland ist eines der weltweit führenden Industrieländer und damit einer der größten Konsumenten unterschiedlichster Primärrohstoffe. Dazu zählen biotische (pflanzliche und nachwachsende) Rohstoffe wie Holz ebenso wie abiotische Rohstoffe, also zum Beispiel Metalle, Industriemineralien oder fossile Energieträger. 2011 betrug der Wert des nationalen Rohstoffverbrauchs 169 Milliarden Euro.[5]

Nichtenergetische Rohstoffe

Nichtmetallische mineralische Rohstoffe wie Kies, Sand, Kalkstein und Ton werden weitgehend in Deutschland gefördert und verarbeitet.[6] Deutschland ist also nicht so rohstoffarm, wie häufig zu lesen ist. Vielmehr sind wir bei Braunkohle weltweit größter Produzent. Bei Kaolin stehen wir an zweiter, bei Steinsalzen an dritter und bei Kalisalz an vierter Stelle.[7] Insgesamt wurden 2011 hierzulande Rohstoffe im Wert von 20,8 Milliarden Euro gefördert und zum Teil auch Rohstoffe exportiert.[8]

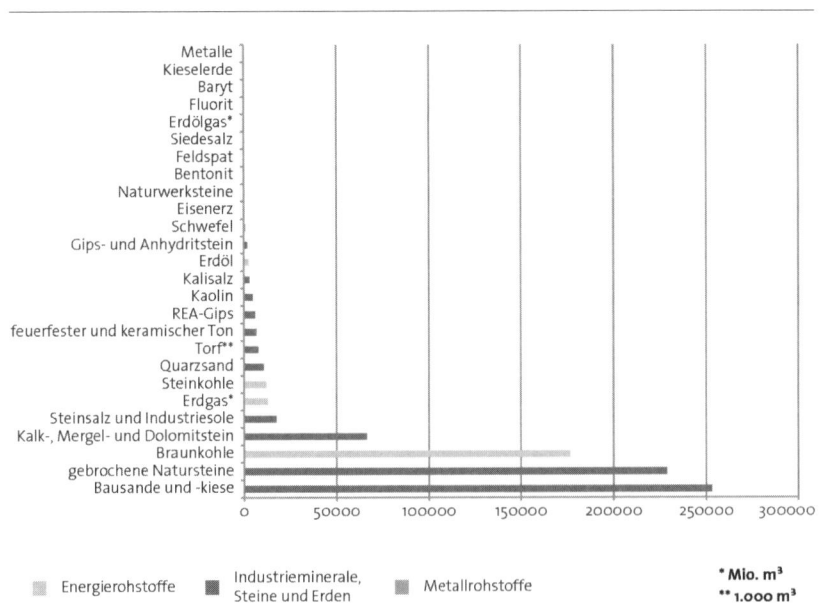

Abbildung 1: Rohstoffproduktion in Deutschland im Jahr 2011 (Quelle: DERA (2012b)).

Anders verhält es sich bei den meisten metallischen Rohstoffen, aber auch bei einigen Industriemineralien. Diese muss die deutsche Industrie nahezu vollständig auf den Weltmärkten beziehen.[9] Der Wert dieser Importe überstieg 2011 mit insgesamt 137,6 Milliarden Euro die heimische Produktion bei weitem. Davon entfielen 65 Prozent der Ausgaben alleine auf die energetischen Rohstoffe. Die übrigen Importe dominieren Eisen und Stahl vor den Nichtmetallen, gefolgt von den Nichteisenmetallen, den Stahlveredlern und den Edelmetallen.[10]

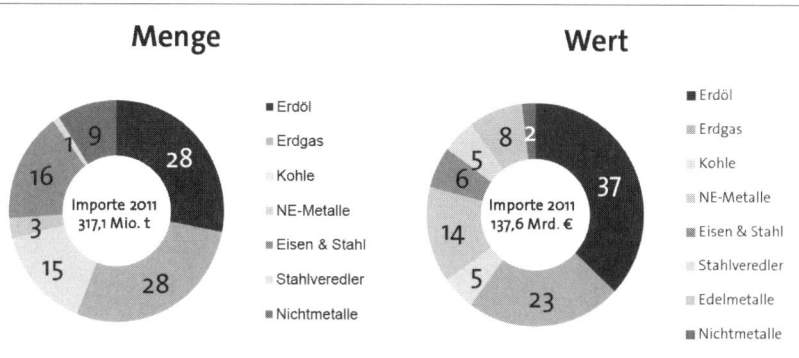

Abbildung 2: Metallrohstoffimporte 2011 strukturiert nach Wert und Menge (Quelle: DERA (2012b)).

Darunter befindet sich auch eine Gruppe von Rohstoffen, deren Verfügbarkeit derzeit als kritisch eingestuft wird. Die EU zählt dazu Antimon, Beryllium, Kobalt, Flussspat, Gallium, Germanium, Graphit, Indium, Magnesium, Niob, Metalle der Platingruppe, Seltene Erden, Tantal und Wolfram.[11] Obwohl diese Stoffe bisher nur in verhältnismäßig geringen Mengen benötigt werden, sind sie gerade für die Produktion hochtechnologischer Produkte von großer Bedeutung. So werden Platingruppenmetalle in Katalysatoren der Großchemie verwendet, Kobalt in Akkumulatoren, Gallium in dünnen Sonnenkollektoren oder Seltene Erden in Magneten für Elektromotoren und Generatoren.[12] Nicht zuletzt deshalb erwarten Experten in Zukunft eine deutliche Erhöhung der Nachfrage.

Neben den abiotischen Rohstoffen werden auch große Mengen biotische Rohstoffe benötigt. So decken nachwachsende Rohstoffe nach Angaben des Verbandes der Chemischen Industrie e. V. bereits 13 Prozent des Bedarfs an organischen Rohstoffen der chemischen Industrie.[13] Beispiel Holz: Etwa ein Drittel der Fläche Deutschlands ist von Wald bedeckt. Dies erlaubte im Jahr 2009 einen Holzeinschlag von rund 48 Millionen Kubikmetern. Damit konnte der inländische Holzverbrauch allerdings nur knapp zur Hälfte gedeckt werden.[14]

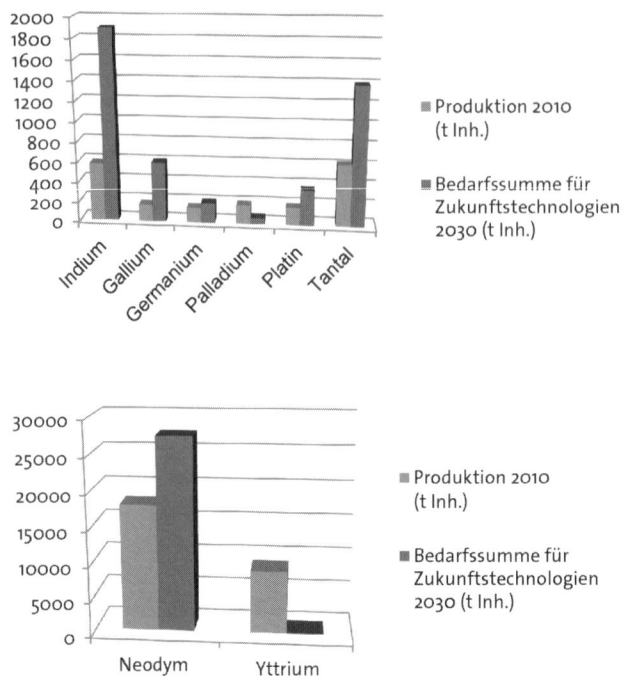

Abbildung 3: Bedarfsentwicklung von Rohstoffen für Zukunftstechnologien (Quelle: DIHK (2012)).

Daneben trägt auch das Recycling zur Rohstoffversorgung bei. Die zunehmende Kreislaufführung leistet einen wichtigen Beitrag zur Steigerung der Ressourceneffizienz und birgt zahlreiche Vorteile. Natürliche Ressourcen werden geschont und Importabhängigkeiten reduziert. Meist benötigen Recyclingprozesse im Vergleich zur Primärrohstoffproduktion deutlich weniger Energie. Jedes Prozent Altglasanteil senkt den Energiebedarf in der Glasproduktion um etwa 0,2 bis 0,3 Prozentpunkte.[15] Im Fall von Aluminium können durch Recycling Einsparungen von bis zu 95 Prozent erzielt werden.[16]

Die Recyclingpotentiale unterscheiden sich je nach Rohstoff und Produktart aber beträchtlich: Die Verwertungsquote von Glas hat inzwischen bereits mehr als 80 Prozent erreicht. Kunststoffabfälle wurden nach Angaben des Bundesumweltamtes im Jahr 2007 immerhin zu 45 Prozent stofflich und zu 51 Prozent energetisch verwertet.[17] Holzabfälle fanden zur gleichen Zeit in Deutschland etwa zu 18 Prozent stoffliche und zu 63 Prozent energetische Wiederverwertung.[18] Die hohe Anzahl verschiedener Stoffe und deren zunehmend feine Verteilung erschwert vor allem aber das Recycling von Elektro(nik)-Altgeräten. Kritische Rohstoffe wie Gallium, Indium und Neodym werden noch zu weniger als 1 Prozent wiederverwertet.[19] Diese Zahlenangaben sagen allerdings wenig über die Qualität des Recyclingprozesses aus. Zahlreiche Rohstoffe lassen sich bisher nur in abnehmender Qualität wiederverwerten.

Dennoch, Sekundärstoffe helfen, Primärstoffe zu ersetzen. In Papieren stecken beispielsweise im Schnitt 70 Prozent Altpapier.[20] Nach Angaben des Bundesverbands Glasindustrie e. V. beträgt der durchschnittliche Anteil von Altglas in Glasflaschen 60, in Flachgläsern 20 und in Wirtschaftsgläsern 40 Prozent. Auch Sekundärmetalle spielen eine bedeutende Rolle.[21] Mit 43 Prozent bei Kupfer, 60 Prozent bei Aluminium und 44 Prozent bei Rohstahl übertrifft der Anteil sekundärer Rohstoffe in der deutschen Raffinade- und Rohstahlproduktion den internationalen Durchschnitt deutlich.[22] In einer Studie des Fraunhofer-Instituts für System- und Innovationsforschung ISI gaben 29 Prozent der befragten Unternehmen an, Sekundärstoffe zu verwenden.[23] Trotz dieser Beispiele ergänzen Sekundärrohstoffe insgesamt lediglich das Angebot. Den Gesamtanteil der Sekundärrohstoffe am Gesamtrohstoffaufkommen beziffert der Bundesverband der Deutschen Entsorgungs-, Wasser- und Rohstoffwirtschaft e. V. auf circa 13 Prozent.[24]

Energetische Rohstoffe

Die Energieversorgung in Deutschland beruht zurzeit noch überwiegend auf fossilen energetischen Rohstoffen (vgl. Abbildung 4). Von den 13.521 Petajoule (PJ) Primärenergieverbrauch in Deutschland stammten fast aus 80 Prozent aus Mineralöl, Erdgas sowie Braun- und Steinkohle.[25] Bei den Erneuerbaren stellt die Biomasse mit 7,6 Prozent den Löwenanteil. Kernenergie besitzt mit 8,8 Prozent einen vergleichbaren Anteil – allerdings unter umgekehrten Vorzeichen: Während 2011 der strategische Beschluss zum Ausstieg aus der Kernenergie gefasst wurde, sieht der Nationale Biomasseaktionsplan aus dem Jahr 2010 vor, den Anteil der Bioenergie am Primärenergiebedarf bis 2020 gegenüber 2007 deutlich zu steigern.[26]

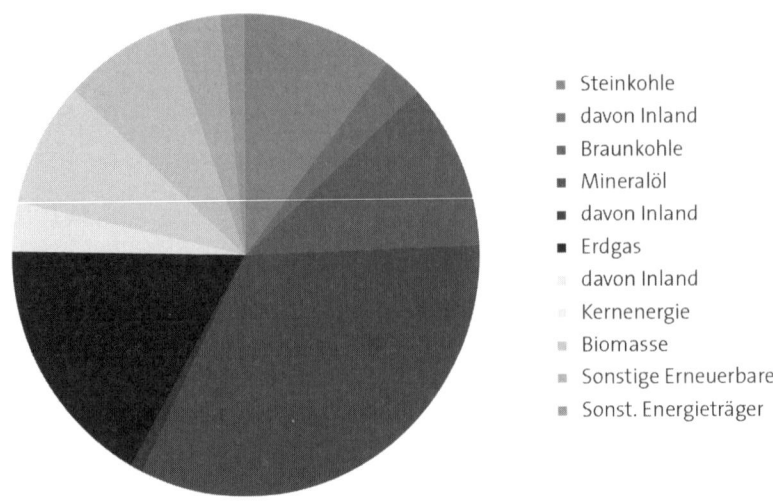

Abbildung 4: Primärenergieverbrauch nach Energieträgern. Der in Deutschland erzeugte Anteil ist jeweils schraffiert dargestellt (insgesamt etwa 30 Prozent) (Quelle: AGEB (2012)).

Bei den sonstigen Erneuerbaren, also vor allem der Windenergie und der Photovoltaik, werden ebenfalls starke Zuwächse angestrebt, denn der Ausbau der erneuerbaren Energien ist ein wesentlicher Bestandteil des Energiekonzepts der Bundesregierung und der Beschlüsse zur Energiewende.[27] Die deutsche Energieversorgung wird sich also in den nächsten Jahren stark verändern und die Struktur der Energieversorgung im Jahr 2011 stellt nur eine Momentaufnahme dieses dynamischen Entwicklungsprozesses dar.

Dies muss man bei der Beurteilung der Rohstoffsituation im Energiebereich berücksichtigen. Gegenwärtig werden etwa 30 Prozent der verbrauchten Primärenergie im Inland gewonnen.[28] Durch den Wegfall der Kernenergie, den Ausbau der erneuerbaren Energieträger und den selbstauferlegten Zwang, sowohl den CO_2-Ausstoß aus der Verbrennung fossiler Energieträger als auch den Energieverbrauch zu senken, wird sich der Anteil der einheimischen Energie tendenziell erhöhen.

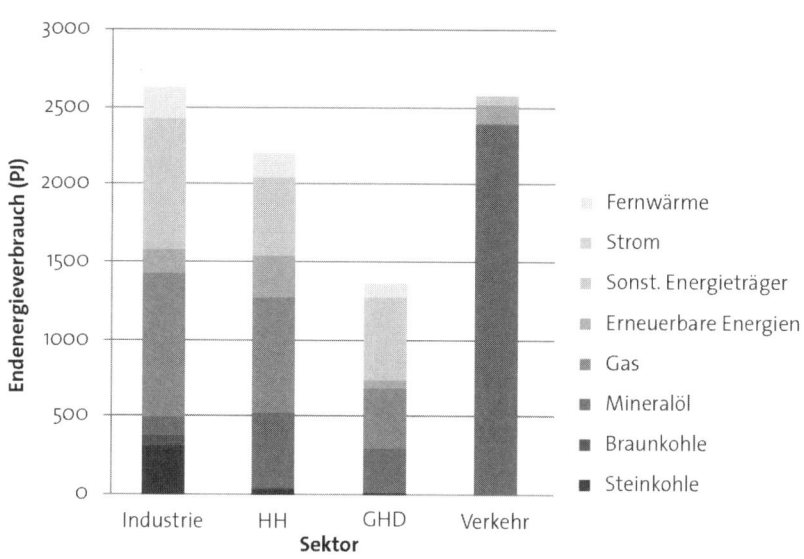

Abbildung 5: Endenergieverbrauch in den Sektoren Industrie, Haushalte (HH), Gewerbe, Handel, Dienstleistungen (GHD) und Verkehr, aufgeschlüsselt nach Energieträgern (Quelle: AGEB (2012)).

Weiter muss man zur Beurteilung der Situation bei den Energierohstoffen die Gewichtung der unterschiedlichen Energieanwendungen betrachten, denn hier stehen sehr unterschiedliche Effizienz- beziehungsweise Substitutionspotentiale zur Verfügung. So entfällt zum Beispiel in den Sektoren Haushalte und Gewerbe, Handel, Dienstleistungen etwa die Hälfte des Endenergieverbrauchs auf Öl und Gas.[29] Diese werden dort fast ausschließlich zur Bereitstellung von Raumwärme genutzt – einem Bereich, in dem erhebliche Effizienzpotentiale liegen. Technisch ist es schon heute möglich, auch Bestandsgebäude so zu sanieren, dass ihr Raumwärmebedarf nahezu null ist, auch wenn dies wirtschaftlich oft nur mit relativ langen Amortisationszeiten darstellbar ist.

In der Industrie werden Öl und Gas zusammen mit Kohle auch zur Erzeugung von Prozesswärme genutzt. Hier sind Energieeinsparungen oft durch Prozessoptimierung und den Einsatz von Kraft-Wärme-Kopplung bei der Eigenstromerzeugung möglich. Dies ist meist technisch anspruchsvoll, lohnt sich in vielen Fällen aber wirtschaftlich. Schließlich ist über alle drei Sektoren hinweg die Steigerung der Stromeffizienz durch den Einsatz moderner Technik vor allem in den Bereichen Beleuchtung und elektrische Antriebe sinnvoll. Weiterhin sind durch die Substitution alter Kraftwerke durch solche mit moderner Turbinentechnologie in Zukunft auch bei der Stromerzeugung noch Effizienzsteigerungen zu erwarten.

Im Verkehrssektor stellt sich die Situation anders dar. Mineralöl bleibt der dominierende Energieträger. Techniken zu seiner Substitution – Elektromobilität oder Wasserstoffantrieb – sind noch weit von der Marktreife entfernt. Erdgas kann zwar heute schon getankt werden, aber um eine wirklich CO_2-neutrale Alternative zu bieten, müsste es mit Hilfe von „Power-to-Gas"-Technologie zum Beispiel mittels Windstrom gewonnen werden. Solche Verfahren sind zwar schon seit langem bekannt, ihre großtechnische Anwendung in Verbindung mit erneuerbaren Energiequellen steckt aber noch in den Kinderschuhen.[30]

Natürlich ließe sich der Energieverbrauch des Verkehrs auch senken, wenn weniger Kilometer gefahren oder effizientere Autos genutzt würden. Allerdings wurden die erheblichen Effizienzgewinne in der Motorentechnologie immer wieder durch den Anstieg des Fahrzeugbestands aufgezehrt. Weiterhin hat nicht nur die Anzahl der Fahrzeuge, sondern auch die Kilometerleistung in den vergangenen Jahren kontinuierlich zugenommen.[31]

Während also der Verbrauch und damit die Importabhängigkeit von Kohle und Gas durch den verstärkten Einsatz erneuerbarer Energieträger und die Steigerung der Energieeffizienz wirkungsvoll gesenkt werden kann, wird Mineralöl zumindest mittelfristig der strategisch wichtigste energetische Rohstoff für Deutschland bleiben.

Situation an den internationalen Rohstoffmärkten

Nichtenergetische Rohstoffe

Die Rohstoffsituation Deutschlands macht deutlich: Die deutsche Industrie ist in hohem Maße von Rohstoffimporten abhängig. Stark schwankende Rohstoffpreise stellten industrielle Einkäufer in den vergangenen Jahren vor ernste Herausforderungen. Laut einer Studie der Commerzbank aus dem Jahr 2011 wirkten sich die steigenden Materialkosten für 86 Prozent des verarbeitenden Gewerbes negativ auf die Unternehmensentwicklung aus.[32]

Waren die Preise in den Jahren 2003 bis 2008 stark angestiegen, so brachen sie danach binnen weniger Monaten deutlich ein. Zu Beginn des

Jahres 2009 setzten die Rohstoffmärkte zu einer erneuten zweijährigen Preisrallye an. Die folgende Abbildung verdeutlicht die hohe Preisvolatilität aus Sicht der deutschen metallverarbeitenden Wirtschaft.

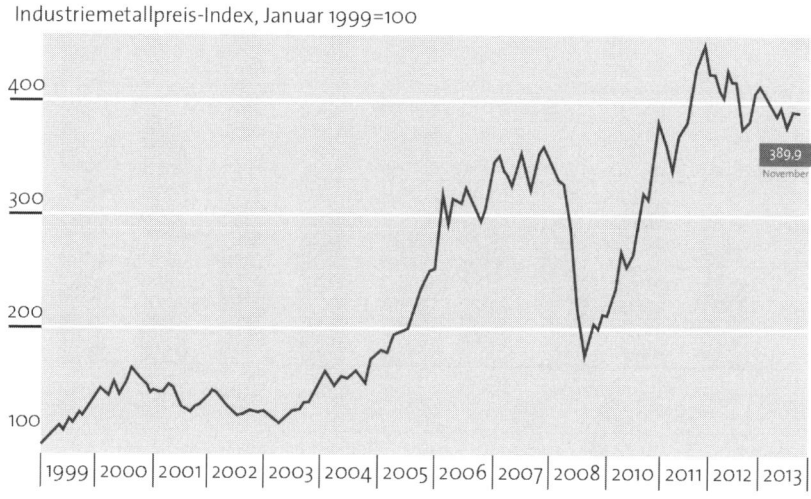

Abbildung 6: Industriemetallpreise aus Sicht der deutschen metallverarbeitenden Wirtschaft (Quelle: Institut der deutschen Wirtschaft Köln (2012)).

Allein zwischen 2010 und 2011 stiegen dagegen die Preise für Eisenerz im Jahresdurchschnitt um 15 Prozent und für Zink um 25,9 Prozent. Edelmetalle wie Gold und Silber verteuerten sich um 28,1 beziehungsweise 74,2 Prozent. Die Preise für Seltene Erden verzehnfachten sich sogar im gleichen Zeitraum. Einzelne Rohstoffe wie Aluminium waren jedoch von diesen Entwicklungen kaum betroffen. Gleichzeitig verbilligten sich beispielsweise die meisten Ferrolegierungen.[33]

Für diese Entwicklungen zeichnet, neben der Nachfrage aus den klassischen Industrieländern, in zunehmendem Maße das rasante Wirtschaftswachstum Chinas verantwortlich. Die Volksrepublik hat sich seit Beginn des Jahrtausends zum wesentlichen Treiber der Weltwirtschaft und der Rohstoffnachfrage entwickelt.[34] Sie bestimmt damit im hohen Maße die Preise konjunkturabhängiger Rohstoffe wie der Industriemetalle, welche dem Aufbau und dem Erhalt von Infrastrukturen dienen.[35] Im Schatten dieser Nationen sind auch andere Schwellenländer wie Indien und im Einzelfall auch Russland oder Südafrika in den Kreis der größten Verbraucherländer aufgestiegen. Gleichzeitig wurde in den 90er Jahren nur sehr zurückhaltend in die Explora-

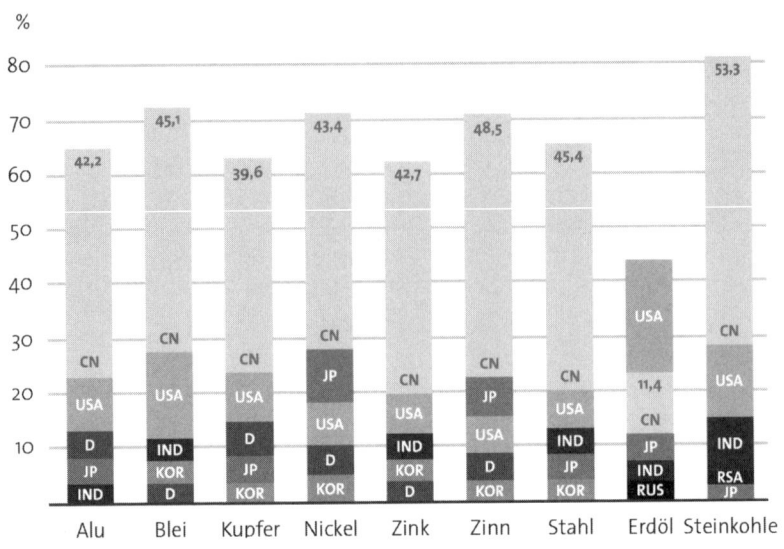

Abbildung 7: Anteile der fünf größten Verbraucherländer an der globalen Nachfrage wichtiger Industrierohstoffe im Jahr 2011 (Quelle: DERA (2012b)).

tion und Erschließung neuer Förderquellen investiert. Grund waren die über Jahre stabilen Rohstoffpreise.[36]

Eine besondere Situation besteht bei den als kritisch eingestuften Rohstoffen. Neuartige technologische Anwendungen vor allem in Spitzentechnologien steigerten unerwartet die Nachfrage nach diesen Materialien. Dem standen nur in begrenztem Umfang ausgebaute Fördergebiete entgegen, die sich zudem auf nur wenige Länder konzentrieren. Darunter befinden sich zahlreiche Staaten, bei denen große Unsicherheiten bezüglich des ungehinderten Zugangs bestehen. Beispielsweise besitzt China bisher mit über 97 Prozent Weltproduktionsanteil bei den Seltenen Erden quasi eine Monopolstellung. Exportrestriktionen der chinesischen Regierung waren mitverantwortlich für den rasanten Preisanstieg des Jahres 2011.[37] Als problematisch erweist sich zudem, dass einige Rohstoffe von wenigen Firmen gefördert werden.[38]

Wie sich die Rohstoffsituation in Zukunft entwickeln wird, ist schwer abzusehen. Forscher rechnen bis zum Jahr 2050 mit einem weltweiten Bevölkerungswachstum auf dann 9 Milliarden Menschen.[39] In der Folge wird sich der globale Rohstoffverbrauch nach Schätzungen des International Ressource Panel dann mehr als verdoppeln.[40] Sind angesichts der steigenden Nachfrage genügend Rohstoffe vorhanden? Die

Deutsche Rohstoffagentur (DERA) gibt aus geologischer Sicht für die meisten Metallrohstoffe, Industriemineralien und Energierohstoffe Entwarnung. Einzig die Versorgung mit Erdöl und einigen schweren Seltenen Erden könnte in den nächsten Jahrzehnten an ihre Grenzen stoßen.[41] Schwere Seltene Erden sind die Elemente Yttrium, Samarium, Europium Gadolinium, Terbium, Dysprosium, Holmium, Erbium, Thulium, Ytterbium und Lutetium. Allerdings sind viele Vorkommen noch nicht bekannt oder erschlossen. Inwieweit diese in Zukunft ausgebeutet werden können, hängt maßgeblich an Faktoren wie der Zugänglichkeit, den Explorationskosten, dem technologischen Fortschritt und den Rohstoffpreisen.

Die Preissteigerungen haben in den vergangenen Jahren immerhin zu vermehrten Explorationsanstrengungen geführt. Ab 2015 ist deshalb laut DERA sogar mit Angebotsüberschüssen bei zahlreichen Industriemetallen zu rechnen. Problematisch bleibt hingegen die Exploration von Hochtechnologierohstoffen.[42] Innovationsschübe in der Technologieentwicklung können aber auch in Zukunft zu unerwarteten Nachfrageschüben bei einzelnen mineralischen Rohstoffen und damit zu Lieferengpässen und Preissteigerungen führen. Kurzfristig rechnen zahlreiche Analysten mit tendenziell steigenden Rohstoffpreisen für das Jahr 2013. Impulse erhoffen sie sich von der wachsenden Weltkonjunktur. So erwartete die Weltbank im Januar 2013 ein Wachstum der Weltwirtschaft von 2,4 Prozent für 2013 und 3,1 Prozent für 2014.[43] Die Unwägbarkeiten bleiben allerdings insgesamt hoch, weswegen allgemein eine hohe Preisvolatilität erwartet wird. Zudem können unvorhersehbare Einflüsse wie Wetterverhältnisse, Handelsbeschränkungen oder Streiks die Preisentwicklung einzelner Rohstoffe stark beeinflussen.

Energetische Rohstoffe

Über 80 Prozent der nach Deutschland importierten Energierohstoffe stammen aus Europa und der GUS (vgl. Abbildung 8). Damit ist die Versorgungssicherheit im Wesentlichen abhängig von den Reserven und der politischen Stabilität dieser beiden Regionen. Allerdings werden die Rohstoffpreise auch hier vom Weltmarkt bestimmt. Die Weltmarktpreise hängen zwar langfristig von der geologischen Verfügbarkeit der Energierohstoffe ab, sind allerdings kurz- und auch mittelfristig stark von politischen Umständen bestimmt und deshalb nur schwer vorhersagbar.

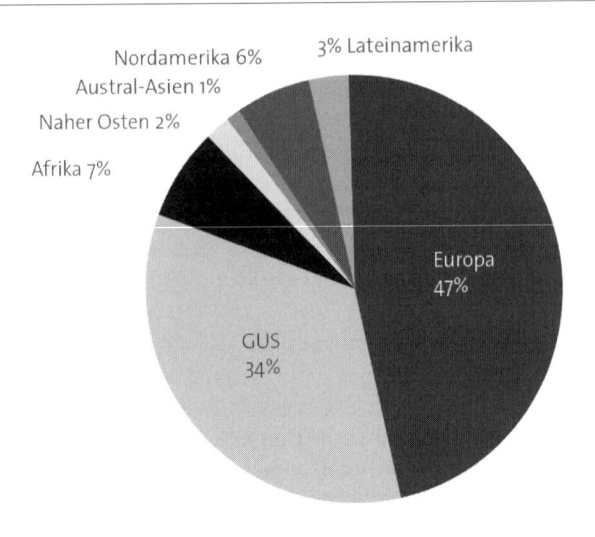

Abbildung 8: Herkunft der nach Deutschland importierten Energierohstoffe (Quelle: DERA (2012c)).

Insbesondere der Ölpreis wird weniger durch die vorhandenen Reserven bestimmt als durch die politischen Verhältnisse in den Förderländern. Laut U.S. Energy Information Administration (EIA) befanden sich 2010 bereits etwa 85 Prozent der weltweiten Erdölreserven im Besitz von staatlich kontrollierten Unternehmen – mit weiter ansteigender Tendenz.[44] Hinzu kommt, dass viele der bekannten Reserven in politisch instabilen Regionen lagern, vor allem dem Mittleren Osten und Afrika.

Aus geologischer Sicht ist Erdöl außerdem der einzige fossile Energierohstoff, bei dem der Bedarf mittelfristig nicht mehr gedeckt werden könnte. Die DERA vergleicht den vom Energieverbrauchsszenario der International Energy Agency (IEA) prognostizierten kumulierten Verbrauch von 2012 bis 2035 mit den heute ausgewiesenen Erdölreserven und kommt zu dem Schluss, dass deren größerer Teil in diesem Szenario bis 2035 verbraucht wäre.[45] Grundsätzlich sind beim Erdöl die vorhandenen Reserven zwar relativ groß im Verhältnis zum jährlichen Fördervolumen. In Zukunft ist aber mit stetig ansteigenden Förderkosten und damit Preisen zu rechnen.

Beim Erdgas sind durch technologische Entwicklungen in den vergangenen Jahren nichtkonventionelle Quellen wie Schiefergas wirtschaftlich geworden. Dies entspannt mittelfristig die Versorgungssituation. Die Kohlereserven schließlich sind so groß, dass sie noch mehrere Jahrhunderte reichen dürften. Für Kohle und Gas stellen daher weder die Verfügbarkeit noch der Preis den limitierenden Faktor dar. Vielmehr hätte die Verbrennung aller bekannten Reserven fossiler Brennstoffe drastische Auswirkungen auf das Erdklima. Schätzungen gehen davon aus, dass die von heute bis zum Jahr 2050 in die Erdatmosphäre emittierte CO_2-Menge auf 565 Gigatonnen (Gt) begrenzt werden muss, um die Erwärmung der Erdatmosphäre auf weniger als 2 Grad Celsius zu begrenzen – und das bei einem weltweiten Ausstoß von 32 Gt im Jahr 2011.[46]

Kurzfristig ist aus heutiger Perspektive die Versorgung mit fossilen Energierohstoffen gesichert. Nur beim Erdöl kann verlässlich mit stetigen Preissteigerungen und zur Mitte des Jahrhunderts mit einer einsetzenden Verknappung gerechnet werden. Mittel- bis langfristig allerdings ist ein tiefgreifender Umbau unseres Energiesystems unumgänglich, wenn der Klimawandel mit seinen auch die Wirtschaft beeinträchtigenden Folgen bekämpft werden soll. Die entscheidende Frage ist also nicht, ob ausreichend Energierohstoffe vorhanden sind, sondern wie wir die Nutzung der bereits heute bekannten und wirtschaftlich nutzbaren Reserven vermeiden können.

Handlungsfelder

Die zunehmende globale Wirtschaftsleistung einerseits und der Anspruch einer wachsenden Weltbevölkerung auf menschengerechte Lebensverhältnisse andererseits werden sich nur durch eine gemeinsame Zukunftsvision vereinbaren lassen: die Entkopplung der Wirtschaftsleistung und des Wirtschaftswachstums von dem Verbrauch nichterneuerbarer Ressourcen. Eine notwendige Voraussetzung zur Erreichung der damit verbundenen Ziele ist ein sparsamer und effizienter Umgang mit Ressourcen. Ressourceneffizienz in diesem Sinne trägt dazu bei, begrenzte Reichweiten zu verlängern, das weltweite Konfliktpotential um lebenswichtige und für die neuen Technologien benötigte Ressourcen zu reduzieren und die drei aktuellen gesellschaftlichen Problemfelder „Umweltbelastung", „Versorgungssicherheit" und „Verteilungsgerechtigkeit" zu entschärfen. Im Folgenden können allerdings nicht alle Aspekte der genannten Themenfelder behandelt werden. Im Vordergrund stehen vielmehr die sich für den Mittelstand in Deutschland ergebenden Chancen und Risiken. Denn die Datenlage zeigt eindeutig, dass die Kosten für Energie und Material alles in allem deutlich steigen werden. Ressourceneffizienzmaßnahmen bedeuten zugleich immer auch eine Veränderung für Ihr Unternehmen. Sie sind mit Prozess- oder Produktinnovationen oder mit beidem zugleich verbunden und benötigen daher eine sorgfältige Steuerung. Dies sehen mehr als 50 Prozent der von der Commerzbank befragten Unternehmen ebenso.[47] Anhand der Wertschöpfungskette lassen sich für die Steigerung der Ressourceneffizienz vier Ansatzpunkte identifizieren:

a) Mit Ressourceneffizienz Kosten reduzieren

Das erste Handlungsfeld ist der Optimierung der Wertschöpfung durch Ressourceneffizienzmaßnahmen auf der konkreten betrieblichen Ebene gewidmet. Laut der bereits zitierten Studie der Commerzbank sagen zwei Drittel der befragten Unternehmen, dass die steigenden Rohstoffpreise ihre Geschäftsentwicklung negativ beeinflussen. Für die Energiekosten sagen das immerhin mehr als ein Drittel.[48] In der Produktion und der Gestaltung des Produktionsumfelds gibt es aus der Erfahrung des RKW von über 2.500 themenrelevanten Betriebsbesuchen in den vergangenen beiden Jahren noch sehr große Potentiale, die Material- und Energieeffizienz zu steigern. Neben der Anwendung des vom RKW neu entwickelten Messkonzeptes und schnell umsetzbarer Instrumente wird in den Praxisbeispielen unter anderem auf die Optimierung von „Make or buy"-Entscheidungen, auf die Optimierung von internen Abstimmungs- und Bearbeitungsprozessen einschließlich eines sehr vorbildlich strukturierten Innovationsprozesses sowie auf die ressourceneffiziente Entwicklung und Konstruktion von Produkten eingegangen. Da sich radikale Fortschritte nur durch neue Produkte mit neuem Design und neuen Verfahren erzielen lassen, werden auch solche Aspekte in einigen Praxisbeispielen reflektiert.

b) Mit Ressourceneffizienz Zukunftsmärkte erschließen

Neben der Notwendigkeit, die von den Endkonsumenten gewünschten Güter ressourcenarm herzustellen, ergeben sich auf allen Wertschöpfungsstufen bislang nicht in ihrer Gänze wahrgenommene Chancen, mit ressourceneffizienten Produkten Wettbewerbsvorteile zu erzielen. Dies zielt erstens auf eine langlebigere Gestaltung von (Qualitäts-)Produkten ab, wie wir sie etwa von einigen deutschen Markenprodukten kennen. Zweitens besteht aber auch Bedarf an umwelttechnischen Produkten, die es den Herstellern ermöglichen, Auflagen und Gesetze oder auch darüber hinausgehende Ziele zu erreichen. Drittens sind ressourcensparende Produkte von Vorteil, beispielsweise energieeffiziente Pumpen und Motoren aller Art oder intelligente Steuerungstechnik. Und viertens werden alternative, nachhaltigere Gewinnungsmethoden von Energie sowie Substitutionsmöglichkeiten von knappen und kritischen Materialien dargestellt.

c) Mit Ressourceneffizienz neue Geschäftsmodelle entwickeln

Ressourcengewinne lassen sich auch durch neue Nutzungskonzepte von Produkten erreichen, die im Grunde darauf abzielen, die Nutzungsintensität von nach Möglichkeit ressourceneffizienten Produkten zu erhöhen. Ein vielfach propagierter Lösungsansatz ist die Maxime „Nutzen statt besitzen", wie sie von Leasingsystemen, Carsharing-Modellen oder Car-on-Demand-Systemen bekannt sind. Markenzeichen einiger Mobilitätsdienstleister ist neben dem „Teilen" die Nutzung kleiner und sparsamer oder sogar elektrisch angetriebener Fahrzeuge. Auch wenn sich bislang Leasingmodelle, weder im industriellen noch im privaten Bereich, signifikant verbreitet haben, ist trotzdem zu erwarten, dass sich das individuelle Mobilitätsverhalten zukünftig stark verändern wird. Der anhaltende Trend zur Reurbanisierung und die fortschreitende IT-Integration in die unterschiedlichen Verkehrsträger sowie deren Intermodalität reduzieren gerade in der jüngeren Bevölkerung das Bedürfnis nach einem eigenen Fahrzeug. Daher wird in diesem Handlungsfeld zum Beispiel eine neue Dienstleistung vorgestellt, die eine nahtlose und preisgünstige Mobilität ermöglicht. Weiterhin finden Sie erfolgreiche Praxisbeispiele zum Leasing von Möbeln und Maschinen sowie zur nachhaltigen Durchführung von Veranstaltungen und Events.

d) Mit Ressourceneffizienz Zugang zu Rohstoffen sichern

Der Rohstoffabbau und die Grundstoffproduktion sind mit erheblichen Umweltbelastungen in Form von Abraum, Schadstoffbelastungen und Emissionen von Treibhausgasen sowie massiven Eingriffen in das Ökosystem unseres Planeten verbunden. Der größte Teil der natürlichen Ressourcen steht nur endlich und nicht erneuerbar zur Verfügung. Daraus ergibt sich in der Konsequenz eindeutig die Forderung, durch eine intelligente Abfall- und Kreislaufwirtschaft die benötigte Materialmenge mit geringen Verlusten in geschlossenen Stoffströmen zu nutzen. Insbesondere die kritischen und aufgrund ihrer Eigenschaften mehrfach nutzbaren Materialien sollten möglichst lange im Kreislauf verbleiben. Daher stehen im letzten fachlichen Abschnitt unter anderem moderne Verfahren der Abfallbehandlung und der Wiederaufbereitung im Mittelpunkt. Weitere wichtige und diskutierte Aspekte sind die kreative Nutzung von „Abfallprodukten", um neue ästhetische und stilvolle Produkte herzustellen, sowie die erfolgreiche Umsetzung des Cradle-to-Cradle-Prinzips in der Praxis.

Literatur

Arbeitsgemeinschaft Energiebilanzen e. V. (AGEB) (2012): Auswertungstabellen zur Energiebilanz für die Bundesrepublik Deutschland 1990 bis 2011 (Stand September 2012). http://www.ag-energiebilanzen.de/viewpage.php?idpage=139, abgerufen am 6.2.2013.

BDE Bundesverband der Deutschen Entsorgungs-, Wasser- und Rohstoffwirtschaft e. V.: Zahl der Woche. http://www.bde-berlin.org/?p=3637, abgerufen am 22.2.2013.

Blaeser-Benfer, A. (2012): Kritische Rohstoffe für die deutsche Wirtschaft. In: RKW Magazin 4/2012, S. 16–19.

Bundesamt für Statistik (2012): Statistisches Jahrbuch 2012. Berlin.

Bundesministerium für Umwelt, Naturschutz und Reaktorsicherheit (BMU) (2010): Nationaler Biomasseaktionsplan für Deutschland – Beitrag der Biomasse für eine nachhaltige Energieversorgung. Stand September 2010. Berlin.

Bundesministerium für Umwelt, Naturschutz und Reaktorsicherheit (BMU) (2011): Umweltwirtschaftsbericht 2011. Daten und Fakten für Deutschland. Berlin.

Bundesministerium für Umwelt, Naturschutz und Reaktorsicherheit (BMU) (2012): Greentech made in Germany 3.0. Berlin.

Bundesministerium für Wirtschaft und Technologie & Bundesministerium für Umwelt, Naturschutz und Reaktorsicherheit (BMWi & BMU) (2012): Erster Monitoring-Bericht „Energie der Zukunft". Berlin.

Commerzbank AG (2011): Rohstoffe und Energie: Risiken umkämpfter Ressourcen. Frankfurt am Main.

DIHK (2012): DIHK-Konjunkturumfrage 2012, Berlin.

DERA (2011): DERA-Rohstoffinformationen 7: Deutschland – Rohstoffsituation 2010. Berlin.

DERA (2012a): DERA-Rohstoffinformationen 11: Der Einfluss des Wirtschaftswachstums aufstrebender Industrienationen auf die Märkte mineralischer Rohstoffe. Berlin.

DERA (2012b): DERA-Rohstoffinformationen 13: Deutschland – Rohstoffsituation 2011. Berlin.

DERA (2012c): DERA-Rohstoffinformationen 15: Energiestudie 2012. Reserven, Ressourcen und Verfügbarkeit von Energierohstoffen. Berlin.

DERA (2012d): Rohstoffliste 2012. Berlin.

Europäische Kommission (2010): Critical raw materials for the EU, Report of the Ad-hoc Working Group on defining critical raw materials. Brüssel.

Graedel, T. et al. (2011): Recycling Rates of Metals. A Status Report. Genf.

Green, J. (2007): Aluminum Recycling and Processing for Energy Conservation and Sustainability, ASM International. Materials Park, Ohio.

Grubb, M. (2000): Die Kontrolle über die globalen Güter. In: Krull, W.: Zukunftsstreit. Weilerwist: Velbrück Wissenschaft, S. 167–186.

Kaltschmitt, M. et al. (2009): Energie aus Biomasse. Grundlagen, Techniken und Verfahren. Berlin und Heidelberg: Springer-Verlag.

Kreditanstalt für Wiederaufbau (KfW) (2011): Kritische Rohstoffe für Deutschland. Berlin.

International Energy Agency (IEA) (2012): Global carbon-dioxide emissions increase by 1.0 Gt in 2011 to record high. http://www.iea.org/newsroomandevents/news/2012/may/name,27216,en.html, abgerufen am 6.2.2012.

Internationaler Währungsfonds (IWF) (2012): World Economic Outlook, October 2012. Washington.

Jentsch M., T. Trost, M. Sterner, L. Emele (2011): Power-to-Gas als Langzeitspeicher. In: Energy 2.0, Juli 2011, S. 46.

Meinshauser et al. (2009): Greenhouse-gas emission targets for limiting global warming to 2 °C. In: Nature 458, April 2009, S. 1158–1162.

Randers, J. (2012): 2052. Der neue Bericht an den Club of Rome. Eine globale Prognose für die nächsten 40 Jahre. München: Oekom Verlag.

Sachverständigenrat für Umweltfragen (SRU) (2012): Umweltgutachten 2012. Berlin.

Schröter, M. et al. (2011): Materialeffizienz in der Produktion: Einsparpotenziale und Verbreitung von Konzepten zur Materialeinsparung im Verarbeitenden Gewerbe. Karlsruhe.

Stiftung der Deutschen Wirtschaft: Waldwissen. http://www.sdw.de/waldwissen/wald-faq/, abgerufen am 22.2.2013.

Umweltbundesamt: http://www.umweltbundesamt-daten-zur-umwelt.de/umweltdaten/public/theme.do?nodeIdent=2313, abgerufen am 22.2.2013.

Umweltbundesamt: http://www.umweltbundesamt-daten-zur-umwelt.de/umweltdaten/public/theme.do?nodeIdent=2314, abgerufen am 22.2.2013.

Verband der Chemischen Industrie e. V. (2012): VCI-Positionspapier: Chancen und Grenzen des Einsatzes nachwachsender Rohstoffe in der chemischen Industrie. Frankfurt am Main.

Wagner, J. (2012): Ermittlung des Beitrages der Abfallwirtschaft zur Steigerung der Ressourcenproduktivität sowie des Anteils des Recyclings an der Wertschöpfung unter Darstellung der Verwertungs- und Beseitigungspfade des ressourcenrelevanten Abfallaufkommens. Dessau-Roßlau.

Weltbank (2013): Global Economic Prospects: Assuring growth over the medium term, Januar 2013. Washington D. C.

Endnoten

1. Vgl. Bundesamt für Statistik (2012).
2. Vgl. Grubb (2000).
3. Vgl. BMU (2012), S. 9.
4. Vgl. Randers (2012), S. 147.
5. Vgl. DERA (2012b), S. 15.
6. Vgl. ebd., S. 18.
7. Vgl. ebd., S. 20.
8. Vgl. ebd., S. 18.
9. Vgl. Blaeser-Benfer (2012).
10. Vgl. DERA (2012b), S 22 ff.
11. Vgl. Europäische Kommission (2010), S. 36.
12. Vgl. Blaeser-Benfer (2012).
13. Vgl. VCI (2012).
14. Vgl. http://www.sdw.de/waldwissen/wald-faq/, zuletzt aufgerufen am 22.2.2013.
15. Vgl. http://www.umweltbundesamt-daten-zur-umwelt.de/umweltdaten/public/theme.do?nodeIdent=2313, zuletzt aufgerufen am 22.2.2013.
16. Vgl. Green (2007), S. vii.
17. Vgl. Wagner (2012), S. 7 ff.
18. Vgl. ebd., S. 18 ff.
19. Vgl. Graedel (2011), S. 35 ff.
20. Vgl. http://www.umweltbundesamt-daten-zur-umwelt.de/umweltdaten/public/theme.do?nodeIdent=2314, zuletzt aufgerufen am 22.02.2013.
21. Vgl. DERA (2012b), S. 28.
22. Vgl. ebd., S 26.
23. Vgl. Schröter et al. (2011), S. 14 ff.
24. Vgl. http://www.bde-berlin.org/?p=3637, zuletzt aufgerufen am 22.2.2013.
25. Vgl. AGEB (2012).
26. Vgl. BMU (2010).
27. Vgl. BMWi & BMU (2012), S. 16.
28. Vgl. AGEB (2012).
29. Vgl. ebd.
30. Vgl. Jentsch et al. (2011).
31. Vgl. Bundesamt für Statistik (2012), S. 583.

32 Vgl. Commerzbank (2011), S. 33.
33 Vgl. DERA (2012b), S. 11.
34 Vgl. DERA (2012a), S. 11.
35 Vgl. DERA (2012b), S. 11.
36 Vgl. ebd., S. 14 f.
37 Vgl. ebd., S. 10.
38 Vgl. Blaeser-Benfer (2012).
39 Vgl. BMU (2012), S. 8.
40 Vgl. BMU (2011), S. 13.
41 Vgl. DERA (2012b), S. 15.
42 Vgl. ebd., S. 14 ff.
43 Vgl. Weltbank (2013), S.1 f.
44 Vgl. IEA (2012).
45 Vgl. DERA (2012c).
46 Vgl. Meinshauser et al. (2009).
47 Vgl. Commerzbank (2011), S. 26.
48 Vgl. ebd., S. 33 ff.

I

Betriebliche Lösungsansätze und -strategien

Mit Ressourceneffizienz Kosten reduzieren

Einleitung

In den vorausgegangenen Beiträgen sind die sich rasant verändernden Umfeldbedingungen und die daraus resultierenden Erfordernisse für Ihr unternehmerisches Handeln deutlich geworden. Es gibt also viele gute Gründe, geeignete Ressourceneffizienzmaßnahmen ins Auge zu fassen. Daher werden im ersten von vier Handlungsfeldern Maßnahmen beschrieben, wie Sie auf der vorhandenen innerbetrieblichen Ebene Ressourcenkosten reduzieren können. Die Praxisbeispiele zeigen anschließend Wege ihrer erfolgreichen Implementierung auf. Ressourceneffizienz unterteilt das RKW dabei ganz pragmatisch in die zwei Themen Material- und Energieeffizienz, weil die damit gemeinten Inputfaktoren in ihrer Art und Quantität recht verschieden sind und sie daher auch unterschiedliche Arten von Einsparmaßnahmen ermöglichen. So gibt es beispielsweise im Bereich der Energieeffizienz die sogenannten Querschnittstechnologien wie Beleuchtung, Raumwärme, Raumkühlung, EDV et cetera, die sich im Themenfeld Materialeffizienz so nicht wiederfinden. Dort sind die Maßnahmen eher sehr branchen- und produktionsspezifisch, wenn auch die Methoden und Instrumente übergreifend anwendbar sind. Trotzdem ist sich das RKW bewusst – und das wird im Weiteren auch deutlich werden –, dass beide Effizienzarten unmittelbar zusammenhängen. Denn die Reduzierung von Materialverlusten bedeutet zugleich in der Regel auch eine Reduzierung von Energieverlusten, da eingespartes Material eben nicht transportiert, gelagert, bearbeitet und entsorgt werden muss. Und die eingesetzten Energiearten sind häufig ja auch stofflicher Natur.

Das erste Kapitel wird entsprechend der oben genannten Einteilung des Themas von zwei unabhängigen Fachbeiträgen eingeleitet.

Materialeffizienz konkret!
Nicht nur Rationalisierung, sondern auch Innovation

Andreas Blaeser-Benfer und Alexander Sonntag

Um die zu besprechenden Dinge begrifflich zu objektivieren, erlauben wir uns zu Beginn einen Blick auf die Definition des Begriffes „Materialeffizienz". Die Deutsche Materialeffizienzagentur versteht unter dem Begriff Materialeffizienz „das Verhältnis der Materialmenge in den erzeugten Produkten zu der für ihre Herstellung eingesetzten Materialmenge"[1]. Dies würde also beispielsweise Folgendes bedeuten: Wenn die Materialmenge des erzeugten Produktes, etwa eines bestimmten PKW-Modells, 500 kg beträgt und zu dessen Herstellung eine Materialmenge von 750 kg eingesetzt wurde, ergibt sich eine Materialeffizienz von zwei Drittel. Diese Definition berücksichtigt aber beispielsweise nicht Materialeffizienzgewinne durch Werkstoffsubstitution oder Leichtbau, sondern lässt eine Messung nur bei Konstanz der Materialarten zu.

Leicht anwendbar ist unseres Erachtens das Messkonzept „Produktivität für KMU", das das RKW in den vergangenen Jahren entwickelt und in einem Handlungsleitfaden publiziert hat. Die Kennzahl Produktivität gibt danach das Verhältnis von Produktionsergebnis (Output) und den eingesetzten Produktionsfaktoren (Input) wieder. So haben wir die Gesamtproduktivität definiert als das folgende Verhältnis:

$$P_g = \frac{\text{Output}}{\text{Faktoreinsatz insgesamt}}$$

Der Output ist relativ einfach messbar in der Wertschöpfung des Unternehmens, also dem Umsatz abzüglich aller Vorleistungen, wie eben Rohstoffe und Fertigungsmaterialien, Vorprodukte, Hilfs- und Betriebsstoffe, Reparaturmaterialien et cetera. Danach lässt sich die Materialproduktivität als folgendes Verhältnis definieren:

$$P_{Mat} = \frac{\text{Output}}{\text{Materialeinsatz}} \quad \text{beziehungsweise} \quad P_{Mat} = \frac{\text{Wertschöpfung}}{\text{Materialaufwendungen}}$$

Mit Hilfe des weitverbreiteten Industriekontenrahmens können die Größen nicht nur mengenmäßig, sondern auch wertmäßig gut dargestellt und schnell berechnet werden.

Aus dieser Festlegung ergeben sich zwei grundlegende Richtungen zur Erhöhung der Produktivität: entweder eine Steigerung des Outputs bei gleichem Materialeinsatz oder eine Reduzierung des Materialeinsatzes bei gleichbleibendem Output. Hierin spiegeln sich das Minimal- und das Maximalprinzip wider, die seit den Anfängen der Betriebswirtschaftslehre hinreichend definiert und bekannt sind. Im Folgenden wollen wir die beiden Optimierungspotentiale im Sinne der namensgebenden Begriffe des RKW behandeln, nämlich im Sinne von Rationalisierung und Innovation. Rationalisierung bedeutet in diesem Zusammenhang, durch Prozessinnovationen die Materialausbeute bei unveränderten Produkten und unveränderter Produktgestaltung zu erhöhen. Innovation dagegen meint, neue Produkte zu entwickeln und durch die Verwendung neuer Materialien, die Anwendung neuer Konstruktionsprinzipien und die Realisierung neuer Designvorgaben Ressourcen einzusparen und gleichzeitig die Produktqualität und den Kundennutzen zu verbessern. Beginnen wollen wir nun mit einigen typischen Materialeinsparmaßnahmen.

Die Materialbeschaffung

Ein geflügeltes Wort sagt: „Im Einkauf liegt der Gewinn!" Was ist damit gemeint? Unzweifelhaft rücken die Beschaffung und ihre strategische Ausrichtung in Zeiten von Diskontinuitäten und Strukturbrüchen bei zugleich steigender Komplexität aufgrund der zunehmenden und sogar zum Teil immensen Variantenvielfalt stärker in den Vordergrund unternehmerischen Handelns. Dies gilt umso mehr, wenn sich die Wertschöpfungs- und Fertigungstiefe reduziert und ergo das zu bewältigende Beschaffungsvolumen steigt. Ein professionelles und durchaus auch im Mittelstand global ausgerichtetes Lieferantenmanagement mit tragfähigen, risikominimierenden Partnerschaften wird so zukünftig immer mehr ein wesentlicher Erfolgsfaktor, um weiterhin innovative Produkte anbieten zu können und betriebliches Know-how zu schützen.

Ziel der Beschaffung ist grundsätzlich, das materialwirtschaftliche Optimum zu erzielen. Die zu lösende Aufgabe besteht darin, die richtigen Materialien und Vorprodukte in der notwendigen Qualität und Leistung, in der richtigen Quantität, am richtigen Ort, zur richtigen

Zeit zu minimalen Kosten zur Verfügung zu stellen. Dabei geht es aber nicht nur um die günstigsten Beschaffungspreise und bestmögliche Liefertermine oder Just-in-time-Produktion, sondern um ein an der gesamten betrieblichen Wertschöpfungskette des Unternehmens und des Produktlebenszyklus ausgerichtetes strategisches „Source Management". Zu berücksichtigen sind ganz traditionell die Bestell-, Lager- und Transportkosten einschließlich der Kosten der Kapitalbindung für den Materialbestand, geringe interne und externe Koordinationskosten, wie sie beispielsweise durch Standardisierung erreicht werden können, sowie die Vermeidung von Versorgungsengpässen. Darüber hinaus geht es aber ebenso darum, das Know-how von Lieferanten für Neuproduktentwicklungen und für die Entwicklung materialschonender Produktionstechnologien oder Werkstoffsubstitutionen zu nutzen. Mehr und mehr kommen zudem Anforderungen an den Materialeinsatz aus den gesetzlichen Anforderungen und freiwilligen Verpflichtungen zum Recycling der Produkte hinzu, so dass der gesamte Lebenszyklus einschließlich der Wiederverwertung nicht nur im Sinne eines Downcyclings, bei dem der Wert des Recyclats mit jeder Verarbeitungsstufe sinkt, oder der Entsorgung in den Blick genommen werden muss. Mit Ihrer Beschaffungsstrategie können Sie durch folgende konkrete Maßnahmen zur Verbesserung der Materialeffizienz beitragen:

Wie die Materialeffizienz verbessern?

- Definieren Sie die Beschaffungsleistung im Lichte des Zieldreiecks aus Einstandspreisen, Liquidität und geringer Kapitalbindung sowie hoher Lieferbereitschaft, Flexibilität und Qualität! Legen Sie die wesentlichen Messgrößen fest, um die interne Dienstleistungsqualität der Beschaffung transparent messen zu können!

- Stimmen Sie mit der Produktion (Fertigungsplanung), dem Vertrieb (Absatzplanung) und der Logistik den wirklichen Bedarf ab! Beachten Sie dabei den Produktlebenszyklus ihrer eigenen Produkte und die sich daraus ergebenden Schwankungen des Bedarfs! Nutzen Sie das (technische) Know-how der Kollegen in Ihren Fachabteilungen!

- Führen Sie ABC-Analysen durch, um die Lieferanten, die Beschaffungsmärkte und die Beschaffungsobjekte sinnvoll nach ihrem wertmäßigen Anteil zu clustern! Das Ergebnis hilft Ihnen, Ihre Anstrengungen auf das Wichtigste zu fokussieren. So kann das C-Teile-Management häufig kostengünstig zu Dienstleistern ausgelagert werden.

- Führen Sie XYZ-Analysen durch, um die zu beschaffenden Materialien und Produkte nach ihrer Umschlagshäufigkeit und Vorhersagegenauigkeit zu strukturieren!

- Treffen Sie ausgewogene Make-or-buy-Entscheidungen mit der Fertigung!

- Ermitteln Sie mit den Experten in der Produktion Substitutionsmöglichkeiten von kritischen Materialien und Stoffen!

- Prüfen Sie Einsatzmöglichkeiten von Sekundärrohstoffen!

- Installieren Sie eine prozessbegleitende Qualitätssicherung vom Wareneingang bis zum Warenausgang!

- Trennen Sie möglichst operative Aufgaben wie beispielsweise die Bestellung und das Reklamationswesen von strategischen Aufgaben!

- Nehmen Sie die strategischen Aufgaben aber auch in Angriff! Strategische Aufgaben sind zum Beispiel die Durchführung von Lieferantenaudits, die Marktforschung inklusive der Länder- und Marktrisiken oder das Vertragsmanagement.

- Bilden Sie mit befreundeten Unternehmen, die einen gleichgelagerten Bedarf haben, Einkaufsgemeinschaften, um das Einkaufsvolumen zu bündeln!

- Jagen Sie aber nicht minimalen, temporären Einkaufsvorteilen nach, sondern bauen Sie profitable Partnerschaften auf!

- Führen Sie mit diesem Ziel regelmäßig Lieferantenaudits durch, um das Versorgungsrisiko zu reduzieren und beim Lieferanten Effizienzpotentiale zu erschließen! Sie können beispielsweise Scoring-Modelle verwenden, um die Angebote potentieller Lieferanten besser vergleichen zu können. Im Ergebnis erhalten Sie so ein übersichtliches internes Lieferantenranking oder auch eine Lieferantenpyramide.

- Begrenzen Sie die Anzahl Ihrer Lieferanten!

- Bei Neuentwicklungen: Selektieren Sie schon von Entwicklungsbeginn an die optimalen Lieferanten!

- Schließen Sie nach Möglichkeit Rahmenvereinbarungen mit strategisch wichtigen Lieferanten ab! Dies gilt insbesondere in Bezug auf wichtige Rohstoffe, bei Single-Sourcing-Strategien und hohen Lieferantenkonzentrationen! So sichern Sie sich bessere Konditionen und realisieren Prozessvereinfachungen!

- Sichern Sie sich gegen Währungsrisiken ab!

- Qualifizieren Sie Ihre Mitarbeiter bei einer globalen Beschaffungsstrategie in interkulturellen Fähigkeiten!

- Richten Sie ein Beschaffungscontrolling ein und berichten Sie Ihrer Geschäftsführung regelmäßig!

Ressourceneffizienzpotentiale von Prozessinnovationen

Die Materialbeschaffung ist der erste Ansatzpunkt, um die Effizienz zu verbessern. Ein weiterer Schritt ist, die Produktionsprozesse und die Produktionstechnik unter die Lupe zu nehmen. Häufig genannte Beispiele für Materialeinsparungen und -kostensenkungen sind die Reduzierung von Verschnitt oder auch die Verringerung des Ausschusses. Dies klingt trivial, ist es aber nach unserer Erfahrung in der Umsetzung häufig nicht. Mangelnde Zeit im Alltagsgeschäft, fehlendes Know-how, ein mangelndes Problembewusstsein bei den Mitarbeitenden oder zu hohe Investitionskosten in geeignete Maschinen und Softwareprogramme stehen dem häufig genug im Wege. Deshalb ergibt sich die Notwendigkeit, mit geeigneten Methoden und Instrumenten planvoll vorzugehen und neue Konzepte zu entwickeln.

Die Stoffstromanalyse

Eine wichtige Methode ist die sogenannte verfahrenstechnische Stoffstromanalyse, die detailliert Informationen über die Herkunft und den Verbleib von Materialien, Stoffen oder auch Vorprodukten systematisch erfasst und einen guten Überblick liefert. Als Bezugsobjekt eignen sich nicht nur das Unternehmen als Ganzes, sondern beispielsweise auch einzelne Produktionsstandorte, einzelne Produktionsanlagen, einzelne Prozesse oder auch Dienstleistungen. Die Stoffstromanalyse berücksichtigt thermodynamische und chemische Aspekte und ist damit ein gutes Instrument zur Prozesssteuerung und Prozessplanung. Mit ihrer Hilfe werden die Beziehungen zwischen Input und Output nicht nur der ökologisch relevanten Stoff- und Energieströme dargelegt. Denn unter Stoffen werden in diesem Kontext sowohl alle Einzelstoffe als auch Güter auf einer höheren stofflichen Aggregationsebene verstanden, also auf der Inputseite neben Ressourcen und Rohstoffen die Halbzeuge und Vorprodukte und die aufgewandte Prozessenergie und auf der Outputseite neben den Endprodukten auch die Emissionen und Abfälle. Stoffstromanalysen ergänzen das normale Rechnungswesen in „ökologischer" Hinsicht. Analog zur Kostenrechnung mit ihrer Kostenstellen- und Kostenartenrechnung als Periodenrechnung und Kostenträgerrechnung als Stückrechnung ist eine weitere Bezugsgröße festzulegen, nämlich ob man eben eine Periodenrechnung oder eine Stückrechnung beabsichtigt. Zu empfehlen ist, beides durchzuführen und die Stückrechnung aus der Periodenrechnung abzuleiten, weil die produktbezogenen Kennzahlen in der Folge die Erstellung von Ökobilanzen und Lebensweganalysen (Life Cycle Assessments) ermöglichen. Die folgende Abbildung visualisiert den Bezugsrahmen der Stoffstromanalyse.

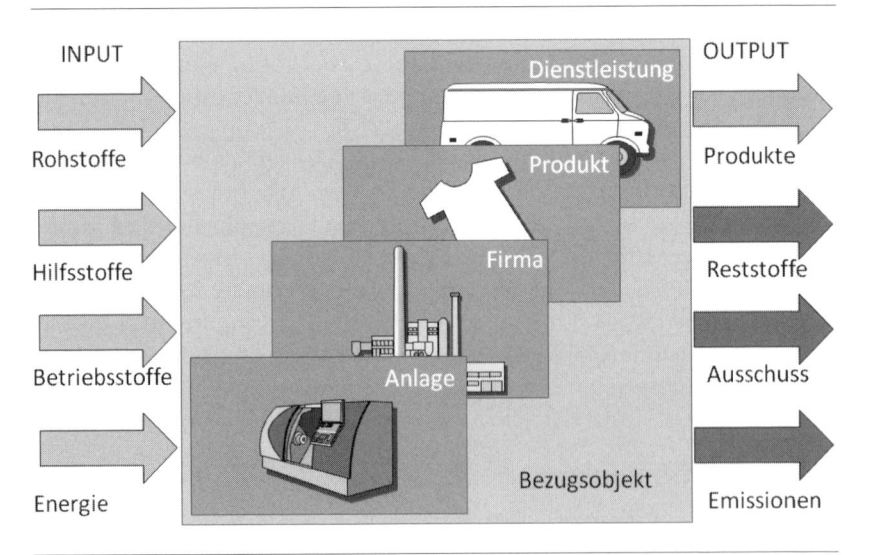

Abbildung 1: Typischer Bilanzrahmen von Energie- und Stoffstromanalysen (Quelle: Schmidt (2011a)).

Im Ergebnis erhalten Sie eine tabellarische Übersicht mit zwei Spalten. Auf der Inputseite werden alle in das System eingehenden Stoffe und Energien erfasst und auf der Outputseite alle Produkte, Stoffe und Energien, die das System verlassen. Mit den Angaben können Sie leicht die oben definierte Materialeffizienz sowie deren Veränderung messen und sich selbst über verschiedene Zeiträume oder auch mit Konkurrenten vergleichen. Die Stoffstromanalyse ersetzt jedoch nicht ein grundlegendes Verständnis für:

- die stofflichen Eigenschaften der eingesetzten Substanzen und Materialien,

- deren Reaktivität und Stabilität,

- die in den Prozessen stattfindenden Umwandlungen und

- die tatsächlich vorhandenen und potentiellen Wechselwirkungen der eingesetzten Stoffe und Materialien.

Die Materialflusskostenrechnung

Mit der soeben dargestellten Stoffstromanalyse wird das physische Mengengerüst der Energie- und Materialströme des im Fokus stehenden Bezugsobjekts erfasst. Darauf aufbauend kann mit der nun vorgestellten Methode der Materialflusskostenrechnung eine monetäre Bewertung vorgenommen werden. Sie ermöglicht, die in der Produktion entstehenden Kosten zu verfolgen und im Unterschied zur normalen Kostenrechnung den dabei entstehenden Reststoffen und Materialverlusten ebenfalls die tatsächlich entstehenden Kosten zuzuordnen. Sie erhöht damit die Transparenz in der „Black Box", als welche die Produktionsprozesse letztlich in der Stoffstromanalyse noch behandelt werden, und liefert wichtige Zusatzinformationen. Mit ihrer Hilfe lassen sich die ökonomisch hochrelevanten Einsparpotentiale identifizieren und die Amortisationszeiten für technische und andere Materialeffizienzmaßnahmen berechnen. Bevor wir ein Beispiel präsentieren, zunächst einige wichtige Definitionen.

Grundlegende Definitionen

a) Die Mengenstelle ist ein Ausschnitt des Produktionsprozesses, für den durch eine Stoffstromanalyse der Input und Output mengenmäßig und wertmäßig erfasst sind (z. B. das Rundschmieden von Hohlwellen in der Getriebefertigung).

b) Der Materialverlust ist der „nicht gewünschte" Materialoutput der Mengenstelle, also Reststoffe, Abfälle, Emissionen, Abwasser.

c) Die Materialkosten sind die Kosten für die in der Mengenstelle verbrauchten Materialien, berechnet als Einstandspreis multipliziert mit der Verbrauchsmenge.

d) Die Abfallkosten sind die Kosten, die für die Entsorgung oder Aufbereitung von Abfällen entstehen.

e) Die Systemkosten sind alle sonstigen Aufwendungen der Mengenstelle, z. B. Arbeitskosten, Abschreibungen, Wartungskosten, Transportkosten und so weiter.

Die folgende Abbildung stellt ein Beispiel dar.

	Materialkosten	
	A (80 kg)	8.000 €
	B (10 kg)	2.000 €
	Energiekosten	300 €
	Systemkosten	450 €
	Gesamtkosten	10.750 €

Mengenstelle → Produkt (90 kg)

Materialinput (100 kg)

Material:
A (80 kg) 8.000 €
B (20 kg) 4.000 €

Materialanfangsbestand:
A: 40 kg = 4.000 €
B: 5 kg = 1.000 €

Materialendbestand:
A: 20 kg = 2.000 €
B: 5 kg = 1.000 €

Sonstige Kosten:
Energiekosten 400 €
Systemkosten 600 €
Kosten Entsorgung 300 €

→ Materialverlust (30 kg)

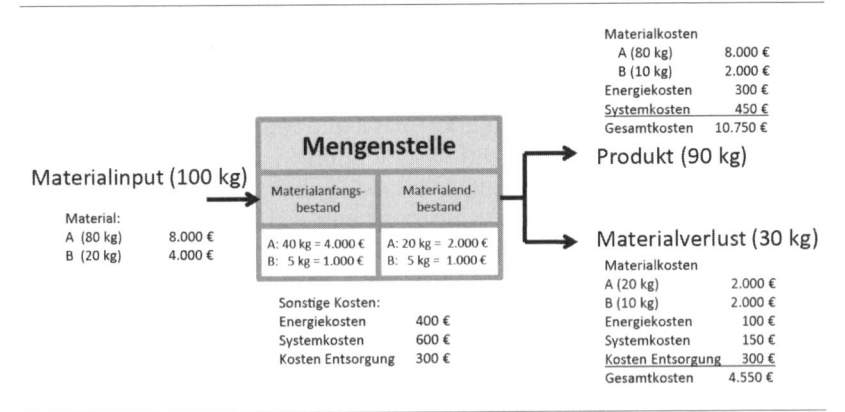

Materialkosten
A (20 kg) 2.000 €
B (10 kg) 2.000 €
Energiekosten 100 €
Systemkosten 150 €
Kosten Entsorgung 300 €
Gesamtkosten 4.550 €

Abbildung 2: Erfassung von Mengen und Kosten eines Produktionsbereichs (in Anlehnung an Schmidt (2011b)).

Hier eine kurze Erläuterung zu dem Beispiel: In der Mengenstelle gehen 80 kg von Material A und 20 kg von Material B ein. Materialart A kostet in der Beschaffung 100 Euro je kg, Materialart B ist doppelt so teuer, also 200 Euro je kg. Auf Anhieb würden Sie schon feststellen, dass von Materialart B weniger verloren gehen sollte als von Materialart A, da es offensichtlich deutlich wertvoller ist. Zudem findet in der Mengenstelle eine Lagerhaltung statt, so dass der Anfangs- und Endbestand der beiden Materialarten erfasst werden muss. Aus dem vorhandenen Lagerbestand werden aber lediglich 20 kg von Materialart A entnommen. Sie wird der Einfachheit halber zum gleichen Preis wie der aktuelle Einstandspreis bewertet. Dies muss nicht so sein, in der Praxis der Kostenrechnung gibt es dafür eine Reihe aufwendigerer Verfahren. Die Energiekosten an der Mengenstelle betragen 400 Euro, die Systemkosten 600 Euro und die Entsorgungskosten 300 Euro. Aus den insgesamt eingesetzten Ressourcen von 120 kg entstehen ein geplanter Output von 90 kg und ein Materialverlust von 30 kg, also ein Verhältnis von 75 Prozent zu 25 Prozent. Nach diesem Verhältnis werden nun die Energiekosten und die Systemkosten verteilt. Die Entsorgungskosten gehen zur Gänze zu Lasten der Materialverluste. Die Materialkosten werden entsprechend den erfassbaren Inputs berechnet. Die Gesamtkosten von 15.300 Euro verteilen sich zu 10.750 Euro (119,44 Euro je kg) auf den Produktoutput und zu 4.550 Euro (151,66 Euro je kg) auf die Materialverluste. Wir beobachten, dass von Materialart A 20 Prozent verloren gehen, von Materialart B dagegen 50 Prozent. Die Kosten für die Materialverluste sind je kg höher als für das Produkt. Bezüglich der Materialart B besteht also dringender Handlungsbedarf!

Das Beispiel zeigt: Die Materialflusskostenrechnung liefert ein hervorragendes Datengerüst für die Material- und Energieströme. Ihre Erstellung erfordert jedoch Informationen aus mehreren Unternehmensbereichen und sollte daher von einem Team und nicht nur von einem Verantwortlichen im Rechnungswesen oder in der Produktion erstellt werden. In der Praxis kann sich die oben gewählte Form der grafischen Darstellung schnell als zu aufwendig herausstellen. Daher empfiehlt die zu dieser Methode vorliegende internationale Norm ISO 14051 die sogenannte Materialflusskostenmatrix als alternative Darstellungsform. In einer solchen Matrix finden Sie die einzelnen, oben beispielhaft beschriebenen Kostenarten in den jeweiligen Spalten, die für jede Mengenstelle geführt werden müssen. Für die jeweils folgende Mengenstelle werden die Materialkosten des Outputs aus der vorhergehenden Mengenstelle übernommen. Die Kosten werden also kumuliert ausgewiesen. Auf diese Weise sind die Materialverlustkosten an jedem Punkt schnell erkennbar.

In €	Mengenstelle 1 (MS1)					Mengenstelle 2 (MS2)				
	Material-Kosten	Energie-kosten	System-kosten	Kosten für Ent-sorgung	Summe in MS1	Material-Kosten	Energie-kosten	System-kosten	Kosten für Ent-sorgung	Summe in MS1
Materialeinsätze vorheriger MS						10.000	300	450	–	10.750
Neue Materialeinsätze in MS	14.000	400	600	300	15.300	8.000	200	300	200	8.700
Summe in jeder MS	14.000	400	600	300	15.300	18.000	500	750	200	19.450
Produkt	10.000	300	450	–	10.750	16.000	450	675	–	17.125
Materialverlust	4.000	100	150	300	4.550	2.000	50	75	200	2.325
Gesamtkosten Materialverluste in MS1 und MS2						6.000	150	225	500	6.875
Gesamtkosten	14.000	400	600	300	15.300	22.000	600	900	500	24.000

Abbildung 3: Materialflusskostenmatrix nach ISO 14051 (in Anlehnung an Schmidt (2011b)).

Materialeffiziente Produktgestaltung

Veränderungen an bereits laufenden Prozessen können mit unbestreitbaren Vorteilen verbunden sein. Gleichzeitig sind die erreichbaren Einsparpotentiale begrenzt. Viele Einflussgrößen lassen sich auf der Basis bestehender Produktentwürfe nur bedingt verändern. Je eher man im Produktentstehungsprozess ansetzt, desto stärker lässt sich der Materialeinsatz beeinflussen. Der Entwickler legt bereits während der Konstruktion weitgehend die Art und Menge der verwendeten Materialien, die Fertigungs- und Montageabläufe oder die Wiederverwertbarkeit fest. Damit entscheidet er zu diesem frühen Zeitpunkt über bis zu 70 Prozent der Selbstkosten und 80 Prozent der Lebenslaufkosten.[2] Gleichzeitig sind Veränderungen hier noch relativ günstig.

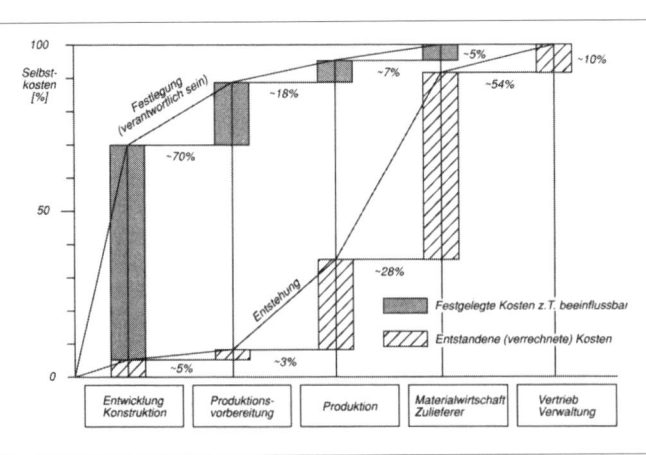

Abbildung 4: Kostenfestlegung und -verursachung in den Unternehmensbereichen (Quelle: VDI (1987)).

In welchen Fällen lohnt es sich, am Material anzusetzen?

Die Steigerung der Materialeffizienz ist gerade im verarbeitenden Gewerbe ein lohnenswerter Ansatzpunkt. Gründe sind der hohe Anteil der Materialkosten[3] und deren Charakter als echte variable Kosten. Daneben gilt es aber auch andere Ausgaben – wie Fertigungs- und Montagekosten während der Herstellung, aber auch Betriebs- und Instandhaltungskosten während der Nutzungsphase – zu beachten.[4] Senkt man einen Kostenfaktor, hat dies oft negative Auswirkungen an anderer Stelle. Materialkosten zu reduzieren ist folglich nicht immer die beste Alternative. Welcher Kostenfaktor tatsächlich im Vordergrund steht, bestimmen Faktoren wie die Materialart, die Baugröße oder die Stückzahl. Im Maschinenbau etwa gilt[5]:

- Bei sehr großen Teilen und Produkten dominieren die Materialkosten (und Wärmebehandlungskosten).

- Ganz ähnlich verhält es sich bei kleinen und mittelgroßen Teilen und Produkten in Großserienfertigung. Auch hier spielen die Materialkosten eine wichtige Rolle.

- Dagegen ergeben sich bei Einzelfertigung von kleinen Teilen in der Regel nur geringe Erfolge durch Materialeinsparungen.

In welcher Phase lohnt es sich anzusetzen?

Ansatzpunkte zur Steigerung der Materialeffizienz bieten sich im gesamten Konstruktionsprozess.[6] Je früher man dabei allerdings ansetzt, desto größer sind die Einflussmöglichkeiten.

Bereits der Zuschnitt der Aufgabenstellung ist von entscheidender Bedeutung. Anforderungen, Garantiezusagen, Abnahmebedingungen, einzuhaltende Normen, Vorschriften und Toleranzen beeinflussen beispielsweise die Materialwahl oder die Materialdicke. Deshalb ist es wichtig, das Lastenheft von allen Anforderungen zu befreien, die nicht zum Kundennutzen beitragen.[7] Dies mindert die Gefahr, durch Overengineering unnötig Arbeit und Materialien zu verschwenden.

Im Rahmen der Produktstrukturierung eröffnen Plattformkonzepte, Baukastensysteme oder die Modulbauweise Einsparpotentiale vor allem aufgrund verbesserter Mengen- und Stückzahleneffekte.[8] Modulare Produktstrukturen bieten darüber hinaus zahlreiche weitere Vorteile über den gesamten Produktlebensweg. Sie erleichtern die Parallelisierung von Entwicklungsaufgaben, helfen, die Komplexität zu reduzieren[9] und Gemeinkosten zu senken[10], zum Beispiel durch geringere Kosten für Verwaltung und Logistik. Dadurch wird es teilweise erst rentabel, mehr Aufwand in die Konstruktion zu investieren, bestimmte Materialien und Fertigungsarten zu verwenden oder ein Rücknahmesystem einzurichten.

Eine besondere Bedeutung besitzt die Wahl geeigneter Funktionsprinzipien in der Konzeptphase. Die Festlegung des physikalischen Prinzips, aber auch der Zahl und Art der Wirkbewegungen oder Wirkflächen bedingen in entscheidendem Maße die Baugröße, Werkstoffart und Komplexität der fertigen Produkte. Um hohe Material- und Kosteneinsparungen zu erreichen, sollte man deshalb bereits beim Konzept ansetzen. Dies ist allerdings nicht immer uneingeschränkt möglich, etwa bei Anpassungs- und Variantenkonstruktionen.

Was lässt sich verändern?

Unternehmen können die Materialeffizienz durch verschiedene Maßnahmen[11] steigern. Ansatzpunkte bieten zum Beispiel die Wahl

- der Werkstoffart,

- der geometrischen Merkmale oder

- der Fertigungs- und Montage-Technologie.

Kritische oder teure Rohstoffe lassen sich durch leichter verfügbare oder günstigere Rohstoffe ersetzen. Teilweise stehen alternative oder neue Werkstoffe zur Verfügung, die eine höhere Effizienz zulassen. Beispiele sind hochfeste Stähle, nanotechnische Oberflächenversiegelungen oder Leichtbaumaterialien im Möbel- und Fahrzeugbau. Materialien besitzen allerdings spezifische Eigenschaften und lassen sich nicht ohne weiteres austauschen. Konstruktive Veränderungen, wie die Funktionstrennung, können aber einen Materialwechsel erleichtern.

Veränderungen der Geometrie eines Produktes sind ebenfalls aussichtsreich, um Materialverbräuche zu senken. Sicherheiten bei

Materialdicken lassen sich reduzieren, Abmessungen, Anzahl und Lage von Produktelementen optimieren. Entwickler können Ansätze der Bionik verwenden, um Materialstärken gezielt an die tatsächlichen Bedarfe anzupassen.[12] Wichtige Stichworte sind in diesem Zusammenhang der Klein- und Sparbau.[13]

Kleinbau zielt vor allem darauf, die Baugrößen während der Konzeptphase zu reduzieren. Entsprechend eignet er sich vor allem bei großen Teilen oder Stückzahlen. Mögliche Veränderungen sind:

- die Parallelschaltung von Wirkflächen,

- eine Überlastbegrenzung,

- die Auslegung des Produktes auf Zeitfestigkeit,

- die Drehzahlerhöhung,

- der Wechsel von der Biege- zur Zug-(Druck-)Beanspruchung oder

- der Einsatz von hochfesten Schrauben.

Im Gegensatz dazu werden beim Sparbau Einsparungen ohne Veränderungen des konstruktiven Entwurfes angestrebt. Wandstärken oder Blechüberstände beim Schweißen lassen sich oft noch verringern.[14]

Wichtige Impulse können auch vom Einsatz alternativer beziehungsweise neuer Fertigungs- und Montage-Technologien ausgehen.[15] Insbesondere kleine Betriebe hinken dem technologischen Wandel meist hinterher. Um Abfälle zu reduzieren, können Unternehmen unter anderem:

- endkonturnahe Fertigungsverfahren wie das Tiefziehen wählen oder

- Drehteile nicht aus dem Vollen arbeiten, sondern beispielsweise auf vorgeformte Halbteile zurückgreifen.[16]

Lassen die bisher genannten Ansatzpunkte kein Veränderungspotential zu, kann der Entwickler Toleranzen, Oberflächenbeschaffenheit oder Gestaltungsdetails in den Blick nehmen. Auch Verpackungen lassen sich ressourcensparend gestalten. Unternehmen können, wo möglich, auf sie verzichten, auf geringe Abmessungen und eine gut stapelbare Formgebung achten oder Recyclingmaterialien einsetzen.[17]

Wie können Unternehmen vorgehen?

Erfolgreiche Produkte müssen unterschiedlichsten Anforderungen gerecht werden. Funktionserfüllung, Kosten- und Termineinhaltung sind hierfür gleichermaßen wichtig. Um alle Aspekte von Anfang an im Blick zu behalten, sollten sämtliche Beteiligte möglichst früh in die Überlegungen einbezogen werden.[18] Das betrifft sowohl „Kundenkenner" aus dem Marketing, Vertrieb und Service als auch „Kostenkenner" und „Kostenverursacher" aus dem Controlling, der Fertigung und Beschaffung genauso wie die „Kostenbeeinflusser" der Forschung und Entwicklung.

Weiterhin benötigen Entwickler eine solide Informationsgrundlage, um jederzeit verschiedene Alternativen bewerten zu können. Entscheidend ist dabei insbesondere eine schnelle und frühe Verfügbarkeit der Kosteninformationen.[19] Deshalb sollten Ingenieure und Techniker selbst in der Lage sein, entwicklungsbegleitend Kostenabschätzungen und Kalkulationen vorzunehmen. Zudem benötigen sie geeignete Methoden, um die angestrebten Kostenziele erreichen zu können.

Welche Methoden eignen sich?

Bei der Gestaltung materialeffizienter Produkte empfiehlt sich ein systematisches Vorgehen. In der Praxis erprobte Methoden können dies unterstützen.[20] Sie sollten jedoch auf das Unternehmen zugeschnitten sein und müssen deshalb gezielt ausgewählt und angepasst werden.[21] Welches Vorgehen sich lohnt, ist in hohem Maße situationsabhängig. Die Anstrengungen müssen in Relation zu den erwarteten Einsparungen stehen. Rentieren sich etwa aufwendige Analysen nicht, empfiehlt es sich stattdessen, auf Regeln oder Checklisten zurückzugreifen.

Die Kostensenkung und der sparsame Umgang mit Ressourcen ist für Unternehmen keine neue Zielsetzung. Die vorgestellten Methoden sind dementsprechend teilweise schon seit Jahrzehnten in der Praxis bewährt. Dennoch werden sie noch nicht überall konsequent angewendet. Zur Steigerung der Ressourceneffizienz eignen sich, abhängig von der eigenen Zielsetzung, zwei unterschiedliche Herangehensweisen:

Die *umweltgerechte Produktgestaltung* zielt konsequent darauf ab, Ressourcenverbräuche und Umweltauswirkungen zu senken.[22] Nichtsdestotrotz lassen sich auch mit dieser Methode Kostensenkungen erzielen, wie die Praxis zeigt. Neben Material- und Energieeinsparungen trägt dazu auch die Minderung von Haftungsrisiken, Entsorgungskosten oder Service- und Reparaturleistungen bei. Auf der Grundlage einer Produktanalyse werden gezielt die Lebensphasen, Funktionen und Bauteile ausgewählt, die für die meisten negativen Umweltauswirkungen verantwortlich sind. Anschließend wird versucht, diese Hot Spots unter Berücksichtigung sämtlicher Anforderungen zu optimieren. Ansätze dieser Art sind unter Namen wie Ökodesign, Ecodesign, Sustainable Design oder integrierte Produktpolitik verbreitet.

Stehen demgegenüber Kosteneinsparungen im Fokus, empfiehlt sich ein Vorgehen nach dem *Design-to-Cost-Ansatz*. Er eignet sich für Neuentwicklungen ebenso wie für die Anpassung bestehender Produkte. Design to Cost hilft, kostenoptimale und gleichzeitig marktgerechte Produkte zu entwickeln. Kosteneinsparungen sind dabei aber nicht immer gleichbedeutend mit einem geringeren Werkstoffverbrauch. Denn aus Kostensicht kann es zum Beispiel Sinn machen, größere Mengen eines kostengünstigeren oder leichter bearbeitbaren Materials einzusetzen. Verwendung finden beim Design to Cost Instrumente wie das Target Costing oder die Wertanalyse.[23]

Target Costing

Target Costing zielt auf eine marktorientierte Kostensteuerung während der Produktentwicklung. Dazu setzt die Methode an den Kundenwünschen an und versucht von Anfang an die Frage zu klären, was ein Produkt aus Kundensicht kosten darf. Daraus werden in vier Hauptschritten systematisch Zielkosten für die einzelnen Produktkomponenten abgeleitet[24]:

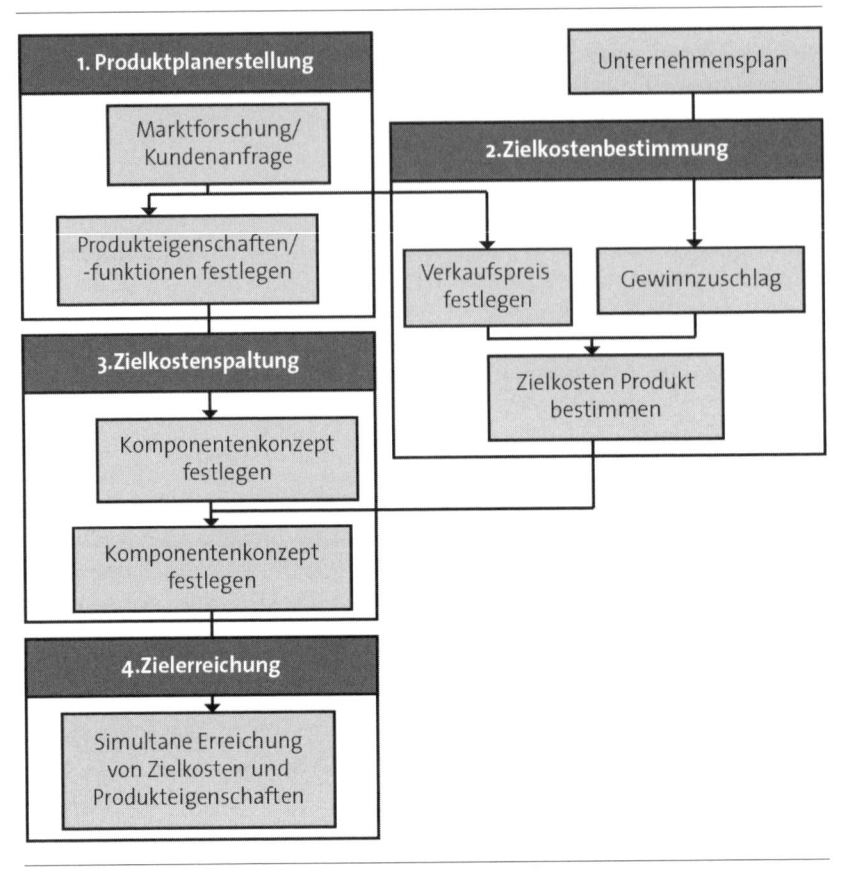

```
┌─────────────────────────────┐         ┌──────────────────┐
│ 1. Produktplanerstellung    │         │ Unternehmensplan │
└─────────────────────────────┘         └──────────────────┘
   ┌───────────────────────┐            ┌─────────────────────────────┐
   │ Marktforschung/       │            │ 2.Zielkostenbestimmung      │
   │ Kundenanfrage         │            └─────────────────────────────┘
   └───────────────────────┘
   ┌───────────────────────┐    ┌──────────────────┐   ┌──────────────────┐
   │ Produkteigenschaften/ │    │ Verkaufspreis    │   │ Gewinnzuschlag   │
   │ -funktionen festlegen │    │ festlegen        │   │                  │
   └───────────────────────┘    └──────────────────┘   └──────────────────┘
┌─────────────────────────────┐        ┌──────────────────┐
│ 3.Zielkostenspaltung        │        │ Zielkosten Produkt│
└─────────────────────────────┘        │ bestimmen        │
   ┌───────────────────────┐           └──────────────────┘
   │ Komponentenkonzept    │
   │ festlegen             │
   └───────────────────────┘
   ┌───────────────────────┐
   │ Komponentenkonzept    │
   │ festlegen             │
   └───────────────────────┘
┌─────────────────────────────┐
│ 4.Zielerreichung            │
└─────────────────────────────┘
   ┌───────────────────────┐
   │ Simultane Erreichung  │
   │ von Zielkosten und    │
   │ Produkteigenschaften  │
   └───────────────────────┘
```

Abbildung 5: Ablauf des Target Costing (Quelle: Fischer (2008)).

Zu Beginn werden die wesentlichen Produkteigenschaften und -funktionen festgelegt. Grundlage sind Marktuntersuchungen oder Kundengespräche. Davon ausgehend wird neben den Produkteigenschaften auch ein am Markt realistisch zu erzielender Verkaufspreis festgelegt. Abzüglich des eigenen Gewinnanteils ergibt dies die Zielkosten für die Produktentwicklung. Der nächste Schritt zielt darauf ab, die Teilkostenziele für einzelne Produktkomponenten festzulegen. Dafür werden zunächst die Produktfunktionen beziehungsweise -merkmale nach ihrem Nutzen für den Kunden gewichtet. Anschließend lassen sich die einzelnen Komponenten des Produktes dahingehend bewerten, welchen Beitrag sie jeweils zur Erfüllung dieser Funktionen leisten. Summiert man sämtliche Beiträge eines Bauteils zur Funktionserfüllung mit deren Bedeutung für den Kundennutzen auf, ergibt sich der Nutzenanteil eines jeden Bauteils aus Kundensicht. Entsprechend diesen Nutzenanteilen lassen sich die Zielkosten des Produktes aufteilen. Ergebnis sind die Teilzielkosten einzelner Produktkomponenten. Diese erlauben es, Kostensenkungsziele und deren Erreichung zu ermitteln, und sind somit eine hervorragende Grundlage.[25]

Schwierigkeiten bei diesem Vorgehen können in Fällen wie der Entwicklung für unterschiedliche Märkte oder von modularen Produkten auftreten. Auch ist zu hinterfragen, ob es im konkreten Fall Sinn macht, den Ressourceneinsatz stringent aus dem Beitrag zum Kundennutzen abzuleiten. Das beschriebene Vorgehen hat sich in der Praxis jedoch bestens bewährt. Entwickler sind hierdurch zum einen gezwungen, die Marktsituation und deren Entwicklung zu analysieren. Zum anderen helfen die konkreten Teilziele und die frühe Kontrolle, Kosten effektiv zu senken.[26]

Wertanalyse

Beim Target Costing werden die Produkteigenschaften nicht hinterfragt. Auch fehlen weitere Umsetzungshilfen. Anders ist dies bei der Wertanalyse. Wird diese bei der Produktentwicklung eingesetzt, so unterscheidet man zwischen der Wertverbesserung für die Überarbeitung von bestehenden und der Wertgestaltung für die Neuentwicklung von Produkten.[27] Ziel ist in beiden Fällen die Steigerung des Produktwertes:

$$\text{Wert} = \frac{\text{Funktionserfüllung}}{\text{Funktionskosten}}$$

Es geht dabei also nicht nur um die Senkung der Kosten. Vielmehr soll ein wirtschaftliches Optimum ermittelt werden.[28] Das Vorgehen bei der Wertanalyse wird bestimmt durch den sogenannten Arbeitsplan. Dieser gliedert sich in einzelne Schritte und ist in Deutschland derzeit als sechs- und als zehnstufige Variante verbreitet.[29] So sollen systematisch Kostenziele und Ansatzpunkte abgeleitet und in optimierte Produkte überführt werden. In diesen Ablauf lässt sich unter anderem auch das beschriebene Vorgehen des Target Costing integrieren.[30]

Grundschritt	Teilschritt
1 Projekt vorbereiten Die Projektvorbereitung ist Voraussetzung für einen gesicherten Ablauf und gute Ergebnisse	1.1 Moderator benennen 1.2 Auftrag übernehmen, Grobziel mit Bedingungen festlegen 1.3 Einzelziele setzen 1.4 Untersuchungsrahmen abgrenzen 1.5 Projektorganisation festlegen 1.6 Projektablauf planen
2 Objektsituation analysieren Das Analysieren der Ausgangssituation des WA-Objektes bedeutet deren umfassendes Erkennen mit dem Zweck, durch Abstrahieren in Form von Funktionen ein möglichst breites Lösungsfeld zu erschließen. (Bei vorhandenem IST-Zustand stellt dieser die Objektsituation im Ausgangszustand dar.)	2.1 Objekt- und Umfeld-Informationen beschaffen 2.2 Kosteninformationen beschaffen 2.3 Funktionen ermitteln 2.4 Lösungsbedingte Vorgaben ermitteln 2.5 Kosten den Funktionen zuordnen
3 SOLL-Zustand beschreiben Mit dem Beschreiben des Sollzustands wird die Grundlage für die Ideensuche und für die Auswahl der Lösungen zum Erreichen der Einzelziele gegeben.	3.1 Informationen auswerten 3.2 Soll-Funktionen festlegen 3.3 Lösungsbedingte Vorgaben festlegen 3.4 Kostenziele den SOLL-Funktionen zuordnen
4 Lösungsideen entwickeln Dieser Grundschritt ist der schöpferische Schwerpunkt des Elementes Methode der Wertanalyse. Kreativitätsfördernde Maßnahmen und die Nutzung von Informationsquellen steigern die Quantität der Ideen. Eine große Ideenquantität erhöht die Wahrscheinlichkeit, über eine große Anzahl von Lösungsansätzen qualitativ hochwertige Lösungen zu finden.	4.1 Vorhandene Ideen sammeln 4.2 Neue Ideen entwickeln
5 Lösungen festlegen Dieser Schritt führt von der Ideensammlung durch Verdichten und Bewerten stufenweise zu einer nachvollziehbaren Entscheidung.	5.1 Bewertungskriterien festlegen 5.2 Lösungsideen bewerten 5.3 Ideen zu Lösungsansätzen verdichten und darstellen 5.4 Lösungsansätze bewerten 5.5 Lösungen ausarbeiten 5.6 Lösungen bewerten 5.7 Entscheidungsvorlage erstellen 5.8 Entscheidungen herbeiführen
6 Lösungen verwirklichen Die Umsetzung der verabschiedeten Lösungen in die Praxis stellt das Arbeitsergebnis sicher und schließt das WA-Projekt ab.	6.1 Realisierung im Detail planen 6.2 Realisierung einleiten 6.3 Realisierung überwachen 6.4 Projekt abschließen

Abbildung 6: Wertanalyse-Arbeitsplan nach DIN 69910 (Quelle: DIN (1987)).

Die Umsetzung von Target Costing und Wertanalyse ist nicht immer unproblematisch. Als schwierig erweist sich häufig die Ermittlung der Kundenanforderungen, deren Gewichtung oder die genaue Zurechnung der Gemeinkosten. Dennoch, bei einer konsequenten Umsetzung lassen sich erstaunliche Einsparungen erzielen: Analysen beziffern die durchschnittliche Kostensenkung bei wertanalytisch überarbeiteten Produkten auf 23 beziehungsweise 33 Prozent.[31] Das Einsparpotential durch den Einsatz von Design to Cost beträgt in einem mittelgroßen Unternehmen mindestens 5 bis 15 Prozent der Herstellungskosten.[32]

Welche Hilfsmittel eignen sich noch?

Unternehmen können darüber hinaus noch auf weitere Hilfsmittel und Instrumente zurückgreifen. Dies gilt unabhängig davon, ob sie eine der bisher genannten Methoden nutzen oder nicht. Zu diesen Hilfsmitteln zählen die bereits erwähnten Regeln und Checklisten sowie die entwicklungsbegleitende Kalkulation.[33] Weitere Instrumente sind die ABC-Analyse[34], die Portfolioanalyse[35], die Relativkosten[36] oder das Benchmarking[37]. Aus dem Qualitätsmanagement eignen sich Methoden wie Quality Function Deployment (QFD)[38] und Fehler-Möglichkeits- und Einfluss-Analyse (FMEA)[39]. Aus der Marktforschung und dem Innovationsmanagement stehen beispielsweise die Conjoint-Analyse[40], die Morphologische Matrix[41] oder verschiedene Kreativitätstechniken zur Verfügung.[42]

In einigen Fällen geben auch das Variantenmanagement und die recyclinggerechte Produktgestaltung wichtige Hilfestellungen. Das Variantenmanagement eignet sich, um die Komplexität von Produktstrukturen, Produkten oder die Teilevielfalt im Unternehmen und die damit zusammenhängenden Folgekosten zu verringern.[43] Die recyclinggerechte Produktgestaltung dagegen zielt auf die Senkung der Entsorgungskosten.[44]

Schlussbemerkungen

Die politischen und ökonomischen Dimensionen der Ressourceneffizienz werden täglich in der überregionalen und regionalen Presse, auf Konferenzen, Tagungen und in Arbeitskreisen ausgiebig diskutiert. Obwohl das Thema nicht neu ist, hat es durch die beschlossene

Energiewende und steigende Rohstoffkosten erheblich an Brisanz gewonnen. Schon in der 12. Wahlperiode des Deutschen Bundestages hat sich die Enquete-Kommission „Schutz des Menschen und der Umwelt" vor 20 Jahren im Auftrag des Parlaments mit umweltverträglichen Maßnahmen und Empfehlungen für den Umgang mit Stoff- und Materialströmen beschäftigt. Mittlerweile wurden bei den methodischen Fragen und in Hinsicht auf die Praxistauglichkeit der Instrumente Fortschritte erzielt. Erkannt ist auch, dass es nicht nur um Maßnahmen in der Produktion geht, sondern auch um die Produkte und deren Gestaltung. So konnten wir im vorliegenden Abschnitt auf einige uns für Ihre Anwendung wichtig erscheinende Verfahren eingehen. Zwangsläufig mussten wir uns dabei beschränken und eine Auswahl treffen, so dass der Beitrag eine systematische und umfassendere Darstellung nicht ersetzen kann. Gleiches gilt für Handlungsempfehlungen und die Ableitung von konkreten Maßnahmen für Ihr Unternehmen, wie sie nur im Rahmen von Beratungsprojekten realisierbar sind.

Literatur

Abele, E. et al. (2008): EcoDesign. Von der Theorie in die Praxis. Berlin: Springer-Verlag.

Bayerisches Staatsministerium für Umwelt, Gesundheit und Verbraucherschutz (2005): IPP Integrierte Produktpolitik – Ergebnisse des Pilotprojektes IPP in kleinen und mittleren Unternehmen (KMU). 2. Auflage, München.

Birkhöfer, H. et al. (2012): Umweltgerechtes Konstruieren. In: Rieg, F. et al.: Handbuch Konstruktion. München: Carl Hanser Verlag, S. 561–582.

Blaeser-Benfer, A. (2010): Mit Materialeffizienz gewinnen – Kosten senken und Rendite erhöhen. Eschborn: RKW.

Blaeser-Benfer, A. et al. (2012): Produktivität für kleine und mittelständische Unternehmen, Teil 1: Handlungsleitfaden für den industriellen Mittelstand. Eschborn: RKW.

Bundesministerium für Umwelt, Naturschutz und Reaktorsicherheit (BMU) (2012): GreenTech made in Germany 3.0. Berlin.

Busch, T. et al. (2004): Zukunftsfähige Innovationen. Auf dem Weg zum nachhaltig wirtschaftenden Unternehmen. Wuppertal Spezial 30.

Crone, J. et al. (2012): Recyclinggerechtes Konstruieren. In: Rieg, F. et al.: Handbuch Konstruktion. München: Carl Hanser Verlag, S. 485–510.

Deutsches Institut für Normung (DIN) (1987): DIN 69910:1987 Wertanalyse. Berlin: Beuth Verlag.

Deutsches Institut für Normung (DIN) (1996): DIN EN 1325-1:1996 Value Management, Wertanalyse, Funktionenanalyse, Wörterbuch – Teil 1: Wertanalyse und Funktionenanalyse. Berlin: Beuth Verlag.

Deutsches Institut für Normung (DIN) (2002): DIN EN 12973:2000-07 Value Management. Berlin: Beuth Verlag.

Ehrlenspiel, K. (1980): Möglichkeiten zum Senken der Produktkosten – Erkenntnisse aus einer Auswertung von Wertanalysen. In: Konstruktion 32 (1980), S. 173–178.

Ehrlenspiel, K. (1985): Kostengünstig konstruieren. Konstruktionsbücher Bd. 35. Berlin: Springer-Verlag.

Ehrlenspiel, K. et al. (2007): Kostengünstig entwickeln und konstruieren. Berlin: Springer-Verlag.

Ehrlenspiel, K. (2009): Integrierte Produktentwicklung: Denkabläufe, Methodeneinsatz, Zusammenarbeit, 4., überarbeitete Auflage. München: Carl Hanser Verlag.

Fischer, Jan O. (2008): Kostenbewusstes Konstruieren, Berlin: Springer-Verlag.

Fraunhofer-Gesellschaft (2013): Mehr aus weniger machen, weiter vorn. Fraunhofer-Magazin 1.13 – Beilage Effizienz.

Jochem, E. et al. (2005): Studie zur Konzeption eines Programms für die Steigerung der Materialeffizienz. Anlageband zur Potential- und Hemmnisanalyse. Berlin.

KfW Bankengruppe (2009): Perspektive Zukunftsfähigkeit – Steigerung der Rohstoff- und Materialeffizienz. Frankfurt am Main.

Kohlhase, N. (1998): Variantenreduzierung in der Praxis – ein Erfahrungsbericht aus der Einzel- und Kleinserienfertigung. In: Effektive Entwicklung und Auftragsabwicklung variantenreicher Produkte. VDI-Berichte 1434, Düsseldorf, S. 53–68.

Krause, D. (2012): Modulare Produktstrukturierung. In: Rieg, F. et al.: Handbuch Konstruktion. München: Carl Hanser Verlag, S. 659–680.

Lettenmeier, M (2009): Resource productivity in 7 steps. How to develop eco-innovative products and services and improve their material footprint. Wuppertal Spezial 41.

Lindemann, U. (2007): Methodische Entwicklung technischer Produkte. 2., bearbeitete Auflage, Berlin: Springer-Verlag.

Martens, H. (2011): Recyclingtechnik: Fachbuch für Lehre und Praxis. Heidelberg: Spektrum Akademischer Verlag.

Mörtl, M. (2012): Kostenrechnung in der Konstruktion. In: Rieg, F. et al.: Handbuch Konstruktion. München: Carl Hanser Verlag, S. 703–724.

Rießelmann, J. (2011): Methoden für einen effizienten Materialeinsatz, Eschborn: RKW.

Schmidt, M. (2011a): Energie- und Stoffstromanalysen. Eschborn: RKW.

Schmidt, M. (2011b): Materialflusskostenrechnung. Eschborn: RKW.

Scholl, K. (1998): Konstruktionsbegleitende Kalkulation. München: Verlag Franz Vahlen.

Seidenschwarz, W. et al. (2002): Target Costing: Auf dem Weg zum marktorientierten Unternehmen In: Franz, K.-P.; Kajüter, P. (Hg.): Kostenmanagement. Wertsteigerung durch systematische Kostensteuerung. 2. Auflage, Stuttgart: Schäffer-Poeschel Verlag, S. 135–172.

Verband Deutscher Ingenieure (2002): VDI-Richtlinie VDI 2243 Recyclingorientierte Produktentwicklung. Berlin: Beuth Verlag.

Verband Deutscher Ingenieure (2010): VDI-Richtlinie 2800 Wertanalyse. Berlin: Beuth Verlag.

VDI-Gesellschaft Produkt- und Prozessgestaltung (1987): VDI-Richtlinie 2235 Wirtschaftliche Entscheidungen beim Konstruieren. Methoden und Hilfen. Berlin: Beuth Verlag.

VDI-Gesellschaft Produkt- und Prozessgestaltung (2002): VDI-Richtlinie 2243 Recyclingorientierte Produktentwicklung. Berlin: Beuth Verlag.

VDI-Gesellschaft Produkt- und Prozessgestaltung (2011): Wertanalyse – das Tool im Value Management. 6. Auflage, Heidelberg: Springer-Verlag.

Wimmer, W. (2010): ECODESIGN, The Competitive Advantage. Heidelberg: Springer-Verlag.

Endnoten

1. Siehe www.materialeffizienz.de/was-ist-materialeffizienz.
2. Vgl. Ehrlenspiel (1980), S. 173 ff.; Ehrlenspiel (1985), S. 2; Scholl (1998), S. 21.
3. Vgl. Bundesamt für Statistik (2011).
4. Vgl. Ehrlenspiel (2009), S. 604 ff.
5. Vgl. Ehrlenspiel (2007).
6. Vgl. Fischer (2008), S. 35.
7. Vgl. Ehrlenspiel (2007), S. 22.
8. Vgl. Kohlhase (1998), S.56; Fischer (2008), S. 188.
9. Vgl. Krause (2012), S. 664 ff.
10. Vgl. Ehrlenspiel (2007), S. 296.
11. Vgl. Rießelmann (2011); Blaeser-Benfer (2010).
12. Vgl. Jochem et al. (2005); BMU (2012); KfW (2009).
13. Vgl. Fischer (2008), S. 40 f.
14. Vgl. Ehrlenspiel (2007), S. 178 ff.
15. Vgl. Fraunhofer-Gesellschaft (2013).
16. Vgl. Ehrlenspiel (2007), S. 202 f.
17. Vgl. Busch (2004); Lettenmeier (2009).
18. Vgl. Fischer (2008), S.1 ff.; Lindemann (2007), S. 23 ff.
19. Vgl. Mörtl (2012), S. 709; Ehrlenspiel (2007), S. 449 ff.; Fischer (2008), S. 131 ff.
20. Vgl. Lindemann (2007), S. 227 f.
21. Vgl. Abele (2008).
22. Vgl. ebd.; Wimmer (2010); Birkhöfer (2012); StMUG (2005).
23. Vgl. Blaeser-Benfer (2010).

24 Vgl. Seidenschwarz (2002).

25 Vgl. Fischer (2008), S. 59 ff.

26 Vgl. ebd. S. 68 ff.

27 Vgl. Ehrlenspiel (2007), S. 118.

28 Vgl. ebd.

29 Vgl. VDI (2011), S. 35.

30 Zur genaueren Beschreibung der Methodik und insbesondere der Funktionskostenberechnung vgl. Fischer (2008), S. 85 ff.

31 Vgl. ebd., S. 85; Ehrlenspiel (2007), S. 14.

32 Vgl. Jochem et al. (2005), S. 151.

33 Die entwicklungsbegleitende Kalkulation ermöglicht es, die Kosten über den gesamten Entwicklungsprozess im Auge zu behalten.

34 Mit der ABC-Analyse lassen sich beispielsweise Materialien, Baugruppen, Bauteile oder Produkte nach ihrer Bedeutung ordnen.

35 Die Portfolioanalyse bietet Orientierung besonders am Anfang des Entwicklungsprozesses, indem sie hilft, die wichtigsten Handlungsfelder zu bestimmen.

36 Relativkosten-Systeme unterstützen den Entwickler beispielsweise bei der schnellen Auswahl der günstigsten Materialien oder Verfahren.

37 Benchmarking ermöglicht es, sich im Vergleich mit Wettbewerbern zu messen und Anhaltspunkte über Verbesserungspotentiale zu gewinnen.

38 Die FMEA zielt darauf ab, Fehlerquellen aufzudecken, um diese zu vermeiden.

39 QFD hat die Aufgabe, Kundenforderungen sichtbar zu machen, um deren Berücksichtigung im Entwicklungsprozess sicherzustellen.

40 Mit Conjoint-Analysen lässt sich der Einfluss bestimmter Merkmale auf den Gesamtnutzen eines Produktes abschätzen.

41 Mit der Morphologischen Matrix können gefundene Teillösungen strukturiert und zu einer optimalen Gesamtlösung kombiniert werden.

42 Die meisten hier kurz dargestellten Methoden werden im Hinblick auf kosteneffiziente Produktgestaltung zum Beispiel von Fischer (2008) und Ehrlenspiel (2007) näher erläutert. Wie sich insbesondere FMEA und QFD in abgewandelter Form auch für die umweltgerechte Produktgestaltung nutzen lassen, beschreibt unter anderem Abele (2008).

43 Vgl. Krause (2012), S. 659 ff.; Ehrlenspiel (2007), S. 287 ff.; S.56; Fischer (2008), S. 187 ff.

44 Vgl. Martens (2011), S.327 ff.; VDI (2002).

Energieeffizienz konkret!

Mark Junge

Seit Jahren nimmt die Energienachfrage global stetig zu. Aufgrund der immer weiter steigenden Kosten und der sich verändernden Nutzung von Energiemedien ist es gerade in industriellen Prozessen unabdingbar, sich mit dem präsenten Thema Energieeffizienz auseinanderzusetzen.

Energieeffizienz ist folglich nicht nur ein Modewort. Dennoch: Was bedeutet es genau? Rein wissenschaftlich ist die Energieeffizienz ein Maß für den Energieaufwand zur Erreichung eines festgelegten Nutzens. Ein Vorgang ist dann effizient, wenn ein bestimmter Nutzen mit minimalem Energieaufwand erreicht wird und somit zu Einsparungen führt. Das bedeutet, je höher der genutzte Anteil an der zugeführten Energie ist, desto höher ist die Energieeffizienz.

Im technischen Sinne wird Effizienz hauptsächlich als Wirkungsgrad verwendet. Abbildung 1 zeigt am Beispiel eines Förderbandes die Nutzbarkeit eingebrachter Energie.

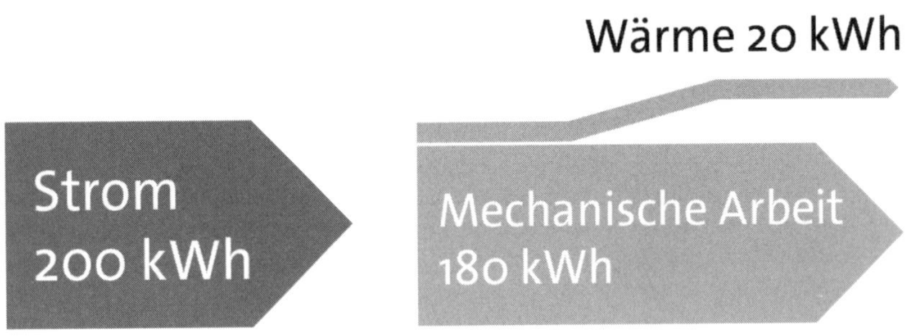

Wärme 20 kWh

Strom 200 kWh

Mechanische Arbeit 180 kWh

Abbildung 1: Beispiel Energieeffizienz Abwärme vs. Nutzarbeit (Quelle: Limón GmbH).

Würden die thermische und mechanische Energie vollständig genutzt, so betrüge die Effizienz des Energieeinsatzes 100 Prozent. Zum Betrieb eines Förderbandes ist jedoch ausschließlich mechanische Energie notwendig. Der thermische Anteil entspricht lediglich der

Motorenabwärme und wird ungenutzt an die Atmosphäre abgegeben, so dass die Effizienz somit hier nur noch

$$\eta = \frac{180 \text{ kWh}}{200 \text{ kWh}} = 90\%$$

beträgt. Ziel von Energieeffizienzmaßnahmen ist es daher, den erforderlichen Nutzen mit möglichst geringem Energieeinsatz zu erreichen oder durch Rückgewinnungsmaßnahmen zu steigern. Wäre in unserem Beispiel eine Wärmerückgewinnung zur kontrollierten Raumerwärmung vorgesehen, könnte der Nutzen erhöht werden.

Maßnahmen dieser Art haben, insbesondere bei sich häufig wiederholenden oder kontinuierlichen Prozessen, einen erheblichen wirtschaftlichen Einfluss. Denn Energie, die nicht verbraucht wird, muss nicht erzeugt und bezahlt werden.

Vorteile durch die Steigerung von Energieeffizienz

In Zeiten der Energiewende und des Klimawandels, aber auch des steigenden Kostendruckes, ist Energieeffizienz ein Thema, an dem kein Weg langfristig vorbeiführt. Nachdem industrielle Energieeffizienz lange Zeit ein Schattendasein geführt hat, rückt sie vermehrt in das Wahrnehmungsfeld vieler Entscheider. Hierfür gibt es eine ganze Reihe guter Gründe.

Energiekosten senken, Energieverbrauch optimieren

Allein in Deutschland benötigen industrielle Produktionsprozesse laut Bundesverband der Energie- und Wasserwirtschaft e. V. (BDWE) jährlich über 243 Milliarden Kilowattstunden Energie. Damit verbrauchen produzierende Unternehmen allein etwa 46 Prozent der Elektrizität in Deutschland. In Anbetracht der steigenden Energiekosten werden Unternehmen förmlich zu einem immer effizienteren Umgang mit Energie gezwungen, um weiterhin wirtschaftlich zu sein.

Dabei sind Energieeffizienzmaßnahmen nicht zwingend mit neuen Investitionen in neue Anlagen oder Maschinen verbunden. Große Potentiale schlummern bereits in der Optimierung bestehender Systeme. Hilfreich sind Analysen von Lastaufnahmen und Verbrauchswerten.

Denn wer seinen Energieverbrauch kennt, hat bereits den Schlüssel zu mehr Effizienz und kann häufig durch erste Maßnahmen, die mit geringen Kosten verbunden sind, seinen Verbrauch senken.

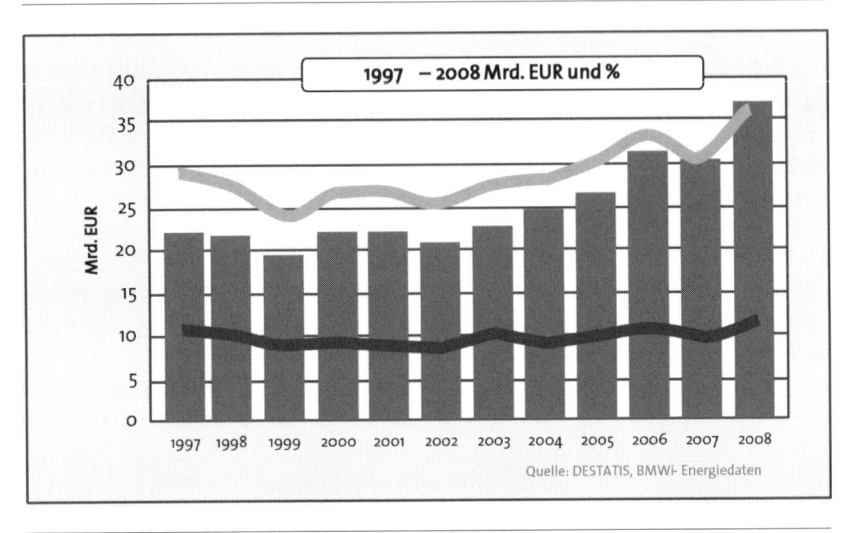

Abbildung 2: Energiekosten in der Industrie 1997 bis 2008
(Quelle: DESTATIS, BMWi-Energiedaten).

Gesetzliche Rahmenrichtlinien erfüllen

Auf lange Sicht müssen produzierende Unternehmen jedoch nicht nur von steigenden Energiekosten, sondern auch von verschärften gesetzlichen Auflagen ausgehen. So sind mittlerweile Gesetze wie das Erneuerbare-Energien-Wärmegesetz (EEWärmeG), die Energieeinsparverordnung (EnEV) oder das Kraft-Wärme-Kopplungsgesetz (KWKG) zu beachten. Aktuell zielen viele Gesetze noch auf bauliche Maßnahmen zur Verbesserung der Energieeffizienz in Neubauten ab, aber auch der Bestand rückt vermehrt in den Fokus.

Energiesteuerermäßigungen sichern

Neben den gesetzlichen Richtlinien hat die Bundesregierung für 2013 auch die verbindliche Einführung von Energiemanagementsystemen beziehungsweise Energieaudits als Voraussetzung von Energiesteuerermäßigungen eingeführt. Davon betroffen sind vor allem energieintensive Unternehmen. Gemäß § 40 EEG gilt für das produzierende Gewerbe zudem eine besondere Ausgleichsregelung, wenn der Stromverbrauch größer 1 GWh/a und wenn das Verhältnis der Stromkosten zur Bruttowertschöpfung des Unternehmens größer 14 Prozent ist.

Im Hinblick auf die politische und gesetzliche Lage ist somit davon auszugehen, dass sich das Thema Energieeffizienz von einem Randthema zu einer Disziplin entwickelt, die klare Vorteile bringt. Schon jetzt ist zu beobachten, dass Energieeffizienz von den Unternehmen nicht als reiner Selbstzweck betrieben wird, sondern mit konkreten und messbaren Ziele verbunden ist. Hierzu gehören:

- Wirtschaftlichkeit

Bei der Steigerung der Wirtschaftlichkeit bleibt in den Bereichen Personal und Anlagen kaum noch Verbesserungspotential. Eine Erhöhung der Energieeffizienz bietet eine gute Möglichkeit, nachhaltig die Wirtschaftlichkeit zu verbessern. Betrachtet man beispielsweise die Lebenszykluskosten von Motoren und Antrieben, betragen die Investitionskosten über den Lebenszyklus nicht einmal 5 Prozent, die Energiekosten hingegen über 80 Prozent. Hier ist an der Schraube „Wirtschaftlichkeit" noch viel zu drehen.

- Image- und Marketingeffekt

Energieeffizienz ist mittlerweile auch ein wichtiger Imagefaktor. So fertigen viele Unternehmen nicht nur konsequent materialsparend und energieeffizient, weil es plötzlich in Mode gekommen ist, sondern weil sie aus Überzeugung für einen nachhaltigen Umweltschutz einstehen. Energieeffizient wirtschaftende Unternehmen sind nicht nur bei ihren Kunden, sondern vor allem auch an den Aktienmärkten geschätzt.

- Gesellschaftliche Verantwortung

Der Zugang zu Energie ist die Voraussetzung für das Funktionieren und die Entwicklung der Gesellschaft. Galt lange Zeit noch die Maxime: „Erst kommt der Wettbewerb, dann die Umwelt", haben viele Unternehmen zwischenzeitlich erkannt, wie wichtig es ist, dem weltweiten Energiebedarf auf eine verantwortungsvolle und nachhaltige Art und Weise gerecht zu werden.

• Verknüpfung mit anderen Zielen

Auch wenn es sich noch nicht überall herumgesprochen hat: Durchleuchten wir Prozesse auf Energieeffizienz, erkennen wir in den meisten Fällen auch Vorteile auf der Qualitäts- und Produktivitätsebene. Beispiel: Sie stellen fest, dass Sie während der Rüstzeit einen zu hohen Energieverbrauch haben. Dann können Sie zwei Dinge ändern. 1) Sie überlegen, wie Sie den Energieverbrauch während der Rüstzeit senken können oder 2) Sie senken die Rüstzeit. Und wenn Sie die Rüstzeit mit Erfolg reduziert haben, haben Sie gleichzeitig die Produktivität erhöht. Auf diese Weise erhöhen Sie nicht nur die Energieeffizienz, sondern auch Ihre Produktivität. Genau in dieser Verknüpfung mit anderen Zielen liegen Potentiale verborgen.

Potentiale erschließen

Laut dena (Deutsche Energie-Agentur GmbH) können mit Energieeffizienzmaßnahmen vor allem in den Querschnittstechnologien Kosten- und Energieeinsparungen von über 20 Prozent erzielt werden. Diese sind zumeist elektrisch angetriebene Systeme wie Druckluft-, Pumpen- oder Lüftungssysteme, die branchenübergreifend in fast jedem Unternehmen im Einsatz sind. Abbildung 3 zeigt mögliche Einsparungspotentiale im Überblick.

Energie und Kosten sparen in Industrie und Gewerbe
Energieeffizienzpotenziale bei branchenübergreifenden Querschnittstechnologien in Prozent

Beleuchtung	Druckluft	Pumpensysteme	Kälte- und Kühlwasseranlagen	Wärmeversorgung	Lüftungsanlagen
70 %	50 %	30 %	30 %	30 %	25 %

Quelle: Initiative EnergieEffizienz, Deutsche Energie-Agentur GmbH (dena)

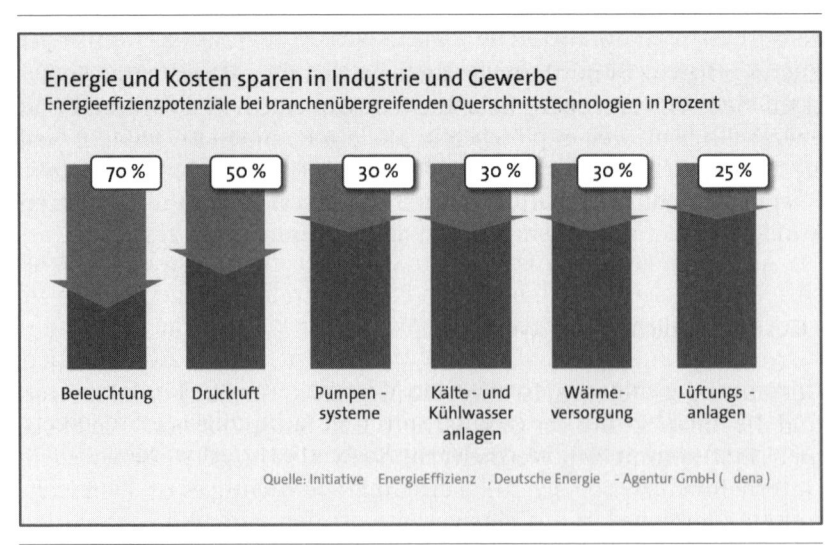

Abbildung 3: Energieeffizienzpotentiale bei branchenübergreifenden Querschnittstechnologien (Quelle: Initiative EnergieEffizienz, Deutsche Energie-Agentur GmbH (dena)).

Die Optimierung der Querschnittstechnologien hat zumeist den Vorteil, dass Einsparungen erzielt werden, ohne dass direkt in den Fertigungsprozess eines Unternehmens eingegriffen werden muss.

Darüber hinaus bestehen weiterhin die wesentlichen Einsparpotentiale in den eigentlichen Fertigungsprozessen. Deren Hebung erfordert zwar einen direkten Eingriff in die Produktion und spezielles Knowhow über den speziellen Fertigungsprozess. Mit dem nötigen Prozessverständnis und einer von den Prozessen ausgehenden Sichtweise können aber an dieser Stelle lukrative Maßnahmen zur Energieeffizienz entwickelt, analysiert und umgesetzt werden.

Es bleibt dennoch die Frage: Wie können die vorhandenen Potentiale genau identifiziert werden? Hierbei sollte insbesondere auf eine unternehmensspezifische Vorgehensweise geachtet werden, da durch die Anwendung standardisierter Maßnahmen nur ein kleiner Teil der Einsparpotentiale erschlossen werden kann. Die größten Potentiale basieren auf individuellen Lösungen, die auf einer detaillierten Prozesssicht aufbauen.

Vorgehen

Die grundsätzliche Vorgehensweise gliedert sich dabei in sechs Schritte. Im ersten Schritt findet eine detaillierte Datenaufnahme statt, auf deren Basis Potentialbereiche identifiziert werden. Ausgewählte Bereiche werden dann modelliert und simuliert, um entsprechende Maßnahmen zu entwickeln. Anschließend findet eine Wirtschaftlichkeitsbetrachtung dieser Maßnahmen statt. Nach Umsetzung der Maßnahmen wird über Messungen der Verbräuche eine Erfolgskontrolle durchgeführt.

Die Maßnahmen beginnen bei der Optimierung einzelner Prozesse beziehungsweise Maschinen durch Parameteranpassungen bis hin zu ganz neuen Regelungskonzepten. Weiterhin können Energieeinsparungen über eine Betrachtung der Wechselwirkungen zwischen den einzelnen Maschinen oder zwischen Maschinen und Gebäude erreicht werden. Darüber hinaus können durch eine intelligente Steuerung Lastspitzen und somit Energiebezugskosten reduziert werden.

ENERGIEEFFIZIENZ

- Umsetzung und Erfolgskontrolle
- Wirtschaftlichkeitsbetrachtung
- Maßnahmenentwicklung
- Modellierung und Simulation
- Identifikation von Potentialen
- Datenaufnahme

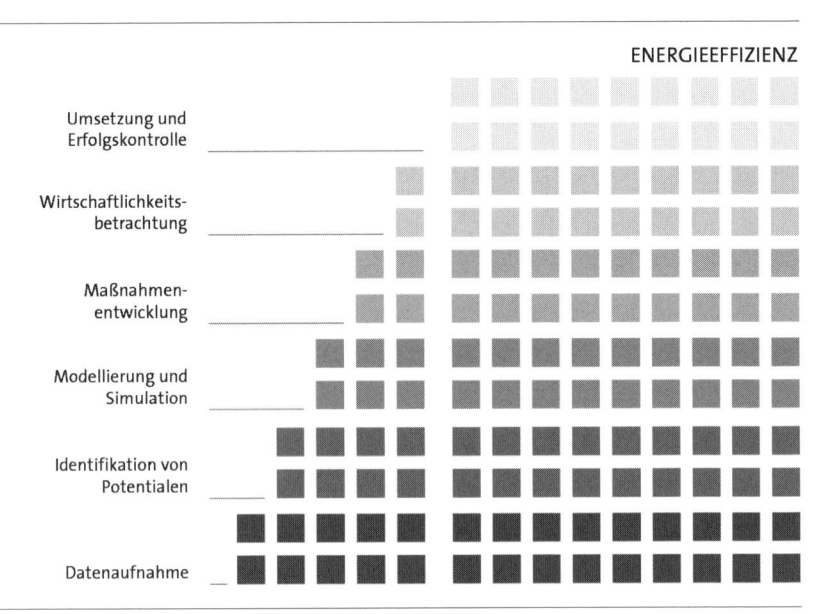

Abbildung 4: *Vorgehen Energieeffizienz (Quelle: Limón GmbH).*

Zur Realisierung von Energieeinsparungen durch Effizienzmaßnahmen sind vor allem produktionsabhängige Energiebedarfsdaten und jeweilige Wechselwirkungen innerhalb der Produktion zu erfassen. Hier gehen auch die meisten Energiemonitoringsysteme für produzierende Unternehmen nicht weit genug, da die produktionsrelevanten Informationen nicht miterfasst werden. Zudem reichen einfache statische Berechnungsmethoden meist nicht aus, um Energieeffizienzmaßnahmen zu beurteilen. Sie können nur grobe Anhaltspunkte für eine geeignete Auswahl und damit für eine Detailbetrachtung liefern.

Zur Analyse von Maßnahmen zur Effizienzsteigerung ist eine Datenaufnahme im jeweiligen Betrieb somit unerlässlich. Im Rahmen der Datenerfassung wird der aktuelle Stand des Energiebedarfs und der Energienutzung im Betrieb analysiert. Für eine detaillierte Analyse der Energiebedarfsstruktur im Unternehmen werden fehlende Daten hinterfragt, konkretisiert und gegebenenfalls mittels Messungen überprüft. Die benötigten Daten liegen zumeist in verschiedenen Formen im Unternehmen vor. Beispiele hierfür sind Energieabrechnungen, Betriebsdatenerfassungen, Betriebsstundenzähler, Baupläne, technische Datenblätter und Geschäftsberichte. Erst durch die Bewertung des Ist-Zustandes kann eine Bestimmung oder Berechnung von Einsparpotentialen erfolgen. Durch die Verbindung der Maschinendaten mit produktionsspezifischen Daten wird eine Bewertung der Energiesituation ermöglicht, da die Produktion der Haupttreiber für den Energiebedarf ist.

Kennzahlen

Um eine Vergleichbarkeit der Energieverbrauchsdaten zu ermöglichen, ist die Bildung von Kennzahlen ein geeignetes Mittel. Zudem ist für den Vergleich entscheidend, welche Kennzahlen auf welcher Basis gebildet werden. Typische Kennzahlen sind der spezifische Energiebedarf zum Beispiel pro Produkt (kWh/Stück, kWh/kg), pro Fläche (kWh/m²) oder pro Mitarbeiter (kWh/MA) und der Energiekostenanteil am Umsatz beziehungsweise an Herstellkosten.

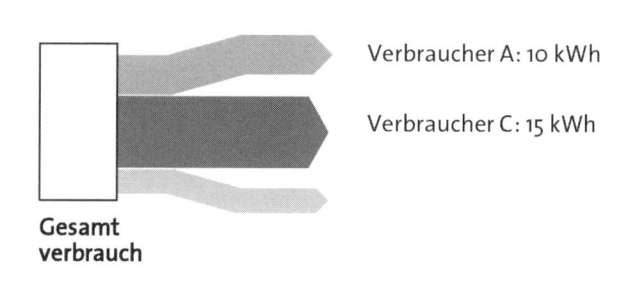

Verbraucher A: 10 kWh

Verbraucher C: 15 kWh

Gesamtverbrauch

Elektrische Verbraucher	Energie [kWh]	Anteil [%]
Drucklufterzeugung	10.500	28
Kälteerzeugung	8.900	24
Lüftung, Klimatisierung	7.360	19
Mechanische Antriebe	4.000	11
Pumpen	5.040	13
Sonstige	2.000	5

Quelle: Limón GmbH

Abbildung 5: Beispieldarstellung erhobener Verbrauchsdaten (Quelle: Limón GmbH).

Die aufgenommenen Daten werden daraufhin anschaulich dargestellt. Hierbei sind verschiedene Formen möglich, wie beispielsweise ein Sankey-Diagramm, Säulen- beziehungsweise Balkendiagramm oder Kreisdiagramm.

Je nach Darstellungsform können unterschiedliche Informationen hervorgehoben werden. Ziel der Darstellungen ist es, die Ergebnisse für alle Beteiligten verständlich darzulegen. Oftmals werden erst durch eine grafische Darstellung Potentiale sichtbar.

Maßnahmen umsetzen

Die ganzheitliche Analyse der unterschiedlichen Energieverbraucher veranschaulicht die Einsparpotentiale und versetzt Unternehmen in die Lage, konkrete Maßnahmen zu ergreifen. Aber wie können diese aussehen? Betrachten wir hierfür das Fallbeispiel eines typischen Unternehmens, das durch eine allgemeine Energieeffizienzanalyse weitreichende Einsparungen generieren konnte. So wurden hier aufgrund der Ergebnisse aus der Analyse detailliert die Druckluftbereitstellung und -verwendung sowie die Kältebereitstellung in Hinblick auf Energieeffizienzpotentiale untersucht und konkrete Schritte zur Energieeinsparung entwickelt.

Die daraus generierten Maßnahmen bestanden dabei im Austausch vorhandener Vakuumsaugdüsen durch Vakuumsaugdüsen mit Luftsparfunktion, welche wesentliche Einsparungen im Bereich der Druckluftanwendung erbringen. Ein Druckluftersatz bei den vorhandenen „Pick & Place"-Systemen war ebenfalls möglich. Insgesamt ließen sich in diesem Unternehmen allein für die Druckluftbereitstellung Einsparungen von bis zu 20 Prozent realisieren. Des Weiteren konnten effiziente Einsparpotentiale im Bereich der Kältetechnik identifiziert werden. Da die Außentemperaturen an bestimmten Betriebsstandorten über 6.000 Stunden im Jahr unter 11 Grad Celsius liegen, bot sich ein spezielles System zur Winterentlastung an. Durch die Integration eines Freikühlers konnten über 50 Prozent des elektrischen Energiebedarfs für die Kältetechnik eingespart werden. Das Beispiel verdeutlicht, wie sich bereits durch einfache, aber dennoch individuelle Maßnahmen erhebliche Einsparungen erzielen lassen, die Unternehmen in die Lage versetzen, ihre Energieproduktivität zunehmend zu steigern.

Was bringt die Zukunft für Energieeffizienz in KMU?

Vor allem für kleine und mittlere Unternehmen (KMU) wird sich in den nächsten Jahren der effiziente Einsatz von Energie zunehmend zu einem Indikator für Wettbewerbsfähigkeit entwickeln. Die Vielschichtigkeit dieses Themas spiegelt sich in einer ökonomischen, aber auch ökologischen und sozialen Dimension wider und wird zukünftig weiter erheblich an Bedeutung gewinnen. Der Trend in vielen Industrieunternehmen hin zu einer „CO_2-neutralen" beziehungsweise „ressourcenschonenden" Fertigung wird weiter steigen. Die Themen Intelligente Steuerung und Smart Grid (kommunikative Vernetzung und Steuerung) sowie die technische Gebäudeausrüstung in Kombination mit einer fundierten Prozessbetrachtung eröffnen gerade für KMU weitreichende Einsparpotentiale. Das Thema Energiemanagement wird auf diesem Sektor ebenfalls immer wichtiger. So können bereits jetzt KMU finanziell – nicht nur aus der Reduzierung der Energiekosten, sondern auch durch eine Anrechnung der Zertifizierung nach ISO 50001 auf die EEG-Umlage – profitieren. Professionelle Energiemanagementsysteme ermöglichen dabei eine gute Kontrolle der Energiepreisentwicklung bezogen auf den Produktpreis, was wiederum eine kosteneffiziente Produktion garantiert. Es gibt somit zukünftig zahlreiche Möglichkeiten für Unternehmen, ihre Energieeffizienz zu erhöhen. Auch lässt sich bereits heute feststellen, dass die Investitionen in Energieeffizienzmaßnahmen im gewerblichen Bereich immer weiter zunehmen. So hat sich laut einer Studie der KfW Bankengruppe[1] der Anteil der in Energieeffizienz investierenden kleinen und mittleren Unternehmen seit 2005 auf gut 60 Prozent verdoppelt.

Endnoten

1 Prognos AG (2010): Rolle und Bedeutung von Energieeffizienz und Energiedienstleistungen in KMU, im Auftrag der KfW Bankengruppe. Berlin.

Energieeffiziente Prozesse

Jörg Haupt

Die Geschichte des Unternehmens Lautergold reicht bis in das Jahr 1734 zurück. Aus einer Familien-Laborantenmanufaktur wurde vor über 275 Jahren eine Getränkefabrikation für Spirituosen gegründet. Grundlage für die Produkte des Unternehmens sind seit jeher die in der Region wachsenden Kräuter, Wurzeln und Wildfrüchte. Aus diesen Naturprodukten werden bis zum heutigen Tag hochwertige Kräuter- und Fruchtliköre hergestellt. Derzeit beschäftigt Lautergold circa 30 Mitarbeiter.

Noch heute in der elften Generation ist die Gründerfamilie im Unternehmen tätig und bringt das jahrhundertealte, von Generation zu Generation überlieferte Wissen über die Produktion der naturreinen Grundstoffe mit ein. Das Produktionsportfolio umfasst über 30 verschiedene Spirituosensorten. Die Produkte des Unternehmens werden zum Export oder für den Handel produziert und entsprechen höchsten Qualitätsanforderungen. Heute sind die Produkte bei allen namhaften Einzelhandelsorganisationen gelistet.

Um diesen geschichtsträchtigen Hintergrund den Kunden aufzuzeigen, wurde in das Unternehmen ein kleines Spirituosenmuseum integriert. Über 1.000 Reisebusse jährlich besuchen das Unternehmen, um diese Tradition zu erleben. Aus dieser Historie hat sich das Leitbild eines nachhaltigen und mit der Natur fest verwurzelten Unternehmens herausgebildet. „Wir tragen nachhaltige wirtschaftliche Verantwortung gegenüber den Verbrauchern und müssen dies auch glaubhaft nach außen dokumentieren können." Diese Philosophie garantiert den schon jahrhundertelang andauerten Erfolg.

Energieeffizienz – ein wichtiges Thema

Im Jahre 2012 wurde das Unternehmen unter eine neue Geschäftsführung gestellt. Sie erkannte sofort, dass das Unternehmen auf der einen Seite über eine hervorragende Marktpositionierung mit eingeführten Produkten verfügt, aber auf der anderen Seite ein teilweise älterer Maschinenpark genutzt wird. Gerade das Thema der Energieeffizienz muss bei diesem wieder mehr in den Fokus gerückt werden.

Das Unternehmen und seine Mitarbeiter arbeiten täglich mit hochwertigen Naturprodukten. Dadurch bildet sich ein besonderes Verständnis für Reinheit und Qualität, aber auch für die Verletzlichkeit der Umwelt heraus. Die Geschichte des Unternehmens ist im Hinblick auf die Nachhaltigkeit und für das langfristige Denken und Handeln eine verpflichtende Vorgabe. Klimaschutz, Umweltpolitik und Knappheit der Energieträger sind hier die wesentlichen Einflussgrößen auf unsere Umwelt.

Diese führen dazu, dass der Druck auf die Gesellschaft in Bezug auf Energieeffizienz wächst. Um ihre Glaubwürdigkeit gegenüber den sensibilisierten Kunden nicht zu verlieren, müssen Unternehmen diesen Ansprüchen gerecht werden. Der großflächige Einzelhandel stellt einen nicht unerheblichen Teil unseres Kundenpotentials dar. Im Einzelhandel wird den Themen der Ressourcenschonung mehr Bedeutung beigemessen und der Verbraucher beschleunigt diese Entwicklung, was im Endeffekt zu großen Veränderungen in den Lieferketten führt. Um auch dem Verbraucher die Möglichkeit zu geben, diesen persönlichen Ansprüchen gerecht zu werden, fordert der Handel von seinen Zulieferern, diese Grundsätze im Wirtschaften umzusetzen und für den Verbraucher transparent zu machen. Hier ist die Motivation die glaubhafte Umsetzung von ressourcenschonendem Wirtschaften und nachhaltigem Handeln.

Wir als neue Geschäftsführung wollten dieses Bestreben mit dem Fokus auf Energieeffizienz umsetzen. Dafür wollten wir zunächst einen neutralen externen Blick auf unsere Prozesse werfen lassen. Antrieb für die Inanspruchnahme einer ersten Hilfe, eines Impulsgespräches zur Energieeffizienz, war aber auch der Wunsch, die betriebswirtschaftliche Effizienz des Unternehmens zu erhöhen. Verschiedene politische Vorgaben – aber auch Anreize durch Förderprogramme – haben uns geholfen, den Weg zu einer höheren Energieeffizienz zu gehen.

Schritte auf dem Weg zu mehr Energieeffizienz

Der Ausgangspunkt für unsere Bemühungen war die gewachsene grundsätzliche Sensibilität und Bereitschaft, unser Unternehmen auf Effizienz zu trimmen. Die Möglichkeiten und die eigentliche technische Umsetzung waren aber nicht klar definiert. Hier half das Impulsgespräch zur Energieeffizienz. Kosten-Nutzen-Rechnungen waren nach dem Impulsgespräch wesentlich transparenter als vorher. Die vagen Vorstellungen des Einsparpotentials wurden durch konkretes Wissen ersetzt. Das Gespräch hat uns erst die vielfältigen „Stellschrauben" an einem energieeffizienten Produktionsprozess im Detail aufgezeigt. Die Vernetzung der einzelnen Maßnahmen, speziell in unserem historisch gewachsenen Produktionsbetrieb, ist vielfältig, aber auch in ihrem Zusammenwirken äußerst komplex.

Viele wünschenswerte Maßnahmen konnten erst nach dem Abarbeiten von grundlegenden Optimierungsansätzen, wie zum Beispiel der Schaffung von Verantwortlichkeiten, der Umorganisation von Produktionszyklen und der Straffung des Produktangebotes, angegangen werden. Dies bedingt einen hohen Kosten-, aber auch Zeitansatz, der so nicht eingeplant war.

Unsere Erfahrung bestätigt, wie wesentlich ein sauber ausgearbeiteter Maßnahmenplan ist – gerade dann, wenn die Umsetzung in einem laufenden Betrieb erfolgen muss.

Wesentliche Kostensenkungspotentiale konnten wir in den Bereichen Beleuchtung, Druckluftkonzept und Beheizung des historischen Gebäudekomplexes identifizieren. Wir haben zu berücksichtigen, dass die Produktion im Wesentlichen auf drei Abfülllinien für die Getränkeindustrie, verteilt auf zwei Gebäude mit langen Leitungen, stattfindet. Die gesamte Heiztechnik muss in der Lage sein, über eine Geländefläche von mehr als 10.000 m2 verschiedene Gebäudeeinheiten zu bedienen.

Die energetische Ausgangssituation hat ergeben, dass der Verbrauchsanteil von Strom mit circa 16 Prozent zu Buche schlägt, während die Kostenanteile für Strom etwa 36 Prozent betragen. In einer Querschnittsbetrachtung ist die Beleuchtung mit circa 41 Prozent der größte Stromverbraucher im Unternehmen, gefolgt von Heizung/Warmwasser mit circa 20 Prozent und Druckluft mit 12 Prozent. Allein aus den Ergebnissen ergaben sich für uns die ersten Ansätze, Sparpotentiale zu heben.

Beleuchtung

Schnell wurde klar, dass im Bereich der Beleuchtung sehr einfach und rasch die ersten wirksamen Maßnahmen ergriffen werden konnten. Da die Beleuchtungsanlagen in einem guten technischen Zustand sind, sollten sie lediglich umgerüstet werden, um so mit geringem technischem Aufwand kurzfristig Strom und Kosten zu sparen. Zum Beispiel wurde ein Austausch der Leuchtstofflampen mit hoher Nutzungsdauer (ca. acht Stunden) durch LED-Lampen empfohlen. Diese zeichnen sich durch einen sehr niedrigen Stromverbrauch und eine sehr hohe Lebensdauer aus. Daher wurde die Beleuchtung im Museumsbereich komplett auf LED umgestellt. Weitere Empfehlungen für eine bedarfsgerechte Beleuchtungssteuerung waren Präsenzmelder, welche die Beleuchtung bei Bedarf automatisch einschalten. Darüber hinaus konnte mehr Tageslicht durch den Einsatz von dimmbaren Leuchten genutzt werden, die die Beleuchtungsstärke konstant halten.

Druckluft

Druckluft ist ein sehr energieintensiver und damit teurer Energieträger. Wir benötigen diese Energie, um zwei Abfüllanlagen zu betreiben. Ein geringerer Druckluftverbrauch hätte einen enormen Effekt. Einsparungen sind hier vor allem im Bereich der Wartung und Erneuerung des Druckluftrohrsystems sowie durch eine Lüftungsanlage mit Wärmerückgewinnung zu erreichen.

Zurzeit findet hierzu eine KfW-Detailberatung statt. Sie soll unter anderem Aufschluss darüber geben, ob neue Druckluftpumpen gemietet oder gekauft werden.

Heizung

Der gesamte Gebäudekomplex wird über zwei zentrale Heizungsanlagen mit einem Erdgas-Niedertemperatur-Heizkessel sowie einem Heizöl-Dampferzeuger beheizt. Da auch hier das Zusammenspiel aufgrund der historischen Entwicklung des Geländes komplex ist, wurde ein strategischer Ansatz entwickelt, das Konzept zur Beheizung der Gebäude mittelfristig auf ein Blockheizkraftwerk umzustellen.

Erfahrungen

Die Chancen, die sich aus diesem neuen Effizienzkonzept ergeben, sind zum einen betriebswirtschaftlicher Art, da nicht unerhebliche Kosteneinsparpotentiale gehoben werden können. Zum anderen bedeutet ein ressourcenschonendes Wirtschaften auch eine Umsetzung der Unternehmensgrundsätze einer nachhaltigen und verantwortlichen Produktion. Um tatsächlich und ernsthaft die Ziele eines energieeffizienten Wirtschaftens umsetzen zu können, müssen der Energieverbrauch und das Energiemanagement des Unternehmens in den Mittelpunkt des Handelns gerückt werden.

Die Planung des Energieeinsatzes und das „Angehen" des Maßnahmenplans müssen in konkrete Handlungen der verantwortlichen Mitarbeiter umgesetzt werden. Dies bedingt natürlich auch den Einsatz eines effektiven Controllings des Energieverbrauchs und bedeutet einen Prozess der kontinuierlichen Verbesserung im Bereich der Energieeffizienz, was in der Folge natürlich einer fortwährenden Anstrengung bedarf. Ziel der Unternehmensführung muss es im Ergebnis sein, das richtige Werkzeug für optimales Energiemanagement an die Hand zu geben.

Sicher ist eine solche Umstellung nicht zum „Nulltarif" zu haben. Die Amortisationszeiten betragen je nach Maßnahmen zwischen einem und acht Jahren. Hier gilt es, das Wichtige von dem Wünschenswerten zu trennen und einen langfristigen Fahrplan zu entwickeln.

Eine Priorisierung der Maßnahmen nach wirtschaftlichen Gesichtspunkten ist erforderlich und setzt ein zielgerichtetes Handeln voraus. Der Wunschkatalog erscheint zunächst endlos, muss sich aber auch immer der Rentabilität unterwerfen.

Neben diesen wirtschaftlichen Aspekten ist natürlich auch jederzeit eine reibungslose Produktion neben der Umsetzung von Maßnahmen zu gewährleisten. Dies kann nur durch eine sukzessive Umsetzung der Maßnahmen erreicht werden. Ein, auch nur kurzer, Ausfall der Produktionskapazität ist in unserem Fall ausgeschlossen, so dass hier besondere Sorgfalt in der Planung anzusetzen ist.

Die nächsten Schritte

Der Weg für ein klar energieeffizientes Handeln unseres Unternehmens wird konsequent weitergegangen. Dies ergibt sich zum einen aus den steigenden Energiekosten sowie der zunehmenden Rohstoffknappheit und zum anderen aus unserer Verantwortung für die Umwelt. Nur wenn ein Unternehmen sich rechtzeitig und grundlegend mit diesen Themen auseinandersetzt, wird es für die zukünftigen Herausforderungen gewappnet sein.

Für unser Unternehmen sind die nächsten, weiterführenden Schritte eingeleitet. Als marktwirtschaftlich agierendes Unternehmen müssen wir natürlich bei jeder Maßnahme neben den wünschenswerten Wirkungen immer den Kosten-Nutzen-Aspekt beachten. Nicht alles Wünschenswerte kann schnell umgesetzt werden.

Wir werden jedoch der Verantwortung für energieeffizientes Handeln gerecht und werden jede Gelegenheit nutzen, entsprechende Maßnahmen umzusetzen. So ist zum Beispiel die Einführung eines zertifizierten Energiemanagementsystems geplant. Dies ist allerdings sicher kein kurzfristiges Ziel, aber mittelfristig soll dies erreicht werden. Unsere mittelfristige Planung zielt auf die nächsten drei bis fünf Jahre ab. Wir werden uns auf diesem Weg durch eine weiter gehende Energieeffizienzberatung begleiten lassen.

Fazit

Grundsätzlich sollte immer die Verbesserung des Energiemanagements angestrebt werden. Dies kann erreicht werden, wenn eine durchgängige und umfassende Information über den Energie- und Ressourcenverbrauch jederzeit verfügbar ist. Dies bedingt natürlich die Erstellung eines Messstellenkonzeptes.

Notwendig ist das Aufdecken von Energieeffizienzpotentialen durch eine umfassende Analyse sowie die Aufbereitung kaufmännischer Daten. Nur so kann eine Erhöhung der Energieeffizienz durch gezielte Maßnahmen über die gesamte Wertschöpfungskette hinweg erreicht werden.

Die kontinuierliche und systematische Erfassung von Energieeffizienzpotentialen kann dann in der Folge helfen, die erreichten Fortschritte zu sichern und auch dauerhaft zu optimieren. Dies alles funktioniert allerdings nur, wenn die Mitarbeiter des Unternehmens die Maßnahmen entsprechend mittragen und eine ordentliche Schulung zur Sensibilität der Materie erhalten.

Insgesamt können wir nun feststellen, dass die Entscheidung, das Thema energieeffiziente Prozesse anzugehen und uns hier beraten zu lassen, für unser Unternehmen richtig war. Die Glaubwürdigkeit unseres Handelns als Hersteller von hochwertigen Produkten wird so bei Kunden und Mitarbeitern gestärkt und hilft uns, uns am Markt zu positionieren.

Nach unserer Erfahrung kann in jedem Unternehmen, speziell in den sogenannten KMU, erhebliches Potential im Bereich des nachhaltigen Wirtschaftens gehoben werden. Und dieses nachhaltige Handeln wird sich in der Zukunft durch wirtschaftlichen Erfolg auszahlen.

Die „Schatztruhe"

Wolfgang Wrobel

Woher kommt Hero?

Die Hero-Glas Veredelungs GmbH wurde 1970 von Hermann Ross, der heute noch geschäftsführender Gesellschafter ist, gegründet. Zu Beginn der Geschäftstätigkeit wurde lediglich Einfachglas verarbeitet. Nach der ersten Ölkrise und dem darauffolgenden ersten Energieeinspargesetz mit der ersten Wärmeschutzverordnung investierte das Unternehmen in eine Isolierglasanlage und traf damit den Nerv der Zeit. Im Laufe der Jahre kamen weitere Verfahren und Produkte hinzu. Heute findet man Hero-Glas weltweit in allen Formen. Die Hero-Gruppe ist heute ein größeres mittelständisches Unternehmen und beschäftigt rund 250 Mitarbeiter im Mutterunternehmen Hero und in den Töchtern am Standort Dersum.

Was macht Hero genau?

Hero ist seit über 40 Jahren im Markt der Standard- und Spezialgläser tätig. Hergestellt werden Isoliergläser, Ganzglasanlagen, Sicherheitsgläser, Glassysteme, Brandschutzglas, Ornamentgläser, selbstreinigende Gläser und gebogene Gläser.

Innerhalb dieser breiten Glaspallette hat sich das Unternehmen auch auf besondere Produktbereiche spezialisiert, für die es eigene Tochterunternehmen gibt. Von Yachtglass werden Yachten mir ihren unterschiedlichen Verglasungsansprüchen bis hin zum Gigabereich (Yachten länger als 100 Meter) vollständig betreut. Von Mithras werden hocheffiziente Parabolspiegel sowie solarthermische Kraftwerke in Modulbauweise angeboten. Hero-Solar schließlich fertigt Anlagen für gebäudeintegrierte Photovoltaik. Als Projektbeispiele mögen das Sony Center in Berlin, welches mit 22.500 m^2 Sonnenschutzglas versehen ist, oder das Gebäude MyZeil in der Frankfurter Einkaufsmeile Zeil mit 15.000 m^2 Sonnenschutzglas dienen. Einige Yachten im Mega- und Gigabereich vervollständigen den Überblick.

Bei diesen vielfältigen Objekten kommt stets Glas in diversen Qualitäten zum Einsatz. Der Kostenblock für das Material ist mit einem Anteil von über 45 Prozent der Kosten der größte.

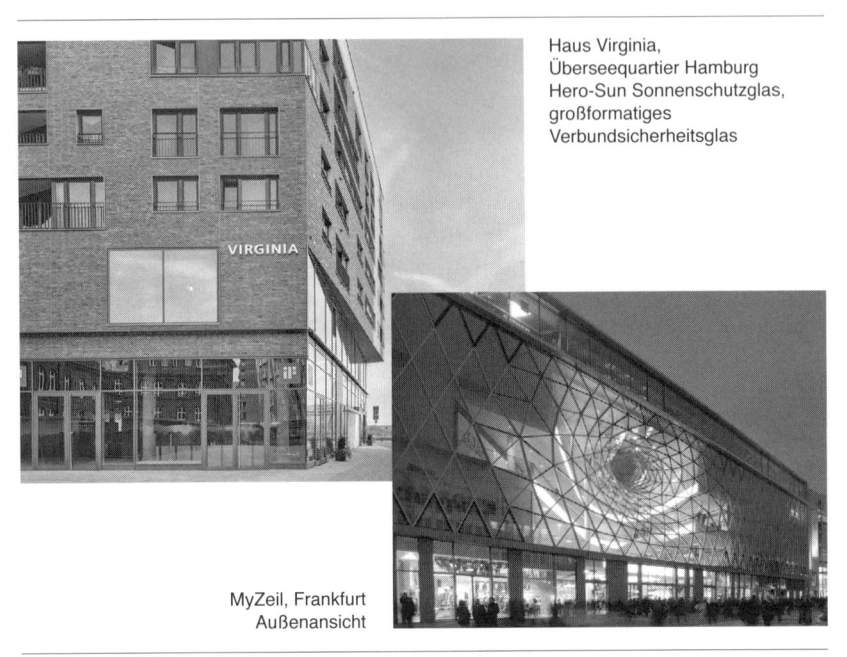

Haus Virginia,
Überseequartier Hamburg
Hero-Sun Sonnenschutzglas,
großformatiges
Verbundsicherheitsglas

MyZeil, Frankfurt
Außenansicht

Abbildung 1: Beispiele aus der Hero-Gruppe (Quelle: Hero).

Warum beschäftigt sich das Unternehmen überhaupt mit dem Thema Ressourceneffizienz?

Die unterschiedlichen Gläser müssen bearbeitet werden. Je nach Produkt durchlaufen sie dabei bestimmte Bearbeitungsstationen. Ein Referenzdurchlauf sieht folgendermaßen aus:

Glasdurchlauf

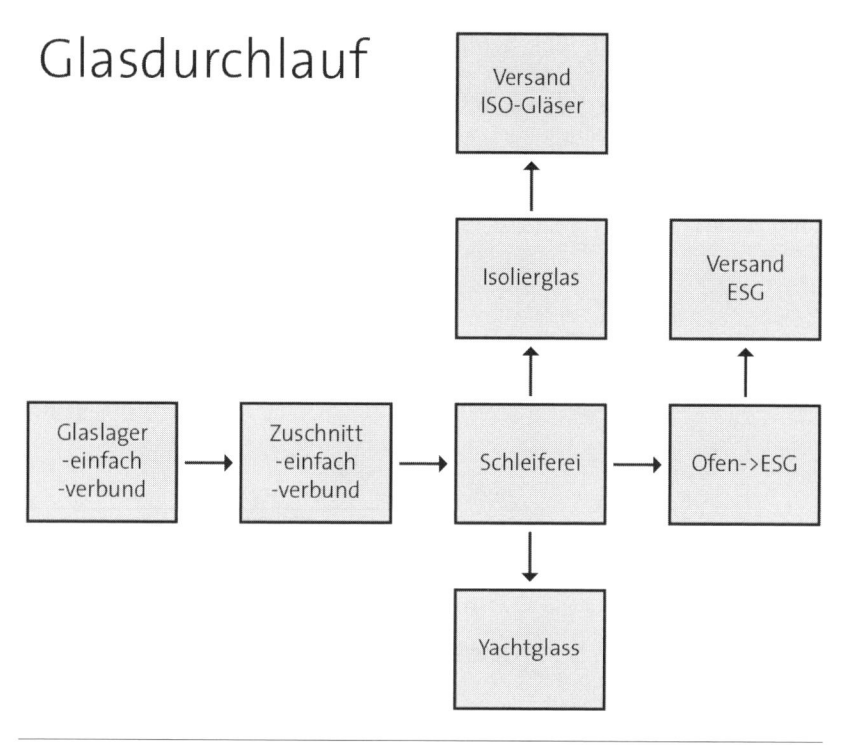

Abbildung 2: Glasdurchlauf (Quelle: Hero).

Zunächst wird das Glas in großen Bandmaßen – das sind fast 20 m² große Glasplatten – angeliefert und im Glaslager positioniert. Dann wird das Glas zugeschnitten und geht weiter in die Bearbeitung. Sind alle Kanten geschliffen, Lochbohrungen vorgenommen, wird es auf den Weg zu Yachtglass gebracht, in die Isolierglasproduktion oder zu den sogenannten ESG-Öfen. In diesen Öfen wird das Glas gehärtet. Bei Yachtglass wird es weiterverarbeitet. Fertiges Isolierglas und Sicherheitsglas gehen in den Versand.

Während des Produktionsprozesses kommt es allerdings in allen Produktbereichen immer wieder zu Verlusten, zum Beispiel durch Bruch oder durch eine schlechte Qualität der Produkte, die auch zur Entsorgung führen. Dieser Verlust kann auf der gesamten Bearbeitungsstrecke bis hin beim Transport zum Kunden auftreten. Mit jeder Bearbeitungsstufe „vom Markt zum Markt"[1] steigt auch der finanzielle Verlust an. Hero wollte nun diese materiellen und finanziellen Verluste „in den Griff bekommen".

Das Ingenieurbüro UPW sah durch eine konsequente Analyse und mit Maßnahmen in der Schleife „vom Markt zum Markt" einen Ansatz, um die Verluste zu minimieren. Zudem wurde Hero auf die finanziellen Fördermöglichkeiten zur Verbesserung der Materialeffizienz durch die demea (Deutsche Materialeffizienzagentur) hingewiesen.

Abbildung 3: Die Effizienzschleife vom Markt zum Markt.

Die finanzielle Unterstützung durch das Förderprogramm go-effizient bei der Problemlösung war für das Unternehmen der letzte entscheidende Auslöser, sich konkret mit dem Thema Ressourceneffizienz zu beschäftigen. Dabei ging es nicht allein nur um die Materialkosten und um die Prozesse oder die Verfügbarkeit der Anlagen, sondern zugleich darum, das Bewusstsein im Unternehmen für einen besseren Umgang mit den Ressourcen, für die entstehenden Kosten, für bessere Qualität und für mehr Sorgfalt und Achtsamkeit zu schärfen. Ressourceneffizienz als „Schatztruhe" in der Schleife „vom Markt zum Markt" war das geeignete Mittel zur Weiterentwicklung der Ressourcenkultur im Unternehmen. Ressourcenkultur meint dabei die Werte, Einstellungen und Haltungen der Menschen im Unternehmen gegenüber den Verschwendungen beim Material, in den Prozessen und bei den Anlagen.

Wie haben wir das Thema angepackt?

Bei Yachtglass wollten wir die ersten Erfahrungen mit der Vorgehensweise und den Möglichkeiten sammeln. In der Fertigung für die Schiffsgläser wurde zunächst eine sogenannte Potentialanalyse erstellt. Dies ist die erste Förderstufe im Beratungsprogramm go-effizient. Daran schloss sich zügig die auf den Ergebnissen der Potentialanalyse aufbauende Vertiefungsberatung an. In deren Verlauf und darüber hinaus wurden mit sehr erheblichen Investitionen die Prozesse und die maschinelle Ausrüstung bei Yachtglass grundlegend modernisiert.

Auch im internen Kunden-Lieferanten-Verhältnis zwischen dem Tochter- und dem Mutterunternehmen gab es Neuerungen: Hero ist der interne Lieferant für die benötigten hochwertigen Gläser. Zuvor wurden die Gläser bei Yachtglass mangels anderer Möglichkeiten auf ihre Tauglichkeit hin sortiert. Die Folgen waren nicht nur lange Durchlaufzeiten und Ausschussraten, sondern zudem Unzufriedenheit auch unter den Mitarbeitern, denn die erneute Fertigung der Gläser und die damit verbundenen Terminnöte waren nicht förderlich für die Zusammenarbeit.

Die Lösung: In einer intensiven Zusammenarbeit mit einer Glashütte wird jetzt eine spezielle Glasqualität für die benötigten hochwertigen Schiffsgläser extern bezogen. Das kostet im Einkauf zwar mehr. Aber über die gesamte logistische Kette gesehen ist die Fremdbeschaffung deutlich günstiger. Und die Zufriedenheit und Stimmung sind deutlich gestiegen.

Ähnlich positive Erfahrungen wollten wir auch im Mutterunternehmen machen. Bisher hatte sich Hero sehr gut im Markt behauptet, doch jetzt sollte die Betriebsorganisation als weitere „Schatztruhe" erschlossen werden. Durch die verbesserte Betriebsorganisation sollte der Gewinn aus dem Verkauf ergänzt werden durch den Gewinn aus der Effizienzsteigerung beim Material und in den Prozessen. Wobei diese beiden Effekte – Verbesserung der Material- und der Prozesseffizienz – meist zusammen auftreten.

Die Schatztruhe im Unternehmen.

MEHR vom Markt
MEHR vom Unternehmen

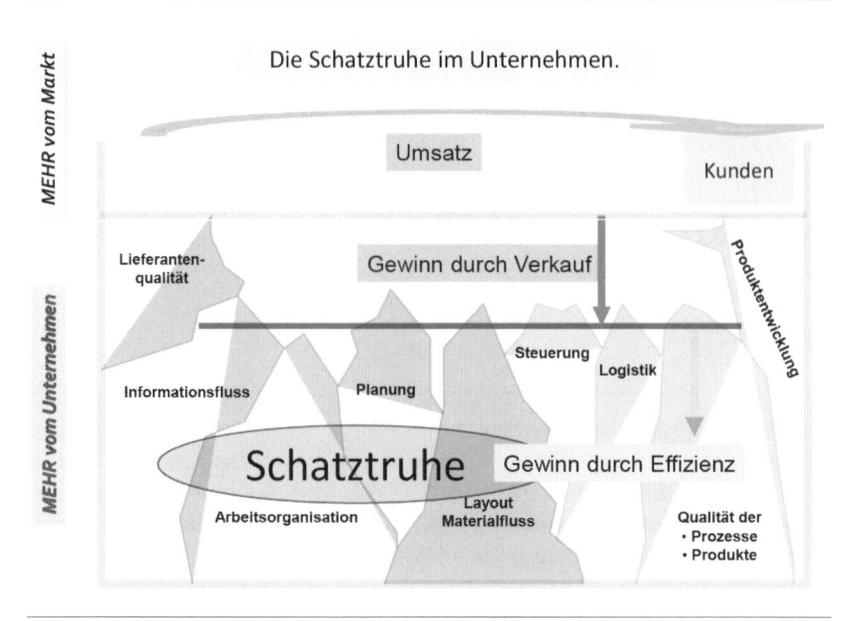

Umsatz
Kunden
Lieferantenqualität
Gewinn durch Verkauf
Produktentwicklung
Informationsfluss
Planung
Steuerung
Logistik
Schatztruhe
Gewinn durch Effizienz
Arbeitsorganisation
Layout Materialfluss
Qualität der
• Prozesse
• Produkte

Abbildung 4: Die Schatztruhe im Unternehmen (Quelle: Hero).

So wurde die Erfolgsquelle Markt ergänzt durch die innerbetriebliche „Schatztruhe": Das „Mehr" aus dem Markt wird jetzt flankiert und gestärkt durch das interne „Mehr" im Unternehmen.

Dabei wurde wiederum in zwei Schritten vorgegangen. Im ersten Schritt führten wir eine Potentialanalyse durch, um den Blick von außen auf die Strukturen zu legen und die Verschwendung – also die „Schatztruhe" – im Unternehmen für die Beteiligten erkennbar zu machen.

Um diese interne „Schatztruhe" erschließen können, haben wir dann im zweiten Schritt ein erstes einfaches „Qualitätshaus" konstruiert.

Darin sind die wesentlichen Themenfelder definiert:

• Alles hat seinen Platz in der Grundordnung.

• Dabei sollen die Betriebszustände mit einem Blick erfasst werden können.

• Das heißt, ob die Maschinen einsatzbereit sind und produzieren

• und ob mit den Abläufen Qualitätsgläser erzeugt werden.

Zielgebäude

Ergebnisse

- Führung vor Ort!
- Qualität
  - Prozesse
  - Produkte
- Verfügbarkeit der Betriebsmittel
- Zustände im Unternehmen SEHEN können!

Verbesserungen initiieren

Grundordnung schaffen

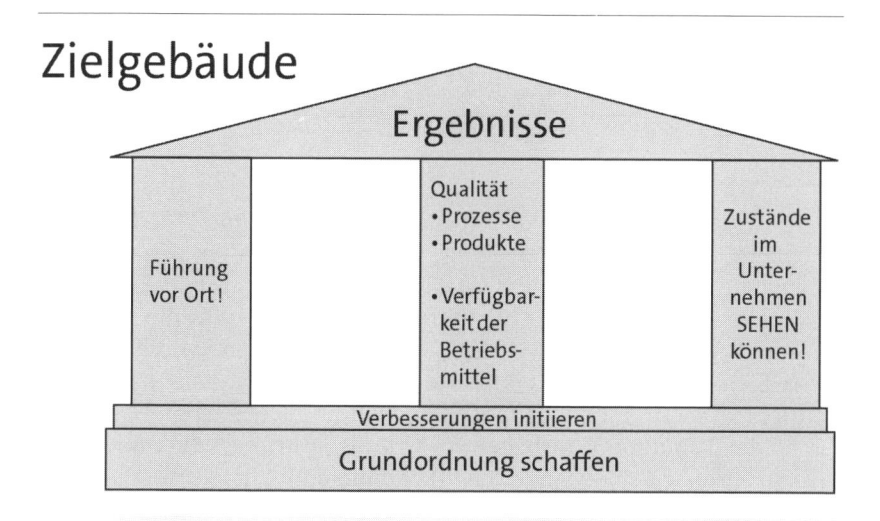

„Die Führung vor Ort"
DER Transmissionsriemen für den Unternehmenserfolg.

Abbildung 5: Zielgebäude (Quelle: Hero).

Die Orientierung an diesem Zielgebäude sollte die gewünschten Ergebnisse ermöglichen. Sie werden jedoch nur dann Realität, wenn die Führung vor Ort funktioniert. Zwar ist Führung nicht alles: Doch ohne Führung vor Ort ist alles nichts, weil keine Leistung herbeigeführt wird und die Verschwendung bestehen bleibt. Die qualifizierte Führung vor Ort ist der entscheidende Erfolgsfaktor nicht nur in diesem virtuellen Gebäude, sondern erst recht im betrieblichen Alltag.

Unsere Erfahrung bei Projekten zur Ressourceneffizienz lautet daher: Nur mit konsequenter Umsetzung werden die benötigten Ergebnisse erreicht. Und selbstverständlich sollen einmal erreichte Zustände weiter verbessert werden.

Um die Trefferquote bei der „Schatzsuche" zu erhöhen, sind wir selbstverständlich planvoll vorgegangen. Dazu gab es eine Projektorganisation mit der entsprechenden Verbesserungstaktik und in der richtigen Mannschaftsaufstellung. Die Themenverantwortlichen wurden benannt und geschult und zu guter Letzt Aktionspläne vereinbart. Allen Beteiligten war klar, dass das Vereinbarte nur durch konkretes Tun, durch das schrittweise Abarbeiten der geplanten Aktionen umgesetzt werden kann.

Welche positiven Effekte wurden vor Ort erzielt?

Infolge der Zielsetzung gesteigerter Materialeffizienz und besserer Betriebsorganisation hat ein Umdenken im Unternehmen Einzug gehalten:

- Wir wollen weg von der Auslastung hin zur Belastung.[2] Das bedeutet schlicht, sich auf das Notwendige zu beschränken. Es wird nur das gemacht, was auch wirklich benötigt wird. Daraus folgte, dass Hero schneller geworden ist. Es herrscht jetzt mehr Ruhe für die Mitarbeiter und der Materialfluss hat sich erhöht. Durch die Veränderung in der Instandhaltung bei hoher Maschinenverfüg-barkeit kann Hero nun flexibler und schneller auf Kundenwünsche reagieren. Dafür entscheidend sind die Mitarbeiter vor Ort, die Führungskräfte mit ihren Teams sind besser eingebunden und können rascher aktiviert werden. Das Umdenken löste ebenfalls starre Denkmuster auf, beispielsweise „Totschlagargumente" wie: „Das haben wir schon immer oder noch nie so gemacht." Stattdessen führte es zu konstruktiven Fragen und Äußerungen im Sinne von: „Wie geht es schneller, einfacher, sicherer, und was kann ich dazu beitragen?" oder „Ich habe da eine Idee …"

Durch all diese Veränderungen wurde das Erscheinungsbild der Fertigung in Richtung Verkaufsraum entwickelt. Dieser sieht viel sortierter aus und vermittelt dadurch mehr Kompetenz. Damit geht Hero letzten Endes den Weg vom Abteilungsverhalten hin zu einem übergreifenden Denken und zu Standards. So wurden die Mitarbeiter in die Lage versetzt, ihr Arbeitsumfeld aktiv mitzugestalten. Sie konnten ganz konkret in ihrem Arbeitsbereich Einfluss nehmen auf Themen wie Ordnung, Platzbedarf, Stellplätze, Verschnitt, Schrott, Retouren, Anzahl der Störungen und so fort.

Welche Ergebnisse hat Hero dadurch bereits erreicht?

Das hat im Unternehmen dazu geführt, dass die Qualität (Lieferfähigkeit, Liefertreue, Produktqualität) deutlich verbessert wurde. Die Durchlaufzeit in der Fertigung hat sich um bis zu 50 Prozent reduziert – bei gleichzeitig deutlich weniger angearbeitetem Material in den Puffern der Fertigung.

Infolgedessen wurde die Wirtschaftlichkeit bei mehr Flexibilität verbessert – und dies nicht zuletzt bei deutlich geringeren Materialkosten. Die jährlichen Einsparungen betragen:

Material & Energie	190 T €
Durchlaufzeit verringert	> 20 %
Reklamationen verringert	10 T €
Prozessverbesserungen	180 T €
Summe	> 380 T €

Wie geht es weiter?

Für Hero sind die Maschinenverfügbarkeit, die Kompetenz der Mitarbeiter und ihre Führung vor Ort von zentraler Bedeutung. Um dauerhaft die Produktivität zu steigern, möchten wir:

- weniger Ausschuss an den Anlagen,
- eine längere Nutzungsdauer der Anlagen,
- eine höhere Verfügbarkeit der Anlagen,
- einen geringeren Energieeinsatz und
- eine ständige Einbindung der Mitarbeiter erreichen.

Die permanente Arbeit an diesen Themen soll die Betriebsorganisation dauerhaft verbessern. Das führt am Ende dann zu noch mehr Effizienzverständnis bei den Mitarbeitern – nicht zuletzt im Umgang mit dem Material und der Energie. Deshalb ist Hero mit Nachdruck dabei, flächendeckend ein ganzheitliches Instandhaltungskonzept mit den Mitarbeitern an den Anlagen umzusetzen.

Schlussbemerkung

Durch unsere Erfahrungen wissen wir, dass dauerhafte Verbesserungen gut organisiert werden müssen. Dazu bedarf es Sachverstand, Geduld und einiger Zeit. Menschen sind keine Lichtschalter, die zum Funktionieren nur einfach umgelegt werden. Für den Erfolg bedarf es einer gewissen Ressourcenkultur. Zu ihrer Entwicklung müssen die

Mitarbeiter gezielt in die Prozesse eingebunden werden. Doch der Erfolg stellt sich nicht von selbst ein. Er muss herbeigeführt werden durch Ausdauer, Konsequenz und Beharrlichkeit. Das Unternehmen ist noch nicht ganz dort, wo es sein will, arbeitet aber erfolgreich und intensiv weiter an diesen Zielen.

Die Beschäftigung mit dem Thema Ressourceneffizienz hat uns zu weiteren, anderen Einsichten und Erkenntnissen geführt – und zwar von der Spitze bis zur Basis. Dieser Prozess war nicht immer leicht. Da gab es auch deutlich unterschiedliche Positionen, die in Einklang zu bringen waren. Doch am Ende hat das gut geklappt. Dies ist im betrieblichen Alltag zu merken und im Erscheinungsbild und in den Abläufen in der Fertigung zu sehen. Was zu betonen ist: Es ist ein Prozess, der seine Zeit braucht – der sich aber auch lohnt.

Endnoten

1   Also vom Kundenkontakt des Vertriebs bis zur Auslieferung an den Kunden.

2   Zur Erklärung: Auslastung bedeutet, Maschinen zu belegen, laufen zu lassen, ohne konkreten Auftrag und auf Vorrat zu produzieren. Belastung bedeutet, Maschinen nur mit konkreten Aufträgen zu belegen und nicht auf Vorrat zu produzieren.

Neue Impulse für rohstoffoptimierte Hochtemperaturwerkstoffe „made in Germany"

Daniel Cölle

Das Unternehmen EKW GmbH mit Sitz in Eisenberg/Pfalz wurde 1903 gegründet (vor 2005 auch bekannt als Eisenberger Klebsand-Werke GmbH). Es betreibt neben der Fertigung synthetischer keramischer Werkstoffe einen Tagebau für den sogenannten Eisenberger Klebsand, einen hochreinen kaolinisierten Quarzsand, welcher zu den bedeutendsten seiner Art in Europa zählt. Am Standort Eisenberg/Pfalz verantworten rund 150 Mitarbeiter die Entwicklung und Produktion von feuerfesten Baustoffen. Heute produziert ein hochmodernes Werk ein großes Spektrum an Werkstoffen und entwickelt kundenspezifische Lösungen, von der Idee über das Engineering bis zur Endabnahme:

- Technische Keramik auf der Basis von erstklassigen innovativen Feuerfestmaterialien, die typischerweise aus hochschmelzenden Verbindungen bestehen. Wesentliche Vertreter sind das Siliziumdioxid (SiO_2), das Aluminiumoxid (Al_2O_3) oder das Siliziumcarbid (SiC), gefolgt von einer beachtlichen Vielfalt an Kohlenstoffträgern wie natürlichen oder synthetischen Graphiten (C) oder organischen Bindemitteln.

- Thixotrope und selbstfließende Gießmassen, konventionelle Gießmassen, plastische und semiplastische Kompositionen, trockene Vibrationsmassen für unterschiedliche schmelzmetallurgische Anwendungen, Materialien für die Installation und Instandsetzung durch kalte und warme „Gunning"-Prozesse (Spritzbeton).

- Vorgefertigte Bauteile, Funktionalkeramiken (keramische Konstruktionen, die eine definierte Aufgabe erfüllen, wie Verschlusssysteme oder Düsen, die mit Flüssigmetall durchströmt werden), Engineering der keramischen Auskleidung von Hochtemperaturanlagen.

Das Unternehmen mit einem aktuellen Jahresumsatz um 35 Millionen Euro bei einem Exportanteil oberhalb 50 Prozent besitzt weltweit Tochtergesellschaften, Unternehmensbeteiligungen, Partnergesellschaften und zahlreiche Vertretungen. 1993 mit Einführung eines

Qualitätsmanagementsystems nach DIN EN ISO 9001:2000 zertifiziert, konnte es seine Position am Markt beständig ausbauen und gilt heute als Marktführer in Europa. Mit Blick auf die Natur und ihre schützenswerten Ökosysteme besteht zudem auf Landesebene eine langjährige, enge und stets fruchtbare Zusammenarbeit mit geowissenschaftlichen und umweltbehördlichen Diensten, die das Unternehmen auch bei seinen umfassenden Kompensations- und Rekultivierungsmaßnahmen unterstützen.

Handlungsbedarf bei feuerfesten Werkstoffen

Feuerfeste Werkstoffe finden ihren Einsatz vor allem in schmelzmetallurgischen und wärmebehandelnden Anlagen der Eisen-, Nichteisen- und Aluminiumgießereien, Hütten- und Stahlwerken und nicht zuletzt in der Zementindustrie. Die Unternehmen der Feuerfestindustrie unterscheiden sich, global und aggregatunabhängig betrachtet, grundsätzlich durch ihr Produktportfolio. Vereinfacht gesagt wird dabei zwischen geformten und ungeformten Werkstoffen unterschieden.

Den Rohstoffkosten kommt insbesondere bei den ungeformten feuerfesten Erzeugnissen eine besondere Bedeutung zu, was Anteile von bis zu 80 Prozent in Relation zum Produktpreis unterstreichen. Seit einigen Jahren zeichnet sich neben dramatisch gesteigerten Energie- und Logistikkosten ein teilweiser Anstieg der Rohstoffkosten mit spürbaren Teuerungsraten ab, der auch auf nationaler Ebene zu Anspannungen auf dem Feuerfestmarkt beiträgt. Zusätzlich belastet die gegenwärtige wirtschaftliche Lage die ökonomischen Rahmenbedingungen der Feuerfestindustrie, insbesondere innerhalb der EU 27. In nachhaltige, ökonomisch und ökologisch vertretbare Rohstoffe zu investieren sollte zukünftige Entwicklungen beflügeln, diese in bestehende oder neue Produkte zu integrieren. Hierdurch sind auch gänzlich neuartige Feuerfestkeramiken zu erwarten.

Kohlenstoffgebundene Feuerfestkeramik

Kohlenstoffgebundene feuerfeste Werkstoffe sind aus vielen schmelzmetallurgischen Bereichen der Eisengießerei und der Stahlerzeugung nicht wegzudenken. Exemplarisch zu nennen sind die Roheisenerzeugung im Schachtofen, korrespondierende Speicher- und Konverteraggregate oder Transport- und Gießpfannen.

Einen Standard vertreten dabei auch harzgebundene Werkstoffe unter Anwendung härtbarer Kunstharze. Diese besitzen den Vorteil, dass sie den feuerfesten Körnungen und Matrizes ohne energiezehrende Erwärmung zugemischt werden können.

Um einen gänzlich neuartigen Ansatz handelt es sich bei einer weiteren Variante: der kohlenstoffgebundenen halbplastischen Stampfmasse auf alumosilikatischer Basis unter Anwendung von natürlichen Rohstoffen des Eisenberger Klebsands und Kohlenstoffträgern wie Graphiten und Bindemitteln. Letztere stammen aus der Gruppe relativ umweltfreundlicher Kohlenstoffträger, welche im vorliegenden Fall durch spezifizierte Harzsysteme repräsentiert sind (Verbundwerkstoffsystem).

Die neuen umweltfreundlichen Werkstoffvarianten sollen zuverlässig hohen Korrosionsraten widerstehen mit geringer Benetzbarkeit und Infiltrationssensitivität. Denn mögliche Ausfallzeiten durch Materialverschleiß sind mit hohen wirtschaftlichen Verlusten verbunden. Überdies müssen die Kohlenstoffphasen vor Oxidation geschützt werden, um die Korrosionsstabilität der feuerfesten Werkstoffsysteme zu erhalten.

Eisenberger Klebsand – ein einzigartiger Rohstoff

Der Eisenberger Klebsand ist formal ein kaolinisierter Quarzsand und repräsentiert ein Lockersediment, das durch Verwitterung, Entfestigung und Umlagerung von Schichten des Buntsandsteins im Tertiär vor etwa 30 Millionen Jahren entstand. Mineralogisch simplifiziert wird er durch etwa 80 Masseprozent Quarz und 20 Masseprozent Tonmineralien charakterisiert.

Damit verbindet der Eisenberger Klebsand bereits in unbehandeltem Zustand und in einem breiten Temperaturintervall zwischen Raumtemperatur und etwa 1.700 Grad Celsius hohe mechanische Festigkeiten mit herausragenden Bindeeigenschaften. Als feuerfester Rohstoff und Werkstoff prädestiniert, unterstützt er mit seinen kombinierten µm- und nanoskalierten Al-Si-Kristallin- und Gelphasen ein breites Anwendungsspektrum. Dieses umspannt neben der Feuerfestindustrie sowohl die gesamte Gießerei-Industrie als auch Hütten- und Stahlwerke.

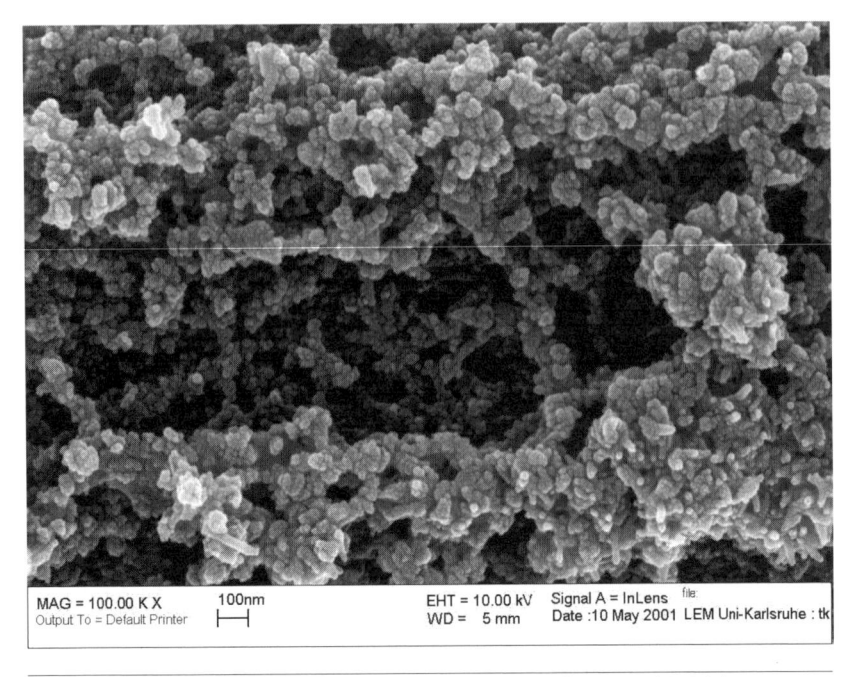

Abbildung 1: Strukturierter dreidimensionaler Aufbau aus kugelförmigen Al-Si-Gelphasen zu einem locker vernetzten Aggregat (Quelle: Fuhlberg (2006)).

Zusammenhängende Lagerstätten von Klebsanden sind sehr selten anzutreffen. Umso bedeutender ist das Klebsandvorkommen im Eisenberger Becken, das zu den weltweit größten zählt. Durch seine geologische Signifikanz sollte es das Unternehmen langfristig vom internationalen Rohstoffmarkt unabhängig machen. Auf dem knapp einen Quadratkilometer großen unternehmenseigenen Areal existiert ein qualitativ hochwertiges Rohstoffvorkommen bemerkenswerter mineralogischer und chemischer Konstanz

Entwicklungsfortschritt

Stellvertretend für das neuartige Gesamtsystem unter Anwendung des Eisenberger Klebsands[1] wurde exemplarisch ein wesentlicher Leistungsparameter näher beleuchtet: sie Korrosionsresistenz gegenüber schmelzflüssigen metallurgischen Phasen, die durch einen typischen Eindruck vermittelt werden soll. Ein feuerfestes Werkstoffsystem definiert sich in vereinfachter Form durch vornehmlich synthetische Rohstoffe deutscher, europäischer, insbesondere aber

Abbildung 2: Die EKW GmbH aus der Vogelperspektive mit einem Ausschnitt der unternehmenseigenen Lagerstätte „Eisenberger Klebsand" samt hochtechnisierten Produktionsbereichen für grobkeramische und feuerfeste Baustoffe.

asiatischer Herkunft. Mit Blick auf die damit verbundenen Rohstoffkosten, ungeachtet etwaiger Wechselkurskorrekturen, sind Abhängigkeiten vom Rohstoffmarkt produktionsrelevante Größen, die sich für mittelständische Unternehmen mit Signifikanz auswirken. FuE-Aktivitäten, die nicht zuletzt definierten Zielvorgaben gehorchen, führten zu einer systemischen Betrachtung der Rohstoffsituation unter Berücksichtigung eigener Ressourcen, die neben dem Rohstoffvorkommen auch Personal und Anlagenverfügbarkeit umfassen. Im Rahmen kooperativer Entwicklungen war es nun zentraler Angelpunkt, einen kostenintensiven Anteil an synthetischen Rohstoffen durch unternehmenseigene Rohstoffressourcen funktionsadäquat zu ersetzen, was bedeutete, dass die Leistungsfähigkeit und die Qualität der technologischen Eigenschaften der Feuerfestkeramiken mindestens erreicht werden musste. Einem auf synthetischen Rohstoffen basierenden, produktionsrelevanten Referenzwerkstoff konnte ein neuer Verbundwerkstoff zur Seite gestellt werden, bei dem neben der Eigenschaft einer verbesserten Korrosionsbeständigkeit kostenintensive synthetische Rohstoffe eingespart werden konnten, was rohstoffintensiven Produktionsprozessen eine besondere Bedeutung gibt.

Erster Zyklus, 1550 °C, 5 h, oxidierende Atmosphäre   **Zweiter Zyklus,** 1550 °C, 5 h, oxidierende Atmosphäre   **Dritter Zyklus,** 1550 °C, 5 h, oxidierende Atmosphäre

Kommerzieller Referenzwerkstoff

pO_2

Neuartige kohlenstoffgebundene Feuerfestkeramik

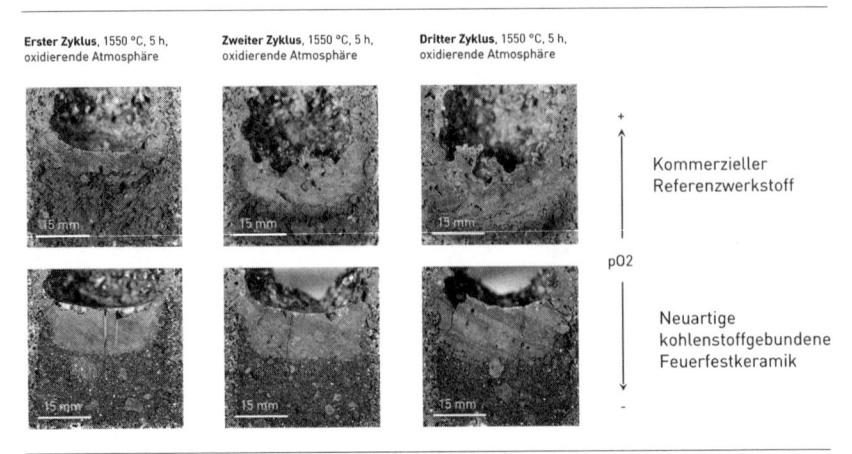

Abbildung 3: Makroskopie der Wechselbeziehungen zwischen dem Korrosionsmedium Schlacke am Referenzwerkstoff und neuartigem Werkstoffverbund nach Temperaturauslagerungen in oxidierender Atmosphäre bei 1.540 Grad Celsius und Einwirkung dreier Versuchszyklen.

Das Verbundwerkstoffsystem wurde zusätzlich dynamischen und anwendungsnahen Korrosionsversuchen unterzogen. Es greifen Mechanismen, die zu einer erheblichen Verbesserung der Oxidationsbeständigkeit der Feuerfestkeramiken selbst bei hohem Sauerstoffanteil der Gasspezies führen. Dies wirkt sich erfahrungsgemäß positiv auf die Standzeiten durch einen verminderten Kohlenstoffausbrand an der Phasengrenze Schlacke – Keramikmatrix aus. Ein herabgesenkter Kohlenstoffausbrand steht in einem direkten Zusammenhang mit einer verlängerten Laufzeit entsprechend keramisch ausgekleideter Hochtemperaturanlagen und liefert damit einen entscheidenden Beitrag zur Senkung der Betriebskosten des Kundenunternehmens.

Obwohl FeO-Phasen ein hohes Reduktionspotential auf SiO_2-reiche Zonen durch die Bildung von fayalithischen Schmelzen (niedrigschmelzende Eisensilikate) besitzen, hielt der getestete Werkstoff den Korrosionsbedingungen einer Versuchsofenanlage stand. Die Minderung der Korrosionsgeschwindigkeit ist wesentlich durch die Ausbildung einer hochviskosen Schmelze an der Reaktionszone zwischen Schlacke und Werkstoff sowie durch den geringen lokalen Sauerstoffpartialdruck zu begründen. Hierdurch wird der Abtransport der Lösungsprodukte verlangsamt. Die Bildung der Schmelzphase versiegelt weiterhin das Feuerfestmaterial und bewirkt eine Senkung der Kohlenstoffoxidation.

Im Volumen der Feuerfestkeramik erhöht eine spezifizierte Feinfraktion des Eisenberger Klebsands durch die Formation sogenannter

„Sperrschichten" in der Kohlenstoffmatrix die Oxidationsbeständigkeit, was nach heutigen Erkenntnissen als gesichert gilt und eine Schlüsselqualifikation des Rohstoffs widerspiegelt.

Aspekt der Nachhaltigkeit

Das Unternehmen verfolgt das Ziel einer nachhaltigen und umweltverträglichen Feuerfestproduktion. Der entwickelte Verbundwerkstoff liefert mit seinen feinskalierten Fraktionen und teilweise nanoskalierten Additivsystemen einen wesentlichen Baustein zur Herstellung von Feuerfestkeramiken für die Eisengießerei-Industrie, die Anwendungstemperaturen von bis zu 1.550 Grad Celsius unter korrosiven Bedingungen standhalten müssen.

Mit seiner eindrucksvollen mineralogischen Charakteristik und seiner Differenzierbarkeit eröffnet der Eisenberger Klebsand attraktive, technisch-wirtschaftliche Potentiale zur Entwicklung innovativer Feuerfestprodukte. Diese erfüllen nicht zuletzt die Forderung einer nachhaltigen Rohstoffversorgung. Mit der Anwendung des Verbundwerkstoffs verknüpft ist die Substitution bestehender feuerfester Werkstoffe für metallurgische Prozesse. Unser Unternehmen erhofft sich dadurch erhebliche Kostensenkungen und Wettbewerbsvorteile.

Risiken und Chancen

Der Einsatz neuartiger kohlenstoffgebundener Materialien innerhalb eines Werkstoffverbundes im Feuerfestbau ist mit einem erheblichen Risiko behaftet. Vielfältige ingenieurtechnische Aufgabenstellungen werden von unterschiedlichen Disziplinen ausgearbeitet, deren Lösungselemente in einem funktionstechnischen System integriert werden müssen. Erst eine Kooperation zwischen Unternehmen und Forschungseinrichtung mit für jeden Partner abgestimmten Arbeitspaketen erlaubt, diese komplexe und anspruchsvolle Aufgabe qualitätssicher und produktorientiert in einem vorgegebenen zeitlichen Rahmen zu realisieren. Im vorliegenden Fall war das Institut für Keramik, Glas- und Baustofftechnik der Technischen Universität Bergakademie (TU BA) Freiberg an der Entwicklung beteiligt. Für ein mittelständisches Unternehmen ist der in einem anwendungsnahen Entwicklungsprojekt zu treibende FuE-Aufwand dennoch erheblich. Hier besteht grundsätzlich ein finanzielles Realisierungsrisiko. Durch die beachtlichen Förderprogramme (beispielsweise das Zentrale Innovationsprogramm Mittelstand ZIM vom Bundesministerium für Wirtschaft und Technologie BMWi, Projektträger: Arbeitsgemeinschaft industrieller Forschungsvereinigungen Otto von Guericke e. V. AiF) können allerdings wirtschaftliche Risiken erheblich gemildert oder abgefangen werden.

Der wirtschaftliche Druck durch volatile Rohstoffkosten macht die Suche nach preiswerten und technisch vergleichbaren Produkten unumgänglich. Je früher ein Unternehmen hier überzeugende Lösungen bieten kann, desto stärker verbessert sich dessen Wettbewerbssituation. Die neuartigen Werkstofflösungen lassen sich in einem wachsenden Marktsegment innerhalb großvolumiger Anwendungen nutzen und tragen nicht zuletzt dazu bei, Arbeitsplätze beim Unternehmen zu sichern und auch weitere zu schaffen.

Nachhaltige Innovation „made in Germany"

Die Analyse dieses Rohstoffes ist ein wichtiger Zweig unseres Unternehmens. Denn die Spezifizierung bis in seine kleinsten Komponenten und die Erforschung neuer Reaktionsprodukte und -verbindungen bilden die Basis für eine stetige Qualitätssteigerung, die auch in die Entwicklung neuartiger Produkte mündet. Realisiert und erfolgreich eingeführt wurde etwa die Entwicklung eines feuerfesten Verbundwerkstoffs auf Klebsandbasis in Kooperation mit dem Institut für Keramik, Glas-, und Baustofftechnik der Technischen Universität Bergakademie Freiberg. Nicht zuletzt unterstützt der Verbundwerkstoff auch die Funktionalisierung grobkeramischer Erzeugnisse, über die sich auch Feuerfestkeramiken definieren. Auch auf Veränderungen des Marktes und der Technologien der Kunden kann so kurzfristig und flexibel reagiert werden. Dies zeigt sich besonders bei Anwendungen des feuerfesten Verbundwerkstoffs im Rahmen der Produktion keramischer Werkstoffe und Komponenten, die zu einem größeren Teil aus Kohlenstoff bestehen und systemisch zuverlässig vor Oxidation geschützt werden müssen. Die Einführung dieser Maßnahme bewirkte zum einen eine messbare qualitative Verbesserung der Produktqualität für den Kunden, zum anderen lieferte sie einen signifikanten Beitrag zur Senkung der Rohstoffkosten im zweistelligen Prozentbereich, was nicht zuletzt mit der Substitution teurer synthetischer Rohstoffe durch preiswerte natürliche Rohstoffe erfolgreich eingeleitet wurde.

Ein Hauptaugenmerk gilt hierbei der Forschung: Aufgabe wird sein, aus einer Vielfalt von Werkstoffen ideale Verbindungen für Anwendungen im Feuerfestbereich zu finden, um Produktionsprozesse, Verfahrens- und Installationstechniken bestehender Produkte zu optimieren und die Entwicklung neuer, innovativer Produkte und Methoden bis zur Marktreife voranzutreiben. Dabei ist die Integrität von Unternehmen und kooperierenden Forschungseinrichtungen ein wesentlicher Aspekt, um die definierten Ziele ergebnisorientiert und relativ zügig zu realisieren.

Ein Unternehmen, das auf der Grundlage des Bestehenden fortschrittliche Ideen entwickelt und umsetzt und damit Wachstum erzielt, kann der „Herausforderung Zukunft" optimistisch entgegensehen. Dem Unternehmen ist es bis heute stets gelungen, ihre Unternehmensaktivitäten gezielt auf ihre Kunden zuzuschneiden, ihr Portfolio zu erweitern und damit ihre Wettbewerbsposition auszubauen. Diese positive Entwicklung ist auch das Spiegelbild fruchtbarer Zusammenarbeit in allen Bereichen des Unternehmens, die auch zukünftig prägend bleiben wird. Die skizzierte Wertschöpfung am Beispiel des Verbundwerkstoffs fußt auf einer permanent geforderten und dynamischen Forschung und Entwicklung des Unternehmens, die sich auch der Forderung nach kostenbewussten Produktionsverfahren konsequent stellen müssen. Und ausgerechnet ein traditioneller Rohstoff lieferte den Schlüssel hierzu und war Grundstein einer intelligenten Nutzung einheimischer Rohstoffe, die aufgrund ihrer Funktionalität auch die Erschließung neuer Anwendungsfelder für das Unternehmen EKW einleitete, in denen moderne Feuerfestkeramiken im Zentrum stehen.

Literatur

Brandt, F., Cölle, D., Lindner, R.: Analyse der Hochtemperaturkorrosion an (Alumosilicat-Kohlenstoff-)Feuerfestkeramiken mittels Mikro-RFA. In: cfi/Ber. DKG 84 (2007) [12], S. D 30–D 32.

Caspers, K. H.: Auswirkung der Schlackenführung auf das Feuerfestmaterial beim Langzeitkupolofen. In: stahl & eisen SPECIAL (1995), S. 15–21.

Cölle, D., Aneziris, C. G., Schärfl, W., Dudczig, S.: Novel alumosilicate-carbon composites for application in shaft-furnaces. In: Tagungsband UNITECR '07 (2007), S. 148–151.

Cölle, D.: Alumosilikat „Made in Germany": Hochtemperaturrohstoff mit ausgezeichnetem Innovationspotential. In: cfi/Ber. DKG 90 (2013) [3], S. D 15–D 18.

Fuhlberg, K.: Eigenschaften und Entstehung der Eisenberger Klebsande. Dissertation (2006) Universität Fridericiana zu Karlsruhe (Technische Hochschule).

Pälchen, W.: Kaolin – Gestein des Jahres 2013 und wichtiger Rohstoff. In: Geowissenschaftliche Mitteilungen Nr. 50 (Dezember 2012), S. 33.

Schärfl, W., Cölle, D., Aneziris, C. G., Roungos, V.: Design and Development of Alumosilicate-Carbon Composites for Application in Shaft Furnaces. In: Tagungsband UNITECR '09 (2009), ohne Seitenangabe auf CD-ROM.

Senk, E.: Indexentwicklung von Rohstoffpreisen in Unternehmen der Feuerfest-Industrie. Verband der Deutschen Feuerfest-Industrie e. V. VDFFI Bonn (Dezember 2012).

Endnoten

1 Vgl. auch Cölle (2013); Brandt, Cölle und Lindner (2007); Schärfl et al. (2009).

Ressourceneffiziente Lösung bei einem Automobilzulieferunternehmen

Wolfgang Hentschel

Historie und Wissenswertes

Die Auto-Kabel Management GmbH ist ein mittelständisches Unternehmen und zu 100 Prozent Automobillieferant. Das bis heute inhabergeführte Unternehmen wurde 1930 in Köln gegründet und begann sich seit 1958 von Hausen im Wiesental aus über Berlin zum Global Player zu entwickeln. Es beschäftigt heute an neun Standorten weltweit 2.200 Mitarbeiter. Mit einem durchschnittlichen Wachstum von 15 Prozent in den vergangenen 15 Jahren verzeichnete es 2012 einen Umsatz von 220 Millionen Euro. Mit Leitungssätzen für hohe Ströme, Kontaktteilen, Batterieklemmen, pyrotechnischen Schaltern und elektronischen Baugruppen trägt es dazu bei, dass Ströme kontrolliert in Fahrzeugen fließen.

Ressourceneffizienzansatz

Bereits 2000 begann sich das Unternehmen mit dem Einsatz von Aluminium als Leiter in Fahrzeugleitungen zu beschäftigen. Hierzu gab es drei Grundüberlegungen: Die Substitution von Kupfer durch Aluminium im Kabelsatz verringert das Fahrzeuggewicht und senkt dadurch den Energiebedarf sowie die CO_2-Emission. 1 kg des Fahrzeuggewichts korreliert mit ca. 0,15 g CO_2 – das bedeutet, dass 1 kg Aluminium im Fahrzeug während des Einsatzes die CO_2-Emission um ca. 20 kg senkt. Darüber hinaus reduziert die Substitution von Kupfer durch Aluminium die Materialkosten im Metall um ca. 85 Prozent. Hinzu kommt, dass Aluminium das dritthäufigste Metall der Erdkruste ist und somit weitaus häufiger vorkommt als Kupfer, das nur an 23. Stelle rangiert.

Aluminium im Kraftfahrzeugbordnetz

Stand der Technik

Die bis heute gebräuchliche Verbindungstechnik basiert auf einer Kupfer-Kupfer- oder Kupfer-Messing-Basis. Die Verbindung wird durch mechanische Umformung – das sogenannte Crimpen – hergestellt. Um den Übergangswiderstand zu reduzieren, wird fallweise gelötet. Ein zu hoher Übergangswiderstand führt zur Erwärmung der Kontaktstelle und kann gegebenenfalls zu starker Erhitzung bis zur Auslösung eines Brandes führen.[1] Eine reine Pressverbindung wird durch den Lötvorgang intermetallisch verbunden. Die Kontaktteilverbindung neigt bei den gebräuchlichen Werkstoffpartnern im Anschraubbereich kaum zur Kontaktkorrosion, da kein nennenswertes Spannungspotential vorhanden ist, oder anders formuliert, da kein edleres Metall in die Verbindung eingebunden ist, findet kein Abbau der Anode statt.

Die Herausforderung beim Einsatz von Aluminium

Der Werkstoff Aluminium baut beim Bearbeiten und Lagern an der Luft in Sekundenschnelle eine Oxidschicht auf, welche isolierende Eigenschaften aufweist. Wird Aluminium bei der Konzeption einer Verbindungsstelle mit den gebräuchlichen Kontaktteilen aus Messing oder Kupfer eingesetzt, gilt es, folgende Einflüsse zu berücksichtigen. Die bei Aluminium sich typisch bildende Oxidschicht muss dauerhaft unterbrochen werden, ebenso muss die erneute Oxidation an der Kontaktstelle vermieden werden. Zudem sollte das Fließverhalten des Aluminiums unter Druck bei der Verbindungstechnik berücksichtigt werden. Die Verbindung zwischen Aluminium und Kupfer oder Messing neigt stark zur Kontaktkorrosion. Zu deren Vermeidung bedarf es einer entsprechenden Technologie und Verbindungsausführung, welche sowohl die Verbindung selbst schützt, als auch die Kontaktkorrosion im Anschraubbereich verhindert.

Der Lösungsansatz

Die von Auto-Kabel entwickelte, patentierte und in Serie gebrachte Lösung basiert auf einer intermetallischen Verbindung. Um einen stabilen Prozess gewährleisten zu können, bedurfte es vieler Versuchsreihen über ungefähr eineinhalb Jahre, bis über Schlag- und

Schliffproben der Nachweis erbracht werden konnte, dass über die maschinenseitig vorgegebenen und überwachten Systemgrenzen nur solche Teile von der Maschine fallen, welche den Anforderungen vollumfänglich genügen. Schlechtteile werden in der Maschine direkt zerstört.

Zum Einsatz in den Fahrzeugleitungssätzen kommen eigengefertigte, mit Kunststoff ummantelte Aluminium-Rundleiter und geschmiedete Messingkontaktteile. Diese Verbindungstechnik wird durch den Einsatz der Reibschweißtechnik realisiert. Auf den mit Kunststoff ummantelten Aluminiumleiter aus vielen Einzeldrähten wird am abisolierten Ende eine Hülse aus Aluminium aufgeschoben, welche in einem Folgeprozess mit dem Aluminiumseil verpresst wird. Das entsprechend den Kundenanforderungen gestaltete Kontaktteil aus Messing wird in einem Backenfutter in der Reibschweißmaschine gespannt und anschließend an der Stirnseite plangedreht – ähnlich dem Prozess auf einer Drehmaschine –, damit bei dem später folgenden Reibschweißprozess der notwendige Rundlauf gewährleistet werden kann.

Der Aluminiumleiter mit aufgepresster Aluminiumhülse wird vor Eingabe in die Reibschweißmaschine zur Eliminierung der Aluminiumoxidschicht ebenfalls an der Stirnseite bearbeitet. Nach dem Einlegen in einen Axialschlitten beginnt der eigentliche Reibschweißprozess. Dabei wird das eingespannte Kontaktteil mit dem Spannfutter in Rotation gebracht und das Aluminiumkabel über den axial verschiebbaren Schlitten auf das rotierende Kontaktteil gepresst. Die hierbei entstehende Friktionswärme führt zu einem teigigen Gefüge zwischen beiden Schweißpartnern, dem stehenden Aluminiumkabel und dem rotierenden Kontaktteil.

Ein finales Stauchen und schlagartiges Abbremsen des drehenden Kontaktteils beendet den Prozess. Die Überwachung von Druck und Drehzahl in den einzelnen Prozessphasen über die gesamte Zeit hinweg gewährleistet eine perfekte Verbindung. Die Aluminiumleitung mit dem über den Reibschweißprozess verbundenen Kontaktteil kann nun aus der Reibschweißmaschine entnommen werden. Bei dem geschilderten Prozess entsteht eine intermetallische Verbindung zwischen Messing und Aluminium.

Um die Vorteile der Aluminiumleiter nochmals zu verdeutlichen, lohnt sich ein Vergleich der Dimension und des Gewichts von Kupfer- zu Aluminiumleitern. Der Querschnitt erhöht sich um den Faktor 1,6 bei gleichem Leitwert, was einer Durchmesserzunahme um 20 Prozent entspricht. Inklusive der Isolation wird eine Gewichtsersparnis von rund 40 Prozent erzielt. Realiter können kleinere oder gleiche Querschnitte verwendet werden, da Aluminiumleitungen eine leicht höhere Strombelastbarkeit haben.

Seit nunmehr über zwölf Jahren liefern wir mit null Fehlern (0 ppm – Parts per Million) an mehrere große Automobilkonzerne verschiedenste Kabel mit dieser Verbindungstechnik aus. Circa 14,5 Millionen Schweißverbindungen gewährleisten seither den problemlosen elektrischen Kontakt in Kundenfahrzeugen.

Ein weiterer Lösungsansatz – der Flachleiter aus Aluminium

Um bei den vielfältigen, teilweise auch sehr beengten Bauraumverhältnissen im Fahrzeug im Grunde überall den Einsatz der Aluminiumleitungstechnologie im Fahrzeug zu ermöglichen, wurden die Flachleiter in Form von flexiblen und formstabilen Varianten entwickelt. Durch diesen Ansatz konnte der Anwendungs- und damit auch der Kundenkreis erweitert werden.

Speziell der formstabile Flachleiter (Energy Backbone) ermöglicht den Kunden völlig neue Verlege- und Einbaukonzepte in den immer enger werdenden zur Verfügung stehenden Bauräumen. Durch eigenentwickelte Montage- und Umformautomaten werden die Leitungen entsprechend den Kundenanforderungen konfektioniert, durch bleibende dreidimensionale Umformung an die Fahrzeugbauräume angepasst und einbaufertig zum Versand gebracht.

Die Vorteile, die Flachleitungen bieten, sind offensichtlich. Die Flachleitung „passt" sich optimal der Fahrzeugstruktur an. Man spart Bauraum im Fahrzeug ein. Und für den Automobilhersteller ist die Montage durch sie vereinfacht.

Im Vergleich zu den Rundleitern aus Aluminium sind die Flachleiter noch effektiver. Bei gleichem Querschnittsbereich wird der Bauraum noch weiter reduziert sowie die Stromtragfähigkeit um rund 15 Prozent erhöht.

Technologischer Lösungsansatz der Verbindungstechnologie für Flachleiter

Wie beim Verbinden von Rundleitern ist auch beim Flachleiter die Grundvoraussetzung für eine mechanisch stabile und stromtragfähige Lösung die intermetallische Verbindung zwischen den Werkstoffpartnern. Für diesen Anwendungsfall haben wir das Pressstumpfschweißen weiterentwickelt und zum Serieneinsatz auf vollautomatischen Montageanlagen gebracht. Auch bei diesem Verfahren, bei welchem die zu verbindenden Bauteile mit Druck und Erwärmung durch den eingeleiteten Schweißstrom kurzzeitig die schmelzflüssige Phase erreichen, wird eine intermetallische Verbindung geschaffen.

Aktuelle Entwicklung

Die vorgestellten Aluminiumverbindungsverfahren und -prozesse werden stetig unter Nutzen- und Kostenaspekten weiterentwickelt und optimiert. Der anfänglich durch diese Verfahren abgedeckte Querschnittsbereich von 50 mm² bis 120 mm² kann derzeit auf 10 mm² bis 600 mm² erweitert und bedient werden. Dies ermöglicht auch den Einsatz in nichtautomotiven Anwendungsfeldern. Beispielhaft sei hier der Energieleitungsbereich in der Industrietechnik aufgeführt. Aktuell arbeiten wir an reibgeschweißten Aluminiumkabeln für Windkraftanlagen.

Fazit und Ausblick

Die entwickelte Aluminiumleitungs- und -verbindungstechnologie hat Anwendungsbereiche beherrschbar gemacht und bietet auch für die Zukunft viel Potential, beispielhaft sei hier der Einsatz in der Windkrafttechnologie wie auch der Einsatz in leitenden Verbindungen der Industrieanlagentechnik erwähnt. Zudem wird mit dem Umstieg von Kupfer- auf Aluminiumleitungen in Kraftfahrzeugen ein Beitrag zur Ressourceneffizienz geleistet – durch die Gewichtsreduzierung beim Energiebedarf des Kraftfahrzeuges –, welcher die Minimierung des CO_2 begünstigt.

Ab 2020 werden empfindliche Abgaben die KFZ-Hersteller und damit indirekt auch die Käufer der Fahrzeuge bei Überschreitung der Grenzwerte belasten. Durch die Substitution von Kupfer durch Aluminium wird neben einem erheblichen Kostensenkungseffekt (85 Prozent Einsparung bei den Metallkosten), resultierend aus dem Metallbeschaffungspreis, ein nachhaltiger Beitrag zur Senkung der CO_2-Emission durch die Gewichtsreduzierung erzielt.

Neben dem Einsatz in automotiven Anwendungen haben wir auch Potentiale in der industriellen Anwendung identifiziert, wie zum Beispiel bei den Windkraftanlagen. Diese Einsatzfälle werden derzeit analysiert und die Lösungsansätze aus der Automobilindustrie in diese Technologiebereiche übertragen.

Ressourceneffizienz ist unser wirtschaftlicher Vorsprung. Das Knowhow und die Anwendung dieser Technologie gibt uns einen Vorsprung bei der industriellen Umsetzung im Markt. Diese Technologie stellen wir allfälligen Nutzern gegen marktübliche Lizenzen auch zur Verfügung. Nur wer nachhaltig und verantwortungsvoll mit Energieträgern, Rohstoffen und Nutzflächen umgeht, kann mit weniger Mitteln mehr leisten. Innovative Produkte und Verfahren sowie durchdachte Strategien machen unser Unternehmen in Zeiten knapp werdender Rohstoffe und schwankender Materialpreise zukunftsfähig. Man kann mit Fug und Recht sagen: Die Ressourceneffizienz ist unser versteckter Unternehmenstresor.

Unser Beispiel zeigt, welche Chancen in der konsequenten Überprüfung und in der Substitution verwendeter Materialien liegen. Auch wenn bestimmte Werkstoffe nicht ohne weiteres ersetzbar scheinen, lohnt ein zweiter Blick auf das Produkt. Denn gerade die geschickte Abstimmung von Material, Formgebung und eingesetzten Fertigungstechnologien eröffnet häufig neue Wege. Das dürfte auch für kleine und mittlere Unternehmen Perspektiven eröffnen.

Endnoten

1 Der Übergangswiderstand ist ein elektrischer Widerstand, der auftritt, wenn ein elektrischer Strom von einem elektrisch leitenden Körper in einen anderen elektrisch leitenden Körper übertritt. Er setzt sich zusammen aus den Kontaktwiderständen und den Widerständen der Übergangsstoffe.

Ressourceneffizienz bei der Produktion von Spezialgläsern

Ralf Reiter

Schott ist ein internationaler Technologiekonzern mit mehr als 125 Jahren Erfahrung auf den Gebieten Spezialglas, Spezialwerkstoffe und Spitzentechnologien. Mit vielen seiner Produkte ist das Unternehmen weltweit führend. Hauptmärkte sind die Branchen Hausgeräteindustrie, Pharmazie, Elektronik, Optik, Solarenergie, Transportation und Architektur. Das Unternehmen hat den Anspruch, mit hochwertigen Produkten und intelligenten Lösungen zum Erfolg seiner Kunden beizutragen und es zu einem wichtigen Bestandteil im Leben jedes Menschen zu machen. Schott bekennt sich zum nachhaltigen Wirtschaften und setzt sich bewusst für Mitarbeiter, Gesellschaft und Umwelt ein. In 40 Ländern ist der Schott-Konzern mit Produktions- und Vertriebsstätten kundennah vertreten. 17.000 Mitarbeiter erwirtschafteten im Geschäftsjahr 2010/2011 einen Weltumsatz von rund 2,9 Milliarden Euro. Die Schott AG mit Hauptsitz in Mainz ist ein Unternehmen der Carl-Zeiss-Stiftung.

Innovation ist ein wesentlicher Bestandteil des Unternehmens und Garant des bis heute anhaltenden Unternehmenserfolgs. Bereits Ende des 19. Jahrhunderts gelang Otto Schott die Entwicklung des Borosilikatglases. Erstmalig konnte Glas in Anwendungen mit stark thermischen Belastungen, etwa Gasglühlichtern in Straßenlaternen und Lampen, eingesetzt werden, ohne dass die Gefahr bestand, dass es zerspringt. Nicht nur auf der Erde, auch im Weltall trugen unsere Innovationen dazu bei, Geschichte zu schreiben. 1969 fotografierte und filmte Neil Armstrong nach seinem „Schritt für die Menschheit" seine Kollegen durch optische Gläser unseres Unternehmens im Objektiv seiner Kamera. Die wohl bekannteste Schott-Innovation sind Ceran-Glaskeramik-Kochflächen, mit denen das Unternehmen internationale Standards setzt. So ist der Name Ceran® heute Synonym für Glaskeramikkochflächen und Qualität. Das Unternehmen erhielt zudem 2010 den Deutschen Innovationspreis für die erste „grüne" Glaskeramikkochfläche, die ohne Arsen und Antimon produziert wird: Über 180 Tonnen dieser Stoffe lassen sich pro Jahr dadurch einsparen – eine erhebliche Entlastung für die Umwelt.

Innovationsmanagement am Beispiel ressourceneffizienter Produkte

Diese und zukünftige Erfolge wurden und werden durch ein systematisches Innovationsmanagement möglich. Im Mittelpunkt des Innovationsmanagements steht im Unternehmen der Innovations-Regelkreis. Mit diesem gibt der Konzern den einzelnen Geschäftseinheiten einen einheitlichen Rahmen vor, innerhalb dessen Grenzen die Ausgestaltung des individuellen Innovationsmanagement-Systems stattfindet. Dies wird im Folgenden anhand des Innovationsmanagement-Systems der Geschäftseinheit Advanced Optics näher vorgestellt.

Die Geschäftseinheit Advanced Optics

Die Geschäftseinheit Advanced Optics ist ein technologisch kompetenter Partner für ihre Kunden bei der Entwicklung von Produkten und kundenspezifischen Lösungen für Anwendungen in Optik, Lithographie, Astronomie, Opto-Elektronik, Life Sciences und Forschung. Mit einem Portfolio von mehr als 120 optischen Gläsern, speziellen Materialien und Komponenten bedient Advanced Optics dabei die komplette Wertschöpfungskette von der kundenspezifischen Materialentwicklung und -herstellung über die hochpräzise optische Fertigung bis hin zur äußerst genauen Messtechnik für Anwendungen. Die besondere Herausforderung dabei liegt neben der Komplexität der Märkte in der damit verbundenen hohen Variantenvielfalt. Die zu beherrschenden Dimensionen erstrecken sich von millimetergroßen Linsen bis hin zu Teleskopspiegeln mit einem Durchmesser von 8 Metern, die es gilt, in einem Stück zu fertigen. Hierbei greift die Geschäftseinheit auf ein globales Entwicklungs- und Produktionsnetzwerk zurück, das sich über fünf Werke in Deutschland, der Schweiz, den USA und Malaysia erstreckt.

Gerade in einem globalen Entwicklungs- und Produktionsnetzwerk gilt es, die Material- und Energieeffizienz im Blick zu behalten und Umweltaspekte nicht aus dem Auge zu verlieren sowie die systematische Rückführung von Scherben weiter voranzutreiben. Anlaufverluste werden aufbereitet und als Scherben wieder direkt der Schmelze hinzugefügt. Verschnitt der Komponentenwerke wird gesammelt und gezielt in den Scherbenkreislauf der Schmelzwerke zurückgeführt. Durch die enge Zusammenarbeit mit Lieferanten wird zudem ein Recycling von Scherben möglich. Beim Recycling von Scherben werden besonders die wertvollen Seltenen Erden zurückgewonnen. Die Ausweitung der Lieferantenintegration erhöht somit die Materialeffizienz erheblich.

Der Innovations-Regelkreis

Effizienzsteigerung im globalen Produktionsnetzwerk ist oft mit großen Anstrengungen verbunden. Ein größerer Hebel bei der Effizienzsteigerung liegt im Innovationsmanagement. Verschwendung kann so bereits im Vorfeld vermieden werden, so dass sie erst gar nicht im Produktionsnetzwerk auftritt.

Ausgangspunkt des Innovationsmanagements sind die strategischen Initiativen, die mit Unterstützung der Strategieabteilung erarbeitet werden. Strategische Initiativen geben die Stoßrichtungen hinsichtlich der Märkte und deren Leitkunden sowie Technologien und Trends für die Geschäftseinheit vor. Als Praxisbeispiel wäre hier die strategische Initiative der Markteintritt „Camera phone" mittels Blauglas zu nennen. Charakteristisch für den Markt „Camera phone" sind die sehr kurzen Produktlebenszyklen von maximal einem Jahr, die damit verbundene Schnelligkeit, sehr hohe Marktschwankungen, sich ständig ändernde Lieferketten und nicht zuletzt ein hohes Marktvolumen an sich. Auf diese Marktanforderungen und den daraus resultierenden Innovationsdruck („every year a new feature") galt es das globale Entwicklungs- und Produktionsnetzwerk vorzubereiten.

Basierend auf den strategischen Initiativen entwickelt die Geschäftseinheit Advanced Optics die Innovation Roadmap. Die Innovation Roadmap umfasst sämtliche Entwicklungsvorhaben für die nächsten vier bis fünf Jahre. Der Umfang der aufgeführten Entwicklungsvorhaben kann dabei recht unterschiedlich sein. Ein Entwicklungsvorhaben kann ein spezielles Produkt oder eine ganze Glasfamilie und damit eine große Anzahl von resultierenden Produkten umfassen. Die Entwicklungsvorhaben in der Innovation Roadmap sind dabei in drei Bereiche gegliedert:

- Kontinuierliche Geschäftsentwicklung

- Erhöhung der Wertschöpfung

- Neues Geschäftsfeld

Im Bereich „Kontinuierliche Geschäftsentwicklung" finden sich Weiterentwicklungen oder Optimierungen bestehender Gläser oder Komponenten. Ein Fokus ist hierbei die Materialeffizienz. Unter dem Schlagwort „Design to Cost" werden die Material- und Energiekosten im vorgegebenen Rahmen gehalten. Zum einen wird die Anzahl an exotischen Rohstoffen minimiert und zum anderen liegt der Fokus auf Rohstoffen, die eine niedrigere Schmelztemperatur benötigen. Mit dieser systematischen Vorgehensweise konnten die Komplexitäts- und Energiekosten erheblich gesenkt und die Wettbewerbsfähigkeit weiter gesteigert werden.

Ein weiterer Ansatz ist die Optimierung und Anpassung von Rezepturen, um die Ausbeute bei der Glasschmelze zu erhöhen, was die Material- und Energieeffizienz erheblich erhöht. Ein anderes typisches Beispiel ist das beschriebene Blauglasprojekt. Dieser Filtertyp wurde schon viel früher entwickelt. Die sich öffnende Marktchance und die geänderten Kundenanforderungen fordern jetzt einige Modifikationen am Glas und an der Weiterverarbeitung.

Der Bereich „Erhöhung der Wertschöpfung" in der Innovation Roadmap umfasst schwerpunktmäßig die Erweiterung der Fähigkeiten zur Nachverarbeitung von Glas und Glaskeramiken. Als Beispiel für diesen Bereich ist das Entwicklungsvorhaben Zerodur®-Leichtgewichtbauweise zu nennen. Dieses Entwicklungsvorhaben ist darauf ausgelegt, Leichtgewichtsstrukturen aus Glaskeramiken zu fertigen. Eine typische Anwendung dieser Leichtgewichtsbauteile ist der Astronomiebereich. Die extreme Leichtgewichtsbauweise reduziert die Kosten der Kunden durch geringere Transportkosten für den Weg ins All.

Charakteristisch für den Bereich „Neues Geschäftsfeld" sind Entwicklungsvorhaben, bei denen nicht nur das spätere Produkt oder die Produktgruppe, sondern auch Markt und Kunden sowie die Herstellungstechnologien für die Geschäftseinheit Neuland bedeuten. Als Beispiel sind die Entwicklungsaktivitäten im Bereich IR Material Chalcogenide zu nennen.

Die Innovation Roadmap beinhaltet neben der Art des Entwicklungsvorhabens auch weitere Kennwerte, wie beispielsweise eine Risikoabschätzung, die Beschreibung notwendiger Fähigkeiten oder auch die jeweiligen Kapazitätsbedarfe. Die Innovation Roadmap bildet aus diesem Grund auch die Grundlage für die langfristige Personalplanung im Entwicklungsbereich, so dass Lücken im Qualifikations- oder Kapazitätsprofil des Bereichs frühzeitig geschlossen werden können.

Die Kopplung der Personalplanung mit der Innovation Roadmap und die Einführung von Kennwerten ermöglichen eine systematische Bewertung von Entwicklungsvorhaben. Diese Möglichkeit der systematischen Bewertung in einer so frühen Phase des Innovationsprozesses ist ein entscheidender Erfolgsfaktor, da dadurch eine frühzeitige Konzentration auf das Richtige und damit auch Realisierbare möglich wird.

Die Stage-Gate-Systematik und die Berücksichtigung von ressourcensparenden Kriterien

Diese aktive Arbeit mit der Innovation Roadmap inklusive der systematischen Bewertung von Entwicklungsvorhaben über die anschließenden operativen Entwicklungstätigkeiten bis hin zur abschließenden Markteinführung wird in der Geschäftseinheit in der Stage-Gate-Systematik abgebildet. Bei der Stage-Gate-Systematik gelangt ein jedes Entwicklungsvorhaben nach einer klar definierten Entwicklungsphase an ein Gate. Erfüllt das Entwicklungsvorhaben die festgelegten Kriterien für das Gate, erlangt es die Freigabe für die nächste Entwicklungsphase (siehe Abbildung 1). Mit der Freigabe werden auch die Entwicklungskosten und die benötigten Personalressourcen freigeben. Durch diese systematische Erfüllung der Gates werden Entwicklungsvorhaben einheitlich bewertet und gegebenenfalls frühzeitig korrigiert oder sogar gestoppt. Der Innovationsprozess sieht vor, dass ein Entwicklungsvorhaben fünf Gates bis zur erfolgreichen Markteinführung durchlaufen muss.

Die Gate-Entscheidungen trifft das sogenannte InnoBoard. Dieses InnoBoard findet alle vier Wochen in jedem Entwicklungsstandort statt und ist mit den benötigten Entscheidungsträgern aus den Bereichen Entwicklung, Produktion und Vertrieb besetzt. Die InnoBoards ersetzen die zahlreichen Lenkungsausschüsse, die oft viel Zeit in Anspruch nahmen und hochkarätig besetzt waren, aber keine koordinatorische Funktion hinsichtlich der Priorisierung begrenzter Personalressourcen erfüllen konnten. Gerade vor dem Hintergrund des globalen Entwicklungs- und Produktionsnetzwerks ist diese globale Koordination immens wichtig und ein weiterer Erfolgsfaktor für die Geschäftseinheit. Hiervon profitierte das bereits skizzierte Entwicklungsvorhaben Blauglas. In diesem Projekt galt es, Produkt- und Prozessentwicklungen für ein Netzwerk aus drei Werken und weiteren Zulieferern zu koordinieren.

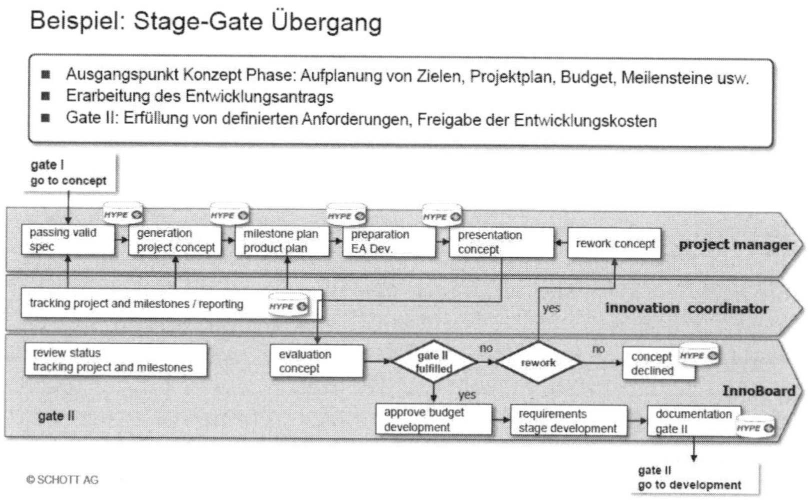

Beispiel: Stage-Gate Übergang

- Ausgangspunkt Konzept Phase: Aufplanung von Zielen, Projektplan, Budget, Meilensteine usw.
- Erarbeitung des Entwicklungsantrags
- Gate II: Erfüllung von definierten Anforderungen, Freigabe der Entwicklungskosten

Abbildung 1: Stage-Gate-Systematik, Beispiel Konzeptphase (Quelle: Schott AG).

Innovativ durch Projektmanagement

Neben der Stage-Gate-Systematik unterstützt auch die Organisation den Innovationsprozess. Zur Durchführung der meist globalen Projekte wurde ein globales Projektmanagement installiert. Die Koordination dieses Entwicklungsnetzwerkes und die Organisation der InnoBoards übernimmt der Innovation Coordinator. Dem Innovation Coordinator steht ein IT-System zur Seite. Durch dieses IT-System werden die Projekte eng an der Stage-Gate-Systematik geführt und die Entscheidungen des InnoBoards online dokumentiert. So ist der Status aller Entwicklungsprojekte im gesamten Entwicklungs- und Produktionsnetzwerk jederzeit abrufbar. Mit dem InnoCockpit lassen sich neben den Konzernkennzahlen auch verschiedene Portfolio-Grafiken oder Projektmanagement-Kennzahlen, wie beispielsweise die Termintreue, ermitteln. Ein weiterer Effekt des IT-Tools ist die Vereinheitlichung des Reportings. Durch Formatvorlagen und Standardberichte lassen sich die vom Projektleiter einmal eingegebenen Projektinformationen in die unterschiedlichen Berichtsformen umwandeln. Hierdurch erhält der Projektleiter wieder mehr Zeit, sich um das Wesentliche zu kümmern – das Projekt.

Die Schott-Erfahrung für andere

Entscheidend für den Erfolg des Innovationsmanagements im Bereich Advanced Optics sind die Identifizierung und die Konzentration auf die richtigen Projekte. Der Fokus muss dabei immer auf dem Kunden liegen, der zunehmend ressourcensparend denkt. Zu den Grundprinzipien eines Innovationsmanagements muss auch stets die Effizienzsteigerung des globalen Produktionsnetzwerks gehören, denn im Entwicklungsprozess werden in der Regel 80 Prozent der späteren Produktlebenszykluskosten bestimmt.

Darüber hinaus ist es wichtig, in einer frühen Phase der Entwicklung die Lieferanten miteinzubeziehen. Hierdurch sind die Rohstoffe in der erforderlichen Qualität, in der benötigten Menge und zum richtigen Termin verfügbar, wodurch ein effizienter Produktionsstart und eine Steigerung der Materialeffizienz erst möglich werden. Die Lieferantenintegration hilft zudem bei der Rückgewinnung von wertvollen Ressourcen.

Ein systematischer Stage-Gate-Prozess beschleunigt Projekte und gibt die notwendige Transparenz, um Problemprojekte frühzeitiger zu stoppen. Durch ein InnoBoard wird es möglich, selbst ein globales Entwicklungs- und Produktionsnetzwerk zu koordinieren und zu steuern. Ein IT-Tool kann das Innovationsmanagement abrunden und eliminiert Verschwendung, so dass mehr von der kostbaren Entwicklungskapazität zur Verfügung steht. Die zukünftigen Fokusthemen für unseren Bereich sind die Erhöhung der Kundennähe und die weitere Steigerung der internen Wertschöpfung, die weitere Fokussierung auf die wesentlichen Projekte mit klarem Kundenbezug und die Erweiterung des Prozessmonitorings auf die Markteinführung und den Launch-Prozess.

Fazit – Mit Ressourceneffizienz Kosten reduzieren

Andreas Blaeser-Benfer

In der überregionalen wie auch der regionalen Presse lesen wir oft von neuen, unternehmerischen Effizienzprogrammen. Insbesondere große, börsennotierte und international tätige Konzerne gehen mit solchen Initiativen gerne an die breite Öffentlichkeit und wollen mit einprägsamen Namen für ihre Sparprogramme eine herausragende Zukunftsfähigkeit signalisieren. Erstaunlicherweise hat das meist zur Folge, dass der Aktienkurs des Unternehmens steigt, obwohl auf diese Weise doch eigentlich vorhandene oder vermutete Ineffizienzen kommuniziert werden. In den steigenden Aktienkursen kommen aber die mitunter spekulativen Erwartungen höherer Gewinne und Dividenden der institutionellen und privaten Anleger an der Börse zum Ausdruck. Arbeitnehmer und Arbeitnehmervertreter betrachten die Ankündigungen von Effizienzprogrammen dagegen eher mit großer Sorge. Denn sie sind allzu oft mit einem erheblichen und irreversiblen Abbau von Arbeitsplätzen in der Industrie verbunden. Und genau das wird dann volksläufig eben unter Rationalisierung verstanden, womit der Begriff verständlicherweise negativ wahrgenommen wird.

Kleine und mittlere Unternehmen sind im Gegensatz zu den großen Unternehmen in der Regel inhabergeführt oder die Kapitaleigner sind zumindest an der Geschäftsführung beteiligt. Eine Besonderheit sind dabei die so bezeichneten Familienunternehmen, die mit ihrem Familiennamen für das Unternehmen stehen. Aufgrund ihrer Größe finden wir bei kleinen und mittleren Unternehmen ein anderes, persönlicheres Verhältnis nicht nur zu den langjährig tätigen Mitarbeitern vor. Sie beziehen daher ihre Mitarbeiter in die Entwicklung und Umsetzung von Effizienzprogrammen ein und eine Reduzierung der Ressourcenintensität bedeutet für sie nicht zugleich auch eine Entlassung von Mitarbeitern.

Im vorliegenden Abschnitt haben wir Ihnen daher einige dieser Unternehmen und deren erfolgreiche Wege zur Verbesserung der Ressourceneffizienz präsentiert. Die in den Fachbeiträgen vorgestellten Instrumente und Methoden sowie die Praxisbeispiele verdeutlichen, dass sowohl bei den Material- als auch bei den Energiekosten der bestehenden Prozesse und in der Produktentwicklung große Hebel für Einsparungen bestehen. Die Einsparungen erhalten und erhöhen die mitunter auch für die internationalen Märkte notwendige Wettbewerbsfähigkeit und ermöglichen eben einen größeren Handlungsspielraum im Personalbereich. Und klar wird auch: Die vorhandenen Potentiale sind nur mit sensibilisierten, hochmotivierten und gut ausgebildeten Mitarbeitern zu erschließen.

Aber der Reihe nach: Unseren Überlegungen liegt der Gedanke zugrunde, dass Ressourcen knapp sind und daher ein sparsamer Umgang mit ihnen geboten ist – sowohl aus einzelbetrieblicher als auch aus volkswirtschaftlicher Sicht. Wir haben uns auf die natürlichen materiellen Ressourcen beschränkt. Dies schließt Energie mit ein, Personal jedoch aus. Nicht detailliert konnten wir auf die Ressource Klima eingehen, obwohl uns bewusst ist, dass der Deponieraum für CO_2 in der Erdatmosphäre begrenzt ist und die Belastungsgrenzen unseres Planeten auch in dieser Hinsicht nicht unendlich sind – um es vorsichtig zu formulieren.

In den einleitenden Abschnitten haben wir den Begriff Ressourceneffizienz durch die Kategorien „Materialeffizienz" und „Energieeffizienz" sowie die beiden zugehörigen Produktivitätsdimensionen für unsere Betrachtungen geklärt. Das RKW knüpft damit an seine traditionellen Wurzeln in den 20er Jahren des vergangenen Jahrhunderts an.

Ressourceneffizienz ist, wie wir wissen, kein neues, aber ein neu entdecktes Thema. Einzelne der erläuterten Instrumente und Methoden wurden schon vor vielen Jahren unter anderem auch in Deutschland entwickelt, so beispielsweise die Materialflusskostenrechnung (MFCA). Wie bei so manchem FuE-Ergebnis beobachten wir auch bei den Methoden, dass die ursprüngliche Entwicklung bei Wissenschaftlern und Ingenieuren in unserem Land liegt, die Umsetzung aber in Asien (im genannten Fall Japan bzw. in der ISO 14051) erfolgt. Die Materialeffizienzstrategien in der Fertigung erinnern uns oft an Ansätze der Lean Production oder auch des Qualitätsmanagements. Sie beziehen sich auf die bestehenden Prozesse für die Herstellung der etablierten Produkte. Zum Teil sind sie auch mit Investitionen in effizienzsteigernde Anlagen verbunden, die sich in den meisten Fällen jedoch schnell amortisieren. Noch höhere Einsparpotentiale als in der Fertigung liegen aus unserer Sicht in der Produktentwicklung und damit verbunden der Produktkonstruktion, wofür ein ebenfalls gut entwickeltes und aufbereitetes Methodenspektrum zur Verfügung steht. Sicherlich konnten wir nur einige von ihnen darstellen.

Ausführlichere Informationen erhalten Sie dazu kostenfrei in unserer Schriftenreihe „*Effizient mit Ressourcen umgehen*".

Das Praxisbeispiel des sächsischen Unternehmens Lautergold zeigt verschiedene Ansatzpunkte für Energieeffizienzmaßnahmen auf. *Erstens* finden wir hier die typischen Querschnittstechnologien Beleuchtung und Druckluft. Dabei reicht es aber nicht, einfach „normale" Glühbirnen durch Energiesparlampen zu ersetzen. Es bedarf schon etwas mehr der Überlegung, was in welchem Bereich sinnvoll ist. Technisch aufwendiger wird es offensichtlich bei Druckluftanlagen, da sie in jedem Unternehmen doch individuelle Merkmale haben. Die Hersteller solcher Anlagen bieten mehrere Modelle an. Man muss nicht immer gleich kaufen, sondern kann über Miete die Kosten auf die Nutzungszeit verteilen. Heizung, Kälte- und Klimatechnik sind ein weiteres Querschnittsthema, in dem sehr viel Potential liegt. Die gleichzeitige Erzeugung von Strom und Wärme kann bei hohem Strombedarf und einem entsprechenden Wärmebedarf von Vorteil sein. Notwendig sind *zweitens* eine klare Verteilung von Aufgaben und Verantwortung im Unternehmen und ein regelmäßiges Monitoring der Fertigungsprozesse. Hilfreich ist *drittens* nicht nur für kleine und mittlere Unternehmen die Inanspruchnahme von Angeboten der öffentlichen Hand, seien es kostenfreie Informationen und Gespräche mit Experten vor Ort oder in der Folge beispielsweise von der KfW angebotene Beratungs- und Finanzierungshilfen.

Ein mittlerweile etabliertes Beratungsprogramm des Bundesministeriums für Wirtschaft und Technologie war es dann auch, das bei Hero-Glas den letztlich entscheidenden Impuls für die Inangriffnahme von Effizienzmaßnahmen gab. Das Praxisbeispiel belegt unsere These, dass gute Organisation und Führung zu einer lebendigen Ressourcenkultur führt und die Mitarbeitenden motiviert. Natürlich sind Änderungen in der Fertigung und neue Maschinen nicht zum Nulltarif zu haben. Im Ergebnis kann man aber über geringere Ausschussraten, verkürzte Durchläufe, geringere Retouren und kleinere interne Materialbestände eine schnelle Amortisation erzielen – ein überzeugendes Argument nicht nur für potentielle Kreditgeber. Und flexibler und kundenfreundlicher wird man übrigens auch.

Deutschland ist offensichtlich nicht so arm an materiellen Ressourcen, wie es so häufig kolportiert wird. So ist die pfälzische EKW GmbH – nach der Anzahl der Beschäftigten und der Höhe des jährlichen Umsatzes ein mittleres Unternehmen – Eigentümer eines natürlichen Vorkommens von etwa 200 Millionen Tonnen Klebsand, einem Quarzsand also, der in seiner mineralogischen Qualität und in seinen

Anwendungsmöglichkeiten einzigartig ist. In einem vom Bundesministerium für Wirtschaft und Technologie geförderten FuE-Projekt (ZIM) wurden von EKW in Kooperation mit einem Institut der Technischen Universität Freiberg neue hochtemperaturbeständige Verbundwerkstoffe entwickelt, die die Schwerindustrie dringend für ihre Anlagen benötigt, weil ohne sie die (Hoch-)Öfen nicht betrieben werden können. Das zeigt uns die Erfolgswirksamkeit der Kombination von „brainpower" und „material". EKW verbindet mit seinem Vorgehen zwei Aspekte der Ressourceneffizienz: Zum einen werden Risiken der Rohstoffbeschaffung in natürlich leider für viele Unternehmen nicht nachahmbarer Weise reduziert, nämlich indem man eben selbst ein „kleines" Bergbauunternehmen ist. Zum anderen werden erhebliche Kosteneinsparungen erzielt und ein international wettbewerbsfähiges Produkt gefertigt. Das sichert die Arbeitsplätze vor Ort.

Der Gesetzgeber stellt aktuell hohe und zukünftig noch strengere Anforderungen an die Automobilindustrie und deren Produkte. Die Zulieferer der OEMs (Original Equipment Manufacturer – Erstausrüster/Originalausrüstungshersteller) stehen daher seit mehreren Jahrzehnten unter starkem Kosten- und Innovationsdruck. Das präsentierte Unternehmensbeispiel Auto-Kabel ist aus meiner Sicht typisch für die vielen sogenannten Hidden Champions in Deutschland: überwiegend nur in der Branche, in ihrer Region und dem Fachpublikum bekannt, inhabergeführt, mehrere hundert oder tausend Mitarbeiter, elementarer Bestandteil des Produktionssystems in der Branche, hochinnovativ und letztlich in ihrem Bereich Marktführer und sich gleichwohl selbst als Mittelstand verstehend.

Die von Auto-Kabel – im Unterschied zu den vorherigen Beispielen ganz ohne Förderung – entwickelte und etablierte Reibschweißtechnologie ermöglicht eine nahezu revolutionäre Materialsubstitution. Teures, schweres und zunehmend knapper werdendes Kupfer wird durch leichtes, preiswertes Aluminium als Stromleiter ersetzt. Die Reibschweißtechnologie als neue Verfahrenstechnik löst technische Probleme, die zuvor den Einsatz von Aluminium zu diesem Anwendungszweck verhinderten. Auch hier stellen wir fest: Ressourceneffizienz wird zum Innovationstreiber, und das sowohl im Prozess als auch im Produkt. Im Ergebnis ein großer Markterfolg, leichtere Fahrzeuge und in der Folge eine Reduzierung des Energieaufwands über den Lebenszyklus des Fahrzeuges sowie der Belastungen des Klimas durch CO_2. Und natürlich eine Erschließung neuer industrieller Märkte mit analogen Effekten.

Innovationen zu realisieren ist aber bis auf wenige, selten gewordene Ausnahmen keine Angelegenheit des Zufalls, des Glücks oder das Ergebnis von einmaligen genialen Einfällen. Vielmehr sind erfolgreiche Innovationen Ergebnisse von strukturierten, gut gesteuerten und am Kunden orientierten Prozessen. Die Schott AG oder genauer gesagt die Geschäftseinheit Advanced Optics verwendet einen für nahezu alle Branchen empfehlenswerten Innovationsprozess. Er ermöglicht die Konzentration auf die richtigen Projekte, führt zu einer ressourceneffizienten Produktgestaltung, hilft, kritische Rohstoffe zu ersetzen, und führt im Ergebnis zu ressourcensparenden Produkten, die von den Kunden eingefordert werden. Ein zuvor noch nicht explizit genannter Aspekt kommt bei Schott in besonderer Weise zum Tragen: die Integration von Lieferanten in die Produktentwicklung.[1]

Im vorliegenden Abschnitt fanden Sie also fünf in Bezug auf Größe (von 30 bis 17.000 Mitarbeitern), Geschäftsmodell (Konsumgut für Endkunden bis zum Zulieferer im B2B-Geschäft) und Branche (Lebensmittel, Glas, Anlagenbau, Automobilzulieferer et cetera) sehr unterschiedliche Beispiele. Manche der Unternehmen stehen eher am Anfang der Umsetzung der Einsparmaßnahmen, einige befinden sich mitten in diesem Prozess und bereiten neue Maßnahmen vor und einzelne sind damit bereits sehr erfolgreich. Gemeinsam ist ihnen die Erkenntnis, dass Effizienzmaßnahmen sich rechnen, die Umwelt schonen, den Kunden zusätzlichen Nutzen stiften und die Gesellschaft insgesamt voranbringen.

Endnoten

1 In dieser Kategorie wurde die Geschäftseinheit Advanced Optics der Schott AG jüngst mit dem Preis „Best Innovator 2012/2013" ausgezeichnet.

Mit Ressourceneffizienz Zukunftsmärkte erschließen

Einleitung

Nach den vorangegangenen Ausführungen zum Thema Energie- und Materialeffizienz werden im folgenden Kapitel die Möglichkeiten beleuchtet, wie mit neuen Produkten Zukunftsmärkte erschlossen werden können. Dabei geht der einführende Fachbeitrag auf die weltweite Ressourcenproblematik ein und schlägt Strategien vor, die den Ressourcenverbrauch vermindern können, um daraus die Chancen für deutsche Mittelständler abzuleiten. Der Fokus liegt auf dem neuen Markt der „Umweltwirtschaft", der Position der deutschen Unternehmen auf diesem und auf Wegen zur Erhaltung der erreichten deutschen Technologieführerschaft, um möglichst langfristig vom Wachstum dieser Märkte zu profitieren.

Wie das gelingen kann, zeigen die daran anknüpfenden Praxisbeispiele. Die ausgewählten Unternehmen haben neue Lösungen entwickelt und sich in dem Wachstumsmarkt gute Marktpositionen geschaffen. Sie sind damit ein Beispiel für erfolgreiche Innovationen an den Leitmärkten der Umweltindustrie. Neben neuen Ideen zur umweltfreundlichen Energieerzeugung, einer nachhaltigen Kreislaufwirtschaft bei Rohstoffen im Straßenbau oder auch der Entwicklung neuer „grüner Werkstoffe" werden auch die Möglichkeiten von intelligenten Systemen zur Energieeffizienzsteigerung in der Gebäudetechnik vorgestellt.

Ressourceneffiziente Produkte und Technologien: Wachstumsmärkte bieten Chancen für deutsche Unternehmen

Torsten Henzelmann

Einführung

Als „globalen Selbstmordpakt" hat UN-Generalsekretär Ban Ki-moon eine Weltwirtschaft bezeichnet, die auf dem Prinzip ungezügelten quantitativen Wachstums basiert.[1] Diesen destruktiven Pfad zu verlassen und irreversible Schäden vom Ökosystem Erde abzuwenden verlangt der Menschheit in den nächsten Jahrzehnten erhebliche Anstrengungen ab. Dabei stellen die Megatrends Ressourcenknappheit und Klimawandel die Akteure in Wirtschaft, Politik und Gesellschaft vor enorme Herausforderungen.

Im Fokus dieses Beitrags steht die Ressourcenknappheit. Nach einer Beschreibung dieses Megatrends werden zunächst grundsätzliche Strategien zur Reduzierung des Ressourcenverbrauchs herausgearbeitet. Anschließend wird dargestellt, welche Implikationen der Megatrend Ressourcenknappheit und das aus ihm resultierende Postulat der Ressourceneffizienz für die Entwicklung der Umweltwirtschaft weltweit haben. Der Schlussabschnitt setzt den Akzent auf die Chancen deutscher Anbieter, vom Wachstum der internationalen Märkte der Umweltwirtschaft zu profitieren.

Megatrend Ressourcenknappheit

Zu den natürlichen Ressourcen zählen „erneuerbare und nicht erneuerbare Primärrohstoffe, physischer Raum (Fläche), Umweltmedien (Wasser, Boden, Luft), strömende Ressourcen (z. B. Erdwärme, Wind-, Gezeiten- und Sonnenenergie) sowie die Biodiversität. Es ist hierbei unwesentlich, ob die Ressourcen als Quellen für die Herstellung von Produkten oder als Senken zur Aufnahme von Emissionen (Wasser, Boden, Luft) dienen."[2] In diesem Beitrag liegt der Fokus auf Rohstoffen.[3]

1980 verbrauchte jeder Mensch im globalen Durchschnitt 8,4 Tonnen Rohstoffe, 2008 waren es bereits 10 Tonnen. Insgesamt hat sich seit 1980 die Rohstoffentnahme weltweit um 80 Prozent erhöht, wobei der Anstieg nach 2003 mit einem jahresdurchschnittlichen Wachstum (CAGR)[4] von 3,7 Prozent besonders markant ausfällt. In der Periode 1980 bis 2002 lag die CAGR der globalen Rohstoffentnahme bei 1,7 Prozent.[5]

Sowohl der Verbrauch von Energierohstoffen als auch von mineralischen Rohstoffen ist in den vergangenen Jahren stark gewachsen. Zwischen 2001 und 2011 nahm der Primärenergieverbrauch weltweit um rund 30 Prozent zu.[6] Dementsprechend hat die Nachfrage nach Energierohstoffen angezogen, vor allem nach fossilen Energieträgern. Einen deutlichen Aufwärtstrend zeigen auch die Fördermengen für mineralische Rohstoffe. Beispielsweise wurden 2005 weltweit 882 Millionen Tonnen Eisenerz gefördert, 2010 waren es bereits 1.273 Millionen Tonnen. Im selben Zeitraum nahm die Kupferförderung von rund 15 Millionen Tonnen auf 16 Millionen Tonnen zu.[7]

Treiber des zunehmenden Ressourcenverbrauchs

Der drastische Anstieg des Rohstoffverbrauchs in den vergangenen Jahrzehnten ist durch das Zusammenwirken verschiedener Faktoren bedingt. Zu den wesentlichen Treibern gehören die Globalisierung, die Urbanisierung, die zunehmende Verbreitung ressourcenintensiver Konsummuster sowie die „nachholende Industrialisierung" der Schwellenländer, vor allem der Volksrepublik China.[8] Ihre Wirtschaftsleistung ist zwischen 2000 und 2011 durchschnittlich um 10 Prozent pro Jahr gewachsen. Im selben Zeitraum hat sich der Anteil des Landes am kaufkraftbereinigten globalen Bruttoinlandsprodukt (BIP) von 7,1 Prozent auf 14,3 Prozent gesteigert. Mit dieser Entwicklung und der neuen Rolle als Schwergewicht der Weltwirtschaft ging eine rasante Zunahme des Rohstoffbedarfs einher: China verbraucht inzwischen rund ein Fünftel der globalen Primärenergie.[9] 2011 entfielen fast die Hälfte des weltweiten Kohleverbrauchs und knapp 12 Prozent des Erdölverbrauchs auf die Volksrepublik. Der durchschnittliche Anteil Chinas an der Weltnachfrage nach Aluminium, Kupfer, Rohstahl, Zinn und Zink lag 2010 bei rund 40 Prozent.[10]

Die genannten Faktoren werden auch in den nächsten Jahren die entscheidenden Treiber für die Entwicklung des Rohstoffbedarfs bleiben. Hinzu kommt der demografische Wandel: Nach den Prognosen der Vereinten Nationen werden im Jahr 2030 etwa 8,3 Milliarden Menschen auf der Erde leben – über 1,4 Milliarden mehr als heute. Bis 2050 wird die Erdbevölkerung voraussichtlich auf 9,3 Milliarden Menschen angewachsen sein. Diese Entwicklung verläuft regional unterschiedlich: Während in Europa mit einem Rückgang der Bevölkerungszahl zu rechnen ist, wird sie in Asien bis 2050 um 1 Milliarde zunehmen.[11]

Vor diesem Hintergrund scheint eine Zunahme des weltweiten Rohstoffbedarfs unausweichlich. Allerdings würde eine Fortschreibung des bisherigen Trends bedeuten, dass im Jahr 2050 – bezogen auf den ökologischen Fußabdruck – fünf Planeten Erde nötig wären, um den Rohstoffbedarf zu decken.

Der Begriff „Knappheit" im Kontext Ressourcen wird mitunter fehlinterpretiert. „Knappheit" bedeutet nicht unbedingt, dass die Rohstoffvorräte der Erde erschöpft wären. Es geht nicht ausschließlich um die physische Endlichkeit von Lagerstätten. Nach der Definition des Umweltbundesamtes bezeichnet „Ressourcenknappheit" einen „Zustand, in dem der derzeitige und erwartete Bedarf an natürlichen Ressourcen größer ist als ihre Verfügbarkeit"[12]. Damit ist nicht zwangsläufig eine globale physische Knappheit gemeint. Die Verknappung von Ressourcen kann sich auf unterschiedliche Dimensionen beziehen und andere Ursachen haben, beispielsweise Kapazitätsengpässe, Preissteigerungen oder politisch motivierte Restriktionen des Angebots.

Die geologische Verfügbarkeit der Energieträger Erdgas, Uran und Kohle ist global betrachtet gegeben. Nur beim Erdöl wird über die Endlichkeit des Angebots diskutiert.[13] Bei den nichtenergetischen Rohstoffen ist die geologische Verfügbarkeit ebenfalls nicht der Kern des Problems. Dennoch hat die zunehmende Inanspruchnahme der globalen Rohstoffreserven weitreichende negative Folgen, vor allem in Bezug auf die Umweltauswirkungen, die Preisentwicklung auf den Rohstoffmärkten und die Versorgungssicherheit.

Bei der Gewinnung, dem Transport und der Verarbeitung von Rohstoffen werden Treibhausgasemissionen in großem Umfang freigesetzt. Zudem ist die Ausbeutung der Rohstofflagerstätten in der Regel mit erheblichen Eingriffen in die Natur verbunden. Ein Beispiel dafür ist die Exploration von Ölsanden in Kanada. In der Provinz Alberta sollen sie auf einer Fläche von 4.800 Quadratkilometern im Tagebau gefördert werden, wobei Waldflächen vernichtet werden. Es wird geschätzt, dass der Ölsandabbau aufgrund des hohen Energiebedarfs 2020 etwa 40 Prozent der CO_2-Emissionen Kanadas verursachen wird.[14]

Eine ökonomische Konsequenz der steigenden Nachfrage ist die Preisentwicklung auf den Rohstoffmärkten. Der Aufwärtstrend seit Beginn der vergangenen Dekade wird besonders am Ölpreis deutlich. Er erreichte unmittelbar vor Beginn der weltweiten Finanz- und Wirtschaftskrise im Sommer 2008 eine Rekordmarke. Ein Barrel Brentöl kostete 145 US-Dollar – etwa fünfmal so viel wie 2002. Zwar knickte die Preiskurve krisenbedingt wieder ein, inzwischen hat sie jedoch wieder ein hohes Niveau erreicht: „Im Jahresdurchschnitt war das Brentöl 2012 mit 111,6 US-Dollar pro Barrel noch nie so teuer wie zuvor", so das Hamburgische WeltWirtschaftsInstitut (HWWI).[15] Auch die Preise für nichtenergetische Rohstoffe liegen inzwischen auf einem wesentlich höheren Niveau als vor dem Einsetzen der Rohstoff-Hausse ab 2003.[16] Dies lässt sich deutlich an der Entwicklung von Preisindizes ablesen, beispielsweise in der Statistik des Internationalen Währungsfonds: Der Indexwert für Metallpreise wird für 2012 mit 192 angegeben; als Basisjahr (Indexwert gleich 100) wurde 2005 gesetzt.[17] Die Preisentwicklung auf den Rohstoffmärkten ist insbesondere für die Volkswirtschaften von Industrieländern eine enorme Belastung, denn die zunehmenden Kosten für Rohstoffe können die Wettbewerbsfähigkeit der Unternehmen beeinträchtigen. Verschärft wird die Situation durch spekulative Geschäfte, die die Volatilität der Rohstoffmärkte verstärken.

Die Situation auf den internationalen Rohstoffmärkten wird für die Abnehmer zusätzlich durch die Konzentration auf der Anbieterseite erschwert: Auf die Förderung bestimmter Metalle haben einige wenige Unternehmen ein Oligopol. Als problematisch kann sich die regionale Konzentration der Rohstoffförderung erweisen: Zum Beispiel hält China mit einem Anteil von 97 Prozent an der Weltförderung nahezu ein Monopol auf Seltene Erden.[18]

Die Kombination aus Preissteigerung und potentieller Angebotsverknappung durch Anbieterkonzentration ist vor allem für hochindustrialisierte, aber rohstoffarme Länder wie Deutschland und andere EU-Staaten eine latente Bedrohung der Versorgungssicherheit mit Rohstoffen. Die Länder der Europäischen Union müssen etwa die Hälfte ihres Energiebedarfs aus Importen decken. Die Energie-Importabhängigkeit von Deutschland liegt bei rund 60 Prozent[19] – dementsprechend groß ist die Durchschlagskraft von Preissteigerungen auf die Volkswirtschaft. Die Ausgaben für Erdöl und Erdgas zählen zu den größten Posten in der deutschen Importstatistik: 2011 erreichten die Einfuhren dieser Energieträger einen Wert von 82 Milliarden Euro; das entspricht einem Anteil von über 9 Prozent an den Gesamtimporten. Während die Einfuhrmengen gegenüber dem Vorjahr nahezu gleich geblieben waren, lagen die Einfuhrpreise um fast ein Drittel höher als 2010.[20]

Strategien zur Entkopplung von Ressourcenverbrauch und Wirtschaftsleistung

Um sich aus der ökonomischen Schlinge der steigenden Preise für und der Abhängigkeit von Rohstoffen zu befreien und die ökologischen Schäden der zunehmenden Rohstoffentnahme zu begrenzen, besteht akuter Handlungsbedarf bei der Ressourcenschonung. Dringend gefordert sind Strategien für eine Entkopplung von Ressourcenverbrauch und Wachstum. Dabei geht es mittel- und langfristig nicht nur um eine relative, sondern um eine absolute Entkopplung. Das heißt, selbst bei steigender Wirtschaftsleistung sollte die Ressourcennutzung abnehmen – oder zumindest auf gleichem Niveau verharren.

Um dieses Ziel zu erreichen, ist die Verbesserung der Ressourceneffizienz ein entscheidender Hebel. Dabei gibt es verschiedene, einander ergänzende Ansätze: Substitution nichterneuerbarer durch nachwachsende biogene Rohstoffe, vermehrter Einsatz von Sekundärrohstoffen auf der Grundlage innovativer Recyclinglösungen sowie „Life Cycle Thinking". Diese Betrachtungsweise will die Umweltauswirkungen und die Inanspruchnahme von Ressourcen über den gesamten Lebenszyklus eines Produktes verringern.[21] Daraus leiten sich die Anforderungen an das Ökodesign ab. Dieser Ansatz will die Umweltbelastungen über den gesamten Lebenszyklus durch verbessertes Produktdesign mindern.[22] Ein weiterer Grundsatz der Ressourcenschonung ist das Modell der geschlossenen Kreisläufe nach dem Prinzip natürlicher Ökosysteme, die alle Stoffe in wiederverwertbare Ressourcen verwandeln (Full-Cycle-Konzept).

Aus Sicht der Unternehmen bietet die Verbesserung der Ressourceneffizienz eine zweifache Chance: Die Kostenseite wird durch die Minderung des Ressourcenverbrauchs entlastet. Zugleich profitiert die Umwelt durch die Senkung des Emissionsausstoßes.

Vor diesem Hintergrund sind innovative Produkte und Verfahren zur Verbesserung der Ressourceneffizienz in den vergangenen Jahren zunehmend gefragt. So erweist sich der Megatrend Ressourcenknappheit rund um den Globus als wichtiger Treiber für das Wachstum der Umweltwirtschaft. Die Märkte dieses relativ jungen Wirtschaftszweiges werden im folgenden Abschnitt analysiert.

Umweltwirtschaft: Strategien und Lösungen zur Verbesserung der Ressourceneffizienz

Grüne Zukunftsmärkte, Umwelttechnologien, Cleantech, GreenTech – die Etiketten für die relativ junge Branche Umweltwirtschaft tragen zahlreiche Bezeichnungen. Diese Vielfalt ist weit mehr als eine Frage der Terminologie: Bislang gibt es in der einschlägigen Literatur und in Expertenkreisen keine einheitliche, wissenschaftlich verbindliche Definition der Umweltwirtschaft. Demzufolge existieren unterschiedliche Auffassungen, welche Unternehmen beziehungsweise Güter und Dienstleistungen diesem Wirtschaftszweig zuzurechnen sind. Daraus resultieren Schwierigkeiten bei der Marktabgrenzung respektive bei der Berechnung von Marktvolumina. Diese Abgrenzungsproblematik zwischen den verschiedenen Ansätzen zur Definition der Umweltwirtschaft zu erläutern würde den vorgegebenen Rahmen dieses Beitrags sprengen. Damit die folgenden Aussagen über die Entwicklung der „grünen" Märkte auf einem soliden Fundament stehen, wird zunächst skizziert, welches Verständnis von Umweltwirtschaft diesem Beitrag zugrunde liegt.

Dieser Artikel basiert auf einer weitgefassten Definition der Umweltwirtschaft: „Die Umweltwirtschaft (als Kurzform von Umweltschutzwirtschaft) ist […] die Branchenbezeichnung für all diejenigen Unternehmen, die Umweltschutzgüter und -dienstleistungen zur Vermeidung, Verminderung und Beseitigung von Umweltbelastungen anbieten."[23] Dazu zählen sowohl der additive Umweltschutz als auch der integrierte Umweltschutz. Die Maßnahmen des additiven Umweltschutzes sind der Produktion beziehungsweise dem Konsum nachgelagert; das heißt, umweltschädliche Auswirkungen werden nachträglich beseitigt. Dagegen zählen zum integrierten Umweltschutz emissionsarme Produktionsverfahren sowie umweltfreundliche Produkte und Dienstleistungen, die „kontinuierlich Umwelteinwirkungen reduzieren oder eliminieren, die aber in den meisten Fällen für einen anderen Zweck als den Umweltschutz angeboten werden"[24]. Diese Unterscheidung zwischen additivem und integriertem Umweltschutz nimmt auch die Studie „Umweltwirtschaft in Bayern" vor. Sie unterteilt die Umweltwirtschaft in die Hauptkategorien

„Verschmutzungskontrolle", zu der additive Umweltschutzmaßnahmen gerechnet werden, und „Saubere Technologien und Produkte". Zu dieser Gruppe zählen integrierte Umweltschutzmaßnahmen. Als dritte Kategorie führt die Studie „Ressourcenmanagement" ein; dazu gehören „Waren und Dienstleistungen, die dem Erhalt der natürlichen Ressourcen dienen".[25]

Die Berechnungen und Prognosen für die Entwicklung der nationalen und internationalen Märkte der Umweltwirtschaft wurden von Roland Berger Strategy Consultants im Auftrag des Bundesministeriums für Umwelt, Naturschutz und Reaktorsicherheit erstellt und in der Publikation „GreenTech made in Germany 3.0. Umwelttechnologie-Atlas für Deutschland" präsentiert.[26] In dieser Studie wird zur Charakterisierung und Abgrenzung der Branche die Umweltwirtschaft über Leitmärkte definiert. Nach diesem Ansatz[27] erfolgt eine Unterteilung der Umweltwirtschaft in sechs Leitmärkte: Umweltfreundliche Energien und Energiespeicherung, Energieeffizienz, Rohstoff- und Materialeffizienz, Nachhaltige Mobilität, Kreislaufwirtschaft und Nachhaltige Wasserwirtschaft.

Den Ausgangspunkt für diese Segmentierung bilden Technologielinien, worunter Produkte, Verfahren und Dienstleistungen zu verstehen sind. Diese Technologielinien werden bottom up zu Marktsegmenten aggregiert, die wiederum zu Leitmärkten zusammengefasst werden. Diese sechs Leitmärkte, auch als „grüne Zukunftsmärkte" bezeichnet, haben sich für die gesamthafte Betrachtung und Analyse der Umweltwirtschaft bewährt. Dieser konzeptionelle Rahmen erfasst den Charakter der Umweltwirtschaft als Querschnittsbranche, die zahlreiche Überschneidungen zu anderen Wirtschaftszweigen wie dem Maschinenbau, der Elektrotechnik, der Chemieindustrie und dem Fahrzeugbau aufweist.[28] Die Darstellung anhand von Leitmärkten ermöglicht es außerdem, Güter und Dienstleistungen sowohl des additiven als auch des integrierten Umweltschutzes zu berücksichtigen.

Entwicklung der internationalen Märkte der Umweltwirtschaft

Die steigende Tendenz bei den Preisen für die fossilen Energieträger Erdöl und Erdgas sowie extreme Schwankungen der Preise auf den Rohstoffmärkten, ein zunehmendes Bewusstsein der Begrenztheit natürlicher Ressourcen und die Gefahren der globalen Erwärmung waren in den vergangenen Jahren wesentliche Faktoren für die Expansion der Umweltwirtschaft.[29] Weltweit haben die grünen Zukunftsmärkte zwischen 2007 und 2010 mit einer jahresdurchschnittlichen Wachstumsrate von 11,8 Prozent zugelegt.[30] Zusammengerechnet brachten es die sechs Leitmärkte der Umweltwirtschaft im Jahr 2011 auf ein Volumen von 2.044 Milliarden Euro. Betrachtet man die Verteilung dieses Marktvolumens auf die einzelnen Leitmärkte, zeigt sich die führende Rolle der Energieeffizienz, der mit 720 Milliarden Euro das größte Gewicht zufällt. Mit deutlichem Abstand folgen die Leitmärkte Nachhaltige Wasserwirtschaft (455 Milliarden Euro), Umweltfreundliche Energien und Energiespeicherung (313 Milliarden Euro), Nachhaltige Mobilität (280 Milliarden Euro), Rohstoff- und Materialeffizienz (183 Milliarden Euro) und Kreislaufwirtschaft (93 Milliarden Euro).[31]

Angesichts der eingangs beschriebenen Megatrends ist in den nächsten Jahrzehnten weiterhin eine expansive Entwicklung der internationalen Märkte für Umweltwirtschaft zu erwarten. Nach den Modellrechnungen von Roland Berger Strategy Consultants werden die sechs Leitmärkte der Umweltwirtschaft im Jahr 2025 ein globales Volumen von rund 4.400 Milliarden Euro erreichen; das entspricht einer jahresdurchschnittlichen Wachstumsrate von 5,6 Prozent.[32]

Im Fokus: Leitmärkte Energieeffizienz und Rohstoff- und Materialeffizienz

Legt man die zu Beginn des Beitrags eingeführte Begriffsbestimmung „natürliche Ressourcen" zugrunde, dienen alle sechs Leitmärkte der Umweltwirtschaft dem Ziel, durch die Verbesserung der Ressourceneffizienz die Inanspruchnahme von Ressourcen zu minimieren. Der Leitmarkt Umweltfreundliche Energien und Energiespeicherung zeigt Wege für eine Verringerung des Einsatzes fossiler Energieträger und damit für eine Reduktion der Treibhausgas-Emissionen auf. Zum Leitmarkt Nachhaltige Mobilität zählen Maßnahmen zur Steigerung der Energieeffizienz im Verkehrssektor. Im Leitmarkt Kreislaufwirtschaft werden Ansätze und Technologien zusammengefasst, die durch das Schließen von Stoffkreisläufen einen wichtigen Hebel für die Verbesserung der Rohstoffeffizienz darstellen. Im Leitmarkt Nachhaltige Wasserwirtschaft zielen die Produkte und Verfahren auf den effizienten Umgang mit der Ressource Wasser ab. Die Verbesserung der Effizienz beim Einsatz nichtenergetischer Rohstoffe (außer Wasser) ist das Ziel der Technologielinien im Leitmarkt Rohstoff- und

Materialeffizienz. Die Steigerung der Energieeffizienz ist Gegenstand der Produkte und Verfahren, die im gleichnamigen Leitmarkt subsumiert werden.

Die Energieeffizienz hat das größte Volumen aller sechs GreenTech-Leitmärkte – sowohl global (720 Milliarden Euro) als auch national (98 Milliarden Euro).[33] Der Leitmarkt Energieeffizienz besteht aus vier Marktsegmenten: energieeffiziente Produktionsverfahren, Querschnittstechnologien für Industrie und Gewerbe, energieeffiziente Gebäude und Geräte. Diese Marktsegmente enthalten die wesentlichen Hebel, um den Energieverbrauch zu senken. In der Projektion für die Entwicklung auf den internationalen Märkten wird die Energieeffizienz im Jahr 2025 mit einem Volumen von 1.236 Milliarden Euro nach wie vor der größte Leitmarkt der Umweltwirtschaft sein.[34]

Das Volumen des Leitmarktes Rohstoff- und Materialeffizienz liegt global bei 183 Milliarden Euro; in Deutschland beziffert es sich auf 21 Milliarden Euro.[35] Zu diesem Leitmarkt werden die Marktsegmente Materialeffiziente Verfahren, Querschnittstechnologien und Nachwachsende Rohstoffe gerechnet.[36]

Vor dem Hintergrund des Megatrends Ressourcenknappheit ist mit einer weiterhin steigenden Nachfrage nach Produkten, Verfahren und Dienstleistungen zur Verbesserung der Ressourceneffizienz zu rechnen. Diese Tendenz manifestiert sich in den Prognosen für die künftige Expansion der Leitmärkte Energieeffizienz sowie Rohstoff- und Materialeffizienz. Global werden sich diese Leitmärkte im Zeitraum 2011 bis 2025 mit einer jahresdurchschnittlichen Wachstumsrate von 3,9 Prozent beziehungsweise 7,6 Prozent entwickeln.[37]

Umweltwirtschaft in Deutschland

Die expansive Entwicklung der Umweltwirtschaft ist auch in Deutschland zu beobachten. Die Branche steigerte im Zeitraum 2007 bis 2011 ihr Marktvolumen von 200 Milliarden Euro auf 300 Milliarden Euro.[38] Die Gewichtung der einzelnen Leitmärkte entspricht weitgehend dem globalen Bild: Mit einem Volumen von 98 Milliarden Euro entfällt auf die Energieeffizienz fast ein Drittel des GreenTech-Marktvolumens. Auf Rang zwei liegt der Leitmarkt Umweltfreundliche Energien und Energiespeicherung mit einem Volumen von 71 Milliarden Euro. Die Größe dieses Leitmarktes unterstreicht die Vorreiterrolle, die Deutschland bei der Transformation des Energiesystems eingenommen hat. So haben die erneuerbaren Energien mit einem Anteil von über 20 Prozent an der Stromerzeugung eine im internationalen Vergleich exponierte Rolle bei der Energieversorgung. Die anderen vier Leitmärkte folgen volumenmäßig mit deutlichem Abstand: Nachhaltige Mobilität (47 Milliarden Euro), Nachhaltige Wasserwirtschaft (46 Milliarden Euro), Rohstoff- und Materialeffizienz (21 Milliarden Euro) und Kreislaufwirtschaft (16 Milliarden Euro).[39]

Die Wachstumsraten der vergangenen Jahre zeigen, dass deutsche Anbieter vom Wachstum der internationalen GreenTech-Märkte profitieren konnten. Dieser Trend lässt sich in den nächsten Jahren fortschreiben: 2025 wird für die Umweltwirtschaft in Deutschland ein Marktvolumen von 674 Milliarden Euro erwartet. Es spricht also alles dafür, dass der weltweit steigende Bedarf nach Umweltschutzgütern und -dienstleistungen auch künftig die Umsätze deutscher Anbieter kräftig nach oben treibt. Im Jahr 2011 belief sich deren Anteil am Weltmarkt für Umweltwirtschaft auf 15 Prozent. Diese Marke werden die Umweltlösungen „made in Germany" nach den für „GreenTech made in Germany 3.0. Umwelttechnologie-Atlas für Deutschland" erstellten Prognosen auch 2025 halten können – obwohl der internationale Wettbewerb an Härte zunehmen wird.[40]

Perspektiven für deutsche Anbieter: Stärken ausbauen

Ein Weltmarktanteil von 15 Prozent ist ein Indikator für die gute Positionierung deutscher Anbieter auf den internationalen Märkten der Umweltwirtschaft. Sie schafft beste Voraussetzungen dafür, dass Unternehmen aus Deutschland auch künftig von der steigenden Nachfrage nach Umweltschutzgütern profitieren. Die deutsche Wirtschaft verfügt über einige unverwechselbare Merkmale, die sie als besondere Stärken im Bereich der Effizienztechnologien ausspielen kann. Dazu zählt ein traditionell hoher Sensibilisierungsgrad beim sparsamen Umgang mit Rohstoffen, denn als rohstoffarmer Standort weist Deutschland seit jeher eine starke Abhängigkeit von Rohstoffpreisen und -importen auf. Als hochentwickeltes Industrieland hat Deutschland nach wie vor einen relativ starken Anteil des produzierenden Gewerbes an der Wertschöpfung. Das heißt, es gibt einen großen Heimatmarkt für Effizienztechnologien in der Industrieproduktion. Umgekehrt fördert die Industrieproduktion am heimischen Standort ressourceneffiziente Produkt- und Verfahrensinnovationen.

Vor diesem Hintergrund erklärt sich die besondere Kompetenz, über die deutsche Anbieter vor allem in Querschnittstechnologien verfügen. Elektrische Antriebe, Druckluft- und Pumpensysteme, Prozesswärme sowie Heizung, Kälte und Klimatisierung bieten in Industrie und Gewerbe große Potentiale zur Verbesserung der Ressourceneffizienz. Auch in der Mess-, Steuer- und Regeltechnik (MSR), einem wichtigen Enabler im Segment der Effizienztechnologien, haben Produkte und Verfahren „made in Germany" einen exzellenten Ruf. Dieses Know-how ist zunehmend auch in anderen hochindustrialisierten Ländern gefragt. Auch die Schwellenländer werden nicht umhinkommen, die Ressourcenintensität ihres Industrialisierungsprozesses durch Effizienztechnologien zu verringern.

Das bislang gute Standing deutscher Unternehmen in der globalen Umweltwirtschaft darf nicht in falscher Sicherheit wiegen. Stagnation kann hier schnell zum Rückschritt werden, denn die internationale Konkurrenz im GreenTech-Segment nimmt zu. Um ihre Stellung zu behalten und ihre Stärken auch künftig auszuspielen, sollten deutsche Anbieter vor allem auf die Strategie der Qualitäts- und Technologieführerschaft setzen. Deshalb muss aufgrund des unmittelbaren Zusammenhangs zwischen Technologieführerschaft und Innovationsdynamik den Aktivitäten im Bereich Forschung und Entwicklung ein hoher Stellenwert eingeräumt werden. Dies ist gerade für kleine und mittlere Unternehmen (KMU), die die Struktur der Umweltwirtschaft in Deutschland prägen, ein Kraftakt, der im betrieblichen Alltag bisweilen nur schwer zu leisten ist. Hier können Kooperationen mit anderen Unternehmen beziehungsweise mit öffentlichen Forschungseinrichtungen dazu beitragen, dass sich die eher kleinteilige Branchenstruktur nicht zu einem Innovationshemmnis für die Umweltwirtschaft am heimischen Standort entwickelt.

Literatur

Bayerisches Staatsministerium für Wirtschaft, Infrastruktur, Verkehr und Technologie/ifo Institut (2010): Umweltwirtschaft in Bayern. München.

Bundesministerium für Umwelt, Naturschutz und Reaktorsicherheit (BMU) (Hg.) (2012): GreenTech made in Germany 3.0. Umwelttechnologie-Atlas für Deutschland. Berlin.

BP Statistical Review of World Energy June 2012, online: www.bp.com/assets/bp_internet/globalbp/globalbp_uk_english/reports_and_publications/statistical_energy_review_2011/STAGING/local_assets/pdf/statistical_review_of_world_energy_full_report_2012.pdf (12.2.2013).

Deutsche Rohstoffagentur (2012a): Einfluss der BRIC-Staaten auf die Rohstoffnachfrage. Präsentation von Martin Stürmer, Institut für internationale Wirtschaftspolitik der Universität Bonn, vom 28.8.2012, online: www.deutsche-rohstoffagentur.de/DERA/ DE/Downloads/eroeffnungs-praesentation_stuermer_pdf?_blob=publicationFile&v=1 (12.2.2013).

Deutsche Rohstoffagentur (2012b): DERA Rohstoffinformationen 13. Deutschland – Rohstoffsituation 2011, online: www.bgr.bund.de/DE/Gemeinsames/Produkte/ Downloads/DERA_Rohstoffinformationen/rohstoffinformationen-13.pdf?_blob= publicationFILE&v=3 (12.2.2013).

Dittrich, M., Giljum, S., Lutter, S., Polzin, C. (2012): Green economies around the world? Implications of resource use for the development and the environment. Studie des Sustainable Europe Research Institute (SERI), online: www.boell.de/ downloads/201207_green_economies_around_the_world.pdf (12.2.2013).

Enquete-Kommission Wachstum, Wohlstand, Lebensqualität des Deutschen Bundestages: Berichtsentwurf Projektgruppe 3: Wachstum, Ressourcenverbrauch und technischer Fortschritt – Möglichkeiten und Grenzen der Entkopplung. Kapitel 1–6, Stand: 17.9.2012.

Hamburgisches WeltWirtschaftsInstitut (HWWI) (2013): Im Jahr 2012 entwickelten sich die Rohstoffpreise sehr unterschiedlich, Pressemitteilung vom 7.1.2013, online: www.hwwi.org/medienservice/hwwi-pressemitteilungen/pressemitteilung// archive//6566/article/im-jahr-2012-entwickelten-sich-die-rohstoffpreise-sehr- unterschiedlich.html (12.2.2013).

Internationaler Währungsfonds (2013), online: www.imf.org/external/pubs/ft/ weo/2012/02/weodata/download.aspx (9.2.2013).

Niedersächsisches Institut für Wirtschaftsforschung/Fraunhofer-Institut für System- und Innovationsforschung (ISE): Ausgewählte Indikatoren zur Leistungsfähigkeit der deutschen Umwelt- und Klimaschutzwirtschaft im internationalen Vergleich: Produktion, Außenhandel, Umweltforschung und Patente. Projektbericht im Auftrag des Umweltbundesamtes. Dessau-Roßlau/Berlin.

Triebskorn, E. (2012): Der deutsche Außenhandel im Jahr 2011, in: Wirtschaft und Statistik, Ausgabe April 2012, S. 332–341.

Umweltbundesamt (2012): Glossar zum Ressourcenschutz, online: www.umwelt- bundesamt.de/uba-info-medien/4242.html (11.2.2013).

UN Desa (Department of Economic and Social Affairs) (2012), online: esa.un.org/unpd/ wpp/unpp/p2k0data.asp (8.2.2013).

United Nations (2011): Twentieth-Century Model „A Global Suicide Pact", Secretary General Tells World Economic Forum Session on Redifining Sustainable Development, Pressemitteilung vom 28.1.2011, online: www.un.org/News/Press/docs/2011/ sgsm13372.doc.htm (11.2.2013).

Weber, L., Zsak, G., Reichl, C., Schatz, M. (2012): World Mining Data 2012, Bundes- ministerium für Wirtschaft, Familie und Jugend (Hg.). Wien.

Endnoten

1 Vgl. United Nations (2011).

2 Umweltbundesamt (2012), S. 22.

3 Stoff oder Stoffgemisch in un- oder gering bearbeitetem Zustand, der/das in einen Produktionsprozess eingehen kann. Man unterscheidet Primär- und Sekundärrohstoffe. Vgl. Umweltbundesamt (2012), S. 27.

4 Compound Annual Growth Rate – jahresdurchschnittliche Wachstumsrate.

5 Vgl. Dittrich, M., Giljum, S., Lutter, S., Polzin, C. (2012), S. 21.

6 Von 9.434 Millionen Tonnen Rohöleinheiten (2001) auf 12.274 Millionen Tonnen Rohöleinheiten (2011). Vgl. BP Statistical Review (2012), S.41.

7 Vgl. Weber, L., Zsak, G., Reichl, C., Schatz, M. (2012).

8 Vgl. Enquete-Kommission Wachstum, Wohlstand, Lebensqualität (2012), S. 35.

9 Vgl. BP Statistical Review (2012), S. 41.

10 Vgl. Deutsche Rohstoffagentur (2012a).

11 Vgl. UN Desa (2012).

12 Umweltbundesamt (2012), S. 24.

13 Vgl. Enquete-Kommission Wachstum, Wohlstand, Lebensqualität (2012), S. 59.

14 Vgl. Enquete-Kommission Wachstum, Wohlstand, Lebensqualität (2012), S. 70.

15 HWWI (2013).

16 Vgl. Internationaler Währungsfonds (2013).

17 In diesem Index werden Kupfer, Aluminium, Eisenerz, Zinn, Nickel, Blei und Uran berücksichtigt. Vgl. Internationaler Währungsfonds (2013).

18 Vgl. Deutsche Rohstoffagentur (2012b), S. 11.

19 Dieser Indikator weist die Abhängigkeit einer Volkswirtschaft von Energieimporten aus. Die Energie-Importabhängigkeit wird berechnet, indem der Nettoimport von Energieträgern durch die Summe des Bruttoinlandsenergieverbrauchs einschließlich Lager dividiert wird. Vgl. Triebskorn, E. (2012), S. 340.

20 Vgl. Triebskorn, E. (2012), S. 336.

21 Umweltbundesamt (2012), S. 13.

22 BMU (2012), S. 84.

23 Niedersächsisches Institut für Wirtschaftsforschung/Fraunhofer-Institut für System- und Innovationsforschung (ISI), S. 4.

24 Bayerisches Staatsministerium für Wirtschaft, Infrastruktur, Verkehr und Technologie/ifo Institut (2010), S. 11.

25 Ebenda.

26 BMU (2012).

27 Er wurde bereits in den Veröffentlichungen „GreenTech made in Germany. Umwelttechnologie-Atlas für Deutschland" (2007) und „GreenTech made in Germany 2.0. Umwelttechnologie-Atlas für Deutschland" (2011) gewählt.

28 Vgl. auch die Definition aus der Studie „Umweltwirtschaft in Bayern": „Unter dem Begriff ‚Umweltwirtschaft' werden im Allgemeinen diejenigen Unternehmen subsumiert, die additive Umwelttechnik, integrierte Umweltschutztechnologien und umweltfreundliche Produkte, umweltschutzrelevante Bauten, Dienstleistungen, Hilfsstoffe und dergleichen anbieten. Umweltschutz erweist sich somit als Querschnittsaufgabe, die alle Branchen tangiert. Wegen dieses Querschnittscharakters ist die Analyse und Abgrenzung der Umweltwirtschaft wesentlich schwieriger als die von Branchen, die dem System der Wirtschaftszweige entsprechen." Bayerisches Staatsministerium für Wirtschaft, Infrastruktur, Verkehr und Technologie/ifo Institut (2010), S. 11.

29 In der Veröffentlichung „GreenTech made in Germany 3.0. Umwelttechnologie-Atlas für Deutschland" werden die sechs Leitmärkte insgesamt als „Umwelttechnik und Ressourceneffizienz" bezeichnet. Vgl. BMU (2012).

30 Vgl. BMU (2012), S. 26.

31 Vgl. BMU (2012), S. 31.

32 Vgl. BMU (2012), S. 29.

33 Vgl. BMU (2012), S. 31.

34 Vgl. BMU (2012), S. 67.

35 Vgl. BMU (2012), S. 32.

36 Vgl. BMU (2012), S. 87.

37 Vgl. BMU (2012), S. 67 und S. 87.

38 Vgl. BMU (2012), S. 28.

39 Vgl. BMU (2012), S. 32.

40 Vgl. BMU (2012), S. 29.

Flusskraftwerke – Eine Zukunftstechnik mit Vergangenheit

Mario Spiewack

Die Energienutzung durch Flusskraftwerke hat in Europa eine lange Tradition. Zwischen dem 6. Jahrhundert und dem Ende des 19. Jahrhunderts standen sogenannte Schiff- oder Flussmühlen auf den Flüssen Europas. Sie bestanden aus einem oder mehreren Schwimmkörpern und einem unterschlächtigen Wasserrad und produzierten Mahl- und Schleiferzeugnisse. In Zeiten der Verteuerung von Energie stellt diese fast vergessene Art der Energiegewinnung ein nicht unerhebliches Potential dar. Ein Flusswasserkraftwerk beispielsweise mit einer Leistung von 10 kW kann den Strombedarf von 32 Haushalten decken. Zudem ist diese Energie grundlastfähig und kann ergänzend zur Netzstabilisierung beitragen.

Das Netzwerk Technologiekompetenz Fluss-Strom

In Magdeburg hat sich mit dem Netzwerk Technologiekompetenz Fluss-Strom eine Arbeitsgemeinschaft gebildet, deren Zweck es ist, elektrische Energie mittels neuer Technologien aus Fließgewässern zu gewinnen. Ziel ist eine effiziente Serienfertigung der mobilen Wasserkraftanlagen, die einsatzfertig an die Nutzungsstelle transportiert werden sollen. Beispielgebend dafür ist der sogenannte Energy Floater, ein neuartiges schwimmendes Klappschaufelwasserrad mit integriertem Ringgenerator in Polyamid-Gleitlagern. Insgesamt sind aus der Industrie 25 Netzwerkpartner beteiligt. Sechs Forschungseinrichtungen ergänzen das Netzwerk.

Ihnen gemein ist die Motivation, einen Beitrag zur umweltschonenden Energiegewinnung zu leisten. Das Netzwerk fokussiert auf die Entwicklung eines adaptiven Produkt- und Modulbaukastens für Flussmühlenkraftwerke unter Verwendung von Hochtechnologie. Damit sollen weltweit Potentiale für eine nachhaltige ökonomische, dezentrale und umweltfreundliche Energiegewinnung aus Flüssen geringer und mittlerer Strömung erschlossen werden. Mit diesem Baukasten kann ein Produkt-/Leistungsangebot für jeden „(Klein-)

Wasserkraftstandort" weltweit generiert und am Markt angeboten werden. Das kann weltweit bisher kein uns bekannter Wettbewerber leisten. Ziel dabei ist es, ein international etabliertes Kompetenzzentrum einzurichten. Ausgehend von den im Netzwerk gebündelten technologischen Kompetenzen will es die Technologieführerschaft auf diesem Gebiet erreichen und die Produkte weltweit vermarkten.

Die Kernkompetenzen des Netzwerkes

- Die energetische Erschließung von Standorten mit niedrigem Wasserkraftpotential durch wirtschaftlich effiziente und ökologisch verträgliche Wasserkraftanlagen sowie

- die Systemlösungskompetenz für Fluss-Strom- und Wasserkraftanwendungen insbesondere im Hinblick auf standortgerechte Lösungen.

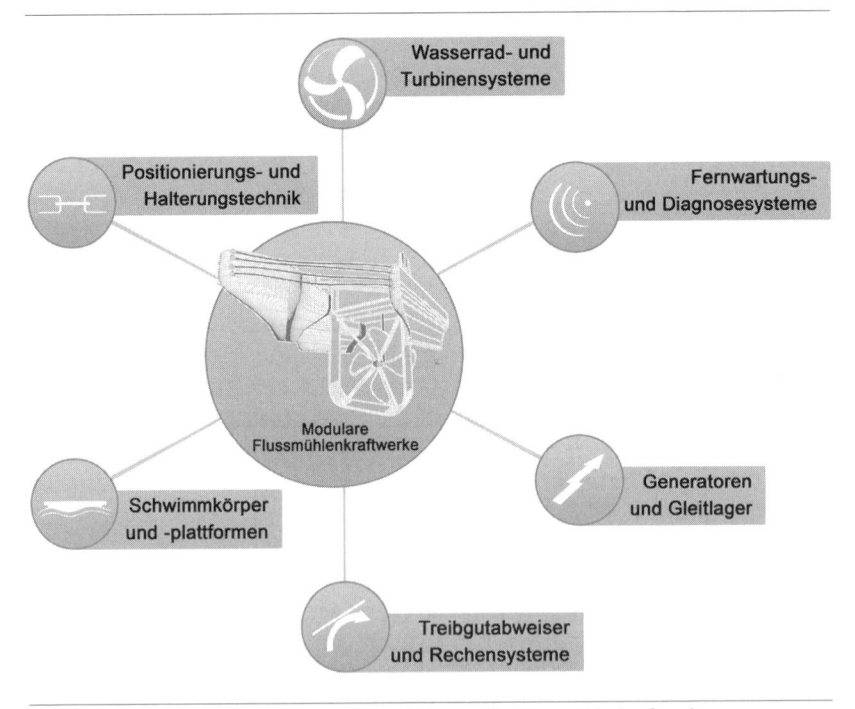

Abbildung 1: Adaptiver Produkt- und Modulbaukasten für Flussmühlenkraftwerke (Quelle: ZPVP GmbH; Netzwerkmanagement Fluss-Strom).

Die Fluss-Strom-Anlagen bestehen in der Regel aus sechs Hauptkomponenten: Wasserrad- oder Turbinensystem, Schwimmkörper und -plattform, Generator und Gleitlager, Treibgutabweiser und Rechensystem, Halterungs- und Positionierungstechnik und Fernwartungs- und Diagnosesystem (siehe Abbildung 1). Je nach Einsatzfall und Standort wird eine angepasste Kombination und Lösung gefunden.

Die Entstehung des Netzwerks ...

In Zeiten steigender Energiekosten und knapp werdender fossiler Energiequellen stellt die fast vergessene Form der Energiegewinnung über die sogenannte Kleine Wasserkraft ein interessantes Potential für eine zukünftige Energienutzung weltweit dar. Verbunden mit der Magdeburger Tradition der Flussmühlen und des Maschinen- und Anlagenbaus entstand ein Anreiz, sich mit dem Thema näher auseinanderzusetzen.

Auslöser und Motivation, das Thema konkret anzugehen, war ein interdisziplinärer Expertenworkshop mit Erfindern, Unternehmen und Forschern. Die Erfinder hatten die Ideen, wie zukünftige Flussmühlen zur Stromerzeugung aussehen müssten, die Unternehmen die zielführenden Lösungsansätze und Technologien. Die Forscher brachten das Interesse und das Know-how mit, die Lösungsansätze mit den Umsetzungspartnern aus der Industrie anzugehen. So wurden das Thema und eine Keimzelle für das Fluss-Strom-Netzwerk 2006 geboren.

Heiko Krause, der in Salzwedel (Sachsen-Anhalt) ein Schülermodellprojekt für den Bau einer neuen Flussmühle erfolgreich begleitete, war einer der Väter des Gedankens. Mit seiner Motivation und Begeisterung wusste er alle Beteiligten anzustecken. Hinzu kam der Impuls des Erfinders Hartmuth Drews, der Wasserräder modular aufbaut, quasi neu erfunden hat und der darüber hinaus auch den Marktbedarf deutlich machte.

Der „Aha-Effekt" stellte sich im Ideen- und Expertenworkshop ein, der im Ergebnis zeigte, dass die alte Technologie der Flussmühlen mit neuen Denk- und Fertigungsweisen sowie Technologien durchaus eine Chance hat: Wenn es gelingt, getriebelos aus der Bewegungsenergie des fließenden Wassers Strom zu erzeugen, modulare Leichtbauweisen zu realisieren, die auch serientechnisch umsetzbar sind, einfache wartungsfreie Gleitlagertechnologien umzusetzen und darüber hinaus Wasserradformen zu gestalten, die effizienter arbeiten als herkömmliche Beschaufelungen der Vorväter, dann ist eine Fluss-Strom-Wasserkraft der Neuzeit möglich.

Bis das Netzwerk offiziell seine Arbeit aufnahm, vergingen jedoch noch eineinhalb Jahre. Dies lag vor allem daran, dass das Thema zunächst förder- und wirtschaftspolitisch reifen musste.

... und seine Koordination

Das Netzwerk Fluss-Strom wächst seit der Entstehung im Jahr 2006 stetig. Für den Austausch der Netzwerkpartner untereinander, die Abstimmung der Forschungs- und Entwicklungsarbeiten sowie die Aufnahme neuer Interessenten sind in erster Linie regelmäßige Netzwerktreffen notwendig, die vierteljährlich stattfinden. Dort werden neue Ansichten, Ideen, Alternativen, Erfahrungen und Optimierungsvorschläge für verschiedene Systeme diskutiert und Meinungen ausgetauscht. Hier hat sich eine konstruktive und vertrauensvolle Netzwerkkultur ausgeprägt. Die ZPVP GmbH, Zentrum für Produkt-, Verfahrens- und Prozessinnovation als neutraler Mediator koordiniert das Netzwerk zielführend.

Um die Interessen der Netzwerkpartner unter einen Hut zu bringen, ist es wichtig, auf die Interessen Einzelner einzugehen, Aktivitäten jedoch so zu gestalten, dass ein Interessenausgleich stattfindet. Dies setzt unter den Netzwerkpartnern natürlich eine hohe Kompromissbereitschaft voraus. Klar ist dabei auch, dass nicht alle Intentionen einzelner Partner umgesetzt werden können, sondern eine gezielte Abstimmung der Vorzugsvarianten stattfindet. Mitglied eines Netzwerkes zu sein bedeutet, sich in einem ewigen Lernprozess zu befinden und auch mit Kritik anderer Netzwerkpartner umgehen zu können. Im Netzwerk gibt es produkt- und entwicklungsseitige latente Konkurrenzsituationen, die sowohl positiv zur Beschleunigung als auch zur Differenzierung von Entwicklungsprozessen beitragen können.

Fluss-Strom-Technologien und Anwendungsbereiche

Aus dem Netzwerk Fluss-Strom stehen heute eine Reihe von zukunftsträchtigen Technologien, Produkten und Entwicklungsinitiativen für die Fluss-Strom- und Gefällewasserkraft zur Verfügung, die eine gute Basis bilden, um zukünftige Energieflüsse gemeinsam mit Technikern und Ökologen zu gestalten. Die Schwerpunkte sind sehr vielfältig: Sie reichen von Forschungsversuchsträgern über stationäre Wasserradsysteme, schwimmende unterschlächtige Wasserradsysteme, schwimmende Fluss-Strom-Turbinen und containergehauste Wasserkraftsysteme bis hin zu fischfreundlichen Wehren als Wasserwirbelkraftwerk.

Abbildung 2: Vector-Forschungsversuchsträger (Quelle: ZPVP GmbH).

Jeder Schwerpunkt für sich beinhaltet zum Teil mehrere Produkte und Entwicklungsansätze sowohl auf der Systemebene (z. B. Energy Floater) als auch auf der Ebene der Komponenten (z. B. beim Generator). Nachfolgend wird eine Entwicklung näher vorgestellt.

Beispielgebend für schwimmende unterschlächtige Fluss-Strom-Wasserradsysteme ist der River Rider®. Er ist eine Mikro-Wasserkraftanlage mit Leistungen zwischen 0,25 kW und 23 kW, welche die kinetische Energie eines Flusses umwandelt. Über ein patentiertes unterschlächtiges Wasserrad mit gekoppeltem Generator wird elektrischer Strom zur Netzeinspeisung oder für den Inselbetrieb erzeugt. Dieses Wasserradsystem ist für Flüsse mit geringer und mittlerer Fließgeschwindigkeit ausgelegt. Es hat ein breites Einsatzspektrum und erfordert nur geringfügige Eingriffe in Natur und Gewässer. Das Mühlrad wird von einem Katamaran-Schwimmkörper getragen, welcher frei im Gewässer positioniert werden kann. Die Verankerung erfolgt mittels Seilen am Ufer oder im Wasser (siehe Abbildung 3).

Durch die Modulbauweise ist eine Maßkonfektion in individueller Serienfertigung möglich.

Ein erster Prototyp dieser Schiffsmühle befindet sich seit Ende Februar 2011 im Auslaufbereich der Talsperre Wendefurth. Mit ihren geringen Abmaßen (8 x 5 Meter) und einer Eintauchtiefe von 0,5 Metern stellt die Flussmühle eine umweltfreundliche und praktikable Energieerzeugungseinheit dar.

Abbildung 3: River Rider an der Wendefurther Talsperre (Quelle: ZPVP GmbH).

Doch dieser erste Prototyp ist nur der Anfang der Entwicklung. Am Standort Wendefurth erzeugt die kleine Anlage aufgrund der geringen Strömungsgeschwindigkeit nur bis zu 1 kW elektrische Energie. Der gleiche Prototyp realisiert an einem anderen Standort mit mehr als der doppelten Fließgeschwindigkeit fast das Fünffache an Energieausbeute, was die Potentiale des Systems deutlich macht.

Die Erfinder tüfteln aktuell an der Weiterentwicklung. Der Nachfolger wird zukünftig zwei Wasserräder auf einem Schwimmsystem tragen, wodurch die Leistung nochmals gesteigert und die Amortisationszeit für potentielle Kunden verkürzt wird.

Als Anwendungsbereich der Fluss-Strom-Anlagen kommen alle Fließgewässer mit mehr als 1 bis 2,5 m/s Fließgeschwindigkeit in Frage. Deutschland bietet dafür durchaus Standorte mit Gefälle-/Fließgeschwindigkeitspotential für Fluss-Strom-Technologien und ist als Markt für die Entwicklung und den Serientest der Technologien unerlässlich. Die nächsten River Rider werden in der Neiße und im Rhein noch in diesem Jahr zum Einsatz kommen.

Potentielle Kunden und Marktpotentiale

Der Bedarf des Ausbaus der Kleinen Wasserkraft durch innovative Fluss-Strom-Anwendungen ergibt sich aus der Notwendigkeit des Ausbaus der grundlastfähigen erneuerbaren Energien, der Suche nach Refinanzierungsquellen für die Sanierung von Querbauwerken sowie aus dem hohen Marktbedarf beispielsweise von Schwellen- und Entwicklungsländern für die Fluss-Strom-Produkte. In diesen Regionen sind die elektrischen Netze flächig wenig entwickelt bei gleichzeitig hohem Fließgeschwindigkeitspotential der Gewässer. Vor allem in diesen Ländern werden robuste, langlebige, aber auch einfache Systeme verlangt. Das liegt insbesondere an den hohen Anforderungen in Bezug auf die Treibgutabwehr und das heterogene Qualifikationsniveau potentieller Nutzer. Das Marktpotential ist dementsprechend groß und erfolgversprechend. Das ist auch der Anreiz für die Netzwerkpartner aus der Industrie, sich intensiv mit der Produktentwicklung und -optimierung zu beschäftigen.

Die Vielschichtigkeit von potentiellen Zielkunden wird durch die Stakeholderanalyse für Deutschland verdeutlicht. Sie zeigt, wer im Entscheidungsprozess der Investition für eine derartige Anlage eine Rolle spielt (siehe Abbildung 4).

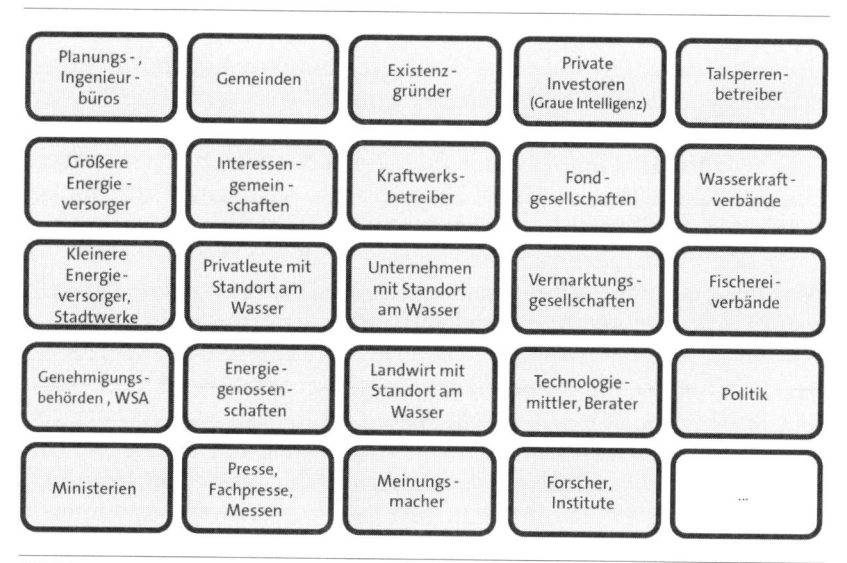

Planungs-, Ingenieur-büros	Gemeinden	Existenz-gründer	Private Investoren (Graue Intelligenz)	Talsperrenbetreiber
Größere Energieversorger	Interessengemeinschaften	Kraftwerksbetreiber	Fondgesellschaften	Wasserkraftverbände
Kleinere Energieversorger, Stadtwerke	Privatleute mit Standort am Wasser	Unternehmen mit Standort am Wasser	Vermarktungsgesellschaften	Fischereiverbände
Genehmigungsbehörden, WSA	Energiegenossenschaften	Landwirt mit Standort am Wasser	Technologiemittler, Berater	Politik
Ministerien	Presse, Fachpresse, Messen	Meinungsmacher	Forscher, Institute	...

Abbildung 4: Stakeholder (Quelle: ZPVP GmbH).

Im Rahmen der Netzwerkarbeit wurde ermittelt, dass gerade für schwimmende Wasserräder die Zielkunden primär regionale Energieversorger und Stadtwerke sind, die Innovationen aufgeschlossen gegenüberstehen. Vorerst sind die Marktpotentiale jedoch noch nicht voll realisierbar. Demonstrations-, Image- und Forschungsprojekte prägen noch die Aktivitäten von Fluss-Strom. Ursache dafür ist die noch junge und noch nicht serienreife Technologie. Mittelfristig sollen aber auch Europa und weitere internationale Märkte erschlossen werden. Im Ausland sind die Genehmigungsverfahren deutlich weniger aufwendig und restriktiv. Denn was in Deutschland funktioniert und erfolgreich vermarktet wird, hat auch Potential für die Umsetzung im Ausland (insbesondere durch Referenzprojekte in Deutschland). Aus Deutschland kommen mit Abstand die meisten Hersteller für Wasserkraftsysteme und -equipment in Europa, wovon die meisten mittelständische Unternehmen sind. Wasserkraftsysteme „made in Germany" haben zudem einen hervorragenden Ruf. Das Netzwerk will diesen mit dem Motto „Öko-/Fluss-Wasserkraft made in Germany" ergänzen und auch zum Exporterfolg führen.

Wie der Prototyp an der Wendefurther Talsperre zeigt, erweisen sich zusätzlich Talsperrenbetreiber als potentielle Kunden. Weiterhin kommen auch Betreiber von Querbauwerken in Betracht. Nach der Europäischen Wasserrahmenrichtlinie sollen bis 2015 alle Querbauwerke in Deutschland zurückgebaut werden. Der Rückbau ist für Eigentümer nicht zwingend, Ziel ist, die Fischdurchgängigkeit zu realisieren. Eine große Zahl sonstiger Querverbauungen ohne Wasserkraftnutzung soll ebenfalls zurückgebaut werden. Auch hier lässt sich, etwa bei der Planung von Sohlgleiten oder aber auch eines fischfreundlichen Wehrs, kostengünstig die Wasserkraft nutzen, da die Kosten für Planung und Wasserbau ohnehin anfallen. Potentielle Interessenten sind die jeweiligen Eigentümer dieser Querverbauungen, also Bund, Länder und Kommunen beziehungsweise die jeweils beauftragten Wasser- und Bodenverbände.[1]

Das Netzwerk Fluss-Strom bietet derzeitig eine Technologie- und Angebotsbreite, die weltweit einzigartig ist. Es existieren zwar international einige innovative „Einzelkämpfer" als potentielle Wettbewerber, jedoch hat das Netzwerk durch das breite Anwendungs- und Produkt-Know-how auf dem Sektor die Technologie- und Innovationsführerschaft für Fluss-Strom-Wasserkraftlösungen. Besonders die Ökologieverträglichkeit der Fluss-Strom-Produkte und die enge Zusammenarbeit mit den Gewässerökologen sind ein deutlicher Wettbewerbsvorteil.

Wie bei jeder neuen Technologie kämpfen auch Fluss-Strom-Produkte gegen Markteintrittsbarrieren. Marktakzeptanz und Marktdurchdringung sind die Voraussetzungen dafür, die großen Chancen für die Produkte des Netzwerkes zu nutzen. Interessenten und potentielle Investoren gibt es genug. Die in Deutschland vorherrschenden rechtlichen Rahmenbedingungen (z. B. bei Genehmigungsprozessen) behindern jedoch zum Teil die Entscheidung für Fluss-Strom-Produkte und damit die Marktdurchdringung.

FuE-Bedarf zur Weiterentwicklung der Produkte

Eine zielgerichtete technologische Weiterentwicklung der Fluss-Strom-Technologien ist erforderlich, um die Marktakzeptanz, die Wirtschaftlichkeit der Systeme sowie die Technologieführerschaft auf dem Gebiet zu erreichen und langfristig auszubauen. Für das Netzwerk und die angestrebten Produkte sind aus heutiger Sicht folgende Forschungs- und Entwicklungsschwerpunkte in den nächsten Jahren von Bedeutung:

- Erhöhung der Leistungsausbeute der Fluss-Strom-Lösungen,

- Minimierung der Herstellungskosten,

- Reduzierung des Leistungsgewichtes (z. B. durch Leichtbauverfahren),

- Weiterentwicklung der getriebelosen Energiewandlung (z. B. mittels Transversalflussmaschinen zur deutlichen Reduzierung des Masse-Leistungs-Verhältnisses des Generators),

- Entwicklung von Systemen zur Treibgutabwehr und zum Nahbereichsschutz für mobile Kleinwasserkraftanlagen,

- Erprobung von Flottillenkraftwerken.

Wie die Netzwerkpartner versuchen, die oben genannten Weiterentwicklungsziele zu erreichen, lässt sich am besten am Beispiel des angestrebten Produktes „Energy Floater" verdeutlichen. Dieser ist, vom Prinzip her ähnlich dem River Rider®, ein schwimmendes unterschlächtiges Wasserradsystem auf einer Katamaranplattform, hat jedoch eine höhere Eintauchtiefe. Er basiert auf dem Patent des Klappschaufelwasserrades des Erfinders Hartmuth Drews (siehe Ab-

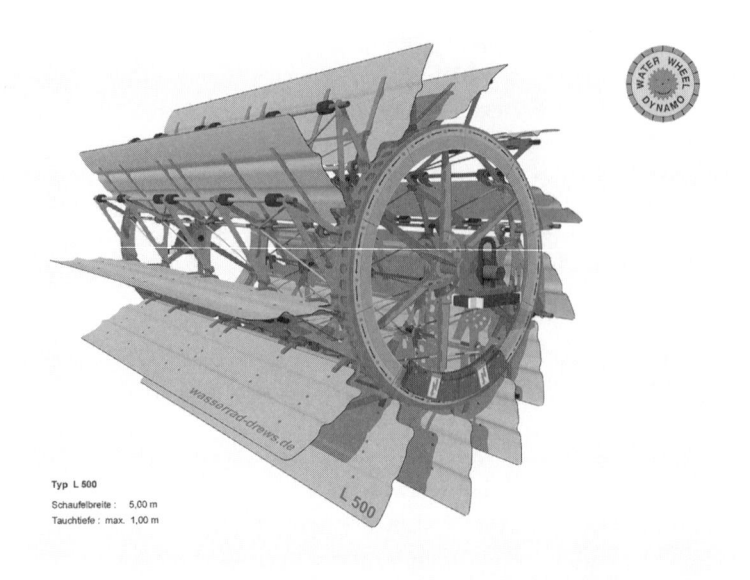

Typ L 500
Schaufelbreite : 5,00 m
Tauchtiefe : max. 1,00 m

Abbildung 5: Der Energy Floater (Quelle: Ingenieurbüro Hartmuth Drews).

bildung 5). Das Wasserrad wird durch eine Art statisch bestimmtes Gittertragwerk dargestellt.

Die Konstruktion wurde so durchdacht, dass für die Fertigung ausschließlich Gleich- beziehungsweise Wiederholteile verwendet werden können. Das Konzept folgt in der Analogie einem Ikea-Baukastenprinzip. Dies vereinfacht die Produktion und senkt die Herstellungskosten. Teure Einzelanfertigungen zur Anpassung an verschiedene örtliche Verhältnisse des jeweiligen Standortes sind nicht mehr erforderlich. Im Sinne der Maßkonfektion erlaubt das Baukastensystem die individuelle Serienfertigung moderner, kostengünstiger Schiffsmühlen zur wirtschaftlichen Erzeugung von Strom.

Das Produkt wird 2013 auf der Elbe bei Magdeburg als Prototyp auf dem Vector-Forschungsversuchsträger im Realbetrieb getestet werden. Hier muss der innovative Produktansatz noch den Härtetest bestehen.

Vermarktung der Netzwerkprodukte

Die Frühvermarktung der Produkte und Entwicklungen aus dem Netzwerk wird intensiv und gezielt durch das Netzwerkmanagement unterstützt und vorangetrieben. Dazu werden Messen genutzt, Praxisworkshops organisiert, die Internetpräsenz des Netzwerkes ausgebaut, vierteljährlich Newsletter veröffentlicht und vieles andere mehr. Weiterhin findet die Vermarktung neben persönlichen Gesprächen mit potentiellen Kunden auch auf Konferenzen oder in Beiträgen von Tageszeitungen, regionalen Fernseh- und Radiosendern statt. Darüber hinaus vermarkten die Netzwerkpartner selbst im Eigeninteresse.

Das Netzwerk Fluss-Strom hat gezeigt, dass kooperative Zusammenschlüsse von mittelständischen Unternehmen sowohl neue Wertschöpfungs- und Entwicklungskonstellationen ermöglichen, als auch eine neue Organisationsform für eine produkt-/zielgruppenorientierte Vermarktungsorganisation darstellen können. So erfolgte im vergangenen Jahr die Firmengründung der Enertainer Energy GmbH in Magdeburg, in der sich vier Netzwerkpartner zusammenschlossen, um die Vermarktung von Produkten gemeinsam voranzutreiben. Das Netzwerkmanagement unterstützt darüber hinaus auch Firmenneugründungen von Netzwerkpartnern.

Zukunftsprognosen

Das Netzwerk Fluss-Strom hat sich 2012 partnerseitig verdoppelt. Rund um das Netzwerk haben sich zahlreiche assoziierte Partner gruppiert, die nicht formell eingebunden sind, aber bedarfsorientiert in die Arbeit integriert werden. Sowohl in Sachsen-Anhalt als auch überregional in Deutschland konnten neue Netzwerkpartner mit ergänzenden Kompetenzen gewonnen und mit weiteren aktiven Netzwerken Kooperationen ausgebaut werden. Damit hat sich das Netzwerk auf eine solide Basis gestellt, sowohl in der Netzwerkfinanzierung (durch Netzwerkpartner finanziertes Modell) als auch kompetenz- und technologieseitig, um mit einer hohen Alleinstellung eine Markt- und Technologieführerschaft anzustreben.

Das Netzwerk mit seinen Partnern ist immer für neue Ideen, Ansätze und auch Kritik offen. In diesem Zusammenhang begrüßt das Netzwerk Fluss-Strom die Aufnahme neuer engagierter Partner. Unsere Produkte werden in den nächsten Jahren, gerade im Zusammenhang mit der Energiewende, wahrscheinlich das Interesse vieler potentieller Kunden wecken. Die Auswertung von Studien zu Zielmärkten und Befragungen von potentiellen Kunden haben aufgezeigt und bestätigt, dass ein hohes Interesse an Flusswasserkraftlösungen und ein hohes Marktpotential für diese bestehen. Die Partner des Netzwerkes gehen davon aus, dass sich die derzeitigen Anstrengungen bei der Produktentwicklung in den nächsten Jahren auszahlen werden.

Endnoten

1   Weitere Informationen beispielsweise auf: http://de.wikipedia.org/wiki/Wasser-_und_Bodenverband.

Ein Werkstoff mit Nachhaltigkeit

Norbert Eisenreich

Einleitung

Wir müssen Nachhaltigkeit weder erfinden, noch neu erfinden. Vor dem Eintritt ins Zeitalter der Industrie- beziehungsweise Wohlstandsgesellschaft hatten alle unsere Vorfahren nachhaltig gewirtschaftet und jede Ressource, insbesondere natürlich biobasierte, nach dem gegebenen Verständnis und den damaligen Technologien optimal genutzt. Erst die vor etwa 100 Jahren einsetzende Nutzung des scheinbar unbegrenzt zur Verfügung stehenden Rohöls hat diesem sinnvollen Verhalten ein Ende gesetzt. Das Rohöl entwickelte sich zur Grundlage sowohl der Energiewirtschaft wie auch zum wichtigsten Grundstoff der chemischen Industrie.

Die spezielle Situation während der beiden Weltkriege des 20. Jahrhunderts, als Deutschland weitgehend von den Rohstoffen der Welt abgeschnitten war, führte zur Erarbeitung einer wissenschaftlichen und technischen Basis für den Aufschluss erneuerbarer Rohstoffe, zumeist Biomasse, da ja die Grundlage für eine Massenproduktion zu bilden war. Eine großindustrielle Umsetzung dieser Ansätze kam jedoch nur selten zustande. Als Beispiel sind einigen noch die legendären mit Holzvergaser betriebenen Autos in Erinnerung, die bis in die Nachkriegszeit die Straßen bevölkerten. Die alten Berichte der Kaiser-Wilhelms-Gesellschaft, damals wissenschaftlich mit führend in der Welt, können noch heute vielfältige Anregungen für die Entwicklung ressourcensparender Prozesse und regenerativer Stoffe gegen. Jetzt gilt es, diese großindustriell umzusetzen, wenn das Thema Nachhaltigkeit ernst genommen werden soll.

Nach wie vor fühlt sich der Mensch der gegenwärtigen Zeit mit einem der bedeutendsten nachhaltigen Werkstoffe wohl: dem Holz. Er ist von einem Berg Papier umgeben, den Computer und elektronische Medien bisher nicht verdrängen konnten. Und genau zwischen Holz und Papier liegt eine bisher kaum genutzte Ressource, da Papier von jeher als Endprodukt des industriellen Holzaufschlusses entsteht.

Dieser Holzaufschluss trennt drei Bestandteile des Holzes voneinander, von denen im Wesentlichen nur der Zellstoff effektiv eben für Papier Verwendung findet. Die beiden anderen Komponenten, die Hemicellulose, die aus zuckerartigen Grundkomponenten besteht, und das Lignin wurden kaum genutzt. Lignin ist ein nicht eindeutig definiertes Biopolymer mit einer komplizierten Struktur. Mit einem Anteil von 20 bis 30 Prozent ist es in vielen weiteren Biomassen neben dem Holz enthalten. Es ist damit einer der am weitesten verbreiteten und in großen Mengen vorhandenen bioorganischen Stoffe.

Der Verbrauch von Papier ist gewaltig, so dass eben auch große Mengen an Lignin anfallen. Tatsächlich entstehen bis zu 50 Millionen Tonnen dieser Verbindung beim Extraktionsprozess. Bisher ergaben sich nur in geringem Umfang wertschöpfende Anwendungen von Lignin[1], neben einigen werkstofflichen Nutzungen als Bindemittel[2] oder Dispergiermittel. Mehr als 90 Prozent des extrahierten Lignins werden verbrannt, wegen des begrenzten Heizwertes und seines Anfalls in feuchten Suspensionen bildet das eine wenig effektive Verwendung.

Die Tecnaro GmbH und das Fraunhofer-Institut für Chemische Technologie ICT haben gemeinsam den komplett aus Biomassekomponenten bestehenden Werkstoff Arboform® entwickelt, der das Lignin der Papierindustrie als eine seiner Hauptkomponenten nutzt. Es ersetzt beziehungsweise wird noch vermehrt synthetische Kunststoffe ersetzen, aber auch Vollholzbauteile und andere Werkstoffe, deren mechanische und thermische Eigenschaften erreicht werden können.

Die Tecnaro GmbH startete 1998 zunächst im Fraunhofer ICT. Nach einer intensiven Phase der Werkstoffentwicklung und der Findung geeigneter Produkte und Bauteile dafür etablierte sich das Unternehmen als internationaler Anbieter in einem Zeitraum von circa fünf bis sieben Jahren. Die dann folgenden Jahre waren geprägt durch die Ausweitung der Anwendungen, in denen das Unternehmen seine Werkstoffe einsetzen konnte. Die Schwierigkeit bestand vor allem darin, dass wegen der Einzigartigkeit des Werkstoffes praktisch mit fast allen Kunden partnerschaftlich die Formgebung des angestrebten Bauteils und dessen Verarbeitung erarbeitet werden mussten. Nach einer am Markt registrierten Skepsis verhalfen die positiven Erfahrungen der Partnerfirmen mit dem Werkstoff und die mitgewachsenen eigenen Erfahrungen jetzt zu einer Ausweitung der Einsatzmöglichkeiten, die die Firma auch wirtschaftlich erfolgreich machen. Erleichtert hat diese Entwicklung auch die Rückkehr des Unternehmens in das innovativ geprägte Umfeld von Baden-Württemberg. Als

Vorreiter bei nachhaltigen, thermoplastisch verarbeitbaren Werkstoffen steht dem Unternehmen nun der Kunststoffmarkt offen.

Biokunststoffe und Biocomposite

Weltweit verarbeitet die Industrie gegenwärtig mehr als 250 Millionen Tonnen synthetische Kunststoffe[3], wobei noch ein ungebremster Anstieg prognostiziert wird. Der wesentliche Anteil dieser Kunststoffe sind Kohlenwasserstoffe, und er wird aus den Basismolekülen von Erdgas und natürlichem Rohöl hergestellt. Für den Kunststoffmassenmarkt gilt es, alternative Werkstoffe wie Biokunststoffe und Biocomposite zur Verfügung zu stellen. Dabei ist die Verwendung von Biokunststoffen nicht neu. Es gibt sie schon seit 140 Jahren: Das thermoplastische Celluloid mit Ursprung aus dem Holzaufschluss (Cellulose) entstand als Ersatz von Elfenbein für Billardkugeln. Filme und Puppen stellen die bekanntesten Produkte dar, wobei es aber sehr viel weiter gehende industrielle Anwendungen gab.

Für technische Anwendungen müssen diese Biopolymere modifiziert werden, um die speziellen Anforderungen verschiedenster Werkstoffspezifikationen zu erfüllen. Vorrangig soll eine Verstärkung mit Naturfasern erzielt werden, aber auch plastische Verformbarkeit oder Bruchverhalten sind zu modifizieren, um den technischen Anforderungen gerecht zu werden.[4] Dabei kommen vor allem Holzfasern, Hanf- und Flachsfasern, aber auch alle weltweit gängigen ligno-cellulosischen Fasern, wie etwa Kokosfasern und Sisal, zum Einsatz. Neben den verbesserten mechanischen Eigenschaften, die denen von glasfaserverstärkten synthetischen Kunststoffen entsprechen können, erfüllen diese Werkstoffe verschiedene Funktionen. Bauteile elektrischer und elektronischer Geräte zum Beispiel erfordern Flammschutz, auch elektrische Leitfähigkeit oder hohe Wärmebeständigkeit. Unser Unternehmen und Fraunhofer ICT haben auch hierzu in einem großen europäischen Projekt (Biocomp[5]) ihren Beitrag geleistet.

Der Werkstoff Arboform

Die stoffliche Nutzung von Lignin stellt nach wie vor eine große Herausforderung dar. Lignin entsteht, wie oben erwähnt, als Nebenprodukt der Papierherstellung und ist in großen Mengen verfügbar.[6]

Nahezu jeder zweite gefällte Baum nimmt seinen Weg in die Papierindustrie.[7] Damit erfordert die stoffliche Lignin-Nutzung keine zusätzlichen Verfahrensschritte, um es in die Anwendung zu bringen, wie dies bei nahezu allen Biopolymeren mit ihren speziellen biotechnischen Herstellungsmethoden der Fall ist. Nahezu alle Pflanzen enthalten Lignin bis zu Anteilen von über 30 Prozent. Allerdings schwindet dieser Anteil in den Pflanzenteilen (z. T. ca. 1 Prozent), die wie Körner, Gemüse oder Früchte die Grundlage für Futter und Nahrungsmittel bilden. Die Nutzung der verholzten Reststoffe, wie Stroh, Stauden oder Stängel, deren Lignin-Anteil hoch ist, lässt daher keine Konkurrenz dazu aufkommen. Wenn man davon ausgeht, dass auch für die nächste Zukunft der Papierverbrauch massiv ansteigt, nimmt eine wertschöpfende Verwertung der Komponenten des Holzaufschlusses, vor allem des Lignins, eine besondere Rolle ein. Allerdings sollte dazu in Zukunft weltweit dafür gesorgt werden, dass die holzartigen Reststoffe aufgeschlossen und damit Tropenwälder geschont werden.

Lange Zeit waren die Versuche gescheitert, aus Lignin technisch hochwertige Werkstoffe zu entwickeln. Dabei lag die Lösung letztlich ganz nahe: Es ging um ein Zusammenfügen der wichtigen Holzkomponente Lignin als Polymermatrix mit ligno-cellulosischen Fasern zur Verstärkung.[8] Die Entwicklung gelang durch Ausschöpfen der technischen Möglichkeiten von thermoplastischen Verarbeitungsmethoden. Zusammen mit biobasierten Additiven entstand eine dem ursprünglichen Holz nachempfundene Werkstofffamilie, das Arboform®, ein Composite mit Anwendungsmöglichkeiten auch im technischen Bereich. Aufgrund seiner Eigenschaften kann dieser Werkstoff sowohl synthetische Kunststoffe, Composites als auch Holz ersetzen. Die Zusammensetzung orientiert sich am Anforderungsprofil der geplanten Anwendung.

Der Erfolg des Werkstoffes hing von einigen wichtigen Kriterien ab:

- *Ein Biocomposite:* Alle Komponenten des Werkstoffes stammen aus dem Aufschluss regenerativer Biomasse.

- *Komponentenverfügbarkeit:* Sie benötigen keine aufwendigen zusätzlichen oder gar neue Verarbeitungsschritte.

- *Verarbeitung mit eingeführten Maschinentechnologien:* Die Werkstoffanwender können ihren bestehenden Maschinenpark einsetzen, zum Teil sogar die Werkzeuge für die Formgebung nutzen.

- *Einsparpotential für Energie:* Die Verarbeitung erfordert weniger Energie als die Herstellung vergleichbarer Bauteile synthetischer oder biobasierter Kunststoffe.

- *Technische Vorteile:* Im angestrebten Kostenbereich des Werkstoffes entstehen neben der Einhaltung ökologischer Kriterien eine Reihe technischer Vorteile.

Verschiedenste Lignine können die Matrix des Werkstoffs bilden, ohne dass mit erheblichen Einschränkungen im Eigenschaftsprofil des Werkstoffs gerechnet werden muss. Als Verstärkungsfasern kommen nahezu alle ligno-cellulosischen Fasern zum Einsatz, die durch mechanische Aufbereitung oder durch thermomechanische Verfahren bei der Papierherstellung erhalten bleiben. Der Faserursprung und deren Konzentration bestimmen die mechanischen Eigenschaften des Werkstoffes mit. Die Zugfestigkeit steigt mit zunehmendem Faseranteil an und kann bis über 6.000 N/mm^2 erreichen. Hanf- und Flachsfasern bilden die Verstärkung für besonders hochwertige Biocomposites. Durch Veredelungen werden Eigenschaften erreicht, die vergleichbare Werkstoffe sogar übertreffen. Holzfasern bilden eher den Standardwerkstoff, mit den Fichtenholzfasern und Hartholzfasern sind Gewichtsanteile bis zu 60 Prozent möglich.

Bei synthetischen Kunststoffen wie auch bei Bioplastik läuft die thermoplastische Verarbeitung wie folgt: Erst wird das Rohmaterial mit Additiven vollständig getrocknet, gemischt und in einem Extruder bei Hochdruck und höherer Temperatur aufgeschmolzen und als Strang aus der Düse befördert. Dieser wird gekühlt und zu Granulat zerhackt. Das Granulat wird in einer Spritzgussmaschine erneut aufgeschmolzen und in die Form des Bauteiles gepresst. Beide Schmelzprozesse erfordern eine Temperatur von mindestens 180 Grad Celsius, bei vielen Polymeren deutlich mehr. Bei diesen Arbeitsschritten zeigen sich bereits die Energieeinsparungen bei der Verarbeitung der Ausgangsstoffe zum Endwerkstoff. Die Komponenten dürfen eine gewisse Restfeuchte enthalten, so dass nur bedingt getrocknet werden muss. Nach dem Mischen reichen gängige Pelletier- oder Kompaktiermaschinen aus, um das Granulat bei Normaltemperatur herzustellen. Solche Geräte kosten etwa ein Zehntel des Preises eines Extruders. Auch die Bauteilherstellung mit den Granulaten in einer Standardspritzgussmaschine erfolgt bei erheblich niedrigerer Temperatur im Vergleich zu anderen Kunststoffen. Der entstehende Werkstoff ist bis circa 100 Grad Celsius thermisch stabil, das heißt, er erweicht bis zu dieser Beanspruchungstemperatur nicht. Abbildung 1 zeigt das Granulat. Dies gibt es standardmäßig in bräunlicher Farbe,

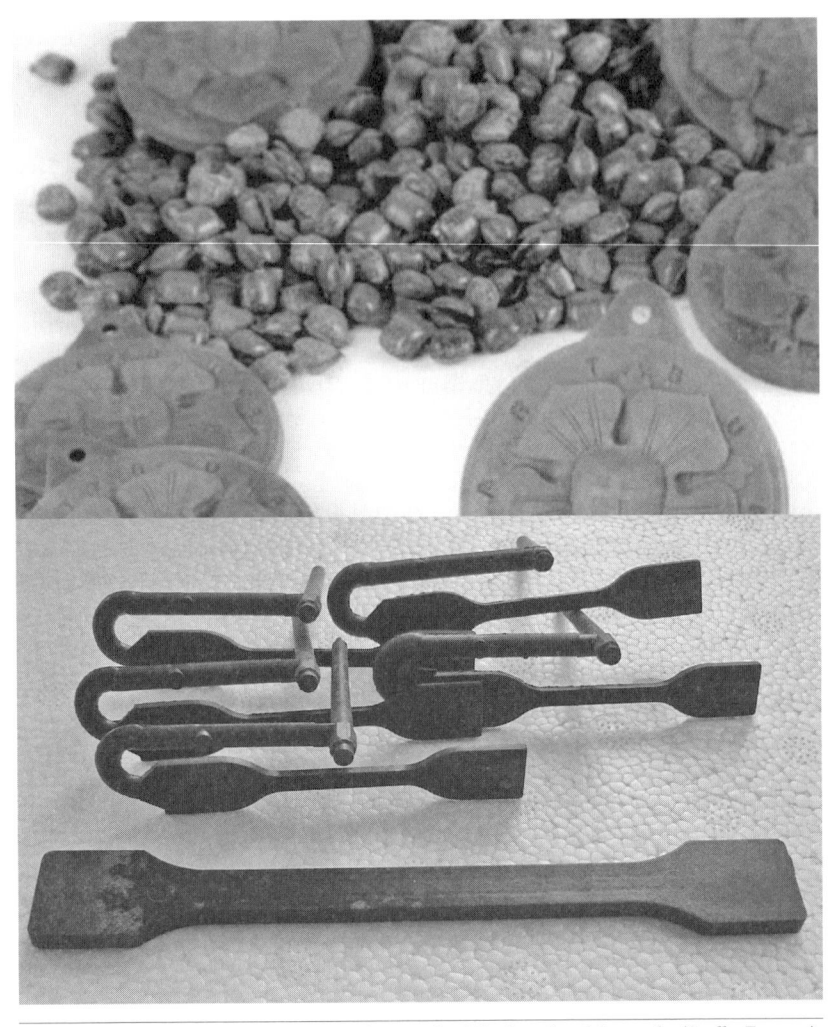

Abbildung 1 Arboform®-Granulat (mit Lutherrose der Wartburg) und Zugprobe (Quelle: Tecnaro).

wobei vorzugsweise dunklere Einfärbungen von Rot oder Grün zur Verfügung stehen. Blasse Farben benötigen mehr Pigmente.

Nutzung des neuen Werkstoffes

Die ökologischen Vorteile des Werkstoffes sind offensichtlich. Da er vollständig aus nachwachsenden Rohstoffen besteht, sind seine Komponenten CO_2-neutral. Im Gegensatz zur Verbrennung des Lignins stellt die stoffliche Nutzung sogar für die Gebrauchsdauer einen CO_2-

Speicher dar und ersetzt rohölbasierte Produkte. Der Werkstoff kann nach seiner Lebensdauer wie Holz verbrannt werden und leistet dann noch einen energetischen Beitrag. Er ist natürlich auch stofflich recyclingfähig.

Ein Werkstoff kann auf dem Markt jedoch nur bestehen, wenn er neben seinen ökologischen Eigenschaften noch weitere aufweist, die dem Anwender technische Vorteile gegenüber Werkstoffen der gleichen Preisklasse bieten. Diese liegen in:

- den ausgezeichneten akustischen Eigenschaften, die besser als bei Holz sind, da in unserem Werkstoff die Naturfasern annähernd gleichmäßig ausgerichtet sind.
- der hohen Formstabilität durch nicht auftretende Schrumpfung nach Spritzguss und Entformung.
- der Wärmeausdehnung des Werkstoffs, die dem des Holzes entspricht; damit kann mit einem Edelholzfurnier dem Bauteil eine besonders dekorative Oberfläche gegeben werden.
- der Schockabsorption und dem Bruch ohne Splitter bei Crashs.
- der warmen Holzhaptik mit einer interessanten Maserung der Oberfläche.
- der geringen Feuchtigkeitsaufnahme und daraus resultierendem geringem Aufquellen bei Lagerung in Wasser.
- der schwach bioziden Wirkung der Ligninkomponente, die den Werkstoff auch für Küchengeräte geeignet macht.

Wie für technische Composites üblich, können Additive den Werkstoff funktionalisieren. So ergeben bereits geringe Mengen an ökologisch verträglichen Additiven einen ausreichenden Flammschutz, wie er für Elektro-/Elektronikgeräte oder die Erhöhung der elektrischen Leitfähigkeit notwendig ist. Auch die Steigerung der Verformbarkeit gelingt mit natürlichen Zusätzen. Die Herausforderungen der Zukunft bestehen genau darin, ständig den Werkstoff so zu modifizieren, dass das Eigenschaftsprofil der gewünschten Anwendungen zu erfüllen ist. Mit solcher erfolgreicher Forschungs- und Entwicklungsarbeit kann Arboform® endgültig auch mit der Variabilität von synthetischen Kunststoffen gleichziehen, deren Vorteile gerade in dieser Anpassbarkeit bestehen.

Verarbeitung zu Produkten und Bauteilen

Die oben angesprochenen technischen Vorteile initiierten natürlich eine Reihe von Werkstoffentwicklungen für spezielle Anwendungen, bei denen diese zum Tragen kommen. Ursprünglich entstanden schnell einige Prototypen von dekorativen Innenbauteilen, zum Beispiel Lenkräder für Automobilhersteller, die im Wesentlichen den strengen Werkstoffkriterien standhielten. Damals überwog allerdings die Skepsis gegenüber einem neuen Werkstoff und einem kleinen Unternehmen, da niemand die Verantwortung übernehmen wollte. Das hat sich inzwischen längst geändert, und das Eigenschaftsspektrum, das sich in der Serienprodukten als erfolgreich erwiesen hat, überzeugt. So nachhaltig der Werkstoff auch ist, noch ist der Einfluss relativ gering. Jedoch stehen noch zahllose Möglichkeiten offen, weniger nachhaltige Werkstoffe zu ersetzen oder die technischen Vorteile in neue Produkte umzusetzen. Einige Beispiele zeigen solche Einsatzmöglichkeiten auf.

Akustische Bauteile

Die bereits angesprochenen akustischen Eigenschaften machen unseren Werkstoff für Musikinstrumente und Lautsprecher geeignet. Diese wurde in einigen Projekten genutzt. So wurden Stimmstöcke für Mundharmonikas und Akkordeons sowie Lautsprecherboxen entwickelt.

Abbildung 2: Musikinstrumententeile und Kugellautsprecher mit Gehäuse aus Arboform®
(Quelle: Tecnaro).

Präzisionsbauteile

Die Eigenschaften der geringen Schrumpfung und die damit gute Maßhaltigkeit ermöglichen die Fertigung von Präzisionsteilen. Dies ist vor allem dann bedeutsam, wenn keine Metalle verwendet werden können.

Abbildung 3: Präzisionsbauteile (Quelle: Tecnaro).

Dekorative Bauteile

Auch ohne Edelholzfurnier besitzt der Werkstoff eine ansprechende Maserung. Diese ermöglicht vielfältige dekorative Gestaltungen. Einige sind in Abbildung 4 wiedergegeben.

Abbildung 4: Dekorative Bauteile (Quelle: Tecnaro).

Modemarkt

Auch im Modemarkt konnte unser Werkstoff bereits Fuß fassen und half, den in Abbildung 5 darstellten Schuhabsatz zu entwickeln.

Abbildung 5: Schuhabsätze aus dem Werkstoff von Gucci (Quelle: Tecnaro).

Schlussbetrachtung

Der Erfolg unseres Unternehmens und seiner nachhaltigen Werkstoffe zeigt, dass es gelingen kann, mit innovativen Ansätzen am Markt zu bestehen. Es ist relativ schnell klar, dass diese neuen Ansätze keinen technischen Rückschritt bedeuten dürfen, sondern eher bisher nur schwer erreichbare Vorzüge mitbringen müssen. Bedeutsam ist jedoch auch, das Verhalten der Kunden am Markt und ihre Zurückhaltung zu verstehen und mit ihnen gemeinsam die angedachten Lösungen zu erarbeiten. Letztlich überzeugen die positiven Erfahrungen mit Pionieranwendungen, was Zeit und Geduld kostet, bis ein Durchbruch erzielt werden kann.

Endnoten

1   Varanasi, P., Singh, P., Auer, M., Adams, P. D., Simmons, B. A., Singh, S.: Survey of renewable chemicals produced from lignocellulosic biomass during ionic liquid pretreatment. In: Biotechnology for Biofuels 6 (2013), S. 14.

2   Roffael, E., Dix, B.: Lignin and ligninsulfonate in non-conventional bonding – an overview. In: Holz als Roh- und Werkstoff 49 (1991), S. 199–205.

3   Domininghaus, H., Elsner, P., Eyerer, P., Hirth, Th. (Hg.): Kunststoffe – Eigenschaften und Anwendungen. VDI-Buch, 8. Auflage, Springer Vieweg, Berlin 2012.

4   Mukherjee, T., Kao, N.: PLA Based Biopolymer Reinforced with Natural Fibre: A Review. In: Journal of Polymers and the Environment 19 (2011), S. 714–725.

5   Siehe Biocomp: New classes of Engineering Composite Materials from Renewable Resources. Summary Report. http://www.biocomp.eu.com/uploads/Final_Summary_Report.pdf.

6   Th. Q. Hu (Hg.): Chemical Modification, Properties, and Usages of Lignin, Kluwer Academic/Plenum Publisher, New York, 2002.

7   Siehe WWF Deutschland: Aus Wäldern wird Papier. http://www.wwf.de/themen-projekte/waelder/papierverbrauch/zahlen-und-fakten/.

8   Nägele, H., Pfitzer, J., Nägele, E., Inone, E. R., Eisenreich, N., Eckl, W., Eyerer, P.: Arboform – A thermoplastic, processable material from lignin and natural fibers. In: Chemical Modification, Properties, and Usage of Lignin. Edited by Th. Q. Hu, Kluwer Academic/Plenum Publishers, New York 2002, S. 101–120.

Unsere Straßen – ein gigantisches Rohstoffreservoir

Gerhard Riebesehl

Das Unternehmen

Schwerpunkt der Geschäftstätigkeit der Storimpex-Unternehmensgruppe[1] ist der Handel mit mineralölstämmigen Sonderprodukten, die Verwertung und Beseitigung von Abfällen, die Vermarktung von Pflanzenölen und die Erstellung von alternativen Energiekonzepten. Außerdem vertreibt das Unternehmen mineralische Rohstoffe, Substrate und Schüttgüter für die Asphalt- und Betonindustrie sowie den Sportplatz-, Garten- und Landschaftsbau.

Seit 2009 entwickelt die Storimpex AsphalTec Produkte und Konzepte für die Herstellung und den Einbau von Asphalt und berät Kunden und Behörden bei Projekten zur innovativen Wiederverwendung von Ausbauasphalten.

Die wohl bekannteste Entwicklung ist der sogenannte „Grüne Asphalt", eine nahezu vollständige Wiederverwendung von selektiv gewonnenem Fräsgut. Die auch unter dem Begriff „Maximalrecycling" bekannt gewordene Technologie sorgt für optimalen Ressourcenschutz und spart erhebliche Mengen an CO_2-Emissionen ein.

Das technologische Konzept

Asphalt ist mit Abstand der Baustoff, der den größten Flächenanteil unserer Straßen und Verkehrswege ausmacht. Als thermoplastischer Baustoff bietet er die Möglichkeit der Wiederverwendung, was durchaus mit dem Recycling von Glas oder Stahl verglichen werden kann. Mineralöl ist zudem begrenzt verfügbar und wird künftig als knapper Rohstoff steigende Kosten verursachen – ein weiterer Grund für das Asphaltrecycling.

Eine Asphaltstraße besteht in der Regel aus drei Schichten: der unteren Tragschicht, der Binder- und der hochwertigen Deckschicht. Die einzelnen Sorten bestehen aus abgestuften Mineralstoffgemischen und Bitumen als Bindemittel. Der Anteil an Bitumen beträgt 4,0 bis 7,5 Prozent pro Tonne Asphalt. Während die Mineralstoffe weitgehend ihre Eigenschaften beibehalten, verspröden Asphaltbelagssysteme durch die oxidativen Alterungsprozesse des Bitumens. Bitumen wird aus Rohöl gewonnen und beinhaltet in der Zusammensetzung komplexe Systeme aus unterschiedlichen Verbindungen. Beim Alterungsprozess in der Straße reduziert sich die Elastizität des Bitumens, es kommt zu Rissen und Ausmagerungen der Asphaltbeläge. Mit der Zugabe von geeigneten Ölen (Rejuvenatoren) sind diese Prozesse umkehrbar und gebrauchte Asphalte reaktivierbar. Da hierfür geringe Zugaben erforderlich sind, sind Genauigkeit und Sorgfalt bei der Aufbereitung des Asphalts oberstes Gebot. Leider sind diese Stoffe in den technischen Regelwerken in Deutschland bisher noch nicht beschrieben.

Darüber hinaus benötigt hochwertiger Asphalt bei seiner Herstellung und dem Einbau Temperaturen von circa 180 Grad Celsius. Maschinentechnische Lösungen für die Erwärmung von Ausbauasphalten in Mischanlagen werden zwar seit mehr als drei Jahrzehnten in Form von sogenannten Paralleltrommeln angeboten, die damit erzielbaren Temperaturen sind aber nicht ausreichend. Das liegt darin begründet, dass bei zu hoher Energiezufuhr Anteile des Bitumens im Ausbauasphalt beim Erwärmungsprozess Schaden nehmen oder sogar verbrennen. Der wertvollste Stoff für die Wiederverwendung kann also nicht ausreichend genutzt werden.

Seit 1997 beschäftigt sich das Unternehmen mit der Reduzierung der Produktions-und Einbautemperaturen von Asphalt. Es lag nahe, geeignete Stoffgruppen zu suchen, die es ermöglichen, grundsätzlich bei niedrigeren Temperaturen produzieren zu können.

2006 konnte nach vielen Versuchsjahren der erste großtechnisch hergestellte Vollrecycling-Asphalt mit nur 150 Grad Celsius eingebaut werden. Mit einer Additivkombination aus Weichmachern (Rejuvenatoren) und Fischer-Tropsch-Wachsen (Härter) konnte bewiesen werden, dass diese Technologie tatsächlich funktioniert.

Die ersten Baumaßnahmen

In den ersten Jahren waren zunächst private Auftraggeber bereit, diese neuen technologischen Konzepte zu erproben. Recht schnell stellte sich heraus, dass diese neuen Produkte, die zu bis zu 96 Prozent aus gebrauchtem Asphalt bestehen, in vielen Bereichen herkömmlichen Baustoffen sogar überlegen waren. Aufgrund der ausgezeichneten Gebrauchseigenschaften war die Resonanz der Auftraggeber durchweg positiv.

Auf Lagerflächen, Zugangsstraßen, Parkplätzen und in Logistikcentern konnten in kurzen Zeitabständen umfangreiche Erfahrungen gesammelt werden, die zu weiteren Rezepturentwicklungen führten. 2010 wurde dann in Hamburg-Wilhelmsburg mit dem Bauvorhaben Pollhornweg die erste öffentliche Straßenbaumaßnahme mit 90 Prozent Ausbauasphalt durchgeführt. Besonders eindrucksvoll ist, dass der dort seit fast 27 Jahren liegende Belag im vollen Umfang im neuen Mischgut wiederverwendet werden konnte. Durch die Berichterstattung in den öffentlichen Medien wuchs das Interesse an dieser neuen Technologie. Bereits 2011 wurden in Niedersachsen, Baden-Württemberg und Nordrhein-Westfalen weitere Baumaßnahmen mit Erfolg realisiert.

Mit der Erneuerung des Deckschichtenbelages auf der Mönckebergstraße in Hamburg ist im August 2012 der Nachweis erbracht worden, dass die Anwendung der Maximalrecycling-Technologie von Asphalt auch bei hochwertigsten Mischgutarten wie Splittmastixasphalt möglich ist. Knapp 18 Stunden nach dem Ausbau war dieser Belag nach dem Storimpex-Verfahren erneut eingebaut und nutzbar. Diese Asphaltbauweise hat eindrucksvoll unter Beweis gestellt, dass bei sorgfältiger Planung neue Wege beschritten werden können. Kürzere Bauzeiten und der damit verbundene Umweltschutz können optimal miteinander verknüpft werden.

Durch die stetig steigenden Rohstoffkosten wird Ausbauasphalt ein Handelsgut werden, dessen Wert von seinem Reinheitsgrad bestimmt wird.

Abbildung 1: Die Baustelle in der Mönckebergstraße (Quelle: Storimpex).

Abbildung 2: Der Einbau im Pollhornweg.

Der Auslöser für die Entwicklung eines Asphaltaufbereitungsverfahrens

In zahlreichen Gesprächen mit Kunden und Behördenvertretern ergab sich immer häufiger die Frage nach dem Verbleib der gebrauchten Asphalte. Der hierfür erforderliche Flächenbedarf konnte von den Mischwerken oftmals nicht gedeckt werden. Die Wiederverwendung von Asphalt und insbesondere die Rückgewinnung aller im Ausbauasphalt enthaltenen Stoffe entwickelte sich immer stärker zum Problem in der Praxis. Das war der Auslöser dafür, eine ressourcen- und umweltschonende Lösung zu suchen, bei der deutlich höhere Ausbauasphaltmengen wiederverwendet werden können.

Vor den meisten Reparaturen oder Instandsetzungsmaßnahmen muss zunächst der schadhafte Belag entfernt werden – dieser wiederum stellte für einen Asphaltproduzenten zunehmend ein Problem dar. Denn die gewaltigen Mengen konnten seinerzeit auch noch nicht wiederverwendet werden. Die Recyclingquoten lagen daher bei maximal 30 Prozent. Diese Asphaltgranulate wurden vorwiegend in den unteren Tragschichten der Straßen eingesetzt. Ein großer Teil der Ausbauasphalte landete auf Müllkippen, in Lärmschutzwällen und ungebundenen Frostschutzschichten, und das hochwertige Bitumen blieb ungenutzt. Man musste sich also zum Verbleib der Mengen etwas einfallen lassen. Wer innovativ war, konnte bei seinen Kunden Aufträge generieren.

So kam es zu der Überlegung: Wenn man einen LKW-Reifen runderneuern kann, müsste dies doch auch bei einer Straße möglich sein, denn 30 Prozent Recycling in der unteren Schicht waren zu der Zeit bereits Stand der Technik.

Einsparpotentiale

Neben dem Problem der Entsorgung der Ausbauasphalte sprechen auch die hohen Beschaffungskosten für Aufbereitungsverfahren: Durch die zur Asphaltherstellung notwendigen Bestandteile, wie Bitumen, Edelsplitte, Sande, Aufhellungssplitte und Steinmehle, entstehen erhebliche Rohstoffkosten, die ständig ansteigen und in die Preiskalkulationen miteinfließen.

In Deutschland produzieren rund 600 Mischanlagen jährlich 45 bis 55 Millionen Tonnen Asphalt. Das dafür erforderliche Bitumen wird aus Rohöl gewonnen, die Mineralstoffkomponenten müssen in Steinbrüchen abgebaut oder importiert werden. Steinmehle werden ebenfalls in Steinbrüchen oder Kiesgruben gewonnen und mit Silozügen zu den Mischwerken transportiert. Für alle Rohstofftransporte fallen erhebliche Transportkilometer an, die CO_2-Emissionen verursachen.

Jede Tonne Ausbauasphalt, die wiederverwendet wird, spart also nicht nur Rohstoffkosten ein, sondern auch die Energiekosten, die bei der Gewinnung anfallen würden.

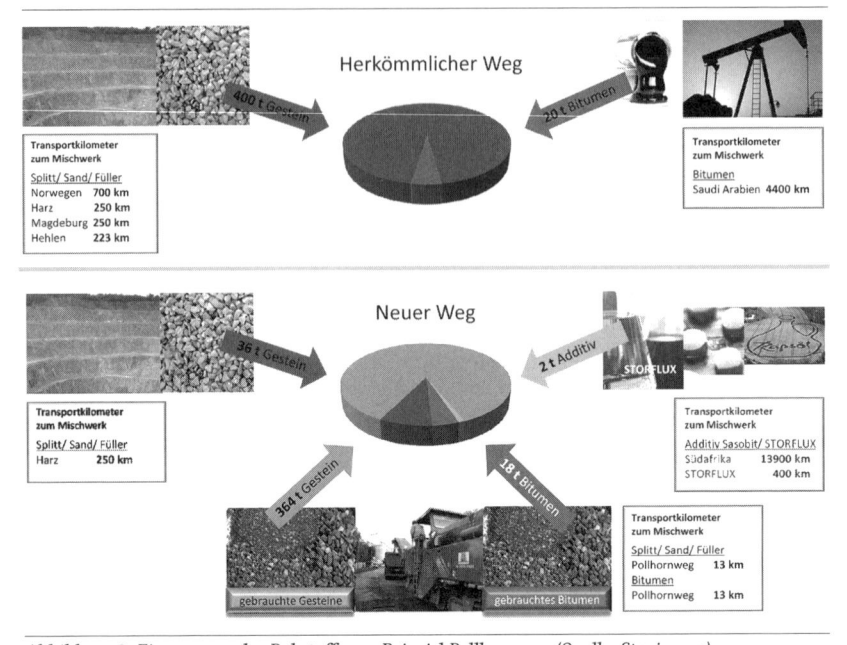

Abbildung 3: Einsparung der Rohstoffe am Beispiel Pollhornweg (Quelle: Storimpex).

Um den höchstmöglichen Grad der Wiederverwendung zu erzielen, ist es daher zwingend erforderlich, die Asphaltbefestigungen schichtenweise abzutragen, denn die Einsparpotentiale steigen mit der Hochwertigkeit der aufbereiteten Produkte. Der Gesetzgeber hat diese höchstmögliche Wertschöpfung im Kreislaufwirtschaftsgesetz (KrWG) eindeutig geregelt. Bedauerlicherweise wird aber immer wieder der einfachste Weg des Ausbaus sowie die Wiederverwendung in Tragschichten gewählt.

Wertvolle Rohstoffe gehen auf diese Weise unwiederbringlich verloren. Es erscheint daher dringend notwendig, den Ausbau von Asphalt grundsätzlich selektiv auszuschreiben, Nebenangebote nicht zuzulassen und die Straßenbelagssysteme schichtenweise umgekehrt zum Einbau wieder auszubauen. Während also die obere Deckschicht den Asphalteinbau auf einer Straße abschließt, wird diese nun zuerst ausgebaut. Über diesen Weg sind dann hohe Wiederverwendungsraten in den einzelnen Schichten möglich – die Effizienz der Rückführung von sortenreinen Baustoffen ist somit optimal gewährleistet.

In den vergangenen Jahren wurden Zahlen veröffentlicht, die bei einem Ausbau von 14 Millionen Jahrestonnen gebrauchten Asphalts auf eine Wiederverwendung von 11,5 Millionen Tonnen in Heißmischgut hinweisen. Berücksichtigt man die geringen Zuwachsraten von neuen Baumaßnahmen im Straßenbau und den Rückbau zu verkehrsberuhigten Zonen, dürften die tatsächlichen Ausbaumengen von Asphalt deutlich höher liegen.

Chancen und Risiken

Die Herstellung von Asphalt kann zukünftig deutlich effizienter erfolgen. Mit dem Einsatz von Härtern und Weichmachern können geringere Herstell- und Einbautemperaturen und somit Energieeinsparungen erzielt werden. Derzeit ist noch nicht absehbar, wie oft der thermoplastische Baustoff Asphalt wiederverwendet werden kann. Bisherige Versuche haben jedoch keine Beschränkungen hinsichtlich einer Mehrfachwiederverwendung aufzeigen können. Fischer-Tropsch-Wachse werden in Deutschland bereits seit 15 Jahren erfolgreich eingesetzt – Ölkomponenten als Rejuvenatoren sogar seit 25 Jahren. Es ist also nicht anzunehmen, dass sich bei sorgfältigem Handling und gewissenhaften Erstprüfungen der Baustoffe negative Ergebnisse bei Maximalrecycling-Baumaßnahmen zeigen werden. Alle bisherigen Erfahrungen können als durchweg positiv bewertet werden.

Forschungs- und Entwicklungsbedarf/Weiterentwicklung

Für den Bau von Straßen und Verkehrswegen in Deutschland gibt es eine Vielzahl von technischen Regelwerken, Richtlinien, Vertragsbedingungen, Merkblättern und Hinweisen, die in regelmäßigen Abständen den Bedürfnissen angepasst werden. Sie alle setzen die Rahmenparameter dafür, dass mit einem hohen Maß an Qualität und Dauerhaftigkeit gebaut werden kann. Neuentwicklungen können erst nach langjähriger Erprobung und bei Einhaltung festgelegter Prüfkriterien in die „Technischen Vertragsbedingungen" aufgenommen werden. Hierfür wird ein gewisser Zeitrahmen benötigt, der leider nicht immer zur Verfügung steht.

Neue Technologien werden in der heutigen Zeit gern von privaten Auftraggebern angenommen und genutzt, wobei es häufig eine untergeordnete Rolle spielt, ob sie bereits in den „Technischen Regelwerken" verzeichnet sind.

Es ist an der Zeit, zu erkennen, dass Asphalt nicht nur aus feiner und grober Gesteinskörnung und Straßenbaubitumen als Bindemittel besteht. Wie in vielen anderen Bereichen unseres täglichen Lebens spielen auch bei der Asphaltproduktion Zusatzstoffe und Additive eine immer größere Rolle. An erster Stelle sollte bei der Herstellung von Asphalt dessen Wiederwendbarkeit und damit der Umweltschutz stehen. Kaum ein anderer Baustoff ist dafür derart geeignet. Die Forschung und Entwicklung sollten daher genau an diesem Punkt ansetzen. Mit der Erprobung von Rejuvenatoren ist in Deutschland im Jahr 2012 ein großer Schritt in die richtige Richtung getan worden.

Prognosen und Zukunftsaussichten

Derzeit verfügen nur circa 160 der rund 600 Mischwerke über eine für diese neue Technologie erforderliche Paralleltrommel. So können in den meisten Mischwerken bestenfalls 30 Prozent der gebrauchten Asphalte der Wiederverwendung zugeführt werden. Hier sollten Anreize für die nachträgliche Installation dieser Erwärmungseinheiten geschaffen werden. Fördermittel könnten hierbei eine sinnvolle Maßnahme darstellen, denn letztlich bedeutet die hundertprozentige Wiederverwendung jeder Tonne Ausbauasphalt aktiven Umwelt- und Ressourcenschutz.

In vielen anderen Ländern ist bisher gar nicht bekannt, dass Asphalt überhaupt wiederverwendbar ist. Unser Unternehmen hat in den vergangenen vier Jahren die Maximal-Recycling-Technologie in Brasilien, Chile, Polen, England, Dänemark, USA und der Türkei vorgestellt und großes Interesse vorgefunden. Im April 2013 wurde in Istanbul nun die erste Mischanlage mit einer Paralleltrommel eingeweiht. Die Storimpex AsphalTec wird dort den ersten „grünen" Asphalt begleiten. Andere Länder werden folgen, hierfür müssen Partnerschaften aufgebaut werden, denn langfristig macht es keinen Sinn, die ausländischen Märkte von Deutschland aus zu versorgen. Die über einen Zeitraum von 30 Jahren gesammelten Erfahrungen geben unserem Unternehmen jetzt die Möglichkeit, diese „grüne Technologie" auf den globalen Märkten zu etablieren.

Die Ergebnisse zeigen, dass sich ausgebauter Asphalt deutlich werthaltiger wiederverwenden lässt und als Sekundärrohstoff angesehen werden sollte. Hierfür müssen die Produzenten die erforderlichen Rahmenbedingungen schaffen. Das sind zum einen die Installationen von Paralleltrommeln und hier insbesondere Trommeln, welche höhere Endtemperaturen gewährleisten. Diese sind seit circa fünf Jahren verfügbar. Zum anderen sind die Lagerplätze für die Halden mit unterschiedlichen Qualitäten zu optimieren, da der Platzbedarf steigen wird. In einigen Regionen sind externe Recyclingplätze entstanden, die mehrere Mischanlagen mit aufbereiteten Asphaltgranulaten versorgen.

Nun gilt es, selektiv auszubauen und wiederzuverwenden. Das Down-Recycling von hochwertigen Deckschichten in einfache Asphalttragschichten muss unterbunden werden: Hierzu sollten die Auftraggeber ihren Beitrag leisten und entsprechend ausschreiben. Zum Wohle des Umweltschutzes sollte über Veränderungen der Vergaberichtlinien ernsthaft nachgedacht werden. Wer über das normale Maß hinaus Ausbauasphalte hochwertig in die Stoffkreisläufe zurückführt, sollte belohnt werden.

Das Einsparpotential von Rohstoffen und Energie ist insgesamt groß, wenn auch regional unterschiedlich. Die Preise für Bitumen, Mineralstoffe und Heizöl werden weiter stetig steigen. Die erforderlichen Investitionen rechnen sich schon heute über normale Abschreibungszeiträume.

Endnoten

[1] Zur Storimpex-Unternehmensgruppe gehören die Gesellschaften Storimpex Im- und Export, Storimpex Nawaro, Storimpex Natural Power, Storimpex Baustoffe sowie die Storimpex AsphalTec. Die Niederlassungen befinden sich in Glinde, Lichtenstein/Chemnitz und Alphen aan den Rijin (Niederlande).

Entwicklung eines lösemittelfreien Beschichtungssystems für Rotorblätter

Thomas Nopper

Zum Unternehmen

Die Dresdner Lackfabrik novatic GmbH & Co. KG ist ein mittelständisches Unternehmen, welches im Jahre 1990 durch Wilfried Zill und einen westdeutschen Partner gegründet wurde. Seit der Übernahme der Anteile des Gründungspartners im Jahre 2006 durch Alexander Zill ist das Unternehmen gänzlich im Familienbesitz und profitiert von einer flexiblen Organisationsstruktur mit einem teamorientierten Management und kurzen Entscheidungswegen. Der Hauptsitz des Unternehmens befindet sich in Dresden. Niederlassungen und Tochterfirmen bestehen in Deutschland (Halle an der Saale), Tschechien (Teplice), Polen (Banino und Wrozław) sowie in der Slowakei (Smolenice), Russland (Sankt Petersburg) und in Ungarn (Budapest). Das Unternehmen beschäftigt derzeitig 124 Mitarbeiter und ist Ausbildungsbetrieb für verschiedene Berufe im chemischen und kaufmännischen Bereich.

Es entwickelt und produziert spezielle Korrosionsschutz-Beschichtungsstoffe, Industrielacke und Beschichtungen für Windkraftenergieanlagen sowie Baufarben. Im Bereich Korrosionsschutz finden die Beschichtungen unter anderem im Stahl- und Brückenbau sowie beim Neubau und der Instandhaltung von Kraftwerken, Tagebaugeräten und Energiemasten Anwendung.

Die Industrielacke werden für die farbliche Gestaltung von Industriegütern jeglicher Art verwendet, vor allem für Schienenfahrzeuge, Maschinen und Behälter sowie für Transformatoren, Radiatoren, Generatoren und Turbinen. Beschichtungsstoffe für Beton und Stahltürme sowie für Rotorblätter von Windkraftenergieanlagen bilden einen weiteren Sortimentsschwerpunkt. Abgerundet wird das Sortiment durch Baufarbenprodukte. Hier werden neben Lacken auch Grundierungen und Holzbeschichtungen sowie Wand- und Fassadenfarben gefertigt und vertrieben.

Entscheidend ist die Innovationskraft des Unternehmens. Zahlreiche Produkte wurden in der Unternehmensgeschichte entwickelt und am Markt eingeführt. Die Innovationskraft und die relativ große Entwicklungsabteilung sind Folge davon, dass die Ansprüche an Lackierungen und Beschichtungen sowohl aufgrund von Kundenbedürfnissen als auch von Vorgaben aus der Politik stetig steigen. Unter den neu entwickelten Produkten befinden sich zahlreiche wasserverdünnbare und lösemittelfreie beziehungsweise lösemittelarme Beschichtungen. Um diese Produkte unter modernsten Bedingungen fertigen zu können, wurde im Jahr 2011 ein neues Produktionsgebäude am Standort Dresden eingeweiht.

Die Idee – ein lösemittelfreies Beschichtungssystem für Rotorblätter

2005 entstand der erste Geschäftskontakt zu Herstellern von Windkraftanlagen (WKA), der dazu führte, dass das Unternehmen eine Lackbeschichtung für die Betontürme von Windkrafträdern entwickelte. Weitere FuE-Projekte befassten sich unter anderem mit der Entwicklung eines Sandwichsystems zur Beschichtung von Windkrafttürmen (Stahlturm- und Betonbereich) und neuen Beschichtungssystemen für Anlagenteile wie Generatoren, Transformatoren und Getriebe. Aus der Zusammenarbeit mit WKA-Herstellern entstand auch die Idee, ein lösemittelfreies Beschichtungssystem für Rotorblätter zu entwickeln.

Die Energiegewinnung aus Windkraft ist ein wichtiger Pfeiler der von der Bundesregierung beschlossenen Energiewende. Die Anzahl der Windparks in Deutschland nimmt sowohl an Land als auch auf dem Wasser stetig zu. Mittlerweile sieht man während fast jeder etwas längeren Auto- oder Zugfahrt Windkraftanlagen, deren Rotorblätter sich mal mehr, mal weniger im Wind drehen. Aus der Ferne erkennt man jedoch nicht, dass die Rotorblätter an der sogenannten Windabrisskante oder der Blattspitze Luftströmungsgeschwindigkeiten von bis zu 400 km/h ausgesetzt sind. Das Rotorblatt und das auf ihm aufgetragene Beschichtungssystem werden dort durch Verdrehung, Stauchung und Streckung aufgrund der hohen Wind- und Zentrifugalkräfte sowie Abrasionsprozesse durch Feinstaub und Aerosole, bei küstennahen und Offshore-Standorten zudem durch Feuchtigkeit und Salz, extrem belastet. Nur die Beschichtung schützt die Rotorblätter bei diesen Bedingungen vor Beschädigungen und sichert somit eine hohe Lebensdauer der Anlage.

Herkömmliche Beschichtungssysteme können diese Anforderungen zwar weitgehend erfüllen, müssen aber aufwendig in sieben Schichten aufgetragen werden, um die gewünschte Elastizität und Resistenz bezüglich der Haftfestigkeit und des Abriebs zu erreichen. Hierzu werden bislang weitgehend Lacke auf Basis von Lösungsmitteln eingesetzt. Im Zuge der Verarbeitung verdampfen diese jedoch und belasten die Umwelt.

Abbildung 1: Windkraftanlage (Quelle: novatic).

Es war das Ziel, ein stark belastbares und gleichzeitig umweltfreundliches Beschichtungssystem für Rotorblätter zu entwickeln, das zudem schneller und effizienter als herkömmliche Beschichtungssysteme aufzutragen war: Anvisiert waren ein vollständiger Lösungsmittelverzicht, eine höhere Lebensdauer der Rotorblätter sowie Effizienzgewinne von bis zu 35 Prozent bei der Verarbeitung.

Die Effizienzgewinne sollten den Anwendern – den Herstellern von WKA – zugutekommen und durch die Reduktion der Anzahl an Deckschichten und die Verkürzung der Trocknungszeiten erreicht werden. Die Hersteller der WKA sollten von weiteren Vorteilen des lösungsmittelfreien Beschichtungssystems profitieren: Dieses würde ihnen erlauben, aufgrund fehlender Präparatreste auf entsprechende Sicherheitsvorkehrungen und Arbeitsschutzmaßnahmen, Lüftungssysteme und Gefahrstoffentsorgungsmaßnahmen zu verzichten.

Der Plan

Konkret war geplant, ein lösungsmittelfreies Polyurethan-Beschichtungssystem basierend auf drei Schichten zu entwickeln (Primer bzw. Grundierung, Spachtel- und Deckbeschichtung). Allerdings beinhaltete das Projekt ein Risiko: Es war ungewiss, wie sich die Beschichtungssystembestandteile mit unterschiedlicher Viskosität und Oberflächenspannung bei der Verarbeitung verhalten würden.

Ein erfolgreiches FuE-Projekt mit einem entsprechenden Ergebnis würde aufgrund der verbesserten Widerstandsfähigkeit der Beschichtung den internationalen Stand der Technik neu festlegen und einen Wettbewerbsvorteil gegenüber internationalen Wettbewerbern schaffen. Nach Abschluss des Projektes sollte das Beschichtungssystem weiterentwickelt werden, um es für weitere Anwendungen zum Beispiel im Stahl- und Betonbau verfügbar zu machen.

Die Förderung

Während der Wirtschafts- und Finanzkrise entschied sich unser Unternehmen, die Innovationskraft weiter auszubauen. In unseren Augen ist Innovation ein zentraler Faktor für das zukünftige Wachstum und trägt maßgeblich zum weiteren Unternehmenserfolg bei. Weiterhin sicherte sich unser Unternehmen dadurch einen zukünftigen Wettbewerbsvorteil. Das Personal im Bereich FuE wurde in dem Zeitraum von acht auf zehn Mitarbeiter aufgestockt. Aufgrund der unsicheren zukünftigen Entwicklung entschied sich das Unternehmen, eine Förderung aus dem Zentralen Innovationsprogramm Mittelstand zu beantragen, dessen Volumen vorübergehend durch Mittel aus dem Konjunkturpaket II erheblich aufgestockt worden war. Der Antrag war erfolgreich: Von Oktober 2009 bis Juni 2010 wurde die „Industrielle Erforschung eines innovativen und umweltfreundlichen Beschichtungssystems für Groß-Windanlagen mit anschließender großtechnischer Entwicklung unter Betrachtung von Aspekten der Umweltverträglichkeit und Wirtschaftlichkeit" als ZIM-SOLO-Projekt gefördert. Unser Unternehmen konnte das Projekt in der Laufzeit erfolgreich abschließen.

Die Ergebnisse

Novatic entwickelte ein Beschichtungssystem aus vier statt – wie ursprünglich vorgesehen – aus drei Komponenten:

- einer Grundierung, die direkt auf die GFK-Oberfläche aufgetragen wird und die Haftung des Beschichtungssystems auf dem Material erhöht;

- einer Grobspachtelmasse zum Ausgleich von Unebenheiten der GFK-Oberfläche;

- einer Feinspachtelmasse, die letzte Poren verschließt;

- einem Decklack, der zum Teil in zwei Schichten aufgetragen wird, um Abrasionsprozessen vorzubeugen.

Sämtliche Komponenten wurden im Haus entwickelt. Die Rezepturen zählen zum im Projekt entwickelten Betriebs-Know-how.

Je nach Größe des Rotorblattes werden 50 bis 300 kg Beschichtungsmasse aufgetragen. Diese Aufgabe liegt wie zuvor bei den Herstellern der Rotorblätter, die mit ihren herkömmlichen Geräten die einzelnen Komponenten nacheinander auftragen. Die zur Beschichtung benötigte Bearbeitungszeit konnte durch das neu entwickelte System von rund drei Tagen bei dem siebenschichtigen System auf weniger als 24 Stunden reduziert werden.

Als problematisch erwies sich zunächst die Applikationsmethodik. Beim Auftragen der Spachtelmasse entstanden Luftblasen, die entweder an der Oberfläche zu Poren führten oder beim Schliff freigelegt wurden und durch den später aufgebrachten Feinspachtel nicht geschlossen werden konnten. Novatic entwickelte aber umgehend eine Lösung – die Spachtelmasse musste mit einer speziellen Maschine im Vakuumverfahren aufgebracht werden.

Das Beschichtungssystem hat eine Lebensdauer von 20 bis 25 Jahren. Damit wird diejenige des herkömmlichen Systems übertroffen. Das System wurde erfolgreich mehreren Tests unterzogen: Haftungstests (zur Haftung auf der GFK-Oberfläche), Abrasionstests (zur Klärung des Materialverlusts), UV-Stabilitätstests (Einfluss der UV-Strahlung auf die Zersetzung des Materials) sowie Klimawechseltests (zur Prüfung der Elastizität bei hohen Schwankungen von Temperatur und Luftfeuchtigkeit).

Was das neue Beschichtungssystem bewirkte

Das geförderte FuE-Projekt hat erhebliche positive Auswirkungen auf weitere FuE-Aktivitäten im Unternehmen: Das Beschichtungssystem wird stetig für den Bereich WKA weiterentwickelt und dient als Motor für Produktentwicklungen in anderen Geschäftssegmenten. So wird beispielsweise geprüft, ob mit einem weiterentwickelten Beschichtungssystem eine Zulassung für Lebensmitteltransportbehältnisse erreicht werden kann, da es keine Stoffe ausscheidet. Auch Rohrbeschichtungen für verschiedene Nutzungen (Durchleitung von Gasen und Flüssigkeiten) könnten mit einer Anpassung des Projektergebnisses hergestellt werden, allerdings ist hier der höhere Preis im Vergleich zu lösemittelhaltigen Beschichtungen zu beachten. Zudem kommt das entwickelte Know-how auch dem Geschäftssegment Korrosionsschutz zugute, weil Erfahrungen zur Haftung von lösemittelfreien Lacken auf verschiedenen Untergründen gemacht wurden. Während der Projektlaufzeit konnten so Arbeitsplätze im Bereich FuE gesichert und neu geschaffen werden. Seit Ende des Projektes sind als Folge des Ergebnisses weitere Arbeitsplätze sowohl im Bereich FuE als auch in nachgelagerten Unternehmensbereichen entstanden.

Der Markt

Das FuE-Projekt wäre bei einer pessimistischen Einschätzung der Marktentwicklung nicht durchgeführt worden. Die Windenergiebranche war jedoch 2009 weiterhin im Wachsen. Zudem war von sich verschärfenden EU-Regularien für den Einsatz von Lösungsmitteln in Beschichtungssystemen auszugehen. Bereits 2001 und 2004 war die EU-VOC-Verordnung (VOC: volatile organic compounds = flüchtige organische Substanzen) in deutsches Recht überführt worden, um Emissionen von Lösemitteln zu verringern, da diese zur Bildung des Ozonlochs beitragen. Es wurden nationale Emissionshöchstmengen festgelegt und der Gehalt von Lösemitteln in einigen Produktbereichen begrenzt sowie ein Wechsel von lösemittelbasierenden Farben und Lacken hin zu wasserbasierenden Farben und Lacken unterstützt. 2015 sollen die Richtlinien weiter verschärft werden. So liegen wir mit der Umstellung auf lösemittelfreie Lacke und Beschichtungssysteme im Trend und können auf Kunden zählen, denen beispielsweise die Investitionen zur Absaugung und Verbrennung von Lösemitteln zu hoch sind. Mittlerweile verwenden mehrere Kunden unser Beschichtungssystem. Das Potential eines solchen Systems ist, insbesondere weltweit gesehen, weiterhin sehr groß.

Die Zukunft

Da die Nachfrage für WKA im Ausland wächst – in Deutschland erleben wir gegenwärtig eine Konsolidierung –, gilt es, die logistischen Herausforderungen in diesem Zusammenhang zu meistern. Vorteilhaft ist, dass das Unternehmen mittlerweile auch mehrere Standorte im Ausland hat. Aufgrund der Qualitätsanforderungen ist hier sicherlich in den nächsten Jahren ein Know-how-Transfer in die Nachfrageländer nötig, da nur vor Ort der Überseebedarf ökonomisch herzustellen ist. Die technologischen Fertigungsbedingungen in den Werken sind hier ausschlaggebend neben den Prüfanforderungen für die zu entwickelnden beziehungsweise einzusetzenden Beschichtungsstoffe.

Abschließend ist festzustellen, dass es Unternehmen mit der Bereitschaft zur Innovation und den damit verbundenen Entwicklungsrisiken gelingen kann, Zukunftsmärkte zu erschließen. Es werden jedoch nur die Unternehmen, die langfristig bereit sind, ihre bestehenden Produkte an die steigenden Marktanforderungen anzupassen, in ihrem spezifischen Marktsegment bestehen können. Diesen zukünftigen Herausforderungen wird sich auch unser Unternehmen stellen.

Ein Unternehmen wächst mit dem Fokus auf Energieeffizienz

Ulrich Lang

Die Warema Renkhoff SE[1] ist heute europäischer Marktführer und einziger Komplettanbieter im Bereich des hochwertigen technischen Sonnenschutzes. Das Unternehmen wurde 1955 von Hans-Wilhelm Renkhoff und Karl-Friedrich Wagner gegründet. Die Firmengeschichte begann mit der Produktion von Leichtmetalljalousien. Seither wurde das Produktprogramm ständig erweitert und die Mitarbeiterzahl gesteigert. Heute beschäftigt das Familienunternehmen in zweiter Generation über 3.400 Mitarbeiter. Das Unternehmen sieht seine Kernaufgabe im Sonnenlicht-Management und unterstreicht dies immer wieder mit neuen zukunftsträchtigen und intelligenten Lösungen. Diese tragen wesentlich zur Verbesserung der Energiebilanz von Gebäuden, dem Werterhalt der Immobilie und der Lebensqualität der Menschen bei. Als qualitätsbewusster Hersteller investiert Warema permanent in Forschung und Entwicklung und verfügt über eine flexible Dienstleistungsstruktur.

Energieeffizienz ist das Schlagwort für moderne Gebäude

Unter energieeffizienten Gebäuden versteht man nicht nur solche, die möglichst wenig Energie für die Nutzung verbrauchen. Es geht künftig vielmehr darum, mit minimalem Energieeinsatz maximalen Komfort und Behaglichkeit für die Gebäudenutzer zu bieten. Diese Forderung zu erfüllen und gleichzeitig eine ansprechende Architektur zu verwirklichen wird zukünftig die größte Herausforderung für Architekten und Planer sein. Ob ein Gebäude funktioniert, energieeffizient und behaglich ist und von den Nutzern akzeptiert wird, wird insbesondere durch die Konstruktion der Fassade bestimmt. Erst das perfekte Zusammenspiel der einzelnen Gewerke macht diese zur klimaaktiven Fassade. Dies erfordert eine integrale Planung. Bei der inzwischen hohen Komplexität der Produkte und immer schärferen Normen und Gesetzen, die es zu beachten gilt, keine leichte Aufgabe. Als Komplettanbieter für innen- und außenliegende Sonnenschutztechnik haben wir mit unseren Lösungen einen entscheidenden Bei-

Abbildung 1: Im Kompetenzzentrum von Warema können die Auswirkungen des Einsatzes intelligenter Sonnenschutzsysteme auf die Energieeffizienz und die Behaglichkeit für die Nutzer direkt nachvollzogen werden (Quelle: Warema, 14841).

trag zur Planung und Gestaltung von Fassaden zu leisten, die höchsten Anforderungen an Energieeffizienz gerecht werden müssen. Das Unternehmen begegnet den hohen Anforderungen mit permanenten Investitionen in Forschung und Entwicklung und leistet in der gesamten Branche wichtige Aufklärungsarbeit. Rückblickend kann man sagen, dass das Unternehmen sich so vom „Sonnenschützer" zum „Sonnenlicht-Manager" entwickelt hat. Denn gerade die Sonne spielt bei der Energieversorgung der Zukunft und der angestrebten Energiewende eine entscheidende Rolle. Die Lösungen des Unternehmens zielen deshalb längst nicht mehr nur auf den Schutz vor Blendung oder Überhitzung der Räume, sondern setzen gezielt auf eine passive und aktive Nutzung des Sonnenlichtes – beispielsweise zum Beleuchten und Beheizen von Gebäuden.

Intelligente Sonnenschutzlösungen bieten enormes Potential

Je flexibler Gebäudehüllen in Abhängigkeit von Tages- und Jahreszeit sowie Wetter und Klima reagieren, desto weniger Energie wird benötigt, um behagliche Bedingungen für die Nutzer zu erreichen. Ganz ähnlich wie die menschliche Haut, die als Barriere zwischen Außenwelt und Organismus dient und über vielfältige Anpassungsmechanismen verfügt, fungiert die Fassade als Schutzhülle, deren wichtigste Aufgabe es ist, die klimatischen und baukonstruktiven Bedingungen in Einklang zu bringen. Gerade die Kombination der verschiedensten Gewerke und Funktionalitäten mit einem einstellbaren Sonnenschutzsystem birgt enorme Potentiale in Sachen Behaglichkeit und Energieeffizienz. Tatsache ist jedoch, dass diese wichtige Rolle des technischen Sonnenschutzes heute häufig noch unterschätzt wird. Doch Sonnenschutz spendet nicht nur Schatten. Richtig und auf die jeweiligen Anforderungen hin geplante und intelligent gesteuerte Lösungen sorgen für thermische und visuelle Behaglichkeit, sparen Kühlenergie, Heizenergie und – last, but not least – Energie für die künstliche Beleuchtung.

Studien belegen schon heute hohes Einsparpotential

Dass dem so ist, wurde in vielen Studien bereits wissenschaftlich bewiesen. Die European Solar Shading Organization (ES-SO) hat im Jahre 2006 eine Studie in Auftrag gegeben, bei der das Energieeinsparpotential durch den Einsatz technischen Sonnenschutzes in Europa ermittelt wurde. Das Ergebnis konnte sich sehen lassen: Wären alle Gebäude in Europa mit Sonnenschutzsystemen ausgerüstet, könnte der Energieverbrauch für die Gebäudenutzung so stark reduziert werden, dass der CO_2-Ausstoß um 111 Millionen Tonnen pro Jahr verringert werden würde. Diese Studie berücksichtigte dabei aber lediglich das Einsparpotential für die Kühlung und Heizung von Gebäuden. Die bestmögliche und intelligente Tageslichtnutzung blieb hier noch unbeachtet. Doch bereits diese Werte lassen einen interessanten Vergleich zu. Nach Angaben der European Wind Energy Association (EWEA) betrug das Einsparpotential an CO_2 durch alle Windkraftanlagen in Europa im Jahr 2011 insgesamt 140 Millionen Tonnen CO_2. Rechnen wir nun noch das Potential bei der Reduzierung der Kosten für künstliches Licht hinzu – wir werden weiter unten noch genauere Werte nennen –, lässt sich folgende (provokante) These aufstellen: Würde jedes Gebäude mit einer bestmöglichen Sonnenschutzlösung ausgestattet werden, könnte man praktisch auf alle Windkraftanlagen verzichten. Durch Photovoltaikanlagen wurden in Europa im Jahr 2011 übrigens lediglich 39 Millionen Tonnen CO_2 vermieden.[2]

Abbildung 2: Gemäß einer Studie der ES-SO könnte durch technischen Sonnenschutz in Europa fast genauso viel CO_2 eingespart werden wie durch Windkraftanlagen (Quelle: Warema, 38368).

Der Industrievereinigung Rollladen – Sonnenschutz – Automation (IVRSA) wollte es dann doch genauer wissen und beauftragte das Fraunhofer-Institut für Solare Energiesysteme (ISE) mit einer Untersuchung. Mit Gebäudesimulationsprogrammen wurde der Energieverbrauch in einem typischen Büroraum untersucht. Einmal mit einer „schlechten" Sonnenschutzlösung in Form eines Sonnenschutzglases und einem im Innenraum montierten Blendschutz-Rollo. Die „gute" Sonnenschutzlösung im Vergleich dazu bestand aus einem außen montierten Lamellen-Raffstore und einem innen montierten Blendschutz-Rollo in Verbindung mit einer intelligenten Steuerung. Das Ergebnis überraschte sogar die Optimisten: Gegenüber der Variante mit Sonnenschutzglas und Rollo lag bei dem Sonnenschutzsystem bestehend aus Außensonnenschutz, Blendschutz und Steuerung der Primärenergieverbrauch für Heizung, Kühlung und Beleuchtung um rund 40 Prozent niedriger. In einer zweiten Untersuchung wurden die Auswirkungen der unterschiedlichen Sonnenschutzlösungen auf die Raumtemperaturen in einem Wohngebäude simuliert. Das Ergebnis: Die Variante mit Sonnenschutzglas weist – bei einer durchschnittlichen Außentemperatur von 30 Grad Celsius – eine um fünf Grad höhere Raumtemperatur auf.

Technisch hochentwickelte und energieeffiziente Lösungen setzen also gezielt auf die Nutzung der Sonnenenergie. Diese schickt täglich 15.000-mal so viel Energie auf die Erde, wie alle Menschen an einem Tag verbrauchen. Doch nur etwa 0,15 Prozent dieser kostenfreien Energie wird bisher genutzt, um unseren Energiebedarf zu decken. Wir haben also gar kein Energieproblem, sondern sind einfach nur noch nicht in der Lage, die Energie der Sonne ausreichend zu nutzen – und zu speichern. Keine neue, aber eine wichtige Erkenntnis für unser Unternehmen, die sich maßgeblich auf die Entwicklung neuer Produkte und Lösungen auswirkt. Neben dem Schutz vor den negativen Auswirkungen der Sonnenhitze sollen gerade die positiven Aspekte des Sonnenlichtes gezielt genutzt werden. Die Experten pflegen engen Kontakt zu Architekten und Fachplanern, Branchenverbänden, Instituten und Zukunftsforschern. Schon heute wird prophezeit, dass Fassaden und Dächer von Gebäuden die Kraftwerke der Zukunft sein werden. Für uns liegt deshalb auch der Gedanke nahe, nicht benötigte Sonnenenergie gerade auch über den Sonnenschutz in elektrische Energie umzuwandeln. Hierzu wird bereits heute umfangreich geforscht. Aktuell beteiligt sich das Unternehmen auch an dem Forschungsvorhaben „Ressourceneffiziente Gebäude" (kurz: REG), das vom Bundeswirtschaftsministerium gefördert wird. In Zusammenarbeit mit der Firma Züblin konstruierte man drei Prototypen neuartiger Sonnenschutzsysteme, die nicht nur Schatten spenden und das Tageslicht lenken, sondern auch elektrische Energie erzeugen können. Gerade im Vergleich zu herkömmlichen, starren Photovoltaiksystemen lässt sich der Wirkungsgrad dieser Anlagen, bei denen die Sonnenschutzlamellen automatisch dem Sonnenstand nachgeführt werden, deutlich erhöhen. Die Prototypen werden gerade in einer einjährigen Monitoring-Phase auf ihre Effektivität unter realen Bedingungen getestet. Ebenfalls für wichtig hält das Unternehmen die Zusammenarbeit mit verschiedenen Forschungsinstituten, wie beispielsweise den Fraunhofer-Instituten für Bauphysik in Stuttgart und für Solare Energiesysteme in Freiburg oder dem Bayerischen Zentrum für Angewandte Energieforschung in Würzburg. Hier wird eine wissenschaftliche Betrachtung der Sonnenschutztechnik und der Tageslichtnutzung in den Mittelpunkt des Wirkens gestellt. Dies führte nicht zuletzt dazu, dass sich das Unternehmen weg vom großen „Handwerksbetrieb" hin zum kompetenten Industrieunternehmen entwickelt hat und sich als den führenden Sonnenlicht-Manager und Innovationstreiber innerhalb der Branche betrachten kann.

Abbildung 3: Warema beteiligt sich am Forschungsvorhaben „Ressourceneffiziente Gebäude" mit Prototypen beweglicher Sonnenschutzsysteme, die elektrische Energie erzeugen (Quelle: Warema, Illustration).

Höchste Potentiale bei der Reduzierung von Kühlenergie

Das wohl höchste Energieeinsparpotential durch den Einsatz intelligenter Sonnenschutzsysteme liegt heute noch in der Gebäudekühlung. Wird ein außenliegender Sonnenschutz vorgesehen, kann der Energieverbrauch für die Klimaanlage bei Gebäuden mit Ganzglasfassaden um bis zu 90 Prozent reduziert werden. Dies setzt natürlich den Einsatz einer Klimaanlage im Gebäude voraus, die gerade in Wohngebäuden häufig nicht vorhanden ist. Der Grund jedoch, weshalb Gebäude auch ohne Klimaanlage auskommen können, liegt wiederum auf der Hand: Sie sind mit einem außenliegenden Sonnenschutz ausgerüstet. Wäre dies nicht der Fall, wäre ein komfortables Leben und Arbeiten wegen der hohen Temperaturen in diesen Gebäuden erst gar nicht möglich. Für den Bauherren oder Investor bedeutet dies, dass er mit einer „guten" Sonnenschutzlösung doppelt spart: zum einen die Energiekosten für die Klimatisierung des Gebäudes, zum anderen in vielen Fällen auch die Investitionskosten der Klimaanlage.

Abbildung 4: Mit außen montierten Sonnenschutzsystemen lässt sich der Kühlenergiebedarf in Gebäuden um bis zu 90 Prozent reduzieren (Quelle: Warema, 13167).

Luftpolster und Sonnenenergie senken die Heizkosten

Vor allem bei außenliegenden Rollladen bildet sich ein Luftpolster zwischen dem Fenster und dem geschlossenen Behang, so dass eine deutliche Verbesserung der Wärmedämmung erreicht wird.[3] Bei Altbaufenstern ist eine Energieeinsparung von bis zu 44 Prozent möglich. Und auch bei modernen Wärmeschutzverglasungen lassen sich in Kombination mit einem Rollladen noch etwa 8 Prozent der Energiekosten einsparen.

Einen zweiten wesentlichen Aspekt beim Faktor Wärmegewinnung spielt die Nutzung der solaren Energie. Gerade im Winter und bei tiefstehender Sonne tritt eine Blendung im Innenraum auf. Diese wird oft durch das Abfahren des außenliegenden Sonnenschutzes abgestellt. Dadurch wird aber auch verhindert, dass das Gebäude durch die kostenlose Energie der Sonne aufgeheizt wird. Ein innenliegendes dunkles Rollo stellt die störende Blendung ebenfalls ab, absorbiert aber zusätzlich auch die kurzwellige Sonnenstrahlung. Die dabei entstehende Wärme wird über Strahlung und Konvektion in den Raum abgegeben. Ein innenliegendes Rollo wird so zu einer effektiven Wandheizung, die für Behaglichkeit sorgt.

Abbildung 5: Mit Rollläden lässt sich der Energieverbrauch für die Beheizung um bis zu 44 Prozent reduzieren (Quelle: Warema, 16931).

Reduzierung des Energiebedarfs für die künstliche Beleuchtung

Intelligente Sonnenschutzsysteme schützen nicht nur vor Blendung und Überhitzung der Räume, sondern können auch das Tageslicht optimal steuern. Auch ein normaler Lamellen-Raffstore wird zum Tageslichtlenksystem, wenn man bei der Planung zwei Punkte beachtet. Zum einen sollte die Wahl auf eine möglichst helle Lamellenfarbe fallen, um einen hohen Reflexionsgrad zu erhalten. Denn je höher der Reflexionsgrad ist, desto mehr Tageslicht kann in den Raum gelenkt werden. Zum anderen sollten die Lamellen nie ganz geschlossen werden. Bewährt hat sich der „Cut-off"-Winkel. Das bedeutet, dass die Lamellen nur so weit geschlossen werden, dass kein direktes Sonnenlicht einfallen kann. Da dieser Winkel immer von der aktuellen Sonnenposition abhängig ist, ist hier der Einsatz einer intelligenten Steuerung gefragt. Untersuchungen haben gezeigt, dass bei einem dem Sonnenstand nachgeführten Raffstorebehang der Tageslichteintrag in das Gebäude um mehr als das Dreifache gegenüber einem nicht nachgeführten Raffstore gesteigert werden kann.

Abbildung 6: Mit intelligent gesteuerten Lichtlenk-Jalousien kann der Energieverbrauch für die künstliche Beleuchtung um bis zu 30 Prozent reduziert werden (Quelle: Warema, 11116).

Optimale Sonnenschutzsysteme als Voraussetzung energieeffizienter Gebäude

Die Planung optimaler Sonnenschutzsysteme ist nicht einfach und hängt von zahlreichen Faktoren ab. Doch je klimaaktiver Fassaden durch den Einsatz solcher intelligenten Systeme agieren können, desto höher sind nicht nur die Energieeinsparpotentiale – sondern auch der Komfort und die Behaglichkeit für die Gebäudenutzer. Im Vergleich zur Planung einer Heizanlage, deren Aufgabe es ist, das Gebäude im Bedarfsfall warmzuhalten, sind die Aufgaben des Sonnenschutzsystems wesentlich vielfältiger, komplexer und vor allem in Abhängigkeit von Tages- und Jahreszeit zu betrachten. Oft gilt es auch, teilweise konträre Anforderungen zu berücksichtigen. Dies kann nur ein System leisten, das aus mindestens drei Komponenten besteht: einem außenliegenden Hitzeschutz, einem innenliegenden Blendschutz und einer intelligenten Steuerung. Im Zusammenhang mit der gewerkeübergreifenden Planung können so die besten Ergebnisse hinsichtlich einer hohen Behaglichkeit für die Nutzer bei gleichzeitig niedrigem Energieverbrauch erreicht werden. Das Zusammenspiel von Kunstlicht, Heizung, Klima und Lüftung mit einem optimalen Sonnenschutzsystem muss deshalb bereits im frühen Planungsstadium berücksichtigt werden. Ein Aspekt, der von uns intensiv propagiert wird. Objektberater und Bauphysiker des Unternehmens beschäftigen sich seit geraumer Zeit intensiv mit diesen angrenzenden Gewerken und deren sinnvollem Zusammenspiel im Rahmen der Raum- und Gebäudeautomation.

Der Faktor Mensch spielt dabei eine große Rolle. Dies zeigt sich auch im Ansatz des von uns entwickelten Steuerungskonzeptes „OptiControl". Der Nutzer selbst regelt hier keine einzelnen Gewerke mehr, sondern er teilt der Steuerung lediglich seine Bedürfnisse mit – also beispielsweise den Wunsch nach mehr Helligkeit oder Wärme im Raum. Wie diese Bedürfnisse im Sinne einer höchstmöglichen Energieeffizienz erfüllt werden, entscheidet das komplexe System dann eigenständig. So wird beim Wunsch nach mehr Helligkeit künftig zunächst der Tageslichteinfall optimiert werden, anstatt auf den Einsatz von Kunstlicht zurückzugreifen. Mit diesem Bedienkonzept orientiert sich das Unternehmen bewusst am Wachstumsmarkt der energieeffizienten Raum- und Gebäudeautomation und präsentiert Schlüsseltechnologien, die weit über das Steuern und Regeln des Sonnenschutzes hinausgehen. Mit den Systemen aus Sonnenschutzprodukten und intelligenter Steuerungstechnik wird das größte Energieventil an der Fassade geregelt – in Kombination mit den weiteren Gewerken verbergen sich hier weitere große Potentiale in Sachen Energieeffizienz und Behaglichkeit. Für diesen integralen Ansatz bietet das Unternehmen schon im frühen Planungsstadium umfangreiche Unterstützung an.

Die erfolgreiche Unternehmensentwicklung erfordert nicht nur permanente Investitionen in den Bereich Forschung und Entwicklung, sondern auch Mut, Ausdauer und eine große Marktnähe. Unser Unternehmen sucht und pflegt aktiv den Dialog mit Fachpartnern, Architekten und Planern und engagiert sich in zahlreichen Branchenverbänden. Wer sich engagiert und gut vernetzt, hat stets bessere Voraussetzungen, erfolgreich zu sein – auch in Bezug auf Energieeffizienz.

Endnoten

1 Unter dem Dach der Warema Renkhoff SE sind vier Unternehmen vereint: die Warema International GmbH, die Warema Sonnenschutztechnik GmbH, die Warema Kunststofftechnik und Maschinenbau GmbH und die Wings Professional Project GmbH.

2 Interview der SVP Deutschland AG mit der European Photovoltaic Industry Association (EPIA) im Rahmen einer von Warema beauftragten Untersuchung mit der Fragestellung: „Um wie viele Tonnen kann der CO_2-Ausstoß durch Windkraft und Photovoltaikanlagen in Europa pro Jahr reduziert werden?"

3 Studie zum Thema Energieeinsparung durch automatische Rollladen- und Sonnenschutzsysteme des Ingenieurbüro Prof. Dr. Hauser GmbH im Auftrag des Industrieverbandes Technische Textilien – Rollladen – Sonnenschutz e. V. (www.itrs-ev.com).

Fazit – Mit Ressourceneffizienz Zukunftsmärkte erschließen

Heiner Depner und Tim Vollborth

Zwischen 2001 und 2011 nahm der Primärenergieverbrauch um rund 30 Prozent zu. Die Fördermengen für mineralische Rohstoffe schnellten ebenfalls nach oben. Auch wenn viele Rohstoffe noch in ausreichender Menge global verfügbar sind – Kapazitätsengpässe, politisch motivierte Angebotsrestriktionen oder Spekulationen beeinträchtigen die Versorgungssicherheit und können dazu führen, dass die aufgrund der Wachstumsprozesse von Schwellenländern ohnehin stark gestiegenen Rohstoffpreise weiter explodieren und Unternehmen sowie Volkswirtschaften hohe Preissteigerungen in Kauf nehmen müssen, so Torsten Henzelmann im einleitenden Beitrag des Kapitels. Dieser macht deutlich, dass davon rohstoffarme und hochindustrialisierte Länder wie Deutschland, das beispielsweise eine Energie-Importabhängigkeit von etwa 60 Prozent aufweist, besonders betroffen sind.

Gleichzeitig zeigt Torsten Henzelmann aber auch, dass Unternehmen in Deutschland dabei sind, aus der Not eine Tugend zu machen, und die Ressourceneffizienz zum Wohle der Umwelt steigern: Unternehmen der Umweltindustrie, die Lösungen zur Vermeidung, Verminderung oder Beseitigung von Umweltbelastungen anbieten, entlasten die Kostenseite durch eine Reduzierung des Ressourcenverbrauchs und tragen gleichzeitig durch eine Senkung des Emissionsausstoßes zu einer Verbesserung der Umweltsituation bei.

Die deutsche Umweltwirtschaft wird vor allem durch kleine und mittlere Unternehmen geprägt. Deutschlands Unternehmen und damit viele Mittelständler haben sich auf dem stark wachsenden Markt für Umweltschutzgüter – Roland Berger Strategy Consultants gehen von einer durchschnittlichen Wachstumsrate von 5,6 Prozent pro Jahr bis 2025 aus – eine hervorragende Position und 2011 einen weltweiten Marktanteil von circa 15 Prozent erarbeitet. Dazu beigetragen hat nicht zuletzt die Vorreiterrolle, die Deutschland bei der Transformation des Energiesystems eingenommen hat. Aber auch der traditionell hohe Sensibilisierungsgrad beim sparsamen Umgang mit Rohstoffen am rohstoffarmen Standort zeichnet Unternehmen aus Deutschland aus.

Weiter haben sie den Vorteil, dass das produzierende Gewerbe in Deutschland nach wie vor einen relativ großen Anteil an der Wertschöpfung hat und so zum Beispiel einen großen Heimatmarkt für Effizienztechnologien in der Industrieproduktion bietet. Umgekehrt fördert die Industrieproduktion am heimischen Standort ressourceneffiziente Produkt- und Verfahrensinnovationen. So genießt das Know-how deutscher Unternehmen der Umwelttechnologien in anderen hochindustrialisierten Ländern und in Schwellenländern einen exzellenten Ruf.

Henzelmann empfiehlt deutschen Anbietern, auf die Strategie der Qualitäts- und Technologieführerschaft zu setzen, um ihre Stellung zu behalten und ihre Stärken weiter auszuspielen. Demzufolge sollten sie Aktivitäten im Bereich Forschung und Entwicklung einen hohen Stellenwert einräumen. Den branchenprägenden KMU schlägt er vor, Kooperationen mit anderen Unternehmen oder Forschungseinrichtungen zu nutzen, um die größenbedingten Nachteile im Innovationsprozess zu überwinden.

Einige der Unternehmen, die in diesem Kapitel Innovationen vorstellen, haben aufgezeigt, wie das erfolgreich gehen kann. Die Unternehmen wurden ausgewählt, da sie beispielhaft in den Leitmärkten der Umweltindustrie neue Lösungen entwickelt und sich in dem Wachstumsmarkt gute Marktpositionen geschaffen haben:

- Die KMU des Netzwerkes Fluss-Strom, die mobile Flusswasserkraftwerke entwickeln, sind ein Paradebeispiel dafür, wie sich kleine Unternehmen durch eine Kooperation Synergiepotentiale und eine gute Ausgangsposition im Leitmarkt Umweltfreundliche Energien und Energiespeicherung erschließen können.

- Das Unternehmen Storimpex, ein Vorreiter im Leitmarkt Kreislaufwirtschaft, hat ein Verfahren entwickelt, nahezu den gesamten Asphalt bei der Erneuerung von Straßen wiederzuverwenden.

- Tecnaro und die Dresdner Lackfabrik Novatic sind zwei sehr innovative Unternehmen, die im Leitmarkt Rohstoff- und Materialeffizienz aktiv sind, bei dem es um die Verbesserung der Effizienz beim Einsatz nichtenergetischer Rohstoffe geht. Während es Tecnaro gelungen ist, einen Werkstoff auf Basis nachwachsender Rohstoffe zu entwickeln, der Kunststoffe ersetzen kann, hat es die Dresdner Lackfabrik mit der Entwicklung eines lösemittelfreien Beschichtungssystems für Rotorblätter von Windkraftanlagen geschafft, nicht nur die Materialeffizienz wesentlich zu verbessern, sondern auch die Verarbeitungszeit zu reduzieren.

- Warema, ein führendes Unternehmen des Segments energieeffiziente Gebäude des Leitmarktes Energieeffizienz, beweist mit seinen Produkten eindrucksvoll, dass ein enormes Energieeinsparpotential genutzt werden kann, wenn die Gebäudetechnik intelligent gestaltet wird. Wie gut es gelang, mit dem Fokus auf Energieeinsparung permanent neue Lösungen für den wachsenden Markt zu entwickeln und zu platzieren, verdeutlicht auch die Unternehmensentwicklung des großen Mittelständlers Warema zu einem in Europa führenden Komplettanbieter intelligenter Sonnenschutztechnik.

Sieht man von Tecnaro ab, einem aus einer Forschungseinrichtung mit dem Zweck ausgegründeten Unternehmen, Forschungsergebnisse zu verwerten, ist den anderen Unternehmen gemeinsam, dass sie durch die Innovationsaktivitäten ihre technologischen Kompetenzen sowie ihre Geschäftsbasis wesentlich erweitern konnten. Die Kooperationspartner des Netzwerks Fluss-Strom, zum Teil etablierte KMU aus der Metallverarbeitung oder dem Maschinenbau, konnten sich durch die gemeinsamen Entwicklungsaktivitäten ein neues Standbein schaffen. Interessant an dem Beispiel sind auch zwei weitere Punkte: (1) Bei der Entwicklung der Flusswasserkraftwerke wird eine alte Tradition weitergeführt, die davon profitiert, dass mit neuen Technologien beispielsweise Wirkungsgrad oder Mobilität der Anlagen stark verbessert werden konnten. (2) Die beteiligten Unternehmen gleichen mit der Kooperation nicht nur größenbedingte Nachteile bei FuE-Aktivitäten aus, sondern können gemeinsam Kunden einen modular aufgebauten Baukasten anbieten, der es erlaubt, relativ schnell kundenindividuelle oder standortspezifische Lösungen zu realisieren.

Erfolgreiche Forschungs- und Entwicklungsaktivitäten sind für Innovationen natürlich notwendig, allerdings für einen Erfolg am Markt noch nicht ausreichend. Es gibt zahlreiche bekannte und weniger bekannte Beispiele schöner Entwicklungserfolge, die allerdings aus verschiedenen Gründen nicht zum Markterfolg wurden. Dies kann beispielsweise daran liegen, dass den Unternehmen bei der Markteinführung nicht ausreichend Kapital zur Verfügung steht oder die Kunden das Produkt nicht akzeptieren. Insbesondere am Beispiel Tecnaro wird deutlich, dass oft ein gehöriges Maß an Überzeugung und Hartnäckigkeit nötig ist, um die Herausforderungen bei Markteinstieg und -durchdringung zu bewältigen. Die Geschäftsführung von Tecnaro musste knapp 15 Jahre für die Akzeptanz ihrer „grünen Produkte" am Markt kämpfen. Dabei waren Durchhaltevermögen, die Bereitschaft, unternehmerische Risiken einzugehen, und eine Portion Leidenschaft notwendig, um die Produkte erfolgreich im Markt zu platzieren. Neue Produkte wie der „Grüne Asphalt" von Storimpex sind auch darauf angewiesen, dass sie bei öffentlichen Auftraggebern bekannt werden und diese Ausschreibungen entsprechend gestalten. Natürlich trifft dies nicht auf Gegenliebe bei Anbietern von traditionellen Produkten und Verfahren, die damit in Gefahr geraten, Marktanteile zu verlieren.

Bei Storimpex und Tecnaro standen übrigens Überlegungen am Anfang der Innovationsprozesse, die mit der Entsorgung von zum damaligen Zeitpunkt als Abfall behandelten Rohstoffen zu tun hatten: auf der einen Seite der Altasphalt, der bei der Straßeninstandsetzung anfiel, auf der anderen Seite Lignin, das bei der Herstellung von Papier übrig blieb.

Dass nicht nur Rohstoffe, sondern auch Sonnenstrahlen effizienter genutzt werden können, zeigt die Warema Renkhoff SE. Das Unternehmen schützt Gebäude mit intelligenter Technik nicht nur vor den Nachteilen einer hohen Einstrahlung, sondern entwickelt auch Lösungen, um das Sonnenlicht zum Beleuchten oder Beheizen von Gebäuden einzusetzen. Selbstverständlich investiert das Unternehmen als Marktführer in Europa im Bereich des intelligenten technischen Sonnenschutzes permanent in Forschung und Entwicklung, um Technologieführer zu bleiben und weitere Effizienzpotentiale zu erschließen.

Generell zeigt das Beispiel (wie auch die Innovationen von Tecnaro und Storimpex), dass Unternehmen mit der Entwicklung von Lösungen zur Nutzung von Ressourcen, die vorher nicht erschlossen wurden, sich erfolgreich am Markt etablieren können. Die Potentiale hierzu sind auch längst noch nicht ausgeschöpft: So entsteht zum Beispiel bei vielen Prozessen Wärme oder Energie, die bislang noch unverbraucht verpufft. Es ist davon auszugehen, dass in diesem Bereich noch viele Innovationen in den nächsten Jahren entstehen und somit weiter Nischen für KMU existieren.

Umweltfreundliche Lösungen können für Kunden Vorteile bieten, die sich in Kostensenkungen bemerkbar machen, wie das von der Dresdner Lackfabrik Novatic entwickelte lösungsmittelfreie Beschichtungssystem für Rotorblätter von Windkraftanlagen zeigt: Bei dessen Verarbeitung können die Kunden aufgrund fehlender Präparatreste auf entsprechende Sicherheitsvorkehrungen, Arbeitsschutzmaßnahmen, Lüftungssysteme und Gefahrstoffentsorgungsmaßnahmen verzichten. Deren Kostenseite wird weiter entlastet, da das Beschichtungssystem schneller als herkömmliche Produkte aufzutragen ist und länger hält. Die Dresdner Lackfabrik profitierte weiter über sogenannte Komplementäreffekte von der Entwicklung, da das Beschichtungssystem auch für andere Anwendungsfelder angepasst und genutzt wurde. Innovationsaktivitäten verstärken so generell das Know-how von Unternehmen, das dann gewinnbringend für weitere Produkte oder in weiteren Geschäftsfeldern genutzt werden kann.

Hinsichtlich der von Torsten Henzelmann im einleitenden Beitrag an die Unternehmen gerichteten Aufforderung, Aktivitäten im Bereich Forschung und Entwicklung einen hohen Stellenwert einzuräumen, um die Technologieführerschaft auszubauen, ist es für diese wichtig zu wissen, dass sie dabei von mehreren Programmen auf Landes-, Bundes- oder EU-Ebene unterstützt werden können (siehe dazu den Beitrag „Innovationsförderung für Ressourceneffizienz" von Hans-Dieter Belter in Teil II dieses Buches). Besonders KMU können damit das Risiko von FuE und größenbedingte Nachteile minimieren. Das Netzwerk Fluss-Strom wurde beispielsweise durch eine Förderung aus dem ehemaligen Programm Netzwerkmanagement Ost (NEMO) unterstützt, die Dresdner Lackfabrik Novatic durch eine Förderung eines einzelbetrieblichen FuE-Projekts aus dem Zentralen Innovationsprogramm Mittelstand (ZIM). Dieses sieht auch eine Förderung von Kooperationsprojekten zwischen Unternehmen sowie zwischen Unternehmen und Forschungseinrichtungen vor. Deutschland hat nicht nur den Vorteil, eine breite industrielle Basis als Heimatmarkt für Produkte der Umweltindustrie bieten zu können, sondern auch eine ausdifferenzierte Forschungslandschaft in diesem Bereich, die Unternehmen für Kooperationen zur Verfügung steht.

Mit Ressourceneffizienz neue Geschäftsmodelle entwickeln

Einleitung

Im folgenden Kapitel wird die Definition von Ressourceneffizienz, welche diesem Buch vorangestellt ist, leicht ausgeweitet. Es wird nicht mehr lediglich das direkte Verhältnis der in Erzeugnissen enthaltenen zu den für ihre Herstellung eingesetzten Mengen an Rohstoffen betrachtet, sondern vielmehr die effiziente Nutzung von bereits gefertigten Produkten und das Angebot von Dienstleistungen vor dem Hintergrund der Ressourcenschonung. Diese Sichtweise führt zu guter Letzt durch eine bessere Nutzungsauslastung von Gütern und positiven „Nebenwirkungen" neuer Geschäftsmodelle auf einen geringeren Ressourcenverbrauch und intelligentere Herstellungsverfahren zurück.

Zu Beginn des Kapitels bietet der einleitende Fachbeitrag von Prof. Dr. Stephan und Dr. Schneider eine Heranführung und wissenschaftliche Betrachtung zum Thema der Entwicklung nachhaltiger Geschäftsmodelle. Beispiele von Unternehmen verschiedener Größe, die das Thema Ressourceneffizienz als Chance genutzt und neue Geschäftsmodelle implementiert haben, folgen. Sie veranschaulichen praxisnah die verschiedenen Gestaltungsparameter und Möglichkeiten aus dem vorangegangenen Fachbeitrag und zeigen, wie auch andere Unternehmen diese Herausforderung angehen und Chancen nutzen können.

Mit Ressourceneffizienz nachhaltige Geschäftsmodelle entwickeln

Michael Stephan und Martin J. Schneider

Innovative Geschäftsmodelle und Ressourceneffizienz

Zwei Herausforderungen haben in der jüngeren Vergangenheit das strategische Management sowie die Entwicklung von Unternehmen in den westlichen Industrieländern nachhaltig geprägt: zum einen der steigende Innovationsdruck und zum anderen die zunehmende ökologische Orientierung und damit einhergehend der Zwang zur Ressourceneffizienz und zum umweltorientierten Wirtschaften. Gerade diese Kombination von innovationsorientiertem Wachstum und Wettbewerb (,Economic Innovation') einerseits sowie ökologischem Wachstum und Wettbewerb (,Environmental Innovation') andererseits ist ein zentrales Merkmal des nachhaltigen Wirtschaftens in einem marktwirtschaftlichen Rahmen und prägt den Entwicklungspfad zur sogenannten „Green Economy".[1]

In den meisten Branchen hat sich in den vergangenen Jahren der „Innovationswettbewerb" als die dominante Wettbewerbsart für Unternehmen in entwickelten Volkswirtschaften herausgebildet.[2] Wesentliche Konsequenz dieser Entwicklung und Ausdruck des Innovationswettbewerbs sind immer kürzer werdende Produktlebenszyklen am Markt. Unternehmen sind gezwungen, eine wachsende Zahl innovativer Produkte in immer kürzeren Zeitabständen auf den Markt zu bringen. Der Zeitdruck bei der Entwicklung neuer Produkte und/oder Prozesse nimmt demzufolge zu. Parallel zur Erhöhung des Zeitdrucks steigen in vielen Branchen die Kosten für Forschung und Entwicklung (FuE). Aus diesen veränderten Wettbewerbsbedingungen ergeben sich spezifische Anforderungen an das Innovationsverhalten von Unternehmen.

Erstens reichen die bloße Imitation erfolgreicher Marktangebote oder nur inkrementelle (kleine) Verbesserungen eines bestehenden Angebots oftmals nicht aus, um erfolgreich im Wettbewerb zu bestehen. Für den Kunden müssen Leistungs- und/oder Preisvorteile deutlich erkennbar sein. Imitationen führen nur dann zum Erfolg, wenn sie zum Beispiel durch eine überlegene Prozesstechnologie zu spürbar niedrigeren Preisen angeboten werden, oder wenn das Unternehmen einen zusätzlichen Mehrwert, beispielsweise durch zusätzliche Dienstleistungsangebote, generieren kann.[3] Unter Schlagworten wie „Öko-Effizienz", oder „Umweltorientierung und Ressourceneffizienz" hat sich der Prozess der „Greening Economy" zu einer zweiten Herausforderung für Unternehmen entwickelt, die immer mehr Branchen erfasst hat.[4] Die Umweltorientierung und Ressourceneffizienz hat sich global wie auch in Deutschland zu einem zentralen Wachstumstreiber entwickelt: Der Markt für Umwelttechnik und Ressourceneffizienz in Deutschland ist zwischen den Jahren 2007 und 2010 um durchschnittlich 12 Prozent pro Jahr gewachsen und hat 2010 ein Volumen von 282 Milliarden Euro erreicht. Auf dem globalen Markt für Umwelttechnik und Ressourceneffizienz (Volumen 2010: 1.930 Milliarden Euro) erreicht Deutschland damit einen Anteil von 15 Prozent. Die Wachstumsprognosen bis 2025 gehen von einer weiteren Steigerung auf etwa durchschnittlich 15 Prozent per annum aus.[5] Dieser Prozess des „Greenings" bewirkt nicht nur ein Wachstum in den deutschen Leitmärkten für Umwelttechnik und Ressourceneffizienz (Umweltfreundliche Energien und Energiespeicherung, Energieeffizienz, Rohstoff- und Materialeffizienz, Nachhaltige Mobilität, Kreislaufwirtschaft und Nachhaltige Wasserwirtschaft),[6] sondern erfasst auch Unternehmen aus „klassischen" Wirtschaftszweigen des verarbeitenden Gewerbes sowie der Dienstleistungswirtschaft. Der Prozess des „Greenings" in klassischen Wirtschaftszweigen manifestiert sich unter anderem in:

- der Nutzung umweltschonender Ressourcen und Verfahren in der Entwicklung und Produktion von Produkten und Dienstleistungen (z. B. CO_2-Emissionsreduzierung in der Grundstoffchemie, Einsatz energieeffizienter Produktionsverfahren in der Papierherstellung oder Investitionen in verbrauchsärmere Fahrzeugflotten mit Hybridantrieben);

- dem Angebot von umweltfreundlichen und ressourcenschonenden Produkten in angestammten Geschäftsfeldern (z. B. Produktion verbrauchsarmer PKW mit Hybridmotoren oder energieeffiziente Haushaltsgeräte);

- der Diversifikation der Geschäftstätigkeit in Umweltmärkte (Maschinen- und Anlagenbauer erschließen sich Märkte in der regenerativen Energieerzeugung im Geschäft mit On- und Offshore-Windkraftanlagen);

- der Offenlegung und Schaffung von Transparenz zur ökologischen Orientierung von Unternehmen (z. B. durch Ökobilanzierung).[7]

Kurzum, der Prozess des „Greenings" durch verstärkten Fokus auf Umwelttechnologien und Ressourceneffizienz hat Querschnittcharakter mit zahlreichen Überschneidungen zu deutschen Schlüsselindustrien wie dem Maschinen- und Anlagenbau, der Elektrotechnik und Chemieindustrie oder dem Fahrzeugbau.[8] Der Prozess des „Greenings" lässt sich in diesen Schlüsselindustrien nicht nur durch traditionelle Produkt- und Prozesstechnologien implementieren, sondern erfordert zur Durchsetzung oftmals ganz neuartige, innovative Geschäftsmodelle.

Unter dem Schlagwort „nachhaltige, innovative Geschäftsmodelle" („Sustainable Business Model Innovation") werden in der jüngsten Vergangenheit sowohl in der Managementpraxis als auch in der ökonomischen Forschung Lösungen diskutiert, die erfolgversprechende Antworten auf die beiden skizzierten Herausforderungen – Innovationswettbewerb und Greening – liefern sollen: Durch den Bruch mit ihren traditionellen Geschäfts- und Wertschöpfungskonzepten versuchen Unternehmen mittels neuer, innovativer und insbesondere ökologisch ausgerichteter Geschäftsmodelle sich im Wettbewerb gegenüber Konkurrenten zu differenzieren. Der Nachfrageseite soll durch eine höhere Nachhaltigkeit der Produkte und Dienstleistungen eine entsprechende Nutzensteigerung geboten werden.

Was genau ist eigentlich unter „innovativen Geschäftsmodellen" zu verstehen und wie grenzen sich diese von herkömmlichen Produkt- und Prozessinnovationen ab? Wie lässt sich durch innovative, ökologisch ausgerichtete Geschäftsmodelle ein höheres Maß an Ressourceneffizienz erzielen? Welche Beispiele gibt es in der Praxis für die Entwicklung nachhaltiger Geschäftsmodelle durch Ressourceneffizienz? Der vorliegende Überblicksbeitrag versucht Antworten auf diese Fragen zu liefern. Nach zwei einführenden Praxisbeispielen gibt der Beitrag zunächst eine Einführung in die Thematik „Geschäftsmodellinnovationen" und stellt hierfür die zentralen Elemente von Geschäftsmodell(innovation)en vor. Anschließend werden in einem Fazit die wichtigsten Erkenntnisse zur Modellierung von nachhaltigen Geschäftsmodellen durch Ressourceneffizienz zusammengefasst.

Praxisbeispiele: Mit Ressourceneffizienz nachhaltige Geschäftsmodelle entwickeln

Nachhaltige Mobilitätskonzepte:
BMW AG – Wandel zum Mobilitätsdienstleister

Der Markt für „Nachhaltige Mobilität" ist einer von sechs Leitmärkten der Umwelttechnik und Ressourceneffizienz in Deutschland und beschäftigt sich mit den Herausforderungen durch die weltweit steigenden (individuellen) Mobilitätsbedürfnisse:

„Mobilität von Personen und Gütern gehört zu den Voraussetzungen moderner Gesellschaften und Wirtschaftssysteme. Außerdem ist die Möglichkeit, (fast) jederzeit an den gewünschten Ort zu gelangen, ein wichtiges Element der individuellen Lebensqualität. Aber die Mobilität hat ihren Preis, der in Form zunehmender Umweltbelastung und steigenden Ressourcenverbrauchs bezahlt werden muss."[9]

Die wirtschaftlichen Akteure im Leitmarkt „Nachhaltige Mobilität" versuchen trotz steigender individueller Mobilitätsbedürfnisse mit technologischen Innovationen und mit innovativen, auf Nachhaltigkeit ausgerichteten Geschäftsmodellen einen Beitrag zur Senkung der Umweltbelastung, etwa durch Senkung des CO_2-Ausstoßes oder durch effizientere Ressourcennutzung, für die verschiedenen Verkehrsträger, zu Lande, zu Wasser und in der Luft, zu leisten. Neben technischen Innovationen im Bereich alternativer Kraftstoffe und Antriebskonzepte kommt hier intelligenten Verkehrskonzepten eine entscheidende Rolle zu, die einzelne Verkehrsträger optimal verknüpfen. Erfolgreich implementieren lassen sich solche intelligenten Verkehrskonzepte nicht in isolierter Form als Produkt- oder Dienstleistungsinnovation, sondern im Zuge eines innovativen Geschäftsmodells, häufig in Kooperation, durch mehrere Akteure.

Der deutsche Automobilhersteller BMW hat im Jahr 2011 unter dem Namen „BMW i" eine neue strategische Stoßrichtung definiert. Das Unternehmen möchte sich vom klassischen PKW-Hersteller hin zu einem integrierten Mobilitätsdienstleister wandeln. Im Fokus des neuen Geschäftsmodells steht nicht mehr der Verkauf von PKW ‚von der Stange', sondern das Angebot von individualisierten Mobilitätsdienstleistungen mit kundenindividuellen Fahrzeugkonzepten, komplementären Mobilitätsdienstleistungen und einem Fokus auf Nachhaltigkeit des Angebots über die gesamte Wertschöpfungskette hinweg („a focus on sustainability throughout the value chain."[10]).

Die strategische Stoßrichtung und Nachhaltigkeit des Angebots wird einerseits über technische Innovationen forciert. So setzt BMW seit Jahren auf ein umweltschonendes Fahrzeugdesign über alle PKW-Modellreihen hinweg, mit Leichtbautechnologien zur Spriteinsparung und alternativen Antriebskonzepten (Elektro-, Hybrid- und Brennstoffzellenantriebe). Im Jahr 2005 hat BMW die Initiative ‚ConnectedDrive' initiiert. Die Initiative ConnectedDrive steht für ein IT-basiertes, vernetztes Fahrzeugkonzept, welches ein Bündel von IT-basierten Mobilitätsdienstleistungen in den Fahrzeugen umfasst. ConnectedDrive vernetzt individuelle Fahrzeugfunktionen und verbindet das Fahrzeug mit dem Internet. ConnectedDrive umfasst drei Funktionsbereiche: Neben (1) Fahrerassistenzsystemen (z. B. Spurassistenten oder Einparkhilfen) und (2) ‚Infotainment'-Diensten (z. B. Internetzugang, Nachrichten- sowie Online-Office-Diensten) beinhaltet ConnectedDrive auch sogenannte (3) ‚Convenience'-Dienste, die unter anderem herkömmliche Navigationssysteme durch aktuelle Verkehrsinformationen ergänzen. Durch Echtzeitverkehrsinformationen werden so aktuelle Umleitungs- und Routenempfehlungen zur Wegstreckenoptimierung erstellt. ConnectedDrive unterstützt so Verkehrsleitsysteme und verbindet den Nachhaltigkeitsgedanken, zum Beispiel durch die Vermeidung von Staus und unnötigen Wegstrecken, mit einem direkten Nutzen für den Kunden.[11]

Zum Geschäftsmodell ‚Mobilitätsdienstleistungen' zählen aber nicht nur intelligente Navigationssysteme und Informationsdienste für das Fahrzeug, sondern auch intermodale, auf Umwelt- und Ressourceneffizienz ausgerichtete Dienstleistungen wie Carsharing sowie Mobilitätsangebote im Schienenfern- und Nahverkehr. Ziel ist es, den Kunden zukünftig anstelle eines Fahrzeugs eine integrierte, intermodale Mobilitätsdienstleistung aus einer Hand zu bieten: Der Kunde soll aus diesem integrierten Angebot verschiedene Verkehrsträger entsprechend seinen eigenen Mobilitätspräferenzen und ökologischen Gesichtspunkten (entsprechend der Ökobilanz der verschiedenen Verkehrsträger) wählen. Für das Angebot dieses intermodalen Servicekonzeptes kooperiert das Unternehmen mit zahlreichen Partnerfirmen wie Sixt oder der Deutschen Bahn. Neben strategischen Partnerschaften investiert BMW i auch in Start-up-Projekte im Bereich nachhaltiger Mobilitätskonzepte, beispielsweise in MyCityWay (Anbieter von städtischen Navigationstools für Mobilfunkgeräte) oder in ParkatmyHouse (Onlinemarktplatz für urbane Parkmöglichkeiten).

Aus diesem Beispiel können zwei zentrale Herausforderungen für die strategische Ausrichtung in kleinen und mittleren Unternehmen abgeleitet werden:

1. Der Wandel weg von einer Produkt- und hin zu einer Lösungsorientierung erfordert die Kombination von Produkt-, Prozess- und Geschäftsmodellinnovationen. Entsprechend sind die Neuausrichtung der Unternehmensstrategie und die Anpassung von Forschung und Entwicklung vorzunehmen. Dadurch werden gerade kleine und mittlere Unternehmen mit einer zunehmenden Managementkomplexität konfrontiert. Dieser gilt es mit dem gezielten Aufbau von Managementkompetenzen und -strukturen auf organisationaler und mitarbeiterbezogener Ebene zu begegnen.

2. Kleine und mittlere Unternehmen sind in der Rolle als (a) Zulieferer oder (b) Systemlieferant beziehungsweise -integrator in der Wertschöpfungskette betroffen.

(a) In der Funktion als Zulieferer wird die marktseitige Analyse und Positionierung der traditionellen und der neuen Stellung innerhalb der Wertschöpfungskette relevant werden. Darauf aufbauend ist der neue und/oder die Anpassung des bestehenden Wertschöpfungsbeitrags (in Form von Technologien, Sachgut-, Prozess- oder Dienstleistungskonfigurationen) auf der Ressourcenseite zu gestalten. Greening könnte folglich als Wettbewerbsargument zur Schonung der Ökobilanz zunehmende Bedeutung gewinnen.

(b) Vor allem mittelständische Unternehmen befinden sich darüber hinaus verstärkt in der Rolle des Komponenten- oder Systemlieferanten. In dieser Position sind sie neben der Definition des eigenen Leistungsangebots für die Organisation von Teilbereichen der Wertschöpfungskette verantwortlich. Somit kommt ihnen die Aufgabe der Rekonfiguration und Neugestaltung der bestehenden Wertschöpfungskette zu. In diesem Kontext werden die Analyse, Neubewertung und Selektion existierender und neuer Zuliefererbeziehungen unter besonderer Berücksichtigung der veränderten Anforderungen (z. B. Greening, Logistik, Lösungsbündel) vorzunehmen sein.

Erneuerbare Energien – Förderung der Windenergieerzeugung durch Dienstleistungen und integrierte Problemlösungen für Kunden

Der Wandel hin zu erneuerbaren Energien ist eine Schlüsselherausforderung in der globalen Energiewirtschaft: Der Energiesektor bildet mit der Strom- und Wärmeversorgung ein zentrales Versorgungsrückgrat aller entwickelten Volkswirtschaften. Gleichzeitig gehört der Energiesektor zu den Hauptverursachern klimaschädlicher Treibhausgase und trägt maßgeblich zur Verknappung fossiler Primärenergieträger bei:

„Bei der Strom- und Wärmeversorgung entstehen rund 40 Prozent der globalen CO_2-Emissionen. Mit einem Anteil von 46 Prozent am Treibhausgasausstoß ist die Energiewirtschaft auch in Deutschland der größte CO_2-Emittent."[12]

Weltweit steigt jedoch der Energiebedarf weiter rasant an und die Verfügbarkeit fossiler Energieträger ist begrenzt. Es sind deshalb Technologien und Geschäftsmodelle in der Energiewirtschaft erforderlich, die den Ressourcenverbrauch und den Schadstoffausstoß bei der Strom- und Wärmeerzeugung aus fossilen Energieträgern reduzieren beziehungsweise minimieren.[13] Eine wichtige Rolle kommt hier dem Bereich der umweltfreundlichen, konventionellen Energieerzeugung auf Basis nichtfossiler Energieträger zu. Im Mittelpunkt steht die Nutzung regenerativer Energiequellen wie Biomasse, Sonnenenergie, Wasser- und Windkraft.

Die konventionelle, umweltfreundliche Energieerzeugung hat sich in Deutschland zu einer Schlüsseltechnologie entwickelt, die im Jahr 2011 bereits über 12 Prozent des gesamten deutschen Endenergieverbrauchs an Strom, Wärme und Kraftstoffen abgedeckt hat. Blickt man auf die Anteile der einzelnen Energieträger im Spektrum der umweltfreundlichen Energien in Deutschland, so führt die Windenergie die Rangliste deutlich mit 38,1 Prozent der Stromerzeugung aus erneuerbaren Energiequellen vor der Wasserkraft (16 Prozent) und der Photovoltaik (15,6 Prozent) an.[14] Ganz allgemein ist der Ausbau der regenerativen Energieerzeugung in Deutschland viel schneller erfolgt als in anderen westlichen Industrieländern. Das Feld der erneuerbaren Energien hat sich am Standort zu einer beständig wachsenden und im weltweiten Wettbewerb führenden Hochtechnologie-Branche entwickelt. Neben umwelt- und industriepolitischen Fördermaßnahmen ist dies vor allem auch der Innovationsfähigkeit deutscher Umwelttechnikanbieter, unter anderem aus dem Maschinen- und Anlagenbau, zu verdanken, die mit technischen Innovationen auf der einen und Geschäftsmodellinnovationen auf der anderen Seite den Ausbau erneuerbarer Energien vorangetrieben haben.

Im Bereich der Windenergie zählen deutsche Hersteller, wie BARD, Siemens Windkraft, Enercon oder Nordex, zu den technisch führenden Unternehmen im globalen Geschäft mit On- und Offshore-Windkraftanlagen. In den vergangenen Jahren sind diese Hersteller dazu übergegangen, das Kerngeschäft – die Produktion von kompletten Windkraftanlagen und einzelnen Modulen wie Rotorblätter oder Turbinen – durch maßgeschneiderte Systemlösungen und integrierte Dienstleistungen zu ergänzen.

Die Hamburger Nordex SE-Gruppe gehört zu den weltweit führenden Herstellern von Windkraftanlagen. Das Unternehmen erwirtschaftete 2011 einen Umsatz von 920,8 Millionen Euro im Geschäft mit Windkraftwerken. Im angestammten Kerngeschäft konzentrierte es sich lange auf die Entwicklung und Produktion von leistungsfähigen Anlagen. Im Mittelpunkt dieser Strategie standen primär das Engineering neuer, größerer und innovativer Rotorblätter sowie die Betriebsführung der Turbinen. In den vergangenen Jahren hat sich der Schwerpunkt des Geschäftsmodells jedoch stärker auf das integrierte Systemgeschäft verlagert. Wurden Windkraftanlagen bis Mitte der 2000er Jahre noch als standardisierte „Produktpakete" verkauft, so versteht sich das Unternehmen heute als ein integrierter Anbieter von Windkraftanlagen, das seinen Kunden maßgeschneiderte, individuelle Systemleistungen bietet. Es fokussiert sich dabei auf die kundenindividuelle Entwicklung von Gesamtsystemen einschließlich der Schlüsselkomponenten, produziert diese und bietet, ergänzend zum Hardwaregeschäft, auch ein integriertes Dienstleistungsbündel an. Dieses umfasst insbesondere die Projektentwicklung von kompletten Windparks, die Errichtung und den Service für diese Windenergieanlagen sowie auch die Unterstützung der Projektfinanzierung für die Kunden über Partnerbanken. In der Entwicklung und Produktion verfolgt das Unternehmen zunehmend das Konzept der Systemintegration und bindet die Kompetenzen von Komponenten- und Teilelieferanten in die internen Prozesse ein. Mit einem hohen FTO-Umsatzanteil (Auslandsumsatz) von knapp 90 Prozent konnte sich die Nordex-Gruppe dadurch auch stark international ausrichten. Im Fokus stehen heute neben Europa die Märkte in Nordamerika und Asien.[15]

Mit diesem Strategiewechsel steht das Unternehmen als einer der Pionieranbieter für den Trend zum Produkt-Dienstleistungsverbund: Auf der Basis der Stärken des industriellen Kernprodukts werden die dazu passenden Dienstleistungen entwickelt:

"Solche ‚Pakete' aus Investitionsgütern und Services – auch als ‚hybride Produkte' oder ‚Compacks' bezeichnet – gewinnen an Bedeutung, weil sie die Positionierung gerade in hart umkämpften Märkten erleichtern: ‚Compacks' tragen zur Differenzierung im Wettbewerb bei, festigen die Kundenbindung und lassen sich aufgrund ihrer Komplexität nur schwer von der Konkurrenz imitieren."[16]

Neben dem Angebot von hybriden Produkten haben sich im Windkraftanlagengeschäft in Deutschland auch „reine", hardwareunabhängige Dienstleister etabliert. So fokussiert das mittelständische Unternehmen Availon den Dienstleistungsgedanken konsequent und versteht sich als einer der führenden, unabhängigen Komplettanbieter für Serviceleistungen rund um Windkraftenergieanlagen, losgelöst von der Entwicklung und Produktion der Anlagen selbst. Das deutsche Unternehmen, mit Standorten in Rheine, Norderstedt und Erfurt, bietet verschiedene Dienstleistungspakete für die Anlagen aller bekannten Hersteller von einfachen Wartungsleistungen (z. B. Upgrades, Rotorblattservices) über Fernüberwachung der Anlagen bis hin zu Rundum-sorglos-Paketen an. Mit solchen herstellerunabhängigen, vollintegrierten Dienstleistungspaketen bietet das Unternehmen komplette Life-Cycle-Management- und Betreiberdienste für seine Kunden (z. B. für private Investoren in Windparks).

Mit solchen innovativen, dienstleistungsorientierten Geschäftskonzepten öffnen Unternehmen wie das Großunternehmen Nordex oder der Mittelständler Availon den Markt für Windenergieerzeugung und das Geschäft mit Windanlagen und Windparks auch für ein breites Feld von privaten Investoren jenseits der etablierten Energieversorger. Gerade für kleine und mittlere Unternehmen bieten sich deshalb aufgrund von Spezialisierungsvorteilen sowohl Kooperationsmöglichkeiten auf vertikalen und horizontalen Wertschöpfungsstufen als auch zusätzliche Finanzierungspotentiale durch neue Investitionsformen. Als weitere Chance ist, entsprechende Managementkapazitäten und Investitionsbereitschaft vorausgesetzt, die systematische Überarbeitung des Geschäftsmodells zu sehen. So können sowohl mehrere produkt-, dienstleistungs- oder lösungsbezogene Geschäftsmodelle parallel betrieben als auch kundenindividuelle Geschäftsprozesse für eine Stärkung der individualisierten Leistungserbringung aufgesetzt werden. Die Internationalisierung beziehungsweise Globalisierung stellt hierbei sowohl Chance als auch Risiko dar. Einerseits bietet eine frühzeitige internationale Ausrichtung des Geschäftsmodells die Chance auf Marktanteile in etablierten Märkten und den sogenannten Emerging Markets zur Erweiterung des Erlöspotentials. Andererseits erfordert diese Ausrichtung die Bereitstellung von globalen Organisationseinheiten, Investitionen in bisher unbekannte und damit unsichere Märkte sowie die Etablierung globaler Supply-Chain-Strukturen. Darüber hinaus sehen sich westliche Technologieunternehmen vor allem aus den asiatischen Märkten zunehmend durch qualitativ hochwertige Konkurrenzprodukte bedroht, so dass die traditionell starke Qualitätsorientierung durch ein erweitertes Leistungsangebot ergänzt werden sollte. Der Mehrwert und Kundennutzen durch die integrierten und kundenindividualisierten System- und Dienstleistungspakete bewirkt damit auch die Diffusion von Windkraftanlagen als regenerativer Energiequelle. Betriebswirtschaftlich motivierte Geschäftsmodellinnovationen tragen somit unmittelbar zur gesamtwirtschaftlichen Steigerung der Ressourceneffizienz bei.

Geschäftsmodellinnovationen

Was sind eigentlich Geschäftsmodelle? Für das betriebswirtschaftlich-strategische Konzept des ‚Geschäftsmodells' hat sich noch keine einheitliche Definition herausgebildet.[17] Einigkeit besteht in der aktuellen Diskussion darin, dass Geschäftsmodelle als neue systematische Analyseeinheit der Geschäftstätigkeit innerhalb und über Unternehmensgrenzen hinaus zur Wertschöpfung und Ertrags(ab)sicherung zu betrachten sind.[18] Ein Geschäftsmodell beschreibt ganz allgemein, wie ein Unternehmen mit seinem Produkt- und/oder Serviceangebot aus Sicht der Nachfrager einen Nutzen und Wertschöpfungsbeitrag leistet, der sich auch in einen wirtschaftlichen Erfolg übersetzen lässt: „A business model describes the rationale of how an organization creates, delivers, and captures value."[19] In ihrer Betrachtung kombinieren Geschäftsmodelle die ressourcen- und marktseitige Perspektive der Unternehmensführung (vgl. Abbildung 1). Die ressourcenorientierte Perspektive im Geschäftsmodellansatz rückt die für die Wertschöpfung erforderlichen unternehmerischen Ressourcen, Kernkompetenzen und Geschäftsprozesse in den Mittelpunkt der Betrachtung. Hervorzuheben ist, dass das Denken in Geschäftsmodellen nicht nur die unternehmenseigenen Ressourcen berücksichtigt, sondern auch das Partnernetzwerk aus Zulieferern und anderen Kooperationspartnern miteinbezieht. Zur Ausgestaltung des Partnernetzwerkes stehen unterschiedlichste Kooperationsformen wie Strategische Allianzen, Joint Ventures oder Lizenz- und Franchise-Beziehungen zur Verfügung. In der Marktorientierung kommt zum Ausdruck, dass den Kunden nicht nur Dienstleistungen oder Produkte „von der Stange", sondern vielmehr ein individueller Wertbeitrag als Leistungs- und Nutzenversprechen geboten werden soll. Die Art der Beziehung zum Kunden ist dabei ein bewusster Gestaltungsparameter im Geschäftsmodell und die Auswahl geeigneter Beziehungsformen kann von direktem persönlichen Kontakt bis zu automatisierten Kundenkommunikationssystemen reichen.

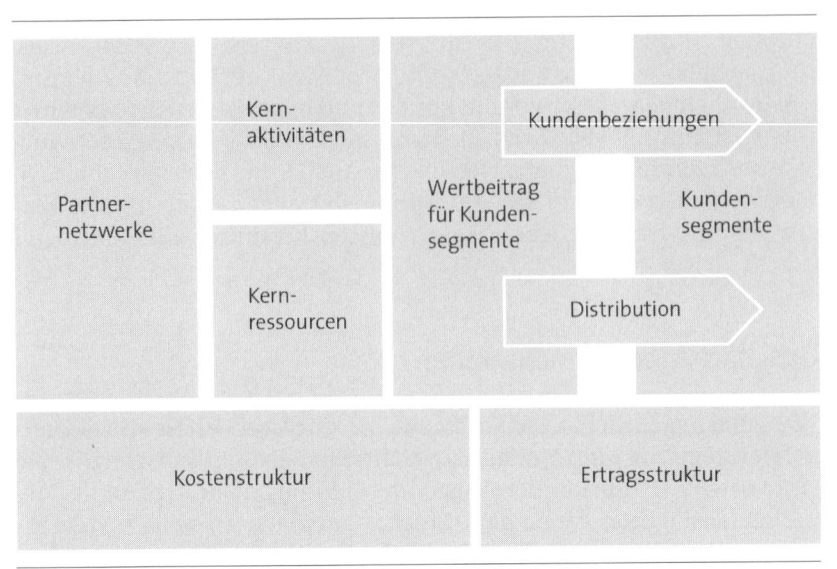

[Abbildung: Geschäftsmodell-Bausteine mit den Feldern Partnernetzwerke, Kernaktivitäten, Kernressourcen, Wertbeitrag für Kundensegmente, Kundenbeziehungen, Distribution, Kundensegmente, Kostenstruktur, Ertragsstruktur]

Abbildung 1: Der Geschäftsmodellansatz nach Osterwalder/Pigneur 2010
(Quelle: Eigene Darstellung in Anlehnung an Osterwalder/Pigneur 2010, S. 18 f.).

Wie grenzen sich Geschäftsmodelle vom herkömmlichen Strategiebegriff in der Unternehmensführung ab? Verortet werden Geschäftsmodelle zwischen der strategischen und der taktischen Ebene der Unternehmensführung.[20] Strategien stellen die Auswahl von und die Entscheidung für ein Geschäftsmodell dar. Diese orientieren sich dabei an Industriestrukturen (z. B. Stärke und Verhandlungsmacht von Zulieferern oder Kunden), an relevanten rechtlichen, technologischen, sozialen und gesellschaftlichen Trends, an den Triebkräften des Marktes (beispielsweise Markteintrittsbarrieren und Marktsegmente) und an gesamtgesellschaftlichen Trends, insbesondere an der zunehmenden Umweltorientierung und am Nachhaltigkeitsgedanken.[21] Geschäftsmodelle sind also ein Ergebnis der realisierten Unternehmensstrategie. Auf taktischer Ebene präzisieren Geschäftsmodelle den Handlungs- und Alternativenraum, beispielsweise bei der Preissetzung und der Marktanpassung im Wettbewerb, für die Umsetzung und Überführung der Strategie in Prozesse zur Werterzeugung.[22]

Was versteht man schließlich unter Geschäftsmodellinnovationen und wie grenzen sich diese von herkömmlichen Produkt- und Prozessinnovationen ab? Im Gegensatz zu herkömmlichen Produkt- und Prozessinnovationen, die meist der Tradition des technischen Innovationsverständnisses verpflichtet sind, erweitert das Konzept der Geschäftsmodellinnovation das Innovationsverständnis und schließt zahlreiche weitere Gestaltungsparameter mit ein.[23] Das Geschäftsmodell selbst wird zum Gegenstand der Innovation[24]:

„Business Model-Innovation bezeichnet den Gestaltungsprozess zur Hervorbringung eines weitgehend neuen Geschäftsmodells in den Markt, welches mit einer Anpassung der Value Proposition und/oder der Value Constellation […] einhergeht und auf die Generierung oder Sicherung eines nachhaltigen Wettbewerbsvorteils abzielt".

Durch die konzentrierte und wertschöpfungsorientierte Neuausrichtung dieser Gestaltungsparameter werden traditionelle Geschäftsmodelle durch neue, innovative Geschäftsmodelle abgelöst. Ein zentraler Treiber der Konzeption neuer Geschäftsmodelle sind die Wertschöpfungsorientierung und die damit verbundenen Änderungen in Kosten- und Erlösstrukturen.[25]

Zu den Gestaltungsparametern bei der Konzeption neuer Geschäftsmodelle gehören neben den klassischen, meist technisch ausgerichteten Produkt- und Prozessinnovationen die folgenden Ansatzpunkte:

1. *Dekonstruktion von traditionellen Wertschöpfungsketten* und Re-Fokussierung des eigenen Geschäfts auf ausgewählte Aktivitäten mit dem höchsten Wertschöpfungsbeitrag: zum Beispiel Outsourcing von Produktions- und Fertigungsleistungen an externe Zulieferer in der Automobilindustrie. In den Kontext dieses Gestaltungsparameters fallen auch innovative Aspekte im Supply Chain Management und in der Logistik;

2. *Neue Formen der Organisation und Zusammenarbeit in der Wertschöpfungskette* jenseits von Hierarchie und reinen Marktlösungen hin zu Wertschöpfungspartnerschaften[26]: zum Beispiel Kooperationsformen wie strategische Allianzen, Joint Ventures, langfristige Zulieferer-Abnehmer-Beziehungen, Kooperation mit Kunden (u. a. Lead User- und Co-Creation-Konzepte, Crowdsourcing), Lizenz- und Franchise-Partnerschaften, Minderheitsbeteiligungen in Partnerfirmen etc.;

3. *Globalisierung und lokale Anpassung von Wertschöpfungsaktivitäten:*[27] Ausdehnung der Geschäftstätigkeit auf ausländische Märkte über geeignete Markteintrittsformen (Direktinvestitionen, Export, Ko-

operation mit lokalen Partnern, Franchising oder Lizenzierung) im Spannungsfeld zwischen der Anpassung des Geschäftsmodells an lokale ausländische Markt- und Umweltbedingungen und der Ausrichtung des Geschäfts an einem einheitlichen „Weltmarkt"[28];

4. *Fokussierung auf (produktbegleitende) Dienstleistungen und Angebote integrierter Problemlösungen für Kunden (‚Service Transition')*[29]: Wandel des Geschäftsmodells hin zu hybriden Produkten, das heißt zu hybriden Leistungsbündeln aus Sach- und Dienstleistungsanteilen einschließlich Softwarekomponenten;

5. *Neudefinition der Wettbewerbsspielregeln in der Branche*: zum Beispiel Kombination von Qualitäts- und Kostenführerschaft, Modularisierung und kundenindividuelle Massenproduktion etc.;

6. *Etablierung neuer Kundensegmente und/oder Branchen*[30]: Einerseits ermöglichen Veränderungen des Geschäftsmodells die Erschließung neuer Kundensegmente durch die Überwindung von Marktbarrieren, beispielsweise mittels radikaler Kostenreduzierung (Tata Motors in der Automobil- oder Southwest Airlines in der Luftfahrtindustrie). Andererseits erlaubt die Reorganisation existierender Leistungsangebote die Schaffung gänzlich neuer Märkte. Ein bekanntes Beispiel hierfür ist der Cirque du Soleil: Durch die Kombination von Artistik mit künstlerischen Elementen aus Musicals als wertstiftende Inhalte bei gleichzeitigem Verzicht auf kostenintensive und vom Kunden nicht mehr nachgefragte Inhalte in Form von Tierdarbietungen wurde ein bisher unbekanntes Showangebot geschaffen.

7. *Digitalisierung des Geschäfts und der zugrundeliegenden Geschäftsprozesse*[31]: Durch das Internet und mobile Kommunikationskanäle werden zum einen neue Vertriebskanäle eröffnet, zum anderen die Integration von externen Partnern in Geschäftsprozesse des Unternehmens erleichtert.

Das Thema Ressourceneffizienz und Nachhaltigkeit spielt im Kontext dieser Gestaltungsparameter eine doppelte Rolle. Zum einen stellt die Fokussierung auf Nachhaltigkeit und Ressourceneffizienz ein Querschnittsthema dar, das sich durch sämtliche Gestaltungsparameter zieht. So ist beispielsweise das Angebot von integrierten, intermodalen Mobilitätsdienstleistungen in der Automobilindustrie mit dem Wettbewerbsargument der Nachhaltigkeit in der Fahrzeugnutzung verbunden. Auch die Gestaltungsparameter ‚Globalisierung von Wertschöpfungsaktivitäten',

‚Digitalisierung' sowie die Neudefinition der Wettbewerbsspielregeln bergen reichlich Potential für ökologische Orientierungen des Geschäftsmodells. Zum anderen bildet das Thema Ressourceneffizienz und Nachhaltigkeit einen eigenständigen Gestaltungsparameter in der Geschäftsmodellierung:

8. *Fokussierung beziehungsweise Neuausrichtung des Wertschöpfungskerns auf Ressourceneffizienz und Nachhaltigkeit*: Die Ressourceneffizienz schafft in Kombination mit der Neuausrichtung anderer strategischer Gestaltungsparameter dem Kunden und Anbieter einen Nutzen und Wertschöpfungsbeitrag, der sich auch in wirtschaftlichen Erfolg übersetzten lässt.

Fazit: Entwicklung von innovativen Geschäftsmodellen durch Ressourceneffizienz

Welche Erkenntnisse lassen sich für die Entwicklung nachhaltiger Geschäftsmodelle durch Ressourceneffizienz aus den vorangegangenen Ausführungen gewinnen? Mindestens drei Muster mit Relevanz für kleine und mittlere Unternehmen werden bei der Entwicklung und Durchsetzung nachhaltiger Geschäftsmodelle erkennbar:

1. *Entwicklung innovativer Geschäftsmodelle durch eine konzertierte Neuausrichtung eines Ensembles an strategischen Gestaltungsparametern*: Die Praxisbeispiele haben gezeigt, dass im Gegensatz zu herkömmlichen Produkt- und Prozessinnovationen bei der Entwicklung neuer Geschäftsmodelle mehrere strategische Gestaltungsparameter verändert oder neu ausgerichtet werden. So richtet der Fahrzeughersteller auf dem Weg hin zum integrierten, intermodalen Mobilitätsdienstleister sein Geschäftsmodell in mehreren Dimensionen neu aus und versucht seine Rolle im Wertschöpfungsprozess neu zu definieren. Im Mittelpunkt steht dabei die Dekonstruktion der automobilen Wertschöpfungskette, die Re-Fokussierung des eigenen Geschäfts auf ausgewählte Aktivitäten wie Design, Forschung und Entwicklung, das Outsourcing von Produktionsleistungen und die konsequente Schwerpunktverlagerung hin zum Angebot von Mobilitätsdienstleistungen. Ziel des Geschäftsmodells ist auch die Veränderung der Wettbewerbsspielregeln in der Automobilbranche, das heißt die Abkehr von der Massenproduktion standardisierter Fahrzeuge hin zum kundenindividuellen Angebot von Mobilitätsdienstleistungen. Auch ökologisch ausgerichtete technische Innovationen, wie etwa Leichtbau- oder alternative Antriebs-

konzepte, spielen eine bedeutende Rolle, stehen aber nicht im Zentrum des innovativen Geschäftskonzepts. Die Ressourceneffizienz kommt vielmehr durch eine ganzheitliche Sicht auf die Nachhaltigkeit des Angebots über die gesamte Wertschöpfungskette hinweg zustande. Kleine und mittlere Unternehmen sollten sich in diesem Kontext gezielt, wie in der Analyse der Fallbeispiele verdeutlicht, mit der Neudefinition und Überprüfung des gesamten vorherrschenden Geschäftsmodells auseinandersetzen und eine bewusste Auswahl aus und Entscheidung für Geschäftsmodellalternativen herbeiführen. Standardisierte und gleichermaßen für jedes Unternehmen anwendbare Lösungen gibt es nur selten und sollten mit besonderer Vorsicht aufgenommen werden.

2. *Ausbalancierung der ressourcen- und marktseitigen Perspektive in der Konzeption innovativer Geschäftsmodelle*: Für den Aufbau neuer Geschäftsmodelle ist die Veredelung und Veränderung der unternehmerischen Ressourcen- und Kompetenzbasis erforderlich. So muss beispielsweise der Automobilhersteller für den Wandel hin zum Mobilitätsdienstleister in den Aufbau neuer Service-Geschäftsbereiche und vor allem auch in Personalentwicklungsmaßnahmen investieren, um die Mitarbeiter in diesen Wandlungsprozess aktiv einbeziehen zu können. Auch das andere Unternehmen hat in den vergangenen Jahren konsequent in den Ausbau der Ressourcen- und Kompetenzbasis im Dienstleistungsgeschäft, zum Beispiel in den Aufbau eines Service Management Systems (SMS), investiert. Zu betonen ist erneut, dass das Denken in Geschäftsmodellen nicht nur die unternehmenseigenen Ressourcen berücksichtigt, sondern auch das Partnernetzwerk aus Zulieferern und anderen Kooperationspartnern miteinbezieht. In der Marktorientierung kommt zum Ausdruck, dass den Kunden nicht nur Dienstleistungen oder Produkte „von der Stange", sondern vielmehr ein individueller Wertbeitrag als Leistungs- und Nutzenversprechen geboten werden soll. Somit sehen sich kleine und mittlere Unternehmen dem Trend zur Individualisierung der Leistung als Verkaufsargument und der gleichzeitigen Standardisierung von Komponenten zur Kostenreduzierung gegenüber. Erweitert wird diese Entwicklung durch die erforderliche Erarbeitung von differenzierungs- und verteidigungsfähigen Wettbewerbsvorteilen. Ein zentraler Wertbeitrag wird dabei durch die Ressourceneffizienz und Nachhaltigkeit des Geschäftsmodells geschaffen (siehe nächsten Punkt).

3. *Ressourceneffizienz und Nachhaltigkeit der Geschäftskonzepte stiften einen klar erkennbaren Mehrwert und Nutzen für Angebot und Nachfrage*: Die Vorteilhaftigkeit der innovativen Geschäftskonzepte durch

Ressourceneffizienz aus Sicht aller beteiligten Akteure lässt sich nicht auf das bloße Green-Labeling reduzieren. Eine bloße ökologische Etikettierung bewirkt keine erfolgreiche Diffusion des Geschäftsmodells im Markt. Der Erfolg der dargestellten innovativen Geschäftsmodelle ist vielmehr darauf zurückzuführen, dass die Ressourceneffizienz in Kombination mit der Neuausrichtung anderer strategischer Gestaltungsparameter dem Kunden und dem Anbieter einen wirklichen Nutzen und Wertschöpfungsbeitrag stiftet, der sich auch in einen wirtschaftlichen Erfolg übersetzen lässt. Dieses Muster wird sehr gut am Beispiel der innovativen Geschäftsmodelle in der Windkraftanlagenindustrie deutlich. Mit dem Übergang zu innovativen, dienstleistungsorientierten Geschäftskonzepten öffnen Unternehmen wie Nordex oder Availon den Markt für Windenergieerzeugung und das Geschäft mit Windanlagen und Windparks auch für ein breites Feld von privaten Investoren jenseits der etablierten Energieversorger. Der Mehrwert und Kundennutzen kommt unter anderem durch integrierte und kundenindividualisierte System- und Dienstleistungspakete zustande, die im Sinne von maßgeschneiderten Problemlösungen einen direkten Wertschöpfungsbeitrag leisten.

Literatur

Afuah, A. (2003): Business models – A strategic management approach. McGraw-Hill, New York.

Baden-Fuller, C., Morgan, M. S. (2010): Business models as models. In: Long Range Planning 43, S. 156–171.

Bieger, T., Reinhold, S. (2011): Das wertbasierte Geschäftsmodell – Ein aktualisierter Strukturierungsansatz. In: Bieger, T., zu Knyphausen-Aufseß, D., Krys, C. (Hg.): Innovative Geschäftsmodelle. Konzeptionelle Grundlagen, Gestaltungsfelder und unternehmerische Praxis. Springer-Verlag, Berlin, S. 13–70.

Brettel, M., Strese, S., Flatten, T. (2012): Improving the performance of business models with relationship marketing efforts – An entrepreneurial perspective. In: European Management Journal 30, S. 85–98.

Bundesministerium für Umwelt, Naturschutz und Reaktorsicherheit (BMU) (2012): GreenTech made in Germany 3.0. Umwelttechnologie-Atlas für Deutschland. Berlin.

Bundesministerium für Umwelt, Naturschutz und Reaktorsicherheit (BMU) (2011): Umweltwirtschaftsbericht 2011. Berlin.

Burr, W., Stephan, M., Werkmeister, C. (2011): Unternehmensführung. 2. Auflage, Verlag Franz Vahlen, München.

Calia, R. C., Guerrini, F. M., Moura, G. L. (2007): Innovation networks: From technological development to business model reconfiguration. In: Technovation 27, S. 426–432.

Capgemini Consulting (2010): Geschäftsmodell-Innovation – Wer sich nicht neu erfindet, verschwindet. München.

Casadesus-Masanell, R., Ricart, J. E. (2010): From strategy to business models and to tactics. In: Long Range Planning 43, S. 195–215.

Chesbrough, H. W. (2010): Business model innovation: Opportunities and barriers. In: Long Range Planning 43, S. 354–363.

Chesbrough, H., Rosenbloom, S. (2002): The role of the business model in capturing value from innovation: Evidence from Xerox Corporation's technology spinoff companies. In: Industrial and Corporate Change 11, S. 529–555.

Demil, B., Lecocq, X. (2010): Business model evolution: In search of dynamic consistency. In: Long Range Planning 43, S. 227–246.

Dubosson-Torbay, M., Osterwalder, A., Pigneur, Y. (2002): E-business model design, classification, and measurements. In: Thunderbird International Business Review 44, S. 5–23.

Expertenkommission Forschung und Innovation (EFI) (2010): Gutachten zu Forschung, Innovation und Technologischer Leistungsfähigkeit Deutschlands. Berlin.

Girod, S., Bellin, J. B., Ranjan, K. S. (2010): Operating models for a multipolar world: balancing global integration and local responsiveness. In: Journal of Business Strategy 31, S. 22–27.

International Chamber of Commerce (ICC) (2012): Green Economy Roadmap. Paris.

Johnson, M. W. (2010): Seizing the white space: Business model innovation for growth and renewal. Harvard Business Press, Boston.

Kessler, T., Stephan, M. (2013): Service Transition in the Automotive Industry. In: International Journal of Automotive Technology Management, 13. Jg. (im Erscheinen).

Kim, W. C., Mauborgne, R. (2005): Blue Ocean Strategy – how to create uncontestet market space and make the competition irrelevant. Harvard Business Review Press, Boston.

Langer, G. (2011): Unternehmen und Nachhaltigkeit. Analyse und Weiterentwicklung aus der Perspektive der wissensbasierten Theorie der Unternehmung. Gabler Verlag, Wiesbaden.

Mason, K., Spring, M. (2011): The sites and practices of business models. In: Industrial Marketing Management 40, S. 1032–1041.

Mitchell, D., Coles, C. (2003): The ultimate competitive advantage of continuing business model innovation. In: Journal of Business Strategy 24, S. 15–21.

Morris, M., Schindehutte, M., Allen, J. (2005): The entrepreneur's business model: Toward a unified perspective. In: Journal of Business Research 58, S. 726–35.

Nordex (2012): Nordex SE Geschäftsbericht 2011. Hamburg.

Osterwalder, A., Pigneur, Y. (2010): Business Model Generation: A Handbook for Visionaries, Game Changers, and Challengers. Wiley-Blackwell, New Jersey.

Osterwalder, A., Pigneur, Y., Tucci, C. L. (2005): Clarifying business models: Origins, present and future of the concept. In: Communications of the Association for Information Science (CAIS) 16, S. 1–25.

PricewaterhouseCoopers (2010): Geschäftsmodellinnovationen: Neue Wege am Markt beschreiten. Frankfurt am Main.

Sosna, M., Trevinyo-Rodríguez, R. N., Velamuri, S. R. (2010): Business model innovation through trial-and-error learning: The Naturhouse case. In: Long Range Planning 43, S. 383–407.

Teece, D. J. (2010): Business models, business strategy and innovation. In: Long Range Planning 43, S. 172–194.

Wirtz, B. W. (2011): Business Model Management. Design – Instrumente – Erfolgsfaktoren von Geschäftsmodellen. 2., aktualisierte und überarbeitete Auflage, Gabler Verlag, Wiesbaden.

Zott, C., Amit, R. (2008): The fit between product market strategy and business model: Implications for firm performance. In: Strategic Management Journal 29, S. 1–26.

Zott, C., Amit, R., Massa, L. (2011): The business model: Recent developments and future research. In: Journal of Management 37, S. 1019–1042.

Endnoten

1 ICC (2012), S. 7.

2 Vgl. Burr, Stephan, Werkmeister (2011), S. 481 ff.; EFI (2010).

3 Vgl. Burr, Stephan, Werkmeister (2011), S. 481 f.

4 Vgl. u. a. Langer (2011), S. 23; ICC (2012), S. 24 ff.; BMU (2011), S. 68.

5 BMU (2012), S. 4; 27 ff.

6 Vgl. BMU (2012), S. 25; BMU (2011), S. 115.

7 Vgl. BMU (2011), S. 107.

8 Vgl. auch BMU (2012), S. 25.

9 BMU (2012), S. 98.

10 Kessler, Stephan (2013), S. 22.

11 Vgl. Kessler, Stephan (2013), S. 21 f.; BMU (2012), S. 108.

12 BMU (2012), S. 45.

13 Vgl. BMU (2012), S. 45.

14 Vgl. BMU (2011), S. 48.

15 Vgl. Nordex (2011), S. 26.

16 BMU (2012), S. 175.

17 Vgl. z. B. Afuah (2003); Brousseau, Penard, (2006); Dubosson-Torbay, Osterwalder, Pigneur (2002); Morris, Schindehutte, Allen (2005); Osterwalder, Pigneur, Tucci (2005).

18 Vgl. Zott, Amit, Massa (2011).

19 Vgl. Osterwalder, Pigneur (2010), S. 15.

20 Vgl. Baden-Fuller, Morgan (2010), S.156 ff.
21 Vgl. Osterwalder, Pigneur (2010), S. 200 ff.
22 Vgl. Bieger, Reinhold (2011); Casadesus-Masanell, Ricart (2010).
23 Vgl. Calia, Guerrini, Moura (2007); Chesbrough (2010); PriceWaterhouseCoopers (2010).
24 Wirtz (2011), S. 206; vgl. auch Mitchell, Coles (2003); Sosna, Trevinyo-Rodríguez, Velamuri (2010); Zott, Amit (2008).
25 Capgemini (2010), S. 7; Demil, Lecoq (2010); Osterwalder, Pigneur (2010).
26 Vgl. Brettel, Strese, Flatten (2012); Capgemini (2010), S. 10; Chesbrough, Rosenbloom (2002); Johnson (2010); Mason, Spring (2011); Morris, Schindehutte, Allen (2005); Osterwalder, Pigneur (2010); Teece (2010); Zott, Amit (2008); Zott, Amit, Massa (2011).
27 Vgl. Girod, Bellin, Ranjan (2010).
28 Vgl. Burr, Stephan, Werkmeister (2011), S. 435.
29 Vgl. Burr, Stephan (2006), S. 189 ff.; Kessler, Stephan (2013).
30 Vgl. Johnson (2010), S. 73 ff.; Kim, Mauborgne (2005).
31 Capgemini (2010), S. 10.

Nachhaltiges Veranstaltungsmanagement – Tage(n) ohne Verschwendung

Cornelia Wiemeyer

Eine Agentur für nachhaltiges Veranstaltungsmanagement

Als Agentur für nachhaltiges Veranstaltungsmanagement ist greenstorming darauf spezialisiert, Konferenzen, Tagungen oder Workshops ressourcenschonend umzusetzen. Es werden Vorschläge erarbeitet, um die Emissionen von klimaschädlichen Treibhausgasen einer Veranstaltung möglichst gering zu halten. Der Name greenstorming verbindet grüne *(green)* Veranstaltungskonzepte mit neuen und kreativen Ideen (brain*storming*).

Die drei Gründer der Agentur haben sich im Januar 2012 in der Erkenntnis zusammengetan, dass ihnen die reine Veranstaltungsorganisation ohne einen eigenen Fokus oder Hintergrund nicht ausreichte. Die Verschwendung von Ressourcen – sei es Papier oder Lebensmittel – war an der Tagesordnung im Konferenzgeschäft und wurde oft mit einem Schulterzucken quittiert. Das Bestreben, mit ihrer Arbeit einen Beitrag dazu leisten zu können, ein Bewusstsein für Nachhaltigkeit zu schaffen und Ressourcen zu schonen, brachte die Gründer an einen Tisch und greenstorming in das Handelsregister.

Im ersten Jahr des Bestehens konnte die Agentur schnell feststellen, dass dieses Konzept auf ein reges Interesse bei Auftraggebern stieß. Professionelles und zuverlässiges Veranstaltungsmanagement gepaart mit dem Ansatz der Ressourcenschonung und viel Erfahrung schien den Nerv der Zeit zu treffen.

Inzwischen werden die drei Gründer und Geschäftsführer von zwei weiteren festen Mitarbeitern unterstützt. Darüber hinaus existiert ein Pool von freien Mitarbeitern, die je nach Themen- und Aufgabengebiet zu einzelnen Projekten hinzugezogen werden.

Zeit zum Umdenken

Speisen, die für 100 Gäste bestellt wurden, obwohl man wusste, dass nur 60 kommen würden, werden nach Veranstaltungsende weggeworfen; Dekorationen mit Papageienblumen aus Südafrika, die eine Lebensdauer von mehreren Tagen gehabt hätten, werden nach zwei Stunden Veranstaltungszeit entsorgt; Ananas, die im Januar neben Papayas auf einer in Berlin stattfinden Veranstaltung den Gästen gereicht werden; argentinische Äpfel auf dem Buffet eines in Frankfurt im Oktober stattfindenden Workshops; Transfer von Teilnehmenden mit Bussen zu dem 1.000 Meter entfernten Veranstaltungsort; die Location, die keine Mülltrennung anbietet, weil „das ja sowieso keinen Sinn macht" – diese Beispiele machen deutlich: Es wird Zeit, auch beim Veranstaltungsmanagement an Ressourcenschonung zu denken.

Stellschrauben finden für mehr Ökologie und Ökonomie

Der Transport von Teilnehmenden, der Betrieb eines Veranstaltungsortes, die Herstellung von Speisen, Printmaterialien für einen Workshop oder die Unterbringung der Veranstaltungsgäste – die Umsetzung jeder dieser Aufgaben setzt Ressourcen ein. Der ökologische Fußabdruck[1] einer Veranstaltung veranschaulicht, wie groß die Fläche ist, die benötigt wird, um die natürlichen Ressourcen zur Verfügung zu stellen, die bei einer Veranstaltung verbraucht werden. Das Ziel des nachhaltigen Veranstaltungsmanagements ist es, diesen Fußabdruck möglichst klein zu halten.

Nicht selten beschränkt sich nachhaltiges Veranstaltungsmanagement darauf, dass im Nachhinein die mit der Veranstaltung verbundenen Emissionen berechnet werden. In entsprechender Höhe werden dann CO_2-Zertifikate erworben und so die Emissionen kompensiert. Dieser Ansatz greift uns zu kurz. Es geht darum, dazu beizutragen, dass Emissionen gar nicht erst entstehen. Es gilt das Prinzip „Vermeidung vor Kompensation".

Durch eine vorausschauende Planung kann die Verschwendung von Ressourcen vermieden werden. So wird beim Transfer der Teilnehmenden vom Flughafen statt auf Diesel-Taxis auf Erdgas- oder sogar Hybrid-Wagen gesetzt. Der Veranstaltungsort und die gebuchten Hotels werden mit Ökostrom betrieben. Die Produktion von Printmaterialien wird auf ein Mindestmaß heruntergefahren und erfolgt –

sofern doch nötig – unter Verwendung von zertifiziertem Papier. Veranstaltungswebseiten werden auf einem Öko-Server, der mit erneuerbaren Energien betrieben wird, gehostet. Eine fachgerechte Trennung und Entsorgung des produzierten Mülls gehört zum Standard, und auch bei der Wahl der Speisen und Getränke wird in besonderem Maße darauf geachtet, dass es sich um Bio- und Fair-Trade-Produkte handelt. Im besten Falle steigt man ganz auf vegetarisches Catering um, da die Herstellung von Fleisch – insbesondere Rind – ein besonders großer Verursacher von Emissionen[2] ist.

Letztendlich werden jedoch bei jeder Veranstaltung Ressourcen genutzt und CO_2-Emissionen freigesetzt. Dies ist nicht komplett vermeidbar. Um eine Veranstaltung so nachhaltig wie irgend möglich zu machen, bleibt in letzter Instanz die Möglichkeit, den entstandenen ökologischen Fußabdruck zu kompensieren, indem man zum Beispiel Wiederaufforstungs- oder Energieeinsparungsprojekte finanziell unterstützt.

Nachhaltig Ziele sichern

Nachhaltiges Veranstaltungsmanagement berücksichtigt auch die inhaltlichen Aspekte einer Veranstaltung und unterstützt den Kunden bei der Zielerreichung. Tatsächlich wird bei der Realisierung oft übersehen, wie wichtig es ist, Inhalte und Organisation zusammenzudenken. Wenn es das Ziel einer Veranstaltung ist, nach einem offiziellen Teil zu „networken", dann kann man hierfür besonders geeignete Räume gestalten, deren Ausstattung sich deutlich vom Kaffeepausen-Foyer unterscheidet. Ist es das Ziel, ein Entscheidungspapier zu erarbeiten, schafft man Räume der Konzentration, des Brainstormings und des gemeinsamen Arbeitens. Es wird so sichergestellt, dass die Ressourcen des Kunden gezielt eingesetzt werden und mit dem in die Veranstaltung investierten Geld ein größtmöglicher Nutzen erzielt wird. So ist es für die Erreichung des Veranstaltungsziels oft fundamental, Themen in der Zielgruppe zu platzieren und zu verankern. Die Einrichtung eines veranstaltungsbezogenen Internetforums, in dem sich die Veranstaltungsteilnehmenden schon vor der Konferenz über Inhalte austauschen können und das ihnen auch nach der Veranstaltung noch die Möglichkeit zur Diskussion bietet, ist ein Beispiel für einen effektiven Medieneinsatz, welcher zur Erreichung des Veranstaltungsziels beiträgt.

Soziale Verantwortung

Der Fokus eines nachhaltigen Geschäftsmodells liegt allerdings nicht nur auf ökonomischen und ökologischen Faktoren. Soziale Aspekte sind ebenso Bestandteil eines nachhaltigen Geschäftsmodells. Zentral ist hierbei die Personalpolitik, die im Sinne der sozialen Gerechtigkeit aufgebaut ist. Das heißt: keine unbezahlten Praktika, faire Gehälter und das Angebot von Weiterbildungen. Darüber hinaus können zum Beispiel kleine Vereine unentgeltlich beraten werden, wie sie ihre Workshops und Tagungen auch ohne großen finanziellen Aufwand nachhaltig ausrichten.

Die Ausrichtung der Agentur auf soziale Nachhaltigkeit gehört zur Unternehmensphilosophie und stärkt die Unternehmenskultur. Zufriedene Mitarbeiter und eine Imagestärkung beim Auftraggeber sind sowohl Ziel als auch willkommener Nebeneffekt. Unser Unternehmen hat keine offensiven Marketingstrategien in Bezug auf seine soziale Nachhaltigkeit, versteckt diese allerdings auch nicht. So entwickelt sich schnell ein „guter Ruf", der das Kapital und die Glaubwürdigkeit darstellt, auf denen der Erfolg des Unternehmens fußt.

Potentiale des nachhaltigen Veranstaltungsmanagements

Allein in Berlin wurden 2011 rund 115.000 Veranstaltungen mit fast 10 Millionen Teilnehmenden durchgeführt.[3] Wenn man bedenkt, dass für jede Veranstaltung alle oben bereits beschriebenen Bereiche bedient werden müssen, sieht man schnell das hohe Potential, welches der Veranstaltungsbereich für nachhaltige Geschäftsmodelle bietet. Aber gerade weil es ein derart differenziertes Geschäftsmodell ist, welches aus vielen kleinen Stellschrauben besteht, bietet es auch Angriffsfläche für kritische Fragen:

- Ist Nachhaltigkeit nicht nur ein Modewort?

Sicherlich ist Nachhaltigkeit ein „in-Wort". Der Begriff wird in diesen Tagen häufiger verwendet, als es ihm guttut. Diese „Übernutzung" drückt aber auch einen notwendigen Bewusstseinswandel in der Gesellschaft aus. Immer mehr Menschen sind bereit, auch mehr in den Schutz unserer Umwelt zu investieren.

- Erzeugt der „Einkauf" von Nachhaltigkeit ein gutes Gewissen?

Ja. Denn man darf ein gutes Gewissen haben, wenn man gewissenhaft mit den Ressourcen umgeht, die einem zur Verfügung stehen, wenn man gewissenhaft Ressourcen einspart, die man nicht benötigt, und wenn man gewissenhaft Ressourcen kompensiert, die man genutzt hat und nicht einsparen konnte.

- Was genau bringt ein nachhaltiges Veranstaltungsmanagement, was nicht auch ein konservatives könnte?

Das Wesen des Geschäftsmodells sind innovative Ideen, die Ressourcen schonen und sowohl beim Veranstalter als auch beim Teilnehmenden ein entsprechendes Bewusstsein wecken sollen.

- Ist nachhaltiges Veranstaltungsmanagement teurer?

Oberflächlich betrachtet: Ja. Das biozertifizierte Rindfleisch ist teurer als das vom Discounter um die Ecke. Und der CO_2-kompensierte Druck der Veranstaltungsmaterialien kostet auch mehr als der auf dem strahlend weißen Papier, über dessen Herkunft nichts bekannt ist und das vermutlich noch vor dem Verteilen laminiert wird. Nachhaltigkeit bedeutet aber nicht nur einen Anstieg der Preise, sondern gleichzeitig Einsparungen: Weniger bedrucktes Papier, mehr vegetarische Speisen sind nur zwei Stellschrauben, mit deren Hilfe man sowohl im ökologischen als auch im ökonomischen Sinne nachhaltig sparen kann.

Nachfrage nach nachhaltigem Veranstaltungsmanagement

Die Nachfrage nach nachhaltigen Dienstleistungen im Veranstaltungsmanagement ist in den vergangenen Jahren merklich angestiegen. Der 2010 vom Umweltbundesamt herausgegebene „Leitfaden für nachhaltiges Veranstaltungsmanagement"[4] dient insbesondere öffentlichen Institutionen als Leitfaden, mit öffentlichen Geldern finanzierte Veranstaltungen ökologisch nachhaltig und ressourcenschonend zu organisieren. Vor diesem Hintergrund und dem eines gestiegenen öffentlichen Interesses berücksichtigen öffentliche Institutionen zunehmend den ökologischen Fußabdruck.

Wirtschaftsunternehmen, Verbände oder auch Lobbygruppen reagieren ebenfalls auf eine gestiegene öffentliche Aufmerksamkeit hinsichtlich des Umgangs mit Ressourcen. Für ihre Außenkommunikation und die daraus resultierende Darstellung des Unternehmens in der Öffentlichkeit ist eine ökologisch sinnvolle und klimaoptimierte Veranstaltung eine sehr wertvolle Form der Öffentlichkeitsarbeit. Die öffentliche Wahrnehmung in Bezug auf Ressourcenschonung und die Etablierung nachhaltiger Prozesse sind somit die Schlüsselreize für die Nachfrage nach nachhaltigem Veranstaltungsmanagement.

Nachhaltige Kooperationen im Veranstaltungsmanagement

Kooperationen mit Dienstleistern wie Catering-Agenturen, Technikunternehmen oder Transferservices sind die Grundlage der effizienten Vorbereitung und Umsetzung einer nach nachhaltigen Kriterien ausgerichteten Veranstaltung.

In den vergangenen Jahren gab es einen steten Zuwachs an nachhaltig orientierten Dienstleistern im Veranstaltungsbereich. Veranstaltungsorte achten stärker auf ihre CO_2-Bilanz, Catering-Unternehmen auf die Verwendung von Bioprodukten oder Druckereien auf die Klimaoptimierung des Druckprozesses. Da das Angebot für einen Veranstalter oft sehr zersplittert ist, ist es an der Veranstaltungsagentur, dieses Angebot zu sortieren und systematisch einzugruppieren. Kooperationen zwischen den Dienstleistern und regelmäßige Checkups der eigenen sowie der Ausrichtung der Partner auf Ressourcenschonung sind essentiell, um nicht Gefahr zu laufen, als „green washer" verschrien zu werden, sondern immer transparent aufzeigen zu können, dass Veranstaltungen mit dem höchstmöglichen Maß an Ressourcenschonung umgesetzt wurden. Durch strategische Kooperationen mit verlässlichen Partnern kann dem Kunden ein überzeugendes Gesamtpaket angeboten werden, welches ihm das höchstmögliche Maß an Ressourcenschonung für seine Veranstaltung garantiert.

Grenzen des Veranstaltungsmanagements

Trotz aller Möglichkeiten, die das nachhaltige Veranstaltungsmanagement inzwischen bietet, stößt man auch an Grenzen. Gerade im Bereich des Transportwesens ist der größte Verursacher von CO_2-Emissionen auszumachen. Hier gibt es bisher nur wenige Stellschrauben, die man effektiv nutzen kann, insbesondere wenn es darum geht, große Distanzen zu überwinden oder größere Personengruppen zu befördern. So sind zum Beispiel Langstreckenflüge im Veranstaltungsmanagement kaum durch nachhaltige Alternativen zu ersetzen, ebenso wenig wie längere Bustransfers.

Ein anderer Bereich, der dem nachhaltigen Veranstaltungsmanagement immer wieder Grenzen aufzeigt, ist der Location- beziehungsweise Übernachtungsbereich. Auch wenn es inzwischen einige Veranstaltungsorte wie auch Hotels gibt, die besonders schonend mit Ressourcen umgehen, bleiben dennoch viele „schwarze Schafe", die keinerlei transparente Darstellung hinsichtlich ihres Stromanbieters, ihres Stromverbrauchs oder auch der Mülltrennung im Haus bieten.

Positive Entwicklungen

Allerdings sind positive Entwicklungen zu beobachten. Agenturen für Transferservices planen bereits Anschaffungen entsprechender Hybrid- oder Elektrofahrzeuge. Die Nachfrage ist vorhanden und wird somit über kurz oder lang das entsprechende Angebot erzeugen. Und wie erwähnt, gibt es bereits einige Hotels und Veranstaltungsorte, die auf den nachhaltigen Umgang mit unserer Umwelt Wert legen. Hier darf man auf den Schneeballeffekt hoffen, ähnlich wie vor einigen Jahren beim Bio-Catering, welches inzwischen in vielen Bereichen fast schon zum Standard gehört. Dafür muss ein Bewusstsein entwickelt werden. Und dies geschieht peu à peu in jeden Bereich des Veranstaltungsmanagements.

Letztendlich beeinflussen nachhaltige Prozesse alle Abläufe eines Unternehmens und fast überall ist es möglich, ökologisch, ökonomisch und auch sozial nachhaltig zu agieren, um gemeinsam einen Beitrag dazu zu leisten, schonend mit unserer Umwelt und den zur Verfügung stehenden Ressourcen umzugehen. Nach der Erfahrung von greenstorming und seinen Gründern ist eine nachhaltige Ausrichtung ein Gewinn für jedes Unternehmen. Gesellschaftliche Ziele zu Unternehmenszielen zu machen ist ein Mehrwert für die Unternehmenskultur, die Mitarbeiterbindung und die Außenkommunikation.

Endnoten

1 Beispielseite zur Berechnung des eigenen ökologischen Fußabdrucks: http://www.footprint-deutschland.de/

2 Greenpeace e. V.: Fleisch: Massenware besser dosieren! 25.10.2010: http://www.greenpeace.de/themen/umwelt_wirtschaft/nachrichten/artikel/fleisch_massenware_besser_dosieren/

3 Berlin.de: Kongressstandort Berlin. Jahresrückblick 2012: http://www.berlin.de/sen/wirtschaft/abisz/kongressstadt.html

4 Leitfaden für die nachhaltige Organisation von Veranstaltungen, BMU, 2010: http://www.bmu.de/themen/wirtschaft-produkte-ressourcen/produkte-und-umwelt/umweltfreundliche-beschaffung/leitfaden-fuer-die-nachhaltige-organisation-von-veranstaltungen/

Möbelmieten macht Mobilität nachhaltig

Daniel Ishikawa

Die Furniture Leasing Corporation mit Sitz in Frankfurt am Main ermöglicht die bundesweite Anmietung von Möbeln über kurze oder längere Dauer. Weil internationale Unternehmen immer öfter Fachkräfte in Dependancen im Ausland entsenden, ist das Geschäftsmodell eine Konsequenz globalisierter Arbeitsstrukturen: Sogenannte Expatriates sind teils wenige Wochen oder Monate, teils mehrere Jahre für die Zweigstelle ihres Arbeitgebers tätig und müssen für diesen Zeitraum mit ihrer Familie den Wohnsitz verlegen, meist in eine deutsche Großstadt oder in deren Umgebung. Möblierte Wohnungen sind hierzulande jedoch ein seltenes Gut, insbesondere im Vergleich zu Ländern wie Großbritannien oder den Vereinigten Staaten. Furniture Leasing arrangiert Wohnenden auf Zeit und ihren Arbeitgebern den unproblematischen Ablauf der temporären Neueinrichtung.

Nach der Übermittlung der Angaben zur Dauer der Miete, Quadratmeterzahl, Größe der Familie und Sonderwünschen – in der Regel geschieht dies durch die Personalabteilungen der Unternehmen – statten wir die angemietete Wohnung oder das Haus des Kunden mit dessen Auswahl aus den angebotenen Möbeln aus, in dringenden Fällen mit nur 24 Stunden Vorlaufzeit. Das Portfolio reicht von Einrichtungsgegenständen wie Bett oder Kleiderschrank über Küchenutensilien und Haushaltsgeräte bis hin zu Flachbildfernseher und Hundehütte. Sämtliche Objekte werden vor Ort aufgebaut und gegebenenfalls installiert.

Auf dem Weg zur Idee

Nach der Anstellung in einer britischen Investmentbank in London und der kurzen Beratungstätigkeit für eine amerikanische Lebensversicherung in Tokyo bin ich nach drei Jahren etwas desillusioniert nach Deutschland zurückgekehrt und habe als Volkswirt nach einer neuen Herausforderung gesucht. Schon seit längerem hatte ich den Wunsch, mich mit einem nachhaltigen Geschäftsprinzip selbstständig zu machen. Durch meine Eltern, die seit mehr als 20 Jahren als

Makler in Frankfurt am Main tätig sind, bin ich schließlich auf eine gewisse Ineffizienz auf dem deutschen Wohnungsmarkt aufmerksam geworden: Die Nachfrage nach möblierten Wohnungen von temporären Fachkräften aus Deutschland, dem europäischen Ausland, Nordamerika und immer öfter auch aus dem Osten Asiens und aus Indien überstieg das Angebot bei weitem. Den Arbeitnehmern blieb nur, ihre Unterkünfte mit unter Zeitdruck gekauften Möbeln auszustatten – um sie nach kurzer Nutzung weiterzuverkaufen oder die niedrigwertigen Gegenstände vom Discounter auf den Sperrmüll zu werfen. Mancher lässt für viel Geld sogar die eigenen Einrichtungsgegenstände aus dem Ausland verschiffen. Derlei Ansätze waren ökonomisch und ökologisch offenkundig verbesserungsfähig.

Wegweiser zur Nachhaltigkeit

Die Idee zur Gründung des Unternehmens hängt nicht zuletzt mit den Ereignissen in Japan vor rund zwei Jahren zusammen. Nur wenige Wochen lagen zwischen meiner Rückkehr nach Frankfurt und dem atomaren Zwischenfall in Fukushima. Der Stimmungswechsel war zu dieser Zeit deutlich spürbar – im Land selbst und weltweit. Die Anspannung der Einwohner und der wochenlange Fokus der Medien auf die durch Atomenergie provozierten Gefahren regten die Menschen zum Nachdenken über die Folgen ihres Handelns für die Erde an. Deutschland reagierte bekanntermaßen mit dem Beschluss zum allmählichen Ausstieg aus der Atomenergie; doch die Ausnahmesituation in Japan verstärkte auch den ohnehin lauten Ruf nach einem vernünftigen Umgang mit Rohstoffen. Angesichts des GAU hat der Wunsch nach effizienter Nutzung von begrenzten Ressourcen endgültig den Weg in das gesellschaftliche Bewusstsein gefunden.

Mietmöbel als Alternative

Obwohl das Konzept Mietmöbel in Metropolen wie London oder New York verbreitet ist, haben wir mit dem Geschäftsmodell in Deutschland Neuland betreten. Inzwischen hat sich in Relocation-Firmen (Unternehmen, die sich – meist im Auftrag Dritter – um die Umsiedlung von ausländischen Fachkräften kümmern) und den Personalabteilungen der Vorteil des Angebotes herumgesprochen. Denn durch die Vermittlung von Mietmöbeln an die Mitarbeiter sparen sie nicht nur wegen der ungleich höheren Miete für möblierte Wohnungen, sofern diese überhaupt verfügbar sind. Sie vermeiden außerdem Kosten für Hotelaufenthalte, etwa während der Wartezeit auf die Sendung der Möbel aus Übersee oder auf bei einem Möbelhaus bestellte Gegenstände. Diese schlagen zudem oft höher zu Buche als die sofortige Einrichtung der unmöblierten Wohnung oder des Hauses. Der Preis für eine hochwertige Ausstattung vom Bett bis zum Besteck kann je nach Mietdauer monatlich unter 200 Euro liegen.

Ein ressourcenschonendes Geschäftsmodell

Proportional zur Trendentwicklung bei Arbeitnehmern in Deutschland hin zu größerer Mobilität und Flexibilität ändert sich auch deren Konsumverhalten. Das bringt Nachteile mit sich: Oft werden billige Möbel nur kurz genutzt, um alsbald auf dem Müll zu landen – ein erst seit einigen Jahren zu beobachtendes Verhalten, denn während die Einrichtung früher hochwertig sein sollte und dementsprechend pfleglich behandelt wurde, ist ihre Nutzungsdauer inzwischen stark zurückgegangen. Die Moden auch in der Möbelindustrie wechseln zudem immer schneller, und Kunden tauschen das vom Hersteller zum Teil geplant obsolete Mobiliar häufiger aus. Pro Kopf steigen in Deutschland trotz tendenziell sinkender Möbelpreise die Ausgaben für Möbel immer mehr. Im europäischen Durchschnitt ist Deutschland gar Spitzenreiter – laut einer Erhebung des HDH[1] im Jahr 2008 geben wir etwa dreimal so viel für Möbel aus wie die Spanier und fast eineinhalb Mal so viel wie die Franzosen. Unser Unternehmen versteht sich als ökologische Alternative zu einer Wegwerfgesellschaft. Zum einen können wir jedes Möbelstück bis zu dreimal ohne Qualitätsminderung vermieten. Zum anderen können wir durch die Bündelung von Transporten umweltschonend agieren.

Was die Zukunft bringt

Das Unternehmen ist seit der Gründung vor mehr als einundhalb Jahren auf stetigem Wachstumskurs. Zur Stunde verfügt die Firma über Möbellager in Frankfurt, Hamburg und München. Über die Landesgrenzen ist sie bis nach Österreich gewachsen, in Wien kooperiert sie mit einem ortsansässigen Partner. Das Unternehmen arbeitet in vier Städten mit einem Team von vier Kundenberatern, zwei Lagerarbeitern und sechs Monteuren, um Mietmöbel bei Bedarf in kürzester

Zeit liefern zu können. In Zukunft wollen wir unsere Dienstleistung einer größeren Zielgruppe in Europa zugänglich und die Mietpreise noch erschwinglicher machen.

Interessant ist die Verknüpfung dieses wirtschaftlichen Geschäftsmodells mit der effizienten Nutzung von Ressourcen. Es scheint, dass für die vermittelnden Unternehmen der umweltschonende Gedanke des Konzeptes mitunter eine nachrangige Rolle spielt. Vermutlich auch aus Personalmangel werden bisweilen schnelle Entscheidungen zur Unterbringung der Mitarbeiter getroffen, ohne nach einer effizienteren und ressourcenschonenden Alternative zu suchen. Mit der stetig steigenden Bekanntheit des Konzeptes Mietmöbel treffen bei der Unterbringung ihrer Expatriates immer mehr Unternehmen eine ökonomisch und gleichzeitig ökologisch verantwortungsvolle Entscheidung.

Wo die Grenzen liegen

Weil die Zielgruppe analog zur globalisierten Arbeitswelt wächst und somit immer mehr Menschen auf Mietmöbel angewiesen sind, sind dem Geschäftsmodell selbst zwar keine Grenzen gesetzt – es gilt aber, auf dem Wachstumspfad einige Hürden zu überwinden. Einrichtungsgegenstände sind ein hochpreisiges Gut, wenngleich sie im Erwerb stetig günstiger werden. Mit dem Wachstum der Firma steigen die Lagerhaltungskosten für die Möbel ebenso wie die Ausgaben für Benzin, Montage, Haftung und Rechtssicherheit. Außerdem fallen speziell für die Lieferung über große Distanz hohe Kosten an. Doch je mehr Transporte wir bündeln, desto umweltschonender und kostenregulierender gestaltet sich das Geschäftsmodell.

Die Bedeutung von Kooperationen

Die Zusammenarbeit mit den Konsulaten und den Personalabteilungen internationaler Unternehmen ist essentiell. Sind die Personaler über den vorteilhaften Service informiert, nehmen sie für die Ausstattung der Wohnstätten in der Regel unsere Dienstleistung in Anspruch.

Das Geschäftsmodell der Ausstattung zur Miete steht jedoch nach wie vor in Konkurrenz zu den Möbel-Discountern. Um über das Argument der Ressourcenschonung hinaus einen Wettbewerbsvorteil für die temporäre Ausstattung zu generieren, müssen die einzelnen Prozesse im Ablauf kostengünstig ausgestaltet werden. Dazu zählt auch der Transport der Einrichtungsgegenstände mit Hilfe von Speditionen, die aber nur unter Garantie eines Mindestumsatzes kooperieren. Unerlässlich für das weitere Wachstum des Unternehmens ist es darum, mit Speditionen nach wie vor den möglichst kostengünstigen, gebündelten Transport der Mietmöbel zu vereinbaren.

Die Förderung nachhaltigen Konsums

Um Konsum und Nutzung nicht nur von Möbeln nachhaltig zu gestalten, ist ein Umdenken nötig. Ein zeitgemäßer unternehmerischer Grundsatz könnte lauten, dass ökologische Nachhaltigkeit und ökonomisches Wachstum nicht im Wettbewerb zueinander stehen, sondern voneinander abhängen und sich positiv beeinflussen können.

Unser Modell ist geprägt durch den Leitgedanken, Möbel möglichst günstig und zeitnah zu den Abnehmern zu bringen: Wir haben Standorte nah zu den Kunden gelegt und Transporte so gebündelt, dass möglichst niedrige Kosten entstehen und wir weiterhin konkurrenzfähig bleiben. Wo Ineffizienzen und somit Marktlücken bestehen, entstehen heute mehr und mehr ausgleichende Geschäftsmodelle – in unserem Fall hat sich der Wunsch nach Ressourceneffizienz eindeutig als Innovationstreiber erwiesen.

Auch privat lohnt ein Umdenken: Milliarden Euro in Form von ungenutzten Gegenständen liegen allein auf Dachböden in Deutschland herum, viele Produkte kommen nach kurzen Modephasen hinzu. Statt des Neukaufs immer aktuellerer Modelle sind Reparaturen, geliehene Exemplare oder auch Gebrauchtkäufe meist preiswerter und ökologischer. Unser Unternehmen tritt dem Trend zum schnellen Austausch daher entschieden entgegen und zeigt auf, wie Innovationen mit Blick auf die ökologische Verträglichkeit gefördert werden können.

Endnoten

[1] Hauptverband der Deutschen Holz und Kunststoffe verarbeitenden Industrie und verwandter Industriezweige e. V.

Ein nachhaltiges Geschäftsmodell mit Spannung, Spaß und Spiel

Sebastian Fleiter und Vanessa Pegel

Wie spannend das Thema erneuerbare Energien sein kann, beweist das Kunstprojekt The Electric Hotel aus Kassel, das im Oktober 2012 mit dem Designpreis der Bundesrepublik Deutschland ausgezeichnet wurde. In der am Kasseler Kulturbahnhof ansässigen Nachrichtenmeisterei entwickelten kreative Köpfe um den Erfinder, Medienkünstler und Kreativwirtschaftler Sebastian Fleiter eine mobile Handyladestation, die eine Zukunftsvision in sich trägt und ein Paradebeispiel für das vernetzte Arbeiten in der Kultur- und Kreativwirtschaft liefert.

Kunstwerk, Kraftwerk und Kommunikationsplattform

The Electric Hotel ist eine Utopie, die Wirklichkeit geworden ist: Ein original amerikanischer Airstream-Wohnwagen im Retrolook, der mit Solarzellen, Windkraftanlagen, einem Generator-Bike und dem weltweit ersten mobilen Pumpspeicherwasserkraftwerk ausgestattet ist und den Wert von erneuerbaren Energien aufs Unterhaltsamste und Nachhaltigste demonstriert.

Denn in The Electric Hotel checken keine Menschen ein, sondern ihre lebenswichtigen Kommunikationshelfer: die Mobiltelefone. Diese haben meistens genau dann keine Energie mehr, wenn man sie am dringendsten benötigt und weit und breit kein Stromnetz verfügbar ist: zum Beispiel auf Musikfestivals, Messen und Open-Air-Veranstaltungen jeder Art.

Gut, wenn dieser besondere Wohnwagen in der Nähe ist, mit dem selbsterzeugter Strom aus Wind-, Sonnen-, Muskel- und Wasserkraft für eine elektrische Ladung sorgt und neben glücklichen Gesichtern auch den Geistesblitz mit sich bringt, dass zum Telefonieren starke Kräfte vonnöten sind.

Stark unter Strom

Wie bei vielen guten Ideen war der Auslöser für die Erfindung ein persönlicher Notstand. „Ich war mehrere Tage auf einem Musikfestival und schon am zweiten Tag war mein Telefon leer", erinnert sich Sebastian Fleiter an die Initialzündung des Projekts. „Ich stand inmitten von 70.000 Leuten, es gab überall Currywurst, Pommes und Bier, aber was ich nicht bekam, war eine Steckdose. Die einzige, die ich gesehen hatte, befand sich in einem Duschcontainer, damit man seine Haare föhnen konnte, was aber nicht möglich war, weil 30 Leute mit ihren Ladekabeln davorstanden. In diesem Moment hat es bei mir Klick gemacht." Nach seiner Rückkehr vom Festival ersteigerte er sofort einen abgewrackten Wohnwagen bei ebay. Selbiger wurde mittlerweile vom documenta-Team aufgekauft, fungierte jedoch zuvor als vor dem eigenen Atelier aufgestelltes Mahnmal, um ständig daran zu erinnern, vor dem Geldausgeben erst einmal gründlich nachzudenken. Dennoch hatte eine elektrisch geladene Idee das Licht der Welt erblickt und bahnte sich ihren Weg.

Abbildung 1: Der Airstream-Wohnwagen „The Electric Hotel".

Elektrizität sorgt für Spannung

„Elektrizität hat in meiner Kunst schon immer eine große Rolle gespielt", sagt Fleiter, der schon auf einem Frankfurter Hochhausdach mit einem Geigenbogen auf einem Blitzableiter musiziert hat. „Denn

Elektrizität ist eines der spannendsten und am meisten vernachlässigten Themen auf diesem Planeten, obwohl die Gesellschaftsform, in der wir uns bewegen, hundertprozentig von ihr abhängig ist. Man stelle sich mal einen zweiwöchigen Stromausfall vor." Spielerisch auf diesen Umstand hinzuweisen und Anstöße zu geben, wie die Menschheit mit dieser Abhängigkeit umgehen könnte, ist seine Mission. Deshalb ging es ihm auch nicht darum, eine „Pommesbude für Strom" zu kreieren, sondern darum, die Themen Elektrizität und erneuerbare Energien in einem Event darzustellen und erlebbar zu machen. „Ich wollte nicht den erhobenen Zeigefinger zücken, den man sonst immer zu sehen bekommt, wenn es um das Thema Energiesparen geht. Ich wollte etwas Cooles machen, das visuell ansprechend ist und eine Notsituation aufgreift. Denn in dem Moment, in dem ich den Leuten helfe, ihr Handy aufzuladen, sind sie auch ganz offen für andere Ideen", so Fleiter. „Demzufolge geht es bei The Electric Hotel eigentlich überhaupt nicht um das Aufladen von Handys, sondern um Kommunikation. Wir wünschen uns, dass sich die Menschen über die Zukunft der Energiegewinnung Gedanken machen und ein Bewusstsein dafür entwickeln. Eine von vielen Möglichkeiten kann man bei uns sehen: Wir haben eine Insel gebaut, die sich autark auf effektive Art mittels Naturkräften selbst versorgt." Wer sein Mobilfunkgerät an der extravaganten „Rezeption" abgibt und mit dessen erfinderischen Machern ins Gespräch kommt, wird automatisch neugierig auf das, was dahintersteckt und wie es funktioniert. Auf dieses Weise werden erneuerbare Energien auf wundersame Weise plötzlich „sexy".

Das erste Mal

Auf ihr erstes Festival im Jahr 2011 fuhr die Crew relativ erwartungsfrei. Hatte sie doch der Veranstalter zuvor darauf hingewiesen, dass sich höchstwahrscheinlich sowieso niemand für sie interessieren würde. Schließlich kämen die Leute ja wegen der Musik und nicht etwa, um zu telefonieren. Eine fatale Fehleinschätzung. „Wir hatten keine halbe Stunde geöffnet und es standen schon 200 Leute davor", erinnert sich Fleiter. „Auf diesen enormen Ansturm waren wird nicht ansatzweise vorbereitet. Zwar hatten wir zuvor geübt, aber nur mit sechs Leuten und nicht etwa mit 20.000! Das hatte zur Folge, dass die Menschen eine Ewigkeit anstehen mussten, um ihre Handys bei uns zum Aufladen abzugeben, was uns überaus peinlich war." Gleich nebenan stand der riesige Messetruck eines Softwareentwicklers, der auf dem Festival sein neues Handy präsentieren wollte und ebenfalls eine Ladestation im Angebot hatte. Um die Wartezeit seiner Stromkunden zu minimieren, ging Fleiter die Reihen ab und machte die Leute auf das kostenlose Angebot des Softwareentwicklers aufmerksam. Folgende Antwort bekam er: „Bevor ich zu denen gehe, stehe ich lieber bei euch zwei Stunden Schlange und bezahle für die Aufladung, weil ihr seid cool und die sind es nicht." Diese Aussage schmeichelte nicht nur seinem kreativen Kern, sondern spornte ihn an, so dass im Folgenden mit Hochdruck die Technik verfeinert und der Service perfektioniert wurde.

Die Nachrichtenmeisterei

Er stellte ein Team aus Experten mit Spezialkenntnissen auf die Beine, die wie er selbst am Kasseler Kulturbahnhof in der „Nachrichtenmeisterei" beheimatet sind – ein Ort, an dem kreative Ideen so mühelos fließen wie der Strom durch ein Hochspannungsnetz. Seit 2004 ist die Nachrichtenmeisterei eine feste Institution in Kassel. Auf dem ehemaligen Gelände der Deutschen Bahn AG befinden sich Studios, Ateliers, Arbeitsräume von Künstlern und Kreativschaffenden aller Bereiche. Verbunden in einem räumlichen und ideellen Netzwerk hilft und ergänzt man sich hier gegenseitig. Dabei teilen alle dieselbe Philosophie: den Wert der natürlichen Ressourcen zu erkennen, energiebewusst zu leben und zu arbeiten. Seit seiner Gründung hat sich dieses kreative Ballungszentrum zu einer wichtigen Größe im regionalen Kulturbetrieb entwickelt und wurde 2009 mit dem Kulturförderpreis der Stadt Kassel ausgezeichnet.

In der Nachrichtenmeisterei wird beraten, konzeptioniert, visualisiert, programmiert, erschaffen und auseinandergenommen, kurz: kreativ gearbeitet. Der Schwerpunkt der bereits angesiedelten Unternehmen – derzeit sind es vom selbstständigen Freiberufler über die Kunsthochschule Kassel bis hin zu kleinen GmbHs über 60 Akteure in 23 Unternehmen – liegt dabei nicht in den erzeugten Produkten oder Dienstleistungen, sondern in der Art zu arbeiten. So treffen in den Kaffeeküchen Künstler auf Ingenieure, Mediendesigner auf Softwareentwickler und Musiker auf Produktdesigner und „elektrifizieren" sich gegenseitig.

Die Zukunft ist elektrisch

Die Nachrichtenmeisterei ist auch genau der richtige Ort, um weitere elektrisierende Projekte zu realisieren, die bereits durch Fleiters Kopf strömen. So beispielsweise der elektrische Salon: ein Veranstaltungsformat und Veranstaltungsort für Elektrizitäts- und Energiethemen. Hier soll mit einem regelmäßigen Programm die deutsche Kultur- und Wissenschaftsszene bereichert und Elektrizität in praktischen Anwendungen ausgelebt werden. Sei es als Kunstperformance oder Konzert, als Elektro-Skulptur oder Fachvortrag. Im elektrischen Salon werden Partys gefeiert, Seminare veranstaltet und Utopien gezimmert. Dabei sind kreative Wissenschaftler ebenso willkommen wie Schulklassen und Studenten. Inspirieren und inspiriert sein heißt die Devise, denn der Wissensaustausch steht hier im Vordergrund. Hier kann nicht nur der Wohnwagen besichtigt, studiert und bestaunt werden, wenn es sich zwischen seinen Ausflügen ausruht, sondern auch andere Generatoren, die das geheimnisvolle Phänomen der Elektrizität auf spielerische Art und Weise greifbar machen. So wird der elektrische Salon zum Magneten für alle, die sich mit Strom und Nachhaltigkeit, Medienkunst und utopischen Entwürfen beschäftigen.

Den Strom als Vorbild nehmen

„Der Mensch ist ein Verbraucher, oben rein und unten raus, die ganze Welt funktioniert so", sagt Sebastian Fleiter. „Es kann also gar nicht darum gehen, den Konsum vollkommen auszuschalten. Ein Elefant hat isoliert betrachtet auch eine miserable CO_2-Bilanz. Aber wir müssen von der Wegwerfmentalität wegkommen. Wir sollten uns ein Beispiel am Strom nehmen und mehr in Kreisläufen denken." Nach dieser Maxime hat sich die Crew auch beim Bau von The Electric Hotel gerichtet. „Der Originaltrailer ist von 1960, die Schließfächer kommen aus einer Bank, die Hälfte unseres Kassensystems stammt aus dem Jahr 1942 und die Leuchtschrift auf dem Dach besteht aus ehemaligen Firmenbeschriftungen, die wir auf LED umgerüstet haben. Das heißt, hier steckt ganz viel recyceltes Material drin, was dann mit Hightech kombiniert wird. Dadurch kommt eine spannende Mischung zustande, die sich thematisch irgendwo zwischen Jules Verne und der Rocky Horror Picture Show bewegt."

Was also vordergründig wie eine extravagante Handyladestation aussieht, erweist sich hinter den Kulissen als künstlerisches Lehrstück in Sachen Zukunftsmusik.

The Electric Hotel ist ein Paradebeispiel des Querdenkertums. Zur Verwirklichung dieses Projekts saßen Ingenieure, Designer und

Handwerker an einem Tisch und haben gemeinsam überlegt, wie diese Vision Wirklichkeit werden kann. Gerade die verschiedenen Einflüsse und Herangehensweisen aus unterschiedlichen Fachbereichen haben dazu geführt, dass ein solch einzigartiges Kunstkraftwerk entstehen konnte und nun seine faszinierende Wirkung auf die Menschen ausüben darf. Unser Projekt schärft das Umweltbewusstsein seiner Besucher, indem es ihnen spielerisch veranschaulicht, dass Strom eben nicht einfach so aus der Steckdose kommt, sondern erst einmal erzeugt werden muss. „Wer sich bei uns eine Stunde auf dem Generator-Bike abstrampelt, um 100 Watt zu erzeugen, der weiß anschließend ganz genau, was für eine Kraftaufwendung für diese Leistung notwendig ist", sagt Sebastian Fleiter. „Im Idealfall geht man anschließend zu Hause verantwortungsbewusster und sparsamer mit Strom um oder macht sich sogar Gedanken darüber, wie eine alternative Stromversorgung aussehen könnte."

Aus der kleinen Beobachtung einer Strom-Unterversorgung auf einem Musikfestival wurde im Verlauf zweier Jahre ein einmaliges Geschäftskonzept, das für 2013 erste internationale Anfragen hat. Dass dieser Prozess nicht ganz ohne Hürden verlief, sei an dieser Stelle aber auch gesagt. Problemzone wie überall: die Finanzierung. „Bei einem Projekt, für das es erst einmal keinerlei Referenzen gibt, eine Finanzierung auf die Beine zu stellen, ist natürlich alles andere als einfach. Geld ist am Ende des Tages aber ein nachwachsender Rohstoff, der sich bei entschiedener Beharrlichkeit besorgen lässt. Es lohnt allemal sich verschiedene, auf den ersten Blick scheinbar ungeeignete Förderprogramme näher anzuschauen. Am Ende muss man allerdings sagen, dass ohne die Begeisterung der freien und festen Mitarbeiter für die Sache mit Sicherheit nichts geht. Gerade in der Gründungsphase ist ein begeistertes und professionelles Team, das nicht unbedingt Stunden zählt, ausschlaggebend für den späteren Erfolg. Es ist ungemein wichtig, diesem Freiraum einzuräumen, auf Ideen zu hören und immer wieder die Frage nach dem Warum und dem Wohin zu stellen, ohne sofort eine Antwort zu erwarten. Es gilt, all diese Ideen und unterschiedlichen Ansätze verschiedener Gewerke an einen Tisch zu holen und gerade in der Anfangsphase nicht abzubügeln. Vieles Spannendes ergibt sich aus Entwicklungen, die auf den ersten Blick keinen wirklichen Mehrwert generieren. Und da gilt wieder: Das Allerwichtigste sind die Menschen, die am Projekt mitarbeiten. Punkt." Und das sind mittlerweile eine ganze Reihe, in den Sommermonaten bis zu 15 Personen, die davon leben. Nicht schlecht für einen kleinen Geistesblitz aufgrund eines entleerten Handy-Akkus.

Schlummernde Ressourcen in der Gesellschaft
Von der Nutzung und Nichtnutzung des Autos

Michael Minis

Aktuelle Studien belegen, dass private PKW etwa 23 Stunden pro Tag ungenutzt herumstehen. Stellen Sie sich nun einmal vor, die Gesellschaft würde mittels Carsharing dafür sorgen, dass alle Fahrzeuge nachhaltiger und effizienter genutzt werden. Rein rechnerisch wäre es so möglich, die rund 39 Millionen privaten PKW auf Deutschlands Straßen auf ein Zwölftel zu reduzieren. Wenn jedes Carsharing-Fahrzeug sieben bis zwölf andere PKW ersetzen würde, könnten nicht nur Straßen und Parkplätze entlastet werden, auch der CO_2-Ausstoß eines mobilen Menschen könnte durch den bewussten Umgang mit den vorhandenen Ressourcen deutlich reduziert werden.

Die Geschäftsidee

Die tamyca GmbH mit Sitz in Aachen/Herzogenrath betreibt seit November 2010 Deutschlands erstes und größtes Portal für privates Carsharing. Diese neue Form der Mobilität erlaubt Fahrzeughaltern, ihr Fahrzeug an Menschen in der Nachbarschaft zu vermieten und durch den Verdienst die anfallenden Fixkosten zu kompensieren. Gleichzeitig ermöglicht das Unternehmen Privatpersonen, Autos in ihrer unmittelbaren Umgebung günstig von anderen Privatpersonen zu mieten. Für den Zeitraum der Vermietung greift eine eigens entwickelte Zusatzversicherung, welche Fahrzeug und Fahrer umfassenden Schutz zur Verfügung stellt, unabhängig von der Versicherung des privaten Fahrzeughalters. Der Service steht als Internetseite[1] (siehe Abbildung 1) sowie über eine Smartphone-App zur Verfügung und wird von einem Team von inzwischen zehn Vollzeitbeschäftigten betrieben.

Abbildung 1: Homepage der tamyca GmbH.

Wie die Idee entstand

Die Idee zu tamyca (Abkürzung für „take my car") wurde im Sommer 2010 im Rahmen eines studentischen Projektes an der RWTH Aachen geboren. Auf der Veranstaltung „3 Day Startup", auf der sich gründungsinteressierte Studierende und Freiberufler treffen, fand sich auch das spätere Gründungsteam des Unternehmens.

Das Team beschäftigte sich während dieser drei Tage mit dem Thema Mobilität und diskutierte die bis dahin im Markt befindlichen Autovermietungs- und Carsharing-Konzepte sowie das Mobilitätsbedürfnis der jungen und zunehmend mobileren Generation. Ausgehend von dem wachsenden Bedürfnis nach spontaner und flexibler Mobilität stellte das Team fest, dass der Großteil der bereits von Privatpersonen angeschafften Fahrzeuge ungenutzt herumsteht. Firmenparkplätze, Parkhäuser und Parkstreifen sind darüber hinaus völlig überfüllt.

Besitzt man selbst kein eigenes Auto, benötigt allerdings ab und zu eines, ist man auf die Angebote professioneller Autovermieter und Carsharing-Dienste angewiesen. Auf die unerschlossene Ressource der in unmittelbarer Umgebung stehenden Fahrzeuge von Privatpersonen kann jedoch nicht zugegriffen werden. Diesen Umstand wollte das Team verändern und die stehenden, bisher für Fremde nicht nutzbaren Fahrzeuge für die gesamte Nachbarschaft verfügbar machen.

Auf dieser Idee fußte die Vision, eine Vermittlungsplattform zu schaffen, welche es privaten Autobesitzern ermöglicht, das eigene Fahrzeug anzubieten und den Nachfragern einen Zugang zu diesen Fahrzeugen zu gewähren. Diese Plattform sollte in Form einer Internetplattform sowie einer Smartphone-App realisiert werden und somit eine Zusammenführung von Angebot und Nachfrage in Echtzeit ermöglichen.

Was dahintersteckt – das Geschäftsmodell

Damit eine möglichst breite Zielgruppe mit dem Service angesprochen werden kann, sind die Anmeldung und das Anbieten des eigenen Fahrzeugs kostenlos. Bisher besteht die Gruppe der Autovermieter hauptsächlich aus Männern im Alter von 35 bis 40 Jahren mit mittlerem Einkommen und hohem Bildungsgrad. Die Mieter sind im Durchschnitt ebenfalls meist männlich, befinden sich im Alter von 25 bis 39 Jahren und verfügen über einen heterogenen Bildungsgrad.

Die Grundlage des Geschäftsmodells stellt die Abwicklung der Zahlung sowie die Bereitstellung einer Versicherungsleistung dar. Das zwischen den Parteien vereinbarte Vermiethonorar, inklusive einer vom Mietzeitraum abhängigen Pauschale (die sogenannte tamyca-Gebühr) für den Versicherungsschutz, wird vorab durch den Mieter an die Plattform gezahlt. Anschließend wird eine Freigabe des Vermietvorgangs erteilt, so dass der Versicherungsschutz für den gebuchten Zeitraum freigegeben werden kann. Das Vermiethonorar wird nach Beendigung des Vermietvorgangs an den Autobesitzer ausgezahlt. Interessierte Nutzer können zudem am „Plant-a-Tree"-Programm teilnehmen, über welches in Kooperation mit einem Partner der eigene CO_2-Ausstoß durch einen kleinen Betrag pro gefahrenem Kilometer kompensiert und die Renaturierung der afrikanischen Buschvegetation unterstützt wird.

Im Gegensatz zu herkömmlichen Autovermietungen oder kommerziellen Carsharing-Anbietern, die auf einen eigenen Fuhrpark zurückgreifen, nutzt tamyca bereits angeschaffte und in privatem Besitz befindliche Fahrzeuge, um Individualmobilität zu ermöglichen. Der Kapitaleinsatz für das Unternehmen wird durch diesen Schritt deutlich verringert, da die Kosten der Fuhrparkbeschaffung, -instandhaltung und des -managements nicht durch den Carsharing-Anbieter getragen werden müssen.

So können Menschen, die ihr eigenes Auto nur selten nutzen, dieses kostenlos auf der Website anbieten. Den Mietpreis sowie die Verfügbarkeit legen die Autobesitzer dabei selbst fest und entscheiden vollkommen eigenständig, ob und wem sie ihr Fahrzeug überlassen. Auf der anderen Seite finden Menschen ohne Auto auf der Plattform Autos von privat in der Nähe, die sie günstig und rundum abgesichert mieten können. Jede Vermietung ist dabei durch eine Zusatzversicherung geschützt.

Bei der Fahrzeugübergabe treffen sich Vermieter und Mieter zur vereinbarten Zeit am vereinbarten Ort und füllen gemeinsam ein Übergabeprotokoll aus. Auf diesem werden alle wichtigen Informationen wie zum Beispiel Personalausweis- und Führerscheinnummer, Tankfüllung, Kilometerstand und so weiter festgehalten. Nach einem Vermietvorgang bewerten sich Vermieter und Mieter auf der Plattform gegenseitig und stärken so das Vertrauen in der großen Carsharing-Community.

Marktpotential des privaten Carsharings

Das Marktpotential für privates Carsharing ist enorm: Renommierte Unternehmensberatungen und Analysten wie etwa Frost & Sullivan untersuchten im Sommer 2012 die Potentiale verschiedener Carsharing-Konzepte in Europa und prognostizierten eine immer stärker werdende Bedeutung dieser Mobilitätsangebote. Nutzten im Jahr 2011 rund 700.000 Europäer aktiv ein Carsharing-Angebot als Mieter, soll diese Zahl bis zum Jahr 2020 auf über 15 Millionen Nutzer ansteigen. Eine ähnliche Entwicklung erwarten die Experten für das Wachstum der Angebote auf Plattformen für privates Carsharing. So geht die Studie davon aus, dass europaweit etwa 310.000 Fahrzeuge bis zum Jahre 2020 auf den Portalen registriert sein und zur Vermittlung bereitstehen werden.

Ermöglicht wird diese positive Entwicklung durch die rasante Verbreitung und Effizienzsteigerung neuer Kommunikationstechnologien. Innovative Smartphone-Applikationen erlauben den Zugang zu Carsharing-Services zu jeder Zeit und an jedem Ort. Gleichzeitig wird der Nutzungskomfort dieser Services in Kürze durch mobile

Buchungs- und Zahlungstechnologien sowie Möglichkeiten, Autos per Smartphone zu öffnen, weiter enorm steigen. Die Integration der einzelnen Fahrzeuge als Bestandteil des Angebots in sozialen Netzwerken (Internet of things) wird zudem den Grad der Interaktion zwischen Anbietern, Kunden und potentiellen Neukunden sowie Mitfahrern enorm steigern und das Marktpotential erweitern.

Begünstigt wird die skizzierte Entwicklung durch steigende Kosten in der Fahrzeughaltung und explodierende Spritpreise sowie einen Wandel in der Wahrnehmung des Fahrzeugs als Statussymbol. Der junge und mobile Mensch empfindet Mobilität als Statussymbol, verknüpft dies jedoch nicht automatisch mit dem Besitz eines eigenen Fahrzeugs. Gemeinsam mit dem wachsenden Trend des Teilens (Sharing Economy) wirkt sich dies positiv auf das Marktpotential für privates Carsharing aus.

Grenzen des Geschäftsmodells

Eine klassische Win-win-Situation zwischen Anbieter und Abnehmer, wie sie aus der Betriebswirtschaftslehre bekannt ist, wird bei Marktplatzmodellen, wie dem hier beschriebenen, um eine dritte Partei ergänzt: das Unternehmen als „Plattformbetreiber". Die Durchführung einer Transaktion führt zu einer Win-win-win-Situation, bei der sowohl Anbieter und Abnehmer als auch Plattformbetreiber einen Vorteil erfahren. Dieser Vorteil ist für den Fahrzeuganbieter und den -nachfrager nicht immer monetär messbar. Für den Plattformbetreiber stellt die monetäre Messbarkeit der Bereicherung allerdings den Kern eines profitablen Geschäftsmodells dar. Nach dem Initialkontakt bei der ersten Transaktion (= Vermietung) zwischen Anbieter und Nachfrager verfügen beide Gruppen über genügend Informationen (Kontaktdaten etc.), um weitere Transaktionen direkt mit dem jeweiligen Gegenüber durchzuführen. Aus diesem Grund ist das Schaffen von Anreizen, weitere Transaktionen zwischen Anbieter und Nachfrager ebenfalls über die Plattform durchzuführen (sogenannte Lock-in-Mechanismen) für den Plattformbetreiber von existentieller Bedeutung.

Beim privaten Carsharing erfüllt die Bereitstellung des Versicherungsproduktes diesen Zweck. Das Versicherungsprodukt sorgt dafür, dass im Fall eines Schadens am angebotenen Fahrzeug die KFZ-Versicherung des Autobesitzers nicht leisten muss und der Besitzer zudem keine Rückstufung in der Schadenfreiheitsklasse erfährt. Von

Anbieterseite her liegt somit ein Interesse vor, auch weitere Vermietungen über die Plattform zu tätigen, um die Vorteile des Versicherungsschutzes nutzen zu können.

Zeitgleich stellt das Versicherungsprodukt für den Plattformbetreiber eine Begrenzung seines Geschäftsmodells dar. Die im Vorfeld zwischen Betreiber und Versicherer verhandelten Konditionen – wie etwa die zulässigen Fahrzeugklassen oder aber die geografische Begrenzung der Versicherungslizenzen – grenzen den Handlungsraum des Angebotes ein.

Nachhaltiger Konsum durch privates Carsharing

Das skizzierte Beispiel des privaten Autoteilens beschreibt eine Änderung im Konsumverhalten der Gesellschaft. Das Denken geht weg vom Besitzen hin zum Nutzen. Aktuell und auch zukünftig wird es immer wichtiger sein, den Zugang zu etwas zu haben, als etwas alleine zu besitzen.

Diese Entwicklung kann neben dem Beispiel „Auto" bei Gebrauchsgegenständen wie einer Bohrmaschine einleuchtend beschrieben werden. Ein durchschnittlicher (privater) Besitzer einer Bohrmaschine benötigt, um einen Gegenstand an der Wand zu befestigen, eine Bohrmaschine. Nachdem er diese gekauft und für rund zehn Minuten genutzt hat, liegt diese ungenutzt im Keller und bindet zudem Kapital und Lagerplatz. Anstatt die Bohrmaschine ungenutzt zu lassen, kann der private Besitzer diese, ähnlich wie beim Carsharing, anderen Menschen zur Verfügung stellen. Neben diesem Beispiel lassen sich unzählige weitere anführen, die einleuchtend darstellen, dass unser Konsumverhalten oft von irrationalen Handlungen geprägt ist. Aus diesem Grund entwickelt sich seit einiger Zeit der nachhaltige gemeinschaftliche Konsum (Collaborative Consumption) zu einem weltweiten Megatrend.

Ausschlaggebend für diese Entwicklung sind zwei Faktoren:

1) Steigende Technisierung der Kommunikation
Informationsnetze wie das Internet und die Möglichkeit, permanent auf diese zugreifen zu können, ermöglichen es den Menschen, Wissen und Informationen in Wikis, sozialen Netzwerken oder anderen Portalen zu teilen, und bieten einen neuen Zugang zu bisher nicht erreichbaren Ressourcen.

2) Gesellschaftlicher Wandel
Getrieben durch einen wachsenden ökonomischen Druck, ein wachsendes Ökologiebewusstsein und einen Wandel im Statusbewusstsein vieler Menschen erlebt die Gesellschaft derzeit einen Wandel, der dem Leitgedanken der Sharing Economy folgt.

Durch die beschriebenen Entwicklungen entstehen zahlreiche Non-Profit-Organisationen, Start-up-Unternehmen und Ausgründungen aus Konzernen, die das Tauschen und Teilen von Gegenständen und Dienstleistungen fördern. Mittlerweile gibt es zahlreiche Portale, die zum Beispiel Privatunterkünfte vermitteln, Mitfahrgelegenheiten anbieten, Kleidertausch ermöglichen, Dienstleistungen vermitteln oder neue Finanzierungsmodelle wie Crowdfunding und Microlending anbieten.

Die Geschäftsmodelle dieser Angebote basieren im Grundsatz auf einem zentralen Wert: Vertrauen. Anders als bei einer klassischen Unternehmen-Kunde-Beziehung sind Anbieter und Empfänger einer Leistung in der Regel Privatpersonen. Es besteht keine Sicherheit, dass die angebotene Leistung der Beschreibung tatsächlich entspricht oder der Empfänger in der Lage und willens ist, diese Leistung zu vergüten. Als Vorreiter dieser neuen Ökonomie gilt der Online-Marktplatz ebay. Der Käufer auf ebay überweist einen Betrag an einen völlig fremden und meist anonymen Verkäufer in dem Glauben, die beschriebene Ware zu erhalten. Diese Transaktion ist nur durch gegenseitiges Vertrauen der Mitglieder auf diesem Marktplatz möglich. Ähnlich verhält es sich bei den meisten Angeboten, die im Zuge der Sharing Economy entstanden sind: So vertraut der Mitfahrer seinem Fahrer, dass dieser ihn sicher ans Ziel bringen wird. Der Gastgeber vertraut dem Reisenden, dass dieser seine Wohnung sauber hinterlässt, und beim privaten Carsharing vertraut der Autobesitzer dem Mieter sein eigenes Auto an.

Zur Steigerung des Vertrauens unter den Nutzern dieser neuen Konsumformen wird die Online-Reputation jedes Einzelnen genutzt, welche in Form von Bewertungsverfahren oder etwa der Anzahl getätigter Aktionen – im Falle des Carsharings Vermietvorgänge – öffentlich dargestellt werden kann. Eine der wichtigsten vertrauensbildenden Maßnahmen bilden allerdings zwischenmenschliche Beziehungen, welche etwa beim Carsharing oder bei der Wohnungsvermittlung durch den persönlichen Kontakt hergestellt werden. Auch diese können durch die Abbildung von Freundschaften in sozialen Netzwerken inzwischen auf Plattformen für nachhaltigen Konsum genutzt und dem jeweiligen Nutzer angezeigt werden. Ein Nutzer einer Carsharing-Plattform kann so sehen, welcher seiner Freunde schon einmal ein Fahrzeug gemietet hat und wie zufrieden der Freund mit diesem Service war.

Sharing als Trend der Zeit

Wie prominent am Beispiel des privaten Carsharings und unter Nennung anderer Sharing-Communitys gezeigt werden konnte, steht Deutschland an der Schwelle zu einem neuen und innovativen Konsumzeitalter. Die Frage „Sind wir bereit, unsere Gewohnheiten zu ändern und Dinge zu teilen?" steht dabei im Mittelpunkt und wird mit dem Schlagwort „Collaborative Consumption" auf einen Nenner gebracht. Die skizzierten Trends zeigen, dass der Mensch nicht mehr alles alleine besitzen muss, um es nutzen zu können. Sei es die Bohrmaschine für das Loch in der Wand, das Zimmer in Berlin für den City-Trip oder das Auto mit großem Kofferraum vom Nachbarn gegenüber, um Möbel zu transportieren.

Endnoten

1   Siehe www.tamyca.de.

Wie man mit Ressourceneffizienz ein nachhaltiges Geschäftsmodell entwickelt

Gottlieb Hupfer und Jutta Quaiser

EnviroChemie ist ein mittelständisches Unternehmen im Anlagenbau, das sich als Partner für Industriekunden versteht. Von der Bereitstellung erforderlicher Wasserqualitäten, verschiedener Wasserrecyclingstufen bis hin zur Behandlung von Abwasser berät, plant, baut und betreibt der hessische Mittelständler weltweit die Kunden in den unterschiedlichsten Industriebranchen, wie zum Beispiel der Lebensmittel-, Automobil- sowie pharmazeutischen und chemischen Industrie. Seit mehr als 35 Jahren am Markt, verfügt der Anlagenbauer über reichhaltige Erfahrung. Mit dem eigenen Forschungs- und Entwicklungsteam beteiligt man sich an nationalen und europäischen Forschungsvorhaben.

Die Senkung des Energieverbrauchs, die Optimierung von Betriebskosten und der nachhaltige Umgang mit Ressourcen sind für die meisten Unternehmen wichtige Ziele. Unter bestimmten Voraussetzungen lassen sich diese Ziele in ein intelligentes Konzept zur Wasseraufbereitung und Abwasserbehandlung integrieren: Durch Energierückgewinnung, Wasserrecycling, Wertstoffrückgewinnung und Entsorgungskostenminimierung können Betriebskosten optimiert und die Emission von CO_2 verringert werden. Das bringt nicht nur ökonomische und ökologische Vorteile, es trägt auch zur positiven Imagebildung des Unternehmens bei. Knapper werdende Ressourcen und damit verbunden höhere Beschaffungs- und Betriebskosten sowie zunehmende Umweltverantwortung in der Industrie treiben die Innovationen unseres Unternehmens an.

Anlagenbauer für Wasser- und Abwassertechnik müssen deshalb heute nicht nur die von den Behörden oder den Kunden geforderten Wasserqualitäten erzeugen. Ein nachhaltiges Wirtschaften mit den Ressourcen wird gleichzeitig als Ziel formuliert – oder ist der Antrieb für die Investition in neue Anlagentechnik. Unser Unternehmen hat diesen Trend vor Jahren erkannt und entwickelt seit Mitte der 90er Jahre energieeffiziente und ressourcenschonende Verfahrenstechniken und Konzepte zur industriellen Wasseraufbereitung, zum Wasserrecycling und zur Abwasserbehandlung.

Für jede Industrieanwendung werden die optimalen Verfahren zur Wasseraufbereitung oder Abwasserbehandlung ausgewählt und für die jeweilige Aufgabenstellung zusammengestellt. Mit dem EnviModul-Konzept stehen unterschiedliche Anlagenmodule zur Verfügung, die beliebig kombinierbar sind, etwa Wasserrecycling, Wasserfiltration, Labormodul. Bei der Enviro Betriebsführung können die Kunden ganz individuell das zu ihrem Betrieb passende Betriebsführungspaket schnüren.

Das Geschäftsmodell der Enviro Betriebsführung individuell gestalten

Die Kunden können sich ganz auf ihr Kerngeschäft konzentrieren, während die Wasserspezialisten bestehende Anlagen optimieren, renovieren oder ausbauen. Zum Betreibermodell gehört auch eine ganzheitliche Betrachtung des Produktionsprozesses. Wo können Ressourcen eingespart oder recycelt werden? Wie können Betriebskosten für Energie, für Chemikalien bei der Entsorgung von Rückständen oder beim Personaleinsatz minimiert werden? Hochleistungschemikalien können beispielsweise den Chemikalienverbrauch senken. Wärme kann gegebenenfalls zurückgewonnen werden.

Mit dem Geschäftsmodell geht das Unternehmen einen Schritt weiter. Es ist nicht nur Anlagenbauer, der auch Kundendienst anbietet. Unser Unternehmen ist Partner des Industriekunden. Alle Aufgaben rund um die Betreuung der Wasser- und Abwasseranlagen, wie in Abbildung 1 dargestellt, werden übernommen. Der Kunde kann sich ganz auf seine Produktion konzentrieren. Die Wasserspezialisten sichern mit ihrem Know-how die Bereitstellung der erforderlichen Wasserqualitäten und die Entsorgung der Reststoffe – und das rund um die Uhr.

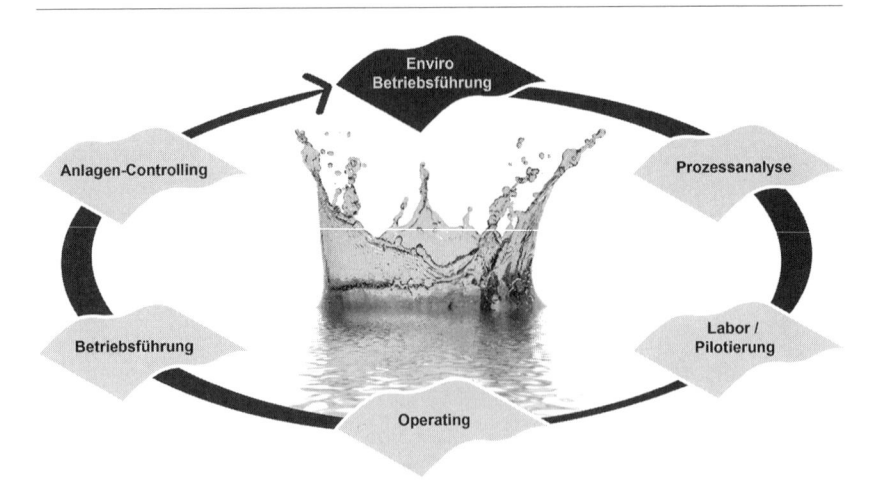

Abbildung 1: Enviro Betriebsführung, ein modulares Geschäftsmodell für den Betrieb wassertechnischer Anlagen in der Industrie (Quelle: EnviroChemie).

Je nach Kundenanforderung können verschiedene Betriebsprozesse übernommen werden:

- Kühlwasserkreisläufe
- Recyclingkreisläufe
- Frischwasseraufbereitung
- Prozesswasseraufbereitung
- Abwasserbehandlung

Alle nötigen Prozessmedien werden bereitgestellt und die Entsorgung der verbrauchten Medien organisiert. Unser Unternehmen betreibt nicht nur die Kundenanlagen, sondern zeigt den Kunden auch Verbesserungspotentiale auf. So entspricht die Betriebsführung einem kontinuierlichen Verbesserungsprozess (KVP).

Um für jeden Kunden ein optimales Betriebsführungskonzept zusammenstellen zu können, bietet das Betriebsführungsmodell verschiedene Module an. In jedem Fall werden in enger Zusammenarbeit mit dem Kunden individuelle Pakete geschnürt, die je nach Anforderung erweiterbar sind. In Tabelle 1 sind exemplarisch einige der wichtigsten Module übersichtlich aufgeführt:

Betriebsführungsmodul	Leistungsumfang
Operating	Wir übernehmen die technische Betriebsführung der Kundenanlage inklusive der Anlagenanalytik, optional übernehmen wir die kaufmännische Betriebsführung oder die Betreuung von Leitungsnetzen und Pumpenschächten des Kunden.
Logistik	Der Kunde überträgt uns die Disposition der für den Betrieb der wassertechnischen Anlagen notwendigen Verbrauchsmaterialien und die Koordinierung der Reststoffentsorgung.
Behördenmanagement	Wir überwachen die Einleiterstellen und übernehmen den direkten Kontakt zu den Behörden, optional stellen wir den Gewässerschutzbeauftragten.
Ressourcenschutz	Wir analysieren die Betriebsprozesse des Kunden und optimieren anschließend den Ressourcenverbrauch in der Produktion mit geeigneten Anpassungen der Prozesse oder dem Einsatz von Hochleistungschemikalien.

Tabelle 1: *Die verschiedenen Module, aus denen individuell die Enviro Betriebsführung zusammengestellt werden kann.*

In der Regel wird zunächst eine Prozessanalyse erstellt, die Verbesserungspotentiale aufzeigt, die gegebenenfalls durch Labor- und Pilotarbeiten und eventuell durch Arbeiten vor Ort überprüft werden. Ein Praxisbeispiel der Betriebsführung bei der Molkerei Ammerland macht den Kundennutzen deutlich:

Praxisbeispiel: Moderne Abwassertechnik und Betriebsführung für die Molkerei Ammerland

Seit 2010 haben wir als Kontraktor die Betriebsführung und Modernisierung der Kläranlage der Molkerei Ammerland in Wiefelstede-Dringenburg bei Oldenburg übernommen. Die Zusammenarbeit der beiden Unternehmen ist dabei so angelegt, dass sich die Molkerei auf den umfangreichen Ausbau ihrer Produktionsstätten und ihre Kernkompetenzen konzentrieren kann, während der Kontraktor sich als Spezialist um den Ausbau der Abwasserbehandlung und die Optimierung des Betriebskonzeptes kümmert. Dies reicht von der Genehmigungsplanung bis hin zur reibungslosen Inbetriebnahme der neuen Anlagenteile und Übernahme in die eigentliche Betriebsführung.

Aufgrund der enormen Weiterentwicklung der norddeutschen Molkerei, die ihre Milchverarbeitung bis 2014 auf 1,4 Milliarden Liter Rohmilch jährlich steigern will, wurde ein Ausbau der Abwasserbehandlungsanlage am Standort notwendig. Die beim Projektstart durchgeführte Leistungssteigerung ist den Angaben nach bereits voll ausgelastet, so dass jetzt eine weitere Belebungs- und Klärstufe gebaut werden muss. Außerdem wird die Phosphat-Elimination zur Direkteinleitung des Abwassers verbessert. Der Ausbau ermöglicht eine Leistungssteigerung um 30 Prozent in der Menge und 60 Prozent in der CSB-Fracht (CSB: Chemischer Sauerstoffbedarf, ein Summenparameter für die Beurteilung der Abwasserbelastung). In der nächsten Bauphase wird nach Unternehmensangaben zur Optimierung der Betriebskosten und der Anlagensicherheit ein besonderes Augenmerk auf die Optimierung der Mess- und Regeltechnik und der Dosiertechnik gelegt. Die Erweiterung erfolgt bei ununterbrochenem Betrieb der bestehenden Kläranlage. Die Anlage ist nach Abschluss der Arbeiten für einen Spitzenzufluss je Tag von 3.300 m³ Abwasser ausgelegt. Die Prozessabwässer werden mit dem Biomar-Verfahren (siehe Abbildung 2) mechanisch und biologisch behandelt und anschließend

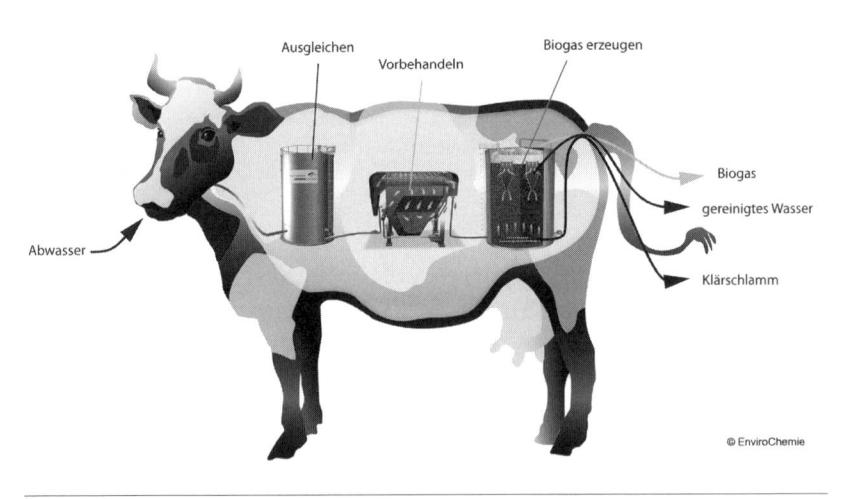

Abbildung 2: Den Prozess der biologischen Abwasserbehandlung mit Biogasgewinnung haben sich die Ingenieure von der Natur abgeschaut (Quelle: EnviroChemie).

einer Phosphat-Elimination unterzogen. Mit der beschriebenen Betriebsführung nutzt der Kunde das Expertenwissen seines Partners für den Betrieb der wassertechnischen Anlagen. Alle Aspekte rund um das Thema Wasser überträgt er auf die Wasserspezialisten, die seinen Betrieb sicher rund um die Uhr mit den erforderlichen Wasserqualitäten ver- und entsorgen. Er kann sich darauf verlassen, dass Optimierungspotentiale für den Betrieb der Wassertechnik aufgezeigt und, wenn gewünscht, auch fachgerecht umgesetzt werden.

Wassertechnik im EnviModul Baukastensystem rund um die Welt

Modulare Anlagensysteme in der Wasser- und Abwassertechnik sind im Kommen. Dezentrale Wasser- und Abwassertechnik ist international gefragt. Gegenüber der klassischen zentralen Anlagenlösung in gemischter Bauweise bieten modulare, dezentrale Baukastenlösungen klare Vorteile bei den Kosten, der Flexibilität und der Realisierungsgeschwindigkeit. Im Rahmen einer Blue-Competence-Produktentwicklung haben unsere Ingenieure deshalb ein eigenständiges modulares Baukastensystem entwickelt. Moderne Technologien zur Wasserbehandlung sind in Modulen angeordnet, die je nach Kundenbedürfnissen miteinander kombiniert werden können. Die komplett werksgefertigten Module werden dann vor Ort nur noch fertig angeschlossen. Mehrere weltweit realisierte Projekte zeigen die Akzeptanz der Lösung.

Vom Beginn der Entwicklung an haben die Ingenieure und Techniker auf dezentrale Lösungen bei der industriellen Abwasserreinigung, Kreislaufführung und Prozesswasseraufbereitung gesetzt und dabei maßgeschneiderte Konzepte für Kunden und Branchen entwickelt und eingebaut. Neben komplett individuell gefertigten Anlagenlösungen wurden schon früh kompakte, vorstandardisierte Anlagen entwickelt und in die Märkte eingeführt.11 2008 begannen wir mit der Entwicklung des Baukastens. Die bereits verfügbaren Verfahren wurden konstruktiv so modifiziert, dass sie in vorgefertigte, hochwertige Raummodule eingepasst und vielfältig kundenspezifisch kombiniert werden können. Ein Baustein ersetzt Betriebsgebäude aus Stahl und Beton, ist semimobil, an unterschiedliche klimatische Verhältnisse anpassbar, haltbar und optisch ansprechend. Nach gut einem Jahr Entwicklungszeit konnten erste Pilotanlagen an Kunden in Rumänien, China, Brasilien und Deutschland ausgeliefert werden und haben sich bewährt.

Mit Modulbausteinen schneller und flexibler

Die Vorteile liegen auf der Hand: Im Vergleich zur konventionellen Anlagenbauweise sind diese Baukastenlösungen wesentlich schneller und mit weniger Aufwand zu realisieren. Sie lassen sich leichter an veränderte Betriebsbedingungen der Kunden anpassen. Bei Bedarf können sie erweitert oder an andere Betriebsstätten versetzt werden.

Die einzelnen Anlagenbausteine werden an unseren Produktionsstandorten gebaut und kundenspezifisch als Modulanlage zusammengebaut. In der Regel wird der Kunde zur Prüfung eingeladen und kann dabei noch kleine Änderungswünsche und Anpassungen einbringen. Anschließend wird die Anlage wieder in ihre Einzelmodule zerlegt und auf der Straße oder über den Seeweg zum Kunden transportiert. Die Montagezeit der komplexen Wasser- und Abwasserbehandlungsanlagen vor Ort beim Kunden wird auf diese Weise enorm verkürzt.

Variable Verfahrenstechnik maßgeschneidert

Sinnvolle dezentrale Lösungen für die Behandlung von Abwasser und Prozesswasser oder für das Wasserrecycling werden für die betrieblichen Bedürfnisse maßgeschneidert und individuell konfiguriert. Eine detaillierte Grundlagenermittlung der Stoffströme nach Entstehungsort, Inhaltsstoffen und Konzentration ist genauso wichtig wie die exakte Festlegung der Qualität der zu produzierenden Wässer oder Stoffe. Genehmigungsrechtliche Belange sind zu berücksichtigen. Aus diesen Vorgaben werden dann Verfahren und Prozessschritte ausgewählt, kombiniert und dimensioniert. Die Verfahrensstufen werden anschließend mit der notwendigen Zahl und Modulzellengröße konfiguriert und geplant.

Je nach benötigter Anlagentechnik und Anlagengröße ermöglicht der Anlagenbaukasten Einzelmodulanlagen zwischen drei und zwölf Metern Länge, die am Stück per LKW transportiert werden können, Doppelanlagen, die geteilt transportiert werden, oder komplette Gebäude, die aus bis zu 20 Modulen bestehen können.

Solide Bausteine im Baukasten

Die Konstruktion der Modulzellen beruht auf korrosionsgeschützten und mehrfach lackierten Stahlrahmen mit ISO-Ecken zum einfachen Transport. Die Module sind umseitig isoliert und mit einer kunststoffbeschichteten Innenverkleidung versehen. Für die Böden gibt es unterschiedliche Ausführungsoptionen in Stahl, Kunststoff, oder Gitterrost. Medienführende Module verfügen über eine wasserdichte Bodenwanne von 100 mm Höhe. Fenster mit Isolierglas können je nach Bedarf ebenso eingesetzt werden wie Lichtkuppeln. Heizung und Klimatisierung erfolgen nach den regionalen Anforderungen. Die Anlagen werden in der Regel mit einem Autokran verladen und – ähnlich wie Fertiggaragen – auf Punktfundamenten, Streifenfundamenten oder Betonplatten abgesetzt.

Die Bausteine sind vielfältig kombinierbar

So vielfältig wie die maßgeschneiderten Verfahrenslösungen der Kunden sind, so vielfältig sind auch die individuellen Optionen des Baukastenkonzeptes (Beispiel siehe Abbildung 3). So können für die einfache Wartung und Pflege von Tauchmembranen in Membranfilteranlagen oder Membranbiologien die Dächer der Module einfach aufgeklappt oder verschoben werden. In anderen Fällen sind die Raummodule seitlich geöffnet und werden ohne Wandverkleidung in frostsicherer Umgebung (Afrika/Brasilien) aufgestellt. Diese Lösung spart Kosten und erleichtert die Bedienung und Wartung.

Werkseitige Montage und Werksabnahme bringen Qualität und Sicherheit. Mit dem ressourcenschonenden Baukastenkonzept sparen die Kunden die Kosten für den Bau eines Gebäudes für die Anlagentechnik. Die Heizkosten können durch die Eigenwärme des Abwassers minimiert werden. Für den Betrieb der Anlagen ist nur wenig Personal notwendig, das durch eine Fernwartung unterstützt wird.

Die Anlagen werden bei EnviroChemie komplett in Deutschland geplant und gebaut und entsprechend der endgültigen Aufstellung im Werk vormontiert und vorgeprüft. Durch diese komplette werkseitige Vormontage wird die Qualität der kompakten Anlagen gegenüber der internationalen Baustellenmontage erheblich gesteigert. Gleichzeitig erhält der Kunde Sicherheit und zertifizierte Qualitätsarbeit „made in Germany".

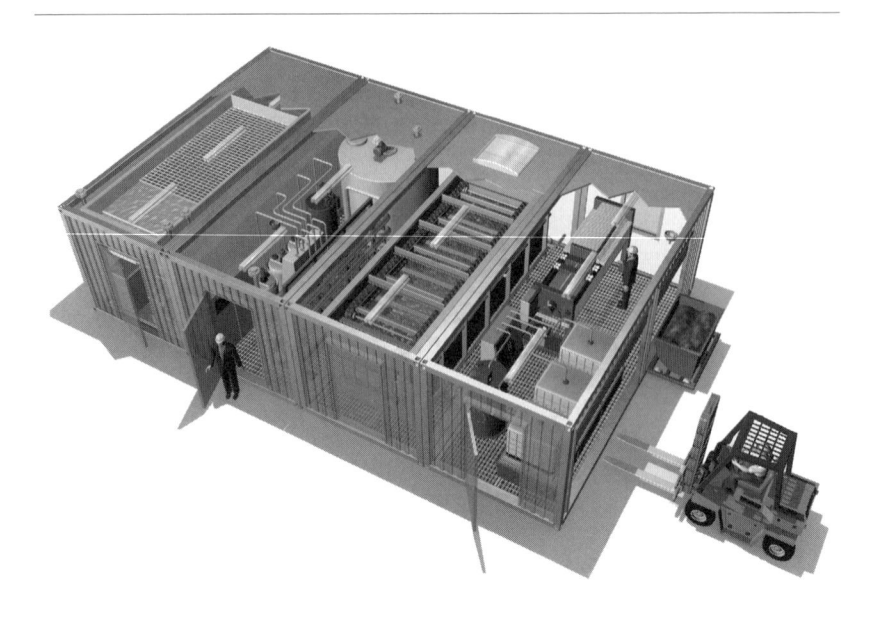

Abbildung 3: Individuell aus dem EnviModul Baukastensystem zusammengestellte Anlagenlösung für die industrielle Abwasserbehandlung (Quelle: EnviroChemie).

Resümee

Die Forderung nach Ressourceneffizienz bietet Möglichkeiten, nachhaltige Geschäftsmodelle zu entwickeln, die unabhängig von Branche oder Unternehmensgröße für andere Unternehmen abstrakt betrachtet adaptierbar sein oder zumindest Denkanstöße geben können. Wir haben die Erfahrung gemacht, dass umwelttechnische Anlagen und Dienstleistungen in der Regel außerhalb der Kernkompetenz der Kunden liegen. Eine zentrale Kompetenz sowie klare Vorstellungen über die Notwendigkeit, die Ziele und Möglichkeiten der zu beschaffenden Anlagenlösungen und Dienstleistungen sind oft nicht vorhanden. Das bietet Unternehmen, die diese Lücke schließen können, gute Chancen. Um Kunden dann zu gewinnen, zu überzeugen und zu halten, bedarf es einer langfristigen, der jeweiligen Kundenbranche angemessenen Kommunikationsstrategie.

In der Entwicklungsphase sowohl von Dienstleistungskonzepten als auch von Technologien sind die unterschiedlichen Erwartungen einzelner Industriebranchen zu berücksichtigen. Man muss den Spagat schaffen zwischen dem Kundenwunsch nach Hightechlösungen auf der einen und trotzdem einfacher Bedienbarkeit auf der anderen

Seite. Daher ist es besonders wichtig, echte Anwendererfahrung in die Produktentwicklung miteinfließen zu lassen.

Es gibt natürlich aber auch Grenzen oder besondere Rahmenbedingungen des eigenen Modells, die zu berücksichtigen sind. Betriebsführungsmodelle rechnen sich nur bei mehrjähriger Durchführung. Vor allem in den ersten Monaten entstehen Sonderkosten durch Recruiting und Training des Betriebspersonals.

Darüber hinaus kann nur bei guter Kundenzufriedenheit ein Projekt langfristig rentabel funktionieren. Die Vertragslaufzeit ist weniger wichtig als der echte nachweisbare Kundennutzen während der Dienstleistung. Nur wer langfristig denkt und handelt, ist in der Lage, die Organisations- und Personalkompetenz für rentable Betriebsführungsgeschäfte aufzubauen.

Unser Unternehmen hat sich als Qualitätsanbieter im Premiumsegment der industriellen Wasser- und Abwassertechnik positioniert. Um diese Positionierung zu rechtfertigen, sind Alleinstellungsmerkmale und Nutzervorteile für Kunden erforderlich. Unsere modularen Anlagen werden in Deutschland komplett gebaut und getestet. Sie sind schnell einsatzbereit, leicht in der Kapazität anpassbar und unterliegen nicht der Qualitätsschwankung lokal gebauter individueller Baulösungen. Der Kunde gewinnt also Zeit, Flexibilität und Qualitätssicherheit. Mit der Betriebsführung tragen wir der Tatsache Rechnung, dass Kunden oft viel Zeit benötigen, geeignetes Bedienpersonal zu gewinnen und zu halten. Oft sind die Kundenorganisationen nicht in der Lage, dieses Fachpersonal angemessen zu führen, zu motivieren und zu halten, weil die Tätigkeit, wie oben ausgeführt, außerhalb des Kernbereiches des Unternehmens liegt, also ein „notwendiges Übel" darstellt. Bei uns sind die Anlagenbediener im Zentrum der Wertschöpfung.

Für die Zukunft sehen wir bei unseren Kunden zwei Entwicklungen: zum einen die Spezialisierung und Konzentration auf das Kerngeschäft, zum anderen die Erhöhung der Zahl der weltweiten Produktionsstätten. Diese Produktionsstätten werden in technologischer und organisatorischer Hinsicht noch stärker einheitlich strukturiert sein und firmeneigenen einheitlichen Umweltstandards unterliegen. Standardisierte Anlagenlösungen wie die modularen Anlagen können wir weltweit ohne Einschränkung liefern. Die Dienstleistung Betriebsführung setzt voraus, dass in dem jeweiligen Zielland eine eigene Niederlassungsstruktur vorhanden ist oder sinnvoll gegründet werden kann. Wir beschränken uns hier auf Mittel- und Osteuropa und Brasilien.

Neben den technischen Ressourcen stecken die Limitierungen in den Managementkapazitäten im Zielland und der Verfügbarkeit von Fachkräften mit der notwendigen Sprachkompetenz und Nationalität. Die bisherigen Erfahrungen zeigen, dass sowohl ausgereifte Systemlösungen als auch Dienstleistungen in den einzelnen Ländern mindestens drei, manchmal auch sieben Jahre brauchen, um wirtschaftlich zu sein. Sowohl die Technologien als auch die Dienstleistungen müssen zuerst im Heimatland gut funktionieren, bevor man sich in andere Zielregionen, am besten zunächst im europäischen Umfeld, wagt.

Endnoten

1   Je nach Kundenanforderung werden die wasser- und abwassertechnischen Aufgabenstellungen mit dem firmeneigenen biologischen Verfahren Biomar, den chemisch-physikalischen Verfahren Envochem, Flomar und Split-O-Mat sowie den membrantechnischen Verfahren Envopur und FALK gelöst.

Fazit – Mit Ressourceneffizienz neue Geschäftsmodelle entwickeln

Elisabeth Trillig

Dass ressourceneffizientes Wirtschaften notwendig ist, um nachhaltig den Wohlstand der Gesellschaft und ihre Zukunftsfähigkeit zu erhalten, ist eine Erkenntnis, die mittlerweile das Bewusstsein vieler erreicht hat. Die vorgestellten Unternehmen zeigen anschaulich, dass Ressourceneffizienz kein Thema ist, das mit einem drohenden Zeigefinger angesprochen werden muss, sondern vielfältige Chancen und Gestaltungsmöglichkeiten bietet, mit denen Unternehmen sich Wettbewerbsvorteile sichern und in Zukunft nachhaltig erfolgreich sein können – im doppelten Sinne des Wortes Nachhaltigkeit. Dabei ist nicht nur die Entwicklung von Produkt- oder Prozessinnovationen gefragt, ganz neue Geschäftsmodelle können Marktlücken schließen und bieten Differenzierungsmöglichkeiten. Eine klare Nutzensteigerung für Kunden wird durch die Reaktion auf gewandelte Kundenbedürfnisse erreicht.

Die Vielfalt der Unternehmensbeispiele zeigt, dass eine solche Entwicklung in unterschiedlichen Branchen und unzähligen Bereichen stattfindet. Die Wirtschaftszweige, die für 70 bis 80 Prozent aller Umweltauswirkungen verantwortlich sind (Lebensmittel, Gebäude und Mobilität), sind natürlich besonders gefordert. Doch sogar im kreativwirtschaftlichen Bereich beschäftigen sich die Menschen mit dem Problem der Ressourceneffizienz. Die Unternehmensbeispiele wurden auch bewusst aus den deutschen Leitmärkten für Umwelttechnik und Ressourceneffizienz (wie Nachhaltige Mobilität, Kreislaufwirtschaft und Nachhaltige Wasserwirtschaft) ausgewählt. Die Notwendigkeit zur Veränderung und die daraus resultierenden Möglichkeiten zur Entwicklung betreffen alle: kleine und mittlere Unternehmen, Start-ups, aber auch große Unternehmen. Ihnen allen ist die Reaktion auf sich wandelnde Kundenbedürfnisse gemeinsam – und das nicht nur im Bereich von Produkt- oder Prozessverbesserungen, sondern mit vollkommen neuen, innovativen Geschäftsmodellen. Teilweise sind die Unternehmer selbst überrascht, auf wie viel Interesse und offenbar nicht erfüllte Bedürfnisse sie beim Kunden treffen. Das Beispiel von The Electric Hotel zeigt, dass junge Menschen „nur" aufgrund ihrer bewussten Einstellung zu Umweltschutz und Ressourceneffizienz eine stundenlange Wartezeit in Kauf nehmen, um elektronische Geräte auf verantwortungsvolle Weise aufzuladen, anstatt dies zügig auf herkömmlichen Wegen zu erledigen. Die Intention des Projektes lag darin, Aufmerksamkeit zu schaffen und auf das Ressourcenproblem hinzuweisen. Das Bewusstsein (vor allem bei der jüngeren Generation) ist jedoch bereits vorhanden. Es gilt derzeit vielmehr, die Diskrepanz zwischen Nutzungsbewusstsein und Nutzungsverhalten zu überwinden. Wie unsere Beispiele zeigen, gelingt dies, indem ganz klar auf die Bedürfnisse der Kunden eingegangen wird und die Problematiken aus Kundensicht untersucht, Marktlücken gefüllt und die Rahmenbedingungen (wie z. B. die Problematik einer zunehmenden Mobilität) beachtet werden. Auch die Bedeutung von Emotionen, die positive Verhaltensveränderungen der Nutzer bewirken, ist für die Akzeptanz von ressourceneffizienten Angeboten nicht zu unterschätzen. Ein Blick über den Tellerrand hinaus ist hierbei durchaus hilfreich und kann zu überraschenden neuen Lösungen und Ideen führen.

Ein flexibler Zugang zu bedarfsgerechten Dienstleistungen wird für viele Verbraucher offensichtlich zunehmend wichtiger als das Sammeln von Konsumeigentum. Dies hat eine vollkommen neue Nutzungskultur – und damit auch die Möglichkeit zur Entwicklung neuer Geschäftsmodelle – zur Folge. Langfristige Gebrauchsgüter werden mehr und mehr als „Rohstoffbanken" gesehen, an deren Leistung der Kunde interessiert ist und aus denen er sich bedient. Der Kunde wird damit vom Käufer zum Mieter oder Leasingnehmer, der Anbieter vom Verkäufer zum Vermieter beziehungsweise Leasinggeber. Der Anbieter eines Produkts erzielt den Gewinn durch die Nutzung des Produkts und nicht mehr durch den Verkauf. Mit einer positiven Konsequenz: Das Interesse der Hersteller an einer langen Lebensdauer, der Effizienz der Produkte und an Wiederverwertungsmöglichkeiten steigt. Ein Beispiel hierfür ist die EnviroChemie GmbH, welche schon bei der Entwicklung ihrer Anlagen darauf achtet, dass diese nach der Nutzung in wiederverwertbare Einzelteile oder Rohstoffe zerlegt werden und durch den modularen Aufbau auch flexibel, den Bedürfnissen der Kunden entsprechend, genutzt werden können.

Neben einzelnen Modulen und technischen Innovationen werden neue Geschäftsmodelle entwickelt, mit denen der Erfolg von Produkten durch maßgeschneiderte Systemlösungen und integrierte Dienstleistungen unterstützt wird. Es geht nicht lediglich darum, eine imagefördernde Corporate-Responsibility-Strategie zu verfolgen, sondern durch einen zunehmend vorausschauenden Umgang mit Ressourcen die Gewinnspannen zu erhöhen, die eigene Zukunftsfähigkeit zu sichern und Marktlücken zu füllen. Dazu gehört, den Kunden eine Fokussierung auf ihr Kerngebiet zu ermöglichen und dadurch entstehende Lücken neben dem Hauptgeschäft zu füllen. Wichtig ist dabei, auf langfristige Kundenbeziehungen hinzuarbeiten, um diese Aufgabe adäquat erfüllen und den Kundennutzen maximieren zu können.

Das Konzept der Geschäftsmodellinnovationen erweitert das Innovationsverständnis von herkömmlichen Produkt- und Prozessinnovationen, was eine Vielzahl an Gestaltungsmöglichkeiten zulässt, wie sie im Eingangsartikel zu diesem Kapitel beschrieben wurden.

Die Unternehmensbeispiele nutzen und kombinieren diese Gestaltungsparameter in unterschiedlicher Art und Weise. Die EnviroChemie GmbH wandelt ein Geschäftsmodell hin zur *Fokussierung auf Leistungsbündel aus Sach- und Dienstleistungen*. Die Etablierung *vollkommen neuer Kundensegmente* erreichen zum Beispiel die tamyca und die greenstorming GmbH, da es solche Angebote – und damit auch die entsprechenden Abnehmer – in dieser Art vorher nicht gab. Eine Besonderheit von tamyca ist, dass das Unternehmen selbst nicht in die Gebrauchsgegenstände, nämlich die genutzten Fahrzeuge, investieren musste, sondern nur in die Internetplattform und das Marketing. Ursache dafür ist, dass das Geschäftsmodell bislang ungenutzte Gebrauchspotentiale von vorhandenem Kapital durch die Entwicklung einer Informationsplattform erschließt. Tamyca und greenstorming nutzen also neue Vertriebskanäle und bieten Services wie auch Produkte über das Internet an. Ressourceneffizienz an sich schafft in Verbindung mit anderen Gestaltungsparametern ebenfalls einen wirtschaftlichen Erfolg, wie es in fast allen Beispielen dieses Kapitels zu sehen ist.

Die vorgestellten Unternehmen haben die verschiedenen Gestaltungsparameter miteinander kombiniert und so innovative, erfolgreiche Geschäftsmodelle geschaffen. Standardisierte Lösungen gibt es sehr selten, jedes Unternehmen muss eine Balance zwischen der Sicht auf die eigene Ressourcenbasis und der marktseitigen Sicht finden. Da ressourceneffiziente Dienstleistungen und neue Geschäftsmodelle häufig aus einer Kombination von technischen und sozialen Innovationen bestehen, sind Netzwerke und Kooperationen zur erfolgreichen Umsetzung enorm wichtig. Größere Unternehmen können Vorreiter in dieser Entwicklung sein, wie das Beispiel der BMW AG mit dem neuartigen Geschäftsmodell der Mobilitätsdienstleistungen zeigt. Hier bieten sich Chancen für Zulieferer und auch kleinere Partner von großen Konzernen, ein unverzichtbarer Bestandteil in einem solchen Geschäftsmodell zu werden.

Gesamtwirtschaftlich gesehen kann diese Entwicklung ein Markenzeichen Deutschlands werden und das Land selbst zu den ressourceneffizientesten der Welt gehören. Voraussetzungen wie das Bewusstsein der Bevölkerung, strenge politische Vorschriften und eine hohe Innovationskraft sind vorhanden und bilden die positiven Rahmenbedingungen hierfür. Ökologische Notwendigkeit kann mit ökonomischen Chancen verbunden werden, wie die Beispiele der innovativen Geschäftsmodelle dieses Kapitels demonstrieren. Auch die offiziellen Zahlen verdeutlichen dies: Die Inanspruchnahme von Rohstoffen sank zwischen den Jahren 2000 und 2010 um 11,1 Prozent, während das Wirtschaftswachstum stark anstieg.[1] Auf dem globalen Markt für Umwelttechnik und Ressourceneffizienz erreicht Deutschland bereits einen Anteil von 15 Prozent, womit sich eine Vorteilhaftigkeit der innovativen Geschäftsmodelle durch Ressourceneffizienz aus Sicht aller beteiligten Akteure bestätigen lässt.

Endnoten

1 Deutsches Ressourceneffizienzprogramm (2012), S. 25.

Mit Ressourceneffizienz Zugang zu Rohstoffen sichern
Einleitung

Wir haben in den vergangenen Abschnitten gelernt, dass Deutschland auf eine wettbewerbsfähige Versorgung mit technologierelevanten Rohstoffen angewiesen ist, weil es in dieser Hinsicht nicht über eigene geologische Rohstoffquellen in nennenswertem Umfang verfügt. Daher geraten bestimmte Produktionsabfälle sowie Altprodukte und Altanlagen beziehungsweise Gebäude und andere Infrastrukturen als aktive anthropogene sowie Deponien als passive anthropogene Rohstoffquellen seit einigen Jahren in den Blick. Da die vorhandenen und für die Zukunft zu erwartenden Abfallströme zunehmend komplexer werden, stellt die auch vom Gesetzgeber angestrebte Kreislaufführung zunehmend höhere Anforderungen an die Verwertungsstrukturen und die in der Regel mehrstufigen Prozesse der Aufbereitung und des Recyclings. Auch wenn es vereinzelt andere Ansätze gibt, so werden wir die Sekundärrohstoffe so extrahieren müssen, dass sie innerhalb der existierenden Strukturen im Wirtschaftskreislauf nutzbar sind. Wirtschaftliche Chancen ergeben sich in der Regel, wenn die Gewinnung von Sekundärrohstoffen preislich günstiger ist als die Gewinnung der jeweiligen Primärrohstoffe.

Deutschland beschreitet seit Jahren auf dem Gebiet des Recyclings einen erfolgreichen Weg. Als Ergebnis unserer Aktivitäten konnte beispielsweise die Anzahl von ehemals etwa 50.000 Deponien auf derzeit etwa 160 Deponien (Deponieklasse II) gesenkt werden. Die Forderung nach einer besseren Kreislaufführung richtet sich aber nicht zuletzt auch an Sie als Unternehmen. Die folgenden sechs Erfolgsbeispiele zeigen Ihnen neue und mutige Wege auf und präsentieren Ihnen unterschiedliche Strategien, mit denen Unternehmen bereits zu einer stärkeren Kreislaufführung beitragen. Vom Start-up bis zum Konzern und vom Recycler über den Handwerksbetrieb bis zum Hersteller von Medizintechnik stellen sich völlig unterschiedliche Unternehmen vor. Selbstverständlich kann unsere Auswahl nicht alle möglichen Strategien abbilden. Die Autoren zeigen jedoch eine breite Palette interessanter und inspirierender Ansatzpunkte auf.

Der Abschnitt wird zuvor überblicksartig von einem Fachbeitrag eingeleitet. Die Autoren gehen insbesondere auf das Urban Mining als Lösungsansatz ein, um die Knappheit wichtiger Rohstoffe in den westlichen Industrieländern zu überwinden.

Das Rohstoffpotential durch Urban Mining

Sabine Flamme, Julia Geiping und Peter Krämer

Die Bedeutung der Abfallwirtschaft hat sich in den vergangenen Jahrzehnten stark verändert. Abfallwirtschaft wird nicht mehr nur mit der klassischen Abfallentsorgung in Verbindung gebracht, sondern auch mit Begriffen wie „Rohstoffwirtschaft" und „Stoffstromwirtschaft". Zu dieser Entwicklung haben sowohl ein verändertes Bewusstsein für den Klima- und Ressourcenschutz als auch ökonomische Aspekte geführt. Ein ständiger und sicherer Zugang zu Rohstoffen sowie der Wunsch nach Preisstabilität an den Rohstoffmärkten hat eine Diskussion um die Ressourceneffizienz ausgelöst. Für eine effiziente Ressourcennutzung und auch um einen sicheren Umgang mit Schadstoffen zu gewährleisten, muss der gesamte Produktlebenszyklus betrachtet werden. Das bedeutet, von der Gewinnung der Ressourcen (Erze) über die Produktion (Design-for-Recycling, nachhaltiger Stoffeinsatz) über die Nutzung bis hin zum Recycling müssen sämtliche Prozessschritte betrachtet werden.

Die Kreislaufwirtschaft in Deutschland trägt durch den vollständigen Ausstieg aus der Deponierung biologisch abbaubarer Abfälle, durch die Fassung und Nutzung von Deponiegas bei bestehenden Deponien und der Rückgewinnung von Wertstoffen aus Abfall zu der bedeutsamen Aufgabe einer umweltverträglichen Entsorgung bei.[1] Auch im europäischen Vergleich hat Deutschland mit 72 Prozent (Anteil der „einem stofflichen Verwertungsverfahren" zugeführten Abfallmenge) eine der höchsten Recyclingquoten.[2]

Laut dem Sachverständigenrat für Umweltfragen, der im Juni 2012 das Umweltgutachten „Verantwortung in einer begrenzten Welt"[3] veröffentlicht hat, müssen diese Aussagen aber kritisch hinterfragt werden:

- Welche Materialmengen stehen in Deutschland für ein Recycling zur Verfügung?

- Welche Mengen an Sekundärrohstoffen können zurückgewonnen werden?

- Auf welchem Niveau werden die gewonnenen Sekundärrohstoffe eingesetzt?
- Wie hoch ist der ökologische Nutzen des Recyclings?

Der nachfolgende Beitrag soll zum einen die Ursachen und Herausforderungen der aktuell sinkenden Rohstoffangebote und der Veränderungen der Kreislaufwirtschaft aufzeigen. Zum anderen soll er aber auch Lösungsansätze wie das „Urban Mining" für den Bereich der Bauwirtschaft sowie die Rückgewinnung von Metallen aus Elektroaltgeräten (am Beispiel des Forschungsvorhabens Upgrade) näher erläutern.

Status quo

Wie bereits beschrieben, trägt die deutsche Abfall- beziehungsweise Kreislaufwirtschaft in hohem Maße zur Schonung der natürlichen Ressourcen bei. Laut Umweltbundesamt lag die Verwertungsquote für die Hauptabfallströme 2010 bei 77 Prozent. Davon gingen 69 Prozent in die Behandlung und stoffliche Verwertung, die restlichen 8 Prozent in die energetische Verwertung.[4] Trotz dieser offensichtlich positiven Zahlen ist keine wirkliche Reduzierung der Abfallmenge zu verzeichnen. Die Mengen an Siedlungs- und Produktionsabfällen sind in den vergangenen zehn Jahren sogar leicht gestiegen. Nur die Menge an Bau- und Abbruchabfällen ist gesunken. Mocker et al. stellen zwar in Einzelbereichen eine Entkopplung vom wirtschaftlichen Wachstum fest, diese sei aber im Wesentlichen auf eine Mengenverlagerung von der Beseitigung hin zur Verwertung zurückzuführen.[5]

Herausforderungen

Unter den Begriff „Ressource" fallen biotische und abiotische Rohstoffe. In diesem Beitrag werden die Energieressourcen wie Kohle, Öl und Gas und die abiotischen Rohstoffe wie beispielsweise Erze näher betrachtet. Denn die Herausforderungen, denen sich die Kreislaufwirtschaft stellen muss, betreffen sowohl die Energierohstoffe als auch die Metalle und Mineralien. Die nachfolgend dargestellten Aspekte bedingen und beeinflussen den zukünftigen Umgang mit unseren Ressourcen.

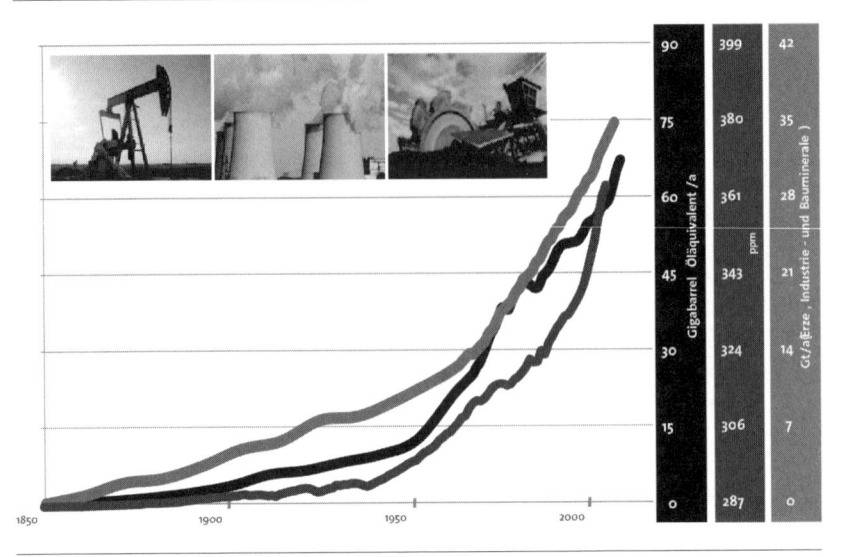

Abbildung 1: Entwicklung des Rohstoffverbrauchs und der CO_2-Emissionen (Quelle: nach Faulstich (2013)).

Unsere Industriegesellschaft verbraucht zur Bereitstellung von Strom, Wärme und Mobilität überwiegend fossile Rohstoffe. Diese Rohstoffe werden zudem häufig als Chemierohstoff und Reduktionsmittel in metallurgischen Prozessen eingesetzt. In allen Fällen entstehen große Mengen an klimaschädlichen Gasen wie CO_2.[6]

Hinsichtlich der Begrenztheit von Ressourcen sind energetische und mineralisch-metallische Rohstoffe zu unterscheiden. Generell gilt aber, dass die statische Reichweite das Verhältnis der vorhandenen Reserven eines Rohstoffes zur jährlichen Fördermenge darstellt.[7] Bei der Angabe von statischen Reichweiten wird von einem gleichbleibenden Verbrauch ausgegangen. Daher ist sie kritisch zu betrachten.[8]

Aus geologischer Sicht könnten die Vorräte an fossilen Energieträgern den Energiebedarf auch bei steigendem Verbrauch decken. Laut der DERA ist aber fraglich, ob immer alle Rohstoffe in ausreichender Menge zum benötigten Zeitpunkt verfügbar gemacht werden können. Außerdem besitzen Länder mit einem hohen Rohstoffverbrauch nicht immer eigene Vorkommen.[9] Letztendlich ist auch nach Meinung von Mocker et al. nicht die Reichweite der Energierohstoffe das Problem, sondern die vermutlich bereits erreichte Aufnahmekapazität der Atmosphäre als letzter Senke für Kohlendioxid.[10]

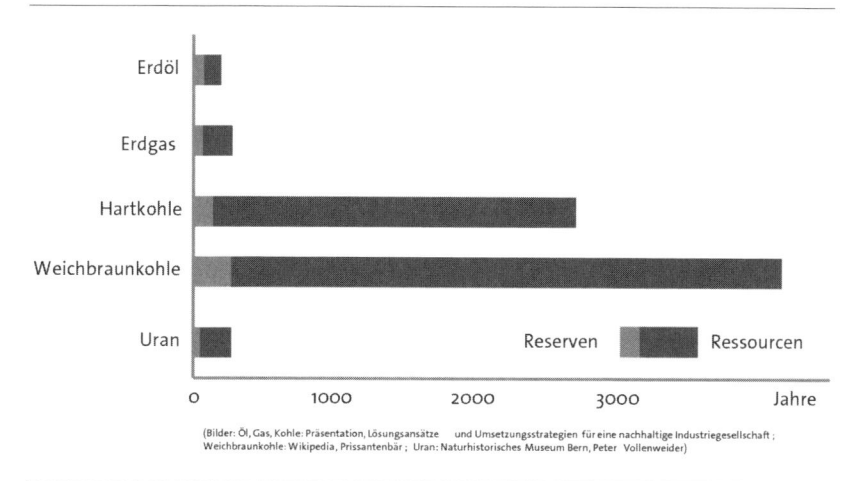

Abbildung 2: Statische Reichweite von nichtregenerativen Energierohstoffen (Quelle: Eigene Darstellung nach DERA (2012)).

Für Metalle und Mineralien sieht das Bild jedoch anders aus. Unterschiedliche Studien haben sich mit der Rohstoffsituation in diesem Bereich befasst. Um eine Einstufung treffen zu können, wurden die betrachteten Metalle vor dem Hintergrund der nachfolgenden Aspekte bewertet:

- der ökonomischen Relevanz der Rohstoffe für die betrachtete Volkswirtschaft,

- des Länderrisikos im Hinblick auf die politische Stabilität,

- der Länderkonzentration der globalen Reserven,

- der Substituierbarkeit von Rohstoffen.

Es gilt zu beachten, dass die Studien ein unterschiedliches Forschungsdesign aufweisen (Systemgrenzen, Gewichtung und Ausprägung von Indikatoren et cetera). Für weiter gehende Interpretationen und Vergleiche sei an dieser Stelle auf die angegebene Primärliteratur verwiesen.

	KfW-Studie* Berücksichtigung: Hohe und höchste Kritikalität (Klasse V und VI aus sechs Klassen)	EU-Studie** Berücksichtigung: Cluster der kritischen Rohstoffe (aus drei Clustern)	VBW-Studie*** Berücksichtigung: Gefahrenklasse I (aus drei Klassen)	Anwendungsbeispiele
Antimon	■	■		Mikrokondensatoren
Beryllium		■	■	Computertomograph
Bismut	■			Zink-Bismut-Legierungen
Chrom	■		■	Nichtrostender Stahl
Gallium	■	■	■	Dünnschicht-Photovoltaik
Germanium	■	■	■	Lichtwellenleiter
Indium	■	■	■	Displays, Dünnschicht-Photovoltaik
Kobald		■	■	Lithium-Ionen-Akku
Lithium			■	Keramik, Glas, Batterien
Magnesium		■		Legierung
Molybdän	■			Metallurgische Anwendungen
Niob		■		Legierungen
PGM	*Palladium, Rhodium*	*allgemein*	*Palladium, Platin*	Katalysatoren
Rhenium	■			Superlegierungen
Seltene Erden	*allgemein*	*allgemein*	*Ytrium, Neodym, Scandium*	Permanentmagnete Katalysatoren
Silber	■			Elektro(nik)geräte
Tantal	■	■		Mikrokondensatoren
Wolfram	■	■		Hartmetall
Zinn	■			Elektro(nik)geräte

Legende: Kritischer Rohstoff = ■

* Analyse von 52 Mineralien und Metallen, September 2011
** Analyse von 41 Mineralien und Metallen, Juli 2010
*** Analyse von 45 Mineralien und Metallen, Juli 2011

Tabelle 1: Auswertung verschiedener Studien zur Einstufung kritischer Metalle
(Quelle: Nach Erdmann et al. (2011); EU (2011); N. N. (2011)).

Generell zeigen aber alle Studien, auf welche Metalle und Mineralien das Hauptaugenmerk gerichtet werden sollte. Denn diese Stoffe sind nicht leicht durch andere Stoffe zu ersetzen, unterliegen einer starken Nachfrage und werden für Zukunftstechnologien benötigt. Hinzu kommt bei vielen dieser Metalle und Mineralien, dass sich die derzeit wirtschaftlich abbaubaren Vorkommen in nur wenigen Ländern befinden und von einer geringen Anzahl von Firmen gemanagt werden.

Ursachen

Die Ursachen für den ständig steigenden Rohstoffverbrauch und den dadurch bedingten Anstieg der CO_2-Emissionen wird von unterschiedlichen Faktoren beeinflusst. In Abbildung 3 ist die Kausalbeziehung der Ursachen bis hin zu einer drohenden Rohstoffverknappung dargestellt.

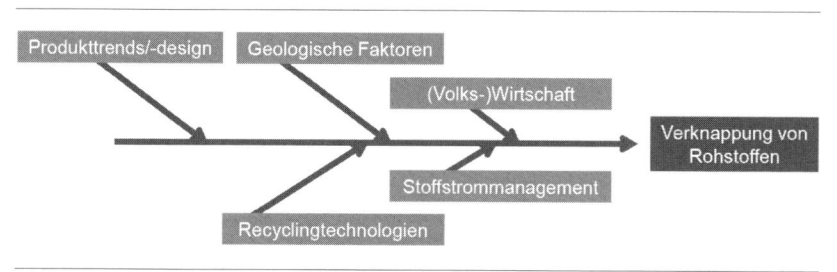

Abbildung 3: Kausalbeziehung sinkender Rohstoffangebote.

Die *volkswirtschaftlichen Ursachen* sind unter anderem auf das veränderte Konsumverhalten, rohstoffintensive Wachstumsbranchen, das Wirtschaftswachstum der BRIC-Staaten und die Spekulationen mit Rohstoffen zurückzuführen. So sind zum Beispiel für viele Zukunftstechnologien, wie Elektromobilität, Laser-, Luft- und Raumfahrttechnik, die besonderen Stoffeigenschaften von seltenen Sondermetallen gefragt. Wie die Einstufung in Tabelle 1 bestätigt, lassen sich Stoffe wie Indium für Displays und Neodym für Permanentmagnete allerdings schlecht substituieren. Denn dabei würden die für den Stoff spezifischen Eigenschaften entfernt und ersetzt und somit die Qualität des Endproduktes beeinflusst.[11]

Rohstoff	2006*	2030*	Zukunftstechnologien
Chrom	gering	gering	Meerwasserentsalzung, (submarine Techniken)
Gallium	0,31	6,63	Dünnschicht-Photovoltaik, neue Chip-Generationen, weiße LED
Germanium	0,22	1,76	Glasfaserkabel, (IR optische Technologien)
Indium	0,40	3,29	Displays, Dünnschicht-Photovoltaik
Kobalt	0,19	0,40	Lithium-Ionen-Akku, synthetische Kraftstoffe
Kupfer	0,09	0,26	Ultraeffiziente industrielle Elektromotoren, Elektro- und Hybridkraft-fahrzeuge
Neodym	0,59	4,79	Elektro- und Hybridkraftfahrzeuge, (Permanentmagnete in tragbarer Elektronik)
Palladium	0,10	0,34	Meerwasserentsalzung, (Katalyse)
Platin	gering	1,56	Polymerelektrolytmembran-Brennstoffzellen, (Katalyse)
Scandium	gering	2,28	Feststoff-Brennstoffzellen, (Flugzeug-Leichtbau)
Silber	0,26	0,78	RFID-Tags, bleifreie Weichlote, Mikrokondensatoren, Nanosilber
Tantal	0,39	1,01	Mikrokondensatoren, (Medizintechnik)
Titan	0,08	0,29	Meerwasserentsalzung, (Flugzeug-Leichtbau und -Triebwerke)

Tabelle 2: *Globale Nachfrage bestimmter Rohstoffe für neue Technologien (Quelle: Erdmann et al. (2011)).*

* Als Indikator für die Intensität der Nachfrageimpulse des technischen Wandels wird rohstoffspezifisch das Verhältnis des Rohstoffbedarfs für die analysierten Zukunftstechnologien zur heutigen gesamten Weltproduktion des jeweiligen Rohstoffs verwendet. Der Indikator gibt an, welcher Anteil der heutigen Weltproduktion des jeweiligen Rohstoffs für diese Technologien 2030 benötigt wird. Er ist ein Maß für den Ausbaubedarf der Minenproduktion.

Den BRIC-Staaten Brasilien, Russland, Indien und China wird ein hohes Wirtschaftswachstum prognostiziert.[12] Durch die großen Rohstoffvorkommen beherrschen die Länder derzeit den Weltmarkt. Um diese Stellung aufrechtzuerhalten, bauen die BRIC-Staaten auf Importzölle. Dies stärkt die heimische Industrie, führt aber laut DERA zu starken Wettbewerbsverzerrungen am Rohstoffmarkt.[13] Für rohstoffarme Länder wie Deutschland bedeutet dies große Herausforderungen und steigende Rohstoffpreise.

Dies gilt für Rohstoffe wie Kohle, Öl und Kupfer und darüber hinaus für viele andere seltene Metalle und Mineralien. So beschränkt sich die Hauptproduktion kritischer Metalle laut einer aktuellen Studie auf die Länder in Abbildung 4.

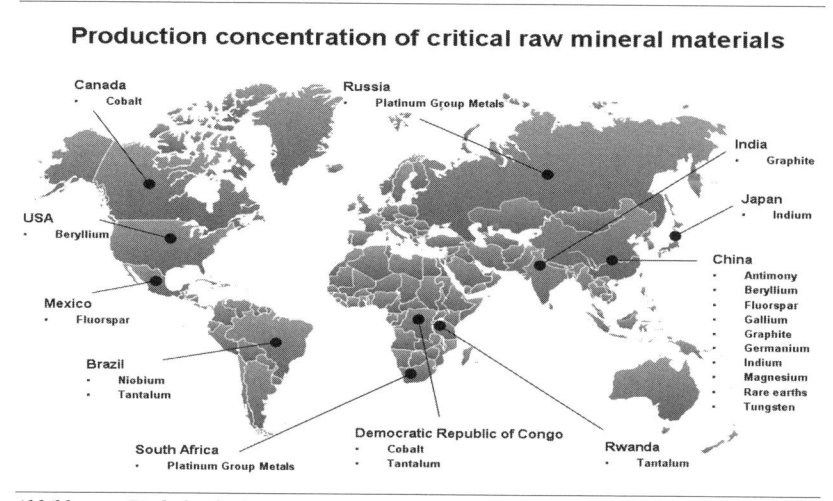

Production concentration of critical raw mineral materials

- Canada
  - Cobalt
- Russia
  - Platinum Group Metals
- India
  - Graphite
- Japan
  - Indium
- USA
  - Beryllium
- China
  - Antimony
  - Beryllium
  - Fluorspar
  - Gallium
  - Graphite
  - Germanium
  - Indium
  - Magnesium
  - Rare earths
  - Tungsten
- Mexico
  - Fluorspar
- Brazil
  - Niobium
  - Tantalum
- South Africa
  - Platinum Group Metals
- Democratic Republic of Congo
  - Cobalt
  - Tantalum
- Rwanda
  - Tantalum

Abbildung 4: Förderländer kritischer Rohstoffe (Quelle: Nowakowska (2012)).

Die geologischen Faktoren spielen im Zusammenhang mit Rohstoffengpässen eine große Rolle. In der Abbildung der EU wird deutlich, dass für viele der hier dargestellten Metalle bedeutende Reserven nur in ein oder zwei Ländern vorliegen (Kobalt > Kanada und Kongo, Tantal > Brasilien und Ruanda). Erschwert wird die Situation zusätzlich durch die teilweise angespannte politische Situation und die ökologischen Risiken in den Förderländern. Die Umweltstandards sind in vielen Ländern nicht ausreichend. Mit dem unsachgemäßen Abbau geht oft die Gefährdung des Grundwassers und der Atmosphäre durch Schadstoffe einher.

Eine weitere *Ursache ist das Produktdesign.* So geht der Trend in vielen Bereichen der Elektronikindustrie hin zur Miniaturisierung und zu immer kürzeren Innovationszyklen. Dies erfordert Komponenten, die immer mehr Funktionen übernehmen. Dafür wird eine Vielzahl der in Tabelle 1 als kritisch eingestuften Metalle benötigt. Beim Recycling ist zudem festzustellen, dass durch Schweiß- und Klebeverbindungen die einzelnen Materialien nicht effizient zurückgewonnen werden können. Hinzu kommt, dass zum Beispiel Elektroaltgeräte einen sehr heterogenen Abfallstrom abbilden: Handy ist nicht gleich Handy und

Flachbildschirm ist nicht gleich Flachbildschirm. Je nach Hersteller sind die Geräte anders konzipiert und machen ein angepasstes Recycling derzeit fast unmöglich. Die bestehenden Sammelstrukturen in Deutschland bieten den Herstellern allerdings keinen direkten Anreiz, das Produktdesign auf eine Rückgewinnung kritischer Metalle auszurichten. Eine weitere Schwachstelle ist die meist vorherrschende Unkenntnis, welche Stoffe sich in welcher Verbindung und Konzentration in den Produkten befinden. Den Produzenten ist dies teilweise selber nicht bekannt, da die einzelnen Gerätekomponenten häufig von unterschiedlichen Zulieferern über eine lange Zulieferkette bereitgestellt werden.

Ein weiterer Faktor ist das *Stoffstrom- und Ressourcenmanagement*. Das derzeitige Stoffstrommanagement ist in vielen Bereichen noch verbesserungsfähig. Für Elektro- und Elektronikaltgeräte bestehen folgende Probleme:

- Beim Verbraucher herrscht Unwissenheit über die korrekte Zuordnung der Geräte an der Annahmestelle vor.

- Oftmals wird nicht ausreichend geschultes Personal an den Annahmestellen eingesetzt.

- Die Beraubung und die informelle Sammlung von Elektroaltgeräten (zum Beispiel fehlende Kupferkabel oder Festplatten aus Computern) nimmt zu.

- Teilweise erfolgt eine unsachgemäße Befüllung und Verladung der Container, zum Teil bedingt durch die für die Gerätegruppe ungeeigneten Sammelgefäße (beispielsweise für Bildschirmgeräte).

- Ein Vollzug durch die jeweils zuständigen Aufsichtsbehörden fehlt.

Die letzten Schritte im Lebenszyklus sind die Aufbereitung und das Recycling. Es fehlt zurzeit noch an angepassten Aufbereitungs- sowie *Recyclingtechnologien*. Die Aufbereitungstechnik ist in der Regel nicht auf die hohe Dissipation der Wert- und Schadstoffe im angelieferten Material abgestimmt. Der Fokus liegt in vielen Bereichen auf den Massenquoten, nicht auf der Rückgewinnung kritischer Rohstoffe.

Urban Mining als Lösungsansatz

Es existieren bereits Lösungsansätze, welche sich mit dem Umgang mit Rohstoffen beschäftigen. Im Folgenden wird schwerpunktmäßig auf das Urban Mining eingegangen, das in Deutschland erst seit einigen Jahren intensiver diskutiert wird. Der zuvor beschriebene ständig steigende Ressourcenbedarf führt dazu, dass immer mehr Rohstoffe in kurz- oder langlebigen Produkten gebunden sind. Angesichts dieser vom Menschen aufgehäuften Lager von Rohstoffen und der sich verschärfenden Situation bei den Primärressourcen besteht die Notwendigkeit zur effizienten Rückgewinnung von Wertstoffen.

Vor dem Hintergrund der zuvor genannten Herausforderungen wird der Begriff „Urban Mining" häufig als Ergänzung zur klassischen Kreislaufwirtschaft verwendet.[14] „Urban Mining" umfasst die Identifizierung anthropogener Lagerstätten, die Quantifizierung der darin enthaltenen Sekundärrohstoffe, Wirtschaftlichkeitsbetrachtungen vor dem Hintergrund der zur Verfügung stehenden technischen Rückgewinnungsvarianten und der derzeitig erzielbaren und zukünftig prognostizierten Erlöse, die wirtschaftliche Aufbereitung und Wiedergewinnung der identifizierten Wertstoffe sowie die integrale Bewirtschaftung anthropogener Lagerstätten.[15] Das relevante Unterscheidungsmerkmal bei der Betrachtung urbaner Minen ist – im Sinne einer Lebenszyklusbetrachtung – der Zeitraum bis zur Freisetzung der Ressource, das heißt die Frage, wie lange die in Konsum- und Produktionsgütern verwendeten Rohstoffe zeitlich gebunden sind (Resource Conversion Cycle). Die Einteilung erfolgt in lang- und kurzfristige „urbane" Minen.

Im Folgenden werden Ansätze zum Urban Mining anhand der Beispiele Elektro- und Elektronikaltgeräte (EAG) für die eher kurzfristige Mine und der Abfälle aus Infrastruktur beziehungsweise Gebäuden als langfristige Mine dargestellt. Elektro- und Elektronikaltgeräte sind aufgrund ihrer steigenden Gehalte an hochfunktionalen, strategisch relevanten Metallen wichtige Rohstoffquellen und somit eine urbane Mine.

Wie zuvor bereits beschrieben, sind die unzureichende Erfassung, die hohe Dissipation und fehlende Recyclingtechnologien einige der Gründe, warum Elemente und Verbindungen bisher nur ansatzweise zurückgeführt werden. Auch die immer kürzer werdenden Innovationszyklen und Nutzungsdauern, die unterschiedlichen Gerätetypen und Komponenten sowie die Komplexität der Geräte sind Herausforderungen, die für ein effizientes Recycling von der Herstellung über

Kurzfristige „urbane Minen"	Langfristige „urbane Minen"
Definition	
• Kurzfristige Konsum- und Produktionsgüter • kurzfristige Lager kurzlebiger Konsum- uns Produktionsgüter sowie deren Abfälle	• Langlebige Konsum - und Produktionsgüter • langfristige Lager kurz - und langlebiger Konsum - und Produktionsgüter sowie deren Abfälle
Beispiele	
• Verpackungen • Elektroaltgeräte • Abfälle aus Gewerbe • Infrastrukturabfälle • Sonstige kurzlebige Konsum - und Produktionsgüter	• Gebäude • Infrastruktureinrichtungen • Abfalldeponien • MVA-Aschen im Straßenbau • Sonstige langlebige Konsum - und Produktionsgüter

Abbildung 5: Unterteilung kurzfristige und langfristige Minen.

den gesamten Lebenszyklus hinaus betrachtet werden müssen. Abbildung 6 zeigt entlang des Lebenszyklus, welche Ursachen zu einem unzureichenden Qualitätsrecycling führen.

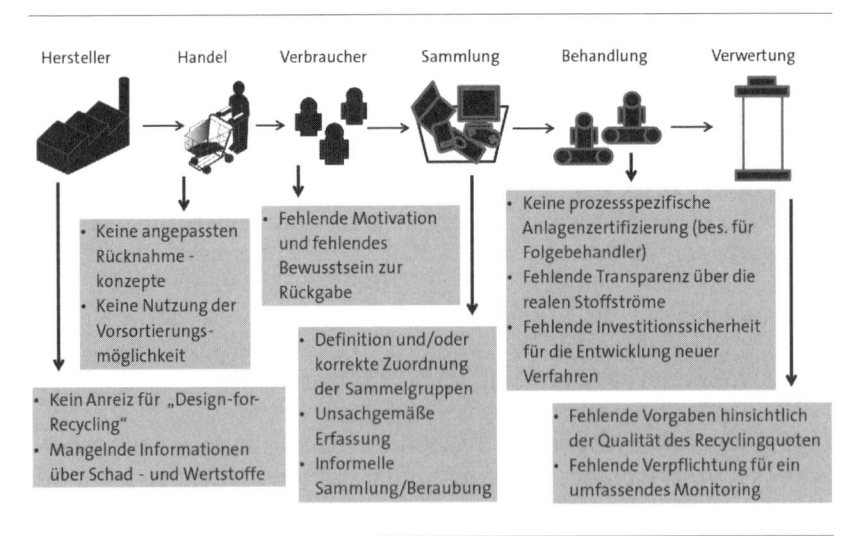

Hersteller → **Handel** → **Verbraucher** → **Sammlung** → **Behandlung** → **Verwertung**

- Keine angepasste Rücknahme-konzepte
- Keine Nutzung der Vorsortierungs-möglichkeit
- Kein Anreiz für „Design-for-Recycling"
- Mangelnde Informationen über Schad - und Wertstoffe

- Fehlende Motivation und fehlendes Bewusstsein zur Rückgabe

- Definition und/oder korrekte Zuordnung der Sammelgruppen
- Unsachgemäße Erfassung
- Informelle Sammlung/Beraubung

- Keine prozessspezifische Anlagenzertifizierung (bes. für Folgebehandler)
- Fehlende Transparenz über die realen Stoffströme
- Fehlende Investitionssicherheit für die Entwicklung neuer Verfahren
- Fehlende Vorgaben hinsichtlich der Qualität des Recyclingquoten
- Fehlende Verpflichtung für ein umfassendes Monitoring

Abbildung 6: Recycling von EAG entlang des Lebenszykluskontextes.

Übergreifende Faktoren sind die Notwendigkeit einer verbesserten Informationspflicht und Aufklärungsarbeit aller Akteure und die Koordination und Zusammenarbeit aller Beteiligten.

Im Rahmen des Forschungsprojektes UPgrade „Integrierte Ansätze zur Rückgewinnung von Spurenmetallen und zur Verbesserung der Wertschöpfung aus Elektro- und Elektronikaltgeräten" soll die Anreicherung von ausgewählten Metallen durch neue und optimierte Prozesse und Prozessketten, die Verbesserung der Rückgewinnung innerhalb existierender Recyclingsysteme und die Schließung von Kreisläufen verfolgt werden. Innerhalb des Forschungsvorhabens werden die Potentiale von strategischen Metallen aus EAG ermittelt. Darüber hinaus sind die Erstellung von Systemmodellen und die Erhebung von relevanten Mengenstromdaten geplant. Mit diesen Ergebnissen soll es Firmen ermöglicht werden, den künftigen Anlagenbedarf zu planen und auf Veränderungen der Abfallströme besser reagieren zu können.

Ein weiterer wichtiger Aspekt ist die Verfahrensbilanzierung und -optimierung. Die Bilanzierung soll in diesem Fall als Grundlage für die spätere Optimierung der Prozesse dienen. Besonderes Augenmerk soll dabei auf die kritischen Metalle gelegt werden. Denn die Massenausbeuten von mehr als 90 Prozent, die im Rahmen des Recyclingprozesses von EAG in Deutschland erzielt werden, sind hauptsächlich auf die Rückgewinnung von Kunststoffen, Fe-Metallen, Aluminium und Kupfer zurückzuführen.[16] Betrachtet man diese Prozesse jedoch vor dem Hintergrund der zukünftig dringend benötigten kritischen Metalle, so ergibt sich ein völlig anderes Bild. Die Recyclingquoten liegen hier bisher nahe 0 Prozent.[17] Ursachen dafür wurden in ersten Untersuchungen, bezogen auf Edelmetalle, aufgezeigt. Dabei konnte festgestellt werden, dass zu starkes Schreddern zu einer Verteilung der Spurenmetalle in die Kunststoff- und Metallfraktionen führt, wo sie nach heutigem Stand nicht mehr zurückgewonnen werden können.[18] Für eine verbesserte Wertschöpfung und ein ressourcenorientiertes Recycling sind die Steigerung des entsprechenden Bewusstseins, angepasste Erfassungskonzepte und Aufbereitungstechniken sowie die Schaffung einer gemeinsamen Datenbasis entlang der gesamten Wertschöpfungskette daher unerlässlich.

Bedingt durch die derzeitigen Erfassungsstrukturen und den entsprechend an der Aufbereitungsanlage angelieferten heterogenen Gerätemix, besteht für die Hersteller derzeit kein Anreiz, die Gestaltung der Geräte an die Aufbereitung anzupassen. Ein erster Ansatzpunkt wäre hier eine getrennte Erfassung einzelner sehr werthaltiger oder schadstoffreicher Produktgruppen stärker gesetzlich zu verankern, um so eine an die Produktgruppe angepasste Aufbereitung zu ermöglichen und damit indirekt auch der Produktgestaltung eine höhere Bedeutung zu verleihen.

Die Menge an *Bau- und Abbruchabfällen* lag im Jahr 2010 bei knapp 2 Millionen Tonnen.[19] Diese Zahl verdeutlicht: Im Baubereich besteht ein hohes Potential und damit die Notwendigkeit einer effizienten Rückgewinnung von Wertstoffen. Dies ist aber nicht allein der Anlass, verstärkt über die Ressourcen aus der Infrastruktur nachzudenken. Daneben sind auch Entwicklungen im Städtebau und der Bevölkerungsdichte zu berücksichtigen. Betrachtet werden müssen hier Trends wie der Bevölkerungsrückgang in Deutschland[20], kleiner werdende Haushalte[21] sowie die Abwanderung aus Ostdeutschland.[22] Durch diese Veränderungen stehen in den östlichen Bundesländern derzeit circa 1 Million Wohnungen leer.[23] Diese können durch gezielte Rückbaumaßnahmen als urbane Mine genutzt werden. Die Möglichkeit ist besonders vor dem Hintergrund des dort enthaltenen Potentials an Wertstoffen nicht zu vernachlässigen.

Schätzungen ergaben, dass sich im 2005 im deutschen Wohnbestand etwa 10 Milliarden Megagramm mineralische Baustoffe wie Ziegel und Beton, circa 220 Millionen Mg Holz und insbesondere circa 100 Millionen Mg Metalle befanden. Durch weiteren Zubau wächst dieses Lager bis 2025 noch um weitere 20 Prozent.[24] Die Ressourcen Management Agentur in Wien hat für die Gebäude und Infrastruktureinrichtungen in Österreich ein Potential von rund 4.500 kg Eisen, circa 340 kg Aluminium, circa 200 kg Kupfer und circa 40 kg Zink pro Einwohner ermittelt.[25] Bezieht man diese Zahlen auf Deutschland, ergibt sich eine Menge von circa 367 Millionen Mg Stahl, circa 28 Millionen Mg Aluminium, circa 16 Millionen Mg Kupfer und circa 3 Millionen Mg Zink. Dies untermauert die Bedeutung des Gebäudebestandes als urbaner Mine. Dass nicht nur die Metalle von besonderer Bedeutung sind, sondern auch die Mineralien, hat eine Untersuchung zur Herstellung von Recyclingbeton gezeigt. Aufbereiteter Bauschutt in Mischung mit geogenem Kies und gebrochenem Naturstein kann auch im konstruktiven Bereich eingesetzt werden.[26] Im Bereich der Bauwirtschaft befinden sich Lebenszyklus- und Nachhaltigkeitsgedanken jedoch derzeit erst in den Anfängen. Es existieren keine gesetzlichen Vorgaben, wie nach Beendigung des Lebenszyklus mit Gebäude- und Infrastruktureinrichtungen zu verfahren ist. Viele Wert-, aber auch Schadstoffe können aufgrund einer mangelnden Dokumentation nicht oder nur schwer identifiziert und somit kaum zurückgewonnen werden. Ein Bauwerks- oder Materialpass könnte gemäß Rechberger dazu dienen, Schadstoffe sicher und risikoarm zu erkennen und entsprechend zu entsorgen.[27] Wertstoffe könnten durch die Einführung eines Ressourcenkatasters erkannt und effizienter zurückgewonnen werden. Ein solches Kataster ermöglicht Auswertungen, um das Potential an Wert- und Schadstoffen und die Menge an frei werdenden Ressourcen prognostizieren zu können.

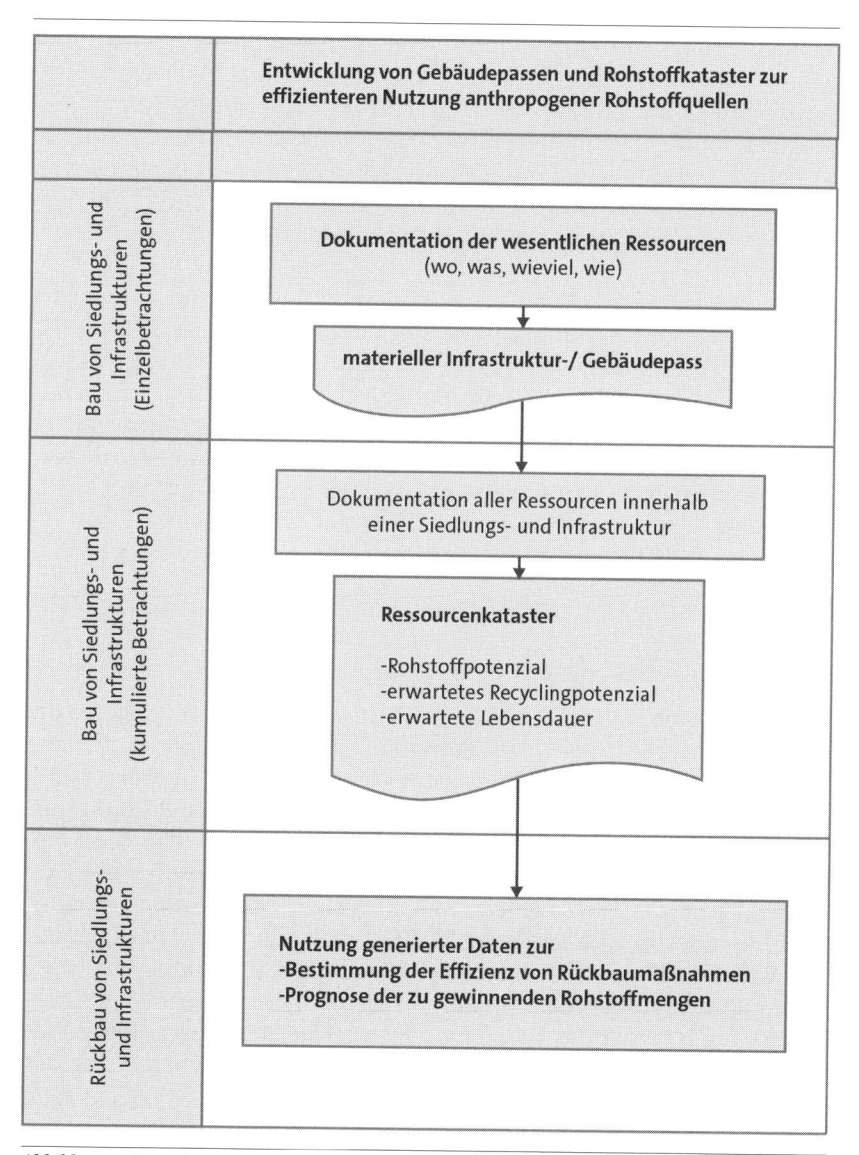

Abbildung 7: Vorgehensweise zur Erstellung und Auswertung einer Rohstoff-Datenbasis.

Ein weiterer Ansatz könnten verpflichtende Rückbaukonzepte, gegebenenfalls sogar mit Bildung von Rückstellungen, sein. Diese könnten während der Planungsphase oder nach Ende der Nutzungsphase erstellt werden. Beide Möglichkeiten bieten gewisse Vorteile. Während der Planungsphase liegen alle wesentlichen Informationen wie zum Beispiel Baupläne und Konstruktionspläne vor. In diesem Fall kann das Rückbaukonzept parallel gestaltet werden und ermöglicht darüber hinaus die Entwicklung recyclingfreundlicher Konstruktionen. Für eine Erstellung des Rückbaukonzeptes nach der Nutzungsphase sprechen wiederum die Weiterentwicklung der Recycling- und Rückgewinnungstechnologien sowie die während der Planungsphase eventuell unbekannte Entwicklung der baulichen Umgebung von Infrastruktureinrichtungen. Unabdingbar ist jedoch für beide Vorgehensweisen ein aussagekräftiger Gebäudepass.

Durch beide Ansätze kann ein effizienter Rückbau und damit eine zeitnahe Rückgewinnung der Ressourcen sichergestellt und einem Leerstand beziehungsweise einer Nichtnutzung von Infrastruktureinrichtungen und Flächen entgegengewirkt werden. Bindet man beispielsweise die Höhe der Rückstellungen an die Menge verwendeter Schadstoffe, die Anzahl komplexer Verbindungen und Ähnliches, würden darüber hinaus Anreize zur Realisierung umwelt- und recyclingfreundlicher Bauwerke gesetzt.

Ausblick

Für einen nachhaltigen Umgang mit unseren Ressourcen bietet die Kreislaufwirtschaft sehr viel Potential. Dies heißt aber auch, dass noch an vielen Stellen Verbesserungsbedarf besteht. Voraussetzung für eine Verbesserung ist die Betrachtung des gesamten Produktionslebenszyklus. Maßnahmen führen nur zum Erfolg, wenn die komplette Kette von der Gewinnung der Primärressourcen über die Herstellung und die Nutzung bis zum Recycling betrachtet wird. Laut Egner et al. erfordern konkrete Maßnahmen wie materialeffizientes, innovationsoffenes und recyclingfreundliches Produktdesign, optimierte Produktionsprozesse oder das Urban Mining neben der Technologie auch vernetztes Denken und vernetzte Strukturen über sämtliche Ebenen der Wertschöpfungskette hinweg.[28] Die Schaffung des Bewusstseins für die Ressource „Abfall" ist daher eine zentrale Aufgabe aller Beteiligten.

Generell muss aber insbesondere die Forschung und Entwicklung neuer Verfahren und Techniken auf dem gesamten Feld der Ressourcennutzung gefördert werden. Dazu zählt unter anderem die Grundlagenforschung. In vielen Bereichen herrschen gravierende Datenlücken vor. Außerdem ist an dieser Stelle ein Wissensaustauch zwischen Forschungsinstitutionen und allen Akteuren entlang der Kette voranzutreiben. Nur durch eine gesicherte Datenlage können Verfahren weiterentwickelt und optimiert werden.

Um eine nachhaltige Industriegesellschaft zu etablieren, ist laut Faulstich eine Entkopplung der Wohlfahrt und der Ressourcennutzung nötig.[29] Die Umsetzung dieser Entkopplung ist durch verschiedene Instrumente möglich. Ökonomische Anreize, wie der Emissionshandel oder auch eine Rohstoffsteuer, können zu dieser Entkopplung beitragen. Die Einführung von Zertifizierungs- oder Standardisierungsmaßnahmen entlang der gesamten Prozesskette ist eine weitere Möglichkeit.

Es existieren aber auch Instrumente, wie zum Beispiel das von Prof. Dr. Michael Braungart entwickelte Cradle-to-Cradle®-Konzept, die eine ganzheitliche Betrachtung der Rohstoffe fokussieren. Dieses hat zum Ziel, Produkte so zu konzipieren, dass jeder Materialstrom zu jeder Zeit biologisch oder technisch voll wiederverwertbar ist und Abfälle praktisch nicht entstehen, sondern ausschließlich vollwertige Ressourcen.[30] Ein weiterer Ansatz ist die Ressourcensicherung durch die Entwicklung nachhaltiger Geschäftsmodelle. Dieses Prinzip verfolgt Thomas Rau mit dem 2011 gegründeten Unternehmen Turntoo®. Das Ziel ist, Rohstoffe im Kreislauf zu führen und CO_2-Emissionen zu senken. Bei diesem Konzept bleiben die Rohstoffe im Eigentum des Produzenten. Das heißt zum Beispiel, man kauft keine Lampe, sondern die Dienstleistung „Licht". Rau geht davon aus, dass sich durch dieses Prinzip die Hersteller automatisch mit dem Thema Design-for-Recycling beschäftigen, weil deren Produkte eine Rohstoffquelle darstellen.[31]

Um das große Ressourcenpotential der urbanen Minen effizient nutzen zu können, ist zunächst das Bewusstsein für die Ressource Abfall zu schärfen. Der Gesetzgeber muss die Ressourcennutzung aus Abfall im rechtlichen Rahmen verankern und forcieren. Um das Potential zu heben, ist zudem die Datenlage über das „Inventar" zu verbessern. Es sind Konzepte zur Erfassung und Gewinnung aufzustellen sowie wirtschaftliche Modelle dazu zu entwickeln.

Literatur

Bundesanstalt für Geowissenschaften und Rohstoffe (BGR) (Hg.) (2003): Reserven, Ressourcen und die Verfügbarkeit von Energierohstoffen 2002. Kurzstudie. Hannover.

Bundesanstalt für Geowissenschaften und Rohstoffe (BGR) (Hg.) (2006): Reserven, Ressourcen und die Verfügbarkeit von Energierohstoffen 2005. Kurzstudie. Hannover.

Bundesministerium für Umwelt, Naturschutz und Reaktorsicherheit (BMU) (2007): Daten über Elektroaltgeräte. URL: http://www.bmu.de/files/pdfs/allgemein/application/pdf/daten_elektrogeraete_2007_2008_bf.pdf, Seitenaufruf: 22.3.2013.

Chancerel, P. (2010): Substance flow analysis of the recycling of small waste electrical and electronic equipment – An assessment of the recovery of gold and palladium. Dissertation, Technische Universität Berlin. URL: http://opus.kobv.de/tuberlin/volltexte/2010/2590/, Seitenaufruf: 22.3.2013.

Daxbeck, H., Anderst, M., Neumayer, St., de Neef, D., Schindl, G. (2009): Urban Mining – Potenziale und Handlungsoptionen bei der Erschließung von Materialien aus dem Bestand. Ressourcen Management Agentur, Vortrag auf der Fachtagung Re-source 2009 | Ressourcen- und Recyclingstrategien – von der Idee zum Handeln. Berlin, Juni 2009.

Dehoust, G., Schüler, D., Vogt, R., Giegerich, J. (2010): Klimaschutzpotenziale der Abfallwirtschaft am Beispiel von Siedlungsabfällen und Altholz. FKZ 3708 31 302. Im Auftrag von: UBA, BDE, BMU. Darmstadt, Heidelberg, Berlin.

DERA (2012): DERA Rohstoffinformationen 2012. Energiestudie 2012. Reserven, Ressourcen und die Verfügbarkeit von Energierohstoffen, Hannover.

EdDE (2010): EdDE-Dokumentation Nr. 13. Energieeffizienzsteigerung und CO_2-Vermeidungspotenziale bei der Müllverbrennung – Technische und wirtschaftliche Bewertung. Köln.

Egner, S., Kögelmeier, M., Mocker, M., Pfeifer, S., Faulstich, M. (2011): Lösungsansätze und Umsetzungsstrategien für eine nachhaltige Industriegesellschaft. In: 12. Münsteraner Abfallwirtschaftstage, Hg.: Flamme, S. et. al., Münster.

EPEA (2013): Prinzipien und Implementierung von Cradle to Cradle, URL: http://epea-hamburg.org/index.php?id=155&L=4, Seitenaufruf: 22.3.2013.

Erdmann, L.; Behrendt, S., Feil, M (2011): Kritische Rohstoffe für Deutschland. „Identifikation aus Sicht deutscher Unternehmen wirtschaftlich bedeutsamer mineralischer Rohstoffe, deren Versorgungslage sich mittel- bis langfristig als kritisch erweisen könnte". Institut für Zukunftsstudien und Technologiebewertung (IZT) im Auftrag der KfW Bankengruppe. Berlin, September 2011.

EU (2011): Critical raw materials for the EU. Report of the Ad-hoc Working Group on defining critical raw materials. Brüssel, Juli 2010.

Faulstich, M. (2010): r^3-Innovative Technologien für Ressourceneffizienz – Strategische Metalle und Mineralien, Informationspapier zum Forschungs- und Entwicklungsbedarf der gleichnamigen BMBF-Fördermaßnahme. Straubing.

Faulstich, M. (2013): SRU-Umweltgutachten 2012 „Verantwortung in einer begrenzten Welt". In: 13. Münsteraner Abfallwirtschaftstage, Hg.: Flamme, S. et al., Münster.

Frondel, M. (2008): Wettbewerb um Ressourcen – Rohstoffe als Trend oder Megatrend?. In: So investiert die Welt, Hg.: D. Bierbaum. Wiesbaden, S. 61–76.

IFEU (2007): Beispielhafte Darstellung einer vollständigen, hochwertigen Verwertung in einer MVA unter besonderer Berücksichtigung der Klimarelevanz. Forschungsbericht 205 33 311 UBA-FB 001092, Umweltbundesamt Texte 16/08. Berlin.

Flamme, S., Krämer, P., Walter, G. (2011): Über die Kreislaufwirtschaft zum Urban Mining – Von der Produktverantwortung zu einer integralen Rohstoffbewirtschaftung. In: 12. Münsteraner Abfallwirtschaftstage, Hg.: Flamme, S. et. al., Münster.

Focus Online (2010): Ostdeutschland – Eine Million Wohnung stehen leer. URL: http://www.focus.de/immobilien/wohnen/ostdeutschland-eine-million-wohnungen-stehen-leer_aid_483520.html, Seitenaufruf: 22.3.2013.

Gabriel, S. (2007): Die Bedeutung der Kommunalwirtschaft für eine hochwertige Entsorgung. Rede beim zweiten Bundeskongress VKS im VKU und Mitgliederversammlung, 13.9.2007.

Goldmann Sachs (2003): Dreaming with BRICs?: The Path to 2050. In: CEO Confidential, Ausgabe 2003. London.

Keßler, H. (2007): Demografischer Wandel – eine Herausforderung für die Abfallwirtschaft? Zusammenfassung. Workshop des Umweltbundesamtes, Dessau 14.11.2007.

Mocker, M., Franke, M., Stenzel, F., Faulstich, M. (2009): Von der Abfallwirtschaft zur Ressourcenwirtschaft? In: 11. Münsteraner Abfallwirtschaftstage, Hg.: Flamme, S. et al., Münster.

MUNLV (2007): Ökobilanz thermischer Entsorgungssysteme für brennbare Abfälle in Nordrhein-Westfalen, Kurzfassung. Edingen-Neckarhausen.

MUNLV (2008): Ressourcen- und Klimaschutz in der Siedlungsabfallwirtschaft des Landes Nordrhein-Westfalen. Zukünftige Potenziale und Entwicklungen, Düsseldorf, 31.12.2008.

N. N. (2011a): Rohstoffsituation Bayern – keine Zukunft ohne Rohstoffe. Strategien und Handlungsoptionen. Ein aktualisierter Bericht der IW Consult GmbH Köln unter Mitwirkung von Prof. Reller (WZU Augsburg) im Auftrag der vbw – Vereinigung der Bayerischen Wirtschaft e. V., München, Stand Juli 2011.

N. N. (2011b): Bauen mir RC-Beton. URL: http://www.rc-beton.de, Seitenaufruf: 28.9.2011.

Nowakowska, M. (2012): Defining Critical Raw Materials in the EU: Information Gaps and Available Solutions, US-EU Workshop on Mineral Raw Material Flows & Data. Brüssel, September 2012.

Prognos, INFU, IFEU (2008): Resource savings and CO_2 reduction potential in waste management in Europe and the possible contribution to the CO_2 reduction target in 2020, im Auftrag von BDSV e. V., BRB, BRBS, BVSE, CEWEP, ERFO, ERTMA, FIR, MRF, tecpol, VA. Berlin.

Rau, T. (2013): Ressourcensicherung durch nachhaltige Geschäftsmodelle, Präsentation im Rahmen der 13. Münsteraner Abfallwirtschaftstage. Münster.

Rechberger, H. (2009): Die Relevanz des anthropogenen Rohstofflagers für die Ressourcenschonung. Vortrag auf der Re-source 2009 „Ressourcen- und Recyclingstrategien – von der Idee zum Handeln", Berlin, 23.–24. Juni 2009.

Schader Stiftung (2011): Prognosen der Wohnraumnachfrage bis 2030 in Ost und West. URL: http://www.schader-stiftung.de/wohn_wandel/851.php; Seitenaufruf: 28.9.2011.

Sachverständigenrat für Umweltfragen (SRU) (2012): Umweltgutachten 2012: Verantwortung in einer begrenzten Welt, Erich Schmidt Verlag, Berlin.

Statistisches Bundesamt (2011): „Umwelt. Abfallentsorgung. Abfallbilanz 2009". Wiesbaden, 2011, URL: https://www.destatis.de/DE/ZahlenFakten/Gesamtwirtschaft-Umwelt/Umwelt/UmweltstatistischeErhebungen/Abfallwirtschaft/Tabellen / Abfallbilanz2009.pdf?__blob=publicationFile, Seitenaufruf: 21.03.2013.

Umweltbundesamt (UBA) (2013): Verwertungsquoten der Hauptabfallquoten, URL: http://www.umweltbundesamt-daten-zurumwelt.de/umweltdaten/public/theme.do;jsessionid=7D84D7E74A356038B15945F940461A7A?nodeIdent=2663, Seitenaufruf: 22.3.2013.

United Nations Environment Programme (UNEP) (2011): Recycling Rates of Metals-a Status Report. A report of the working Group on the global flows to the International Resource Panel, Graedel, T.E., Alwood, J., Birat, J.-P., Buchert, M., Hagelüken, C., Reck, B.K., Sibley, S.F., Sonnemann, G. URL: http://www.unep.org/resourcepanel/Portals/24102/PDFs/Metals_Recycling_Rates_110412-1.pdf, Seitenaufruf: 22.3.2013.

Endnoten

1   Vgl. MUNLV (2008).
2   Vgl. Statistisches Bundesamt (2011).
3   Vgl. SRU (2012).
4   Vgl. UBA (2013).
5   Vgl. Mocker et al. (2009).
6   Vgl. ebd.; Faulstich (2013).
7   Vgl. Frondel (2008).
8   Vgl. BGR (2003); BGR (2006).
9   Vgl. DERA (2012).
10 Vgl. Mocker et al. (2009).
11 Vgl. Faulstich (2010).
12 Vgl. Goldmann Sachs (2003).
13 Vgl. DERA (2012).
14 Die in diesem Kontext wissenschaftlich irreführende Verwendung des Begriffs Mine ist als Metapher zu verstehen, die den Wertschöpfungsgedanken in den Vordergrund stellt.
15 Vgl. Flamme et al. (2011).
16 Vgl. BMU (2007).
17 Vgl. UNEP (2011).

18 Vgl. Chancerel (2010).
19 Vgl. UBA (2013).
20 Vgl. Keßler (2007).
21 Vgl. Daxbeck et al. (2009).
22 Vgl. Schader Stiftung (2011).
23 Vgl. Focus Online (2010).
24 Vgl. Gabriel (2007).
25 Vgl. Chancerel (2010).
26 Vgl. N.N. (2011b).
27 Vgl. Rechberger (2009).
28 Vgl. Egner et al. (2011).
29 Vgl. Faulstich (2013).
30 Vgl. EPEA (2013).
31 Vgl. Rau (2013)

Ressourcennutzung, Langlebigkeit und Effizienz
Ein innovatives Konzept für die Entwicklungszusammenarbeit

Nuna Hausmann und Daniel Kerber

> „Everyone designs who devises courses of action
> aimed at changing existing situations into preferred ones."[1]

Die Idee von morethanshelters –
Design trifft auf Notbehausung

Laut UNHCR (United Nations High Commissioner for Refugees) befinden sich jährlich zwischen 30 und 40 Millionen Menschen weltweit auf der Flucht. In den Slums der rasant wachsenden Megastädte leben etwa 750 Millionen Menschen in unsicheren und menschenunwürdigen Unterkünften. Jeden Tag kommen etwa 180.000 Menschen hinzu. Das seit 1966 international anerkannte Menschenrecht auf menschenwürdiges Wohnen wird in vielen Regionen der Welt nicht umgesetzt. Nach internationalen Maßstäben gibt es gegenwärtig keine befriedigende Lösung für das drängende Problem der sicheren Unterkunft für Flüchtlinge weltweit. Die existierenden Zeltsysteme können in vielen Kategorien nur minimale Standards erfüllen.

Als soziales Start-up widmet morethanshelters sich der Erforschung, Entwicklung und Umsetzung von Architektur- und Designkonzepten für humanitäre Zwecke weltweit. Das erste ausgearbeitete Projekt ist die Entwicklung einer neuartigen Form der Notbehausung namens Domo. Diese wird nach dem Prinzip des bedürfnisorientierten Designs entwickelt. Es ist eine einfache Lösung, mit der Menschen sich eigenhändig ein sicheres, sauberes und stabiles Zuhause vor Ort errichten können. In Bezug auf Preis, Gewicht und Transportvolumen ist es bisher eingesetzten Zelten ebenbürtig, übertrifft diese jedoch entschieden in den Bereichen Stabilität, Witterungsbeständigkeit, Wohnklima, Sicherheit und ökologischer und sozialer Nachhaltigkeit. Es lässt sich auf vielfältige Art und Weise variieren, erweitern und wiederverwenden. Im Frühjahr 2013 wird der Bau der ersten

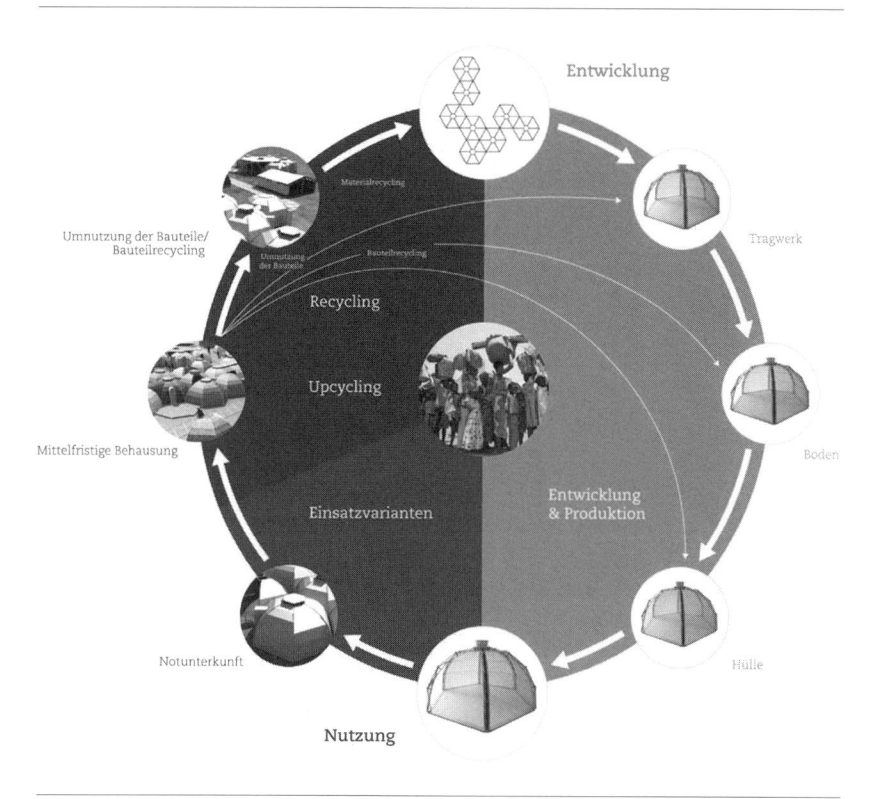

Abbildung 1: Entwicklungskreislauf: Die verschiedenen Lebenszyklen des modularen Shelter Systems Domo (Design: Julia Makhaeva).

Prototypen abgeschlossen sein, die bis Ende des Jahres in der ersten von vier Klimazonen im südlichen Afrika getestet werden sollen.

Nachhaltiges Entwicklungskonzept

Durch ökoeffektives Design möchte unser Unternehmen die Qualität und den Nutzwert von Materialien, Produkten und Dienstleistungen optimieren. Für eine konsequent ökologische Produktplanung konnten wir Professor Braungart, einen der Erfinder des Cradle-to-Cradle-Nachhaltigkeitsstandards, als Partner gewinnen. Über biologische und technische Nährstoffkreisläufe werden die richtigen Materialien zum richtigen Zeitpunkt am richtigen Ort eingesetzt. Das Konzept basiert auf grundlegenden Prinzipien, denen sich auch unser Unternehmen verpflichtet fühlt: Alles muss in Kreisläufe zurückgeführt

Abbildung 2: Domostadt: Animation einer größeren Anordnung von Domos. Besonders deutlich zu sehen sind hier die unterschiedlichen eingesetzten Materialien sowie die modulare Bauweise (Animation: Nikolas Krause).

werden, biologische Materialien sollen genutzt sowie Diversität unterstützt werden. Deshalb richten wir unsere gesamte Produktentwicklung an den Standards der Cradle-to-Cradle-Materialkreisläufe aus. Die Prinzipien verlangen ebenso eine konsequente Bewusstwerdung, für wen und warum etwas entworfen wird, und zwar von der ersten Idee bis hin zur Massenproduktion. Dies beinhaltet im Besonderen auch die Frage nach den besten Materialien. Domo ist ein sehr materiallastiges Produkt[2], welches in sensiblen, wenig ausgebauten Regionen der Welt Einsatz finden soll. Durch eine konsequent ökologische Produktplanung beziehen wir die Möglichkeit eines Re- beziehungsweise Upcyclings[3] in die frühesten Stadien der Planung mit ein. Eine lange Lebensdauer sowie der Einsatz von natürlichen Ressourcen machen das Produkt rohstoffarm, da es keine unnötigen Rohstoffe verbraucht und nur wertige Stoffe hinterlässt, die Wert erhalten oder in Kreisläufe zurückgeführt werden können. So werden nicht einfach weitere Müllberge in Form von Rettungszelten in die „Dritte Welt" geschafft, in der bereits ein großes Abfallproblem besteht. Die Entwicklung unserer Idee nach den Richtlinien von Cradle-to-Cradle wirkt sich somit ressourcenschonend auf das endgültige Produkt wie auf die bereits knappen Ressourcen vor Ort aus. Die langen Lebenszyklen und verschiedensten Upcyclingmethoden garantieren eine nachhaltige und schonende Einsetzbarkeit des Produkts, ohne Menschen oder Umwelt zu belasten. Selbst wenn die Menschen wieder in richtige Häuser umsiedeln können, kann das Tragwerk zum Beispiel als Dachträger weiterverwendet werden. So entwickeln wir ein Produkt, das langlebig ist und aus dem Neues entstehen kann.

Lokales Entwicklungskonzept

Durch zahlreiche Aufenthalte in Krisenländern und Gespräche mit Fachleuten aus Institutionen und involvierten Organisationen haben wir die Frage nach den Anforderungen an eine gute Behausung aus verschiedenen Blickwinkeln betrachten können. Eine wichtige Erkenntnis, die aus diesen Erfahrungswerten resultiert und den fehlenden Wissensstand der bisherigen Lösungen offenlegt, ist die Frage nach den Ressourcen, also den zu verwendenden Materialien. Bisherige Wohnlösungen enthalten zum Beispiel viele Metallteile, die in den Ländern, in denen die Behausungen zum Einsatz kommen, einen enormen Wert darstellen. Die Metallteile werden regelmäßig aus den Bauten entwendet, wodurch die Häuser funktionsunfähig werden. Es geht also auch darum, den Wert der Ressourcen in ihrem jeweiligen regionalen Kontext sowie die Interaktion der lokalen Bevölkerung mit ihnen zu berücksichtigen.[4] Dies vereinfacht die Nutzung und den Einsatz der adäquatesten und wirkungsvollsten Ressourcen. Eine weitere Ebene der Ressourceneffizienz ist die der lokalen Ressourcennutzung. Nur so kann man doppelte Effekte erzielen: Integration der kulturellen und traditionellen Bauarten und Rohstoffe, gleichzeitig ein Gleichgewicht durch eine effektive Ökobilanz. Das Prinzip des Empowerment ist für unsere Arbeit ein elementares Grundprinzip und interagiert mit lokaler Ressourceneinbindung. Durch die lokale Kooperation schon während des Entwicklungsprozesses des Produkts eröffnet sich die Möglichkeit, lokale Ressourcen und ihre Einsatzmöglichkeiten kennenzulernen, um überhaupt über die Integration ins Produktkonzept nachdenken zu können. Wie wird welcher Rohstoff bisher eingesetzt, was ist in welcher Menge vorhanden und was kann bei seinem Einsatz einen Mehrwert bringen? Dieses Wissen kann zwar durch im Land arbeitende Institutionen und NGOs vermittelt werden, viel mehr Wissen hat jedoch die Bevölkerung, die in ihrer lokalen Umwelt kreative Lösungen für ihre Probleme findet und am besten weiß, wie man lokale Rohstoffe zum Einsatz bringen kann.

Bedürfnisorientiertes Entwicklungskonzept

Durch unsere Herangehensweise von einem designtechnischen Standpunkt aus begegnen wir den Problemen aus einem anderen Blickwinkel und fokussieren auf ein bedürfnisorientiertes Konzept, das die betroffenen Menschen in den Mittelpunkt stellt und daher den gesamten Entwicklungsprozess miteinbezieht. Dies ist ein neuartiger Ansatz, der den kreativen Prozess mit dem Wissen der Bevölkerung kombiniert, um am Ende ein Produkt hervorzubringen, das alle vorhandenen Ressourcen am effektivsten nutzt und dadurch echten, langanhaltenden Nutzen stiftet. Dieses neue partizipative Konzept stellt für uns die Verbindung zwischen Produkt und Prozess dar. Um diesen Prozess in den jeweiligen Ländern umzusetzen und alle Organisationen, Institutionen und Bevölkerungsgruppen miteinzubeziehen, bilden wir interdisziplinäre Teams aus allen betroffenen Parteien. So entsteht ein Innovationscluster, in dem durch die Kombination verschiedenster Ideen und Expertisen innovative Lösungsansätze entstehen sollen. Dieses Vorgehen kombiniert das bedürfnisorientierte Design mit einer prozessorientierten Partizipationsstrategie. Das Produkt und der Prozess bilden somit eine Einheit. Für uns steht bei all unseren Entwicklungsschritten der Mensch und sein kultureller und sozialer Kontext im Mittelpunkt. Daher erzielen wir die größtmögliche Wirkung im Dialog mit der Bevölkerung und der intensiven Beschäftigung mit dem vorgefundenen Raum. Denn keine Architektur kann ohne die Berücksichtigung lokaler Bedingungen funktionieren. Dazu zählen aber in unserem Ansatz nicht nur geografische, sondern auch kulturelle sowie soziale Zusammenhänge Partizipationsstrategien sind daher ein integrativer Bestandteil unserer Design- und Architekturkonzepte. Aktuell erarbeiten wir mit einem kenianischen Team ein Konzept für Flüchtlinge, um gemeinsam mit der betroffenen Community Lösungen für die aktuelle Wohnsituation in den kenianischen Flüchtlingslagern zu finden.

Dieser Prozess reicht von einer Kooperation mit lokalen Institutionen bis hin zu kreativen Workshops mit den Betroffenen. Dadurch, dass alle Akteure am gestalterischen Prozess teilhaben, wird eine ebenso umfassende wie tiefgreifende Einbindung aller Standpunkte und Bedürfnisse erreicht. Lokales Wissen, lokale Traditionen und natürliche Ressourcen werden so von Anfang an in den Prozess eingebunden.

Interdisziplinäre Kooperationen

Durch unseren Fokus auf innovative Konzepte sind wir mit unserer modularen Architektur immer auf der Suche nach dem neuesten und besten Baumaterial. Dazu suchen wir uns kompetente Partner, wie zum Beispiel die Fraunhofer-Gesellschaft, mit der wir an neuartigen Materialien forschen, die speziell für Krisenregionen wichtige Funktionen erfüllen. So entwickeln wir effiziente Produkte, die durch den neuesten Stand der Forschung optimal für ihren Einsatzzweck und -ort gerüstet sind. So werden nicht nur die besten Ressourcen eingesetzt, sondern auch eine größtmögliche Einsparung der verwendeten Materialien ermöglicht, da sie aus den für die jeweilige Klimazone am besten geeigneten Stoffen bestehen.

Um das Cradle-to-Cradle-Konzept bei einem derart komplexen Produkt in jedem Einzelteil durchzusetzen, brauchen wir die Unterstützung des EPEA-Instituts (Environmental Protection Encouragement Agency) von Prof. Dr. Braungart. Noch erschwerend hinzu kommt die fragile Umwelt, in der die Produkte letztendlich eingesetzt werden, weil sie eine besondere Betrachtung der verwendeten Ressourcen verlangt. Durch eine intensive Zusammenarbeit mit den Fachleuten des Instituts und einem gemeinsam erarbeiteten Plan wird die gesamte Entwicklung des ersten Projekts Domo unter fachlicher Führung vorangetrieben.

Internationale Kooperationen sind ein vordringlicher Bestandteil unserer Arbeitsweise. Wir arbeiten im nationalen und internationalen Bereich, was für uns eine große Bandbreite an Kooperationen bedeutet. Die Unterschiedlichkeit der Kooperationspartner ist dem neuartigen Konzept des Innovationsclusters geschuldet, durch das wir auf unterschiedlichste Partner auf allen Ebenen angewiesen sind. Experten aus verschiedenen Bereichen und Fachrichtungen, Nichtregierungsorganisationen und Regierungen, aber auch lokale Organisationen und Communitys werden in den Arbeitsprozess miteinbezogen. Dafür bauen wir ein Netz aus internationalen Experten auf, das uns begleitet, mit uns diesen Ansatz bearbeitet und weiterverfolgt.

Abbildung 3: Daniel Kerber im Gespräch mit der lokalen Bevölkerung in Pondicherry, Südindien.

Die Grenzen des Geschäftsmodells

Seit unserer Gründung vor knapp einem Jahr hat sich enorm viel getan. Durch die konsequente Fokussierung auf umweltfreundliche Produktentwicklung und soziales Design haben wir von allen Seiten Unterstützung erhalten und konnten dadurch unsere erste Finanzierungsrunde zur Realisierung der Prototypen erfolgreich abschließen. Im Moment befinden wir uns gerade in der Entwicklungsphase des Prototypen, der schon Ende des Jahres in Krisenregionen getestet werden soll. Die Weiterentwicklung findet auch durch den Test unter realen Bedingungen vor Ort und in Interaktion mit der Bevölkerung im Rahmen der Innovationscluster statt, bei denen wir unser bedürfnisorientiertes Design in Interaktion mit Domo umsetzen. Die Interaktion vor Ort wird Mitte des Jahres in Kenia und Ende des Jahres in Südafrika stattfinden.

Unsere Grenzen werden definiert durch die örtliche Beschränkung eines Projekts auf die jeweiligen lokalen Gegebenheiten, für die es konzipiert ist. Das gilt für unsere partizipativen Prozesse, die sich nur durch intensive Beschäftigung mit der aktuellen Situation am Einsatzort umsetzen lassen. Die reine Skalierbarkeit eines Produkts macht unter den heutigen Gegebenheiten keinen Sinn mehr. Die

„One size fits all"-Lösung wird für den Bereich der Katastrophenhilfe und Entwicklungszusammenarbeit kaum positive Veränderungen bewirken. Der Blick verschiebt sich in der Lösungsfindung immer stärker vom Globalen zum Lokalen. Auf der anderen Seite verlangt aber die schiere Masse der von Not betroffenen Menschen – mit einem Anstieg von mehr als 80 Prozent innerhalb der vergangenen zehn Jahre – massentaugliche Lösungen. Aus unserer Sicht kann nur ein offenes Produktsystem kombiniert mit Prozessen, die lokale Bedingungen in den Gestaltungsprozess einbeziehen, zum erwünschten Erfolg führen. Massenproduzierte Produktkomponenten müssen immer offen bleiben für den Austausch mit lokalen Ressourcen. Ressourcen werden verstanden als alle vor Ort vorhandenen menschlichen sowie natürlichen Kapazitäten. So kann die Verschmelzung von Produkt und Prozess und die Weiterentwicklung des Konzepts erst nach langer Recherche und Zusammenarbeit mit Bevölkerung und Organisationen in der betroffenen Weltregion effektiv und tiefenwirksam umgesetzt werden. Daher denken wir unser Domo als Baukastensystem, aus dem man nach Evaluierung der Situation vor Ort eine optimierte Lösung anbieten kann. Einige Parameter können allgemein aufgestellt werden; da ein bedürfnisorientierter Ansatz jedoch alle lokalen Faktoren miteinbeziehen soll, kann erst durch umfangreiches Wissen über die tatsächlichen Verhältnisse ein Prozesskonzept entstehen. Dies setzt der Skalierbarkeit von Projekten an unterschiedlichen Orten Grenzen, dem kreativen, interaktiven und wertgerechten Arbeiten jedoch nicht.

Menschenwürdiges Wohnen auch in Krisengebieten

> *„Damit sehen sie [die Designer] sich weniger als mächtige Gestalter denn als Moderatoren eines Prozesses, der schrittweise in eine Form und in ein gebautes Ergebnis führt."*[5]

Innerhalb der nächsten 30 Jahre wird sich die urbane Population der unterentwickelten Länder verdoppeln, wobei prognostiziert wird, dass im Jahr 2050 etwa ein Drittel der Weltbevölkerung unsicher, in gesundheitsschädlicher Umgebung und ohne Zugang zu sauberem Wasser wohnen wird. Gleichzeitig schrumpfen die Kapazitäten, den Notleidenden zu helfen. Daher ist dies ein Bereich der Entwicklungszusammenarbeit, der nach neuen Lösungen sucht und in dem vielen Menschen geholfen werden kann.

Nach 40 Jahren, in denen sich an der vorherrschenden unzureichenden Situation wenig verändert hat, ist ein Umdenken notwendig. Dies wollen wir erreichen durch die Fokussierung auf das Lokale, das heißt die lokale Einbindung von Bevölkerung, Organisationen und Ressourcen. Daraus folgt konsequenterweise die lokale Entwicklung und Produktion bis hin zur lokalen Verwertung des Endprodukts in verschiedensten Lebenszyklen. Aus unseren Erfahrungen heraus lässt sich eine Sicherung des Zugangs zu Rohstoffen sowie deren ökonomisch und ökologisch sinnvolle Nutzung viel leichter durch eine konsequent nachhaltige Denkweise mit klarem Bezug auf das Lokale erreichen. Dies beinhaltet für uns aber mehr als Außenbetrachtung und Fernanalyse. Die lokalen Ressourcen können nur in Verbindung zu dem jeweiligen Ort und ihren Bewohnern erforscht und richtig genutzt werden. Dies bedeutet mehr Arbeit und Kostenaufwand, jedoch nur im frühen Stadion der Entwicklung. Wir sind der Meinung, dass sich die Investition einer intensiven Beschäftigung und Interaktion mit den Ressourcen vor Ort langfristig auszahlt.

Die Verschmelzung von Prozess und Produkt führt uns auf neue Wege der Innovation. Die Nutzung lokaler Ressourcen führt zu einem Umdenken im Entwicklungskonzept und erfordert, neue Partner zu finden und andersartig gestaltete Partizipationsprozesse und Nutzungszyklen anzudenken. Die größte Herausforderung wird sein, die Bevölkerung bei jedem Schritt der Entwicklungskette miteinzubeziehen und sie zu befähigen, sich selbst eine bessere Zukunft zu schaffen. Denn nur durch Einbindung in eine fortlaufende Konzeption unter realen Bedingungen und unter Einbezug der Endnutzer kann für uns ein Produkt zu Innovation und Verbesserung führen.

Endnoten

1 Neumeier, Marty: Zag. The number-one strategy of high-performance brands. Berkeley, 2007, S. 47.

2 In diesem Zusammenhang drückt sich die Materiallastigkeit darin aus, dass das Produkt aus vielen verschiedenen Einzelteilen und daher auch Materialien besteht und meist in enormer Stückzahl an den Einsatzort gelangt. Daher ist es wichtig, Materialien und Einzelteile in natürliche oder technische Kreisläufe zurückzuführen, um durch den Einsatz weder Mensch noch Umwelt zu belasten.

3 Die nachhaltigen Materialien und das modulare System führen zu einer optimalen Nutzungskette. So können sowohl Einzelteile als Ganzes ebenso wie Materialien weiterverwendet werden. Die Materialien können beim Recycling in natürliche Kreisläufe zurückgeführt werden. Beim Upcycling werden Materialien und Einzelteile zu neuen Produkten umgewandelt. Die Teile können Einsatz finden beim Bau neuer Domos, aber auch anderer Konstruktionen. Ebenso kann eine Umnutzung erfolgen, wie zum Beispiel durch Integrierung des Tragwerks in den Dachstuhl eines Betonhauses.

4 In Paraguay zum Beispiel benutzt die Bevölkerung zur Isolierung der Häuser eine lokale Pflanze namens Loofah, die preiswert, umweltschonend und in großer Menge vorhanden ist. In Pakistan wurden neue Bauplatten entwickelt, die aus Stroh und Klärschlamm aus der lokalen Papierproduktion gepresst werden, die das Raumklima deutlich verbessern und Arbeitsplätze vor Ort schaffen. National Design Museum, Cooper-Hewitt (Hg.): Design with the other 90% Cities, New York, 2011, S. 132/135.

5 Lepik, Andres (Hg.): Moderators of Change. Architektur, die hilft. Ostfildern, 2011, S. 15.

Das Unternehmen und die Unternehmung

Stefan Hölldobler

diefabrik ist eine Produktionsstätte für einzigartige und nachhaltig produzierte Designobjekte in Leipzig. Neben der Entwicklung, dem Design und der Herstellung der Produkte wird auch deren Verkauf und Vermarktung übernommen. Im Grunde ist das, was in der 400 m² großen Halle des Unternehmens passiert, nichts Neues. Etliche Unternehmen arbeiten nach einem ähnlichen Geschäftsmodell. Der Unterschied liegt im Design der entworfenen Objekte und in der Art und Weise, wie sie hergestellt, vermarktet und verkauft werden.

In Anlehnung an die Arbeitsweise von Fabriken im Allgemeinen werden auch bei der Leipziger Fabrik Produkte in Serie mit größtmöglicher Effizienz und Wirtschaftlichkeit produziert. Die Reproduzierbarkeit steht daher bei der Ideenfindung und dem Designprozess im Vordergrund. Jedoch wird im Gegensatz zu einer herkömmlichen Fabrik die Wirtschaftlichkeit eines Produktes nicht etwa durch Massenproduktion oder „Outsourcing" (z. B. Auslagerung in Billiglohnländer) erreicht, sondern durch geschickten Materialeinsatz, innovatives Design und, als zentrale Punkte, durch Wiederverwertung und Umnutzung. Genauso wichtig für den wirtschaftlichen Erfolg des Unternehmens ist die Vielfalt der angebotenen Produkte. Anders als bei Fabriken, deren Fertigungslinien massenweise zum Beispiel nur Armaturenbretter herstellen, findet bei uns keine Spezialisierung auf eine Produktgruppe statt. Zum jetzigen Zeitpunkt werden acht Objekte, vom Sitzmöbel bis zur mobilen Musikanlage, parallel hergestellt.

Diese Vielfalt hat den positiven Effekt, dass zum einen das unternehmerische Risiko nicht nur auf einem Produkt lastet und zum anderen der wirtschaftliche Erfolg eines Designs auch auf die übrigen Artikel abstrahlt, beispielsweise durch Erwähnungen in Zeitschriften. Dieser Werbeeffekt wirkt sich verkaufsfördernd auf die gesamte Produktfamilie aus und ist ein wichtiger Bestandteil der Marketingstrategie, genauso wie regelmäßige Neuentwicklungen und Prototyppräsentationen. Somit kann der Verkauf der Produkte fast ausschließlich direkt an den Kunden erfolgen, ohne ein Vertriebsnetz aufbauen zu müssen, das wiederum Kommissionen und damit eine Reduzierung des Gewinns nach sich ziehen würde. Natürlich sind mit dieser Arbeitsweise den Stückzahlen Grenzen gesetzt, aber Ziel des Unternehmens ist es nicht, für den Massenmarkt zu produzieren, was allein schon aus Platzgründen nicht umsetzbar wäre, sondern einem Nischenpublikum eine Vielfalt von einzigartigen und nachhaltigen Objekten anzubieten.

Vom Designer zum Hersteller

Die erwähnten Punkte beschreiben in Grundzügen die Geschäftsidee des Unternehmens, bei der die Produktvielfalt eine wichtige Rolle für den Verkauf und die Vermarktung einnimmt. Diese Vielfalt stellt aber auch eine große Herausforderung für die Herstellung dar, da auf begrenztem Raum eine Vielzahl an Produkten parallel hergestellt werden muss – am besten möglichst wirtschaftlich, mit nachhaltiger Ausrichtung und mit genug Potential für Neuentwicklungen. Ausschlaggebend für das Gelingen der Unternehmung ist der Designansatz hinter den Produkten, der die Anforderungen der Vermarktung mit den Möglichkeiten der Produktion verbindet. Um aber die Designphilosophie und die Bedeutung, die dabei Nachhaltigkeit und Einzigartigkeit einnehmen, zu verstehen, ist es wichtig, die Entstehung des Konzepts zu beleuchten.

Als junger, freiberuflicher Produktdesigner steht man immer wieder vor dem gleichen Problem: Nachdem eine Produktidee die Prototypphase überstanden hat, gilt es zu entscheiden, wie das Produkt den Markt erreichen soll. Entweder hofft man, dass eine am Markt etablierte Firma das Design in ihr Produktportfolio aufnimmt, oder man bemüht sich, das neu entworfene Produkt eigenständig herzustellen und zu vertreiben. Meist wird die erste Variante favorisiert, zumal der Aufbau eines Unternehmens zur Realisierung einer Produktidee oftmals mit großen Investitionen, finanzieller wie zeitlicher Natur, verbunden ist.

Nun ist es aber in der Realität leider so, dass man nur im Glücksfall wirklich zwischen den beiden Optionen wählen kann. In der Mehrzahl der Fälle ist das Angebot von neuen Produkten und Designs zu groß, als dass man ein Unternehmen von einer weiteren Neuentwicklung überzeugen könnte. So bleibt nur die risikobehaftete eigenständige Umsetzung der Produktidee. Da Designer aber lieber neue Ideen verfolgen, als sich um Herstellung und Verkauf zu bemühen, verschwinden viele Prototypen wieder in der Schublade. Natürlich wäre es schön, wenn man die Probleme bei Neuentwicklungen von freiberuflichen Designern auf den beschriebenen Sachverhalt reduzieren könnte. Das hier gezeichnete Bild ist stark vereinfacht, aber es dient dem besseren Verständnis unseres Designansatzes. Denn die Idee, ein Unternehmen wie diefabrik zu gründen, hat ihren Ursprung genau in der hier beschriebenen Problematik der Umsetzung eines Designs. Bevor jedoch unser Unternehmen 2010 offiziell angemeldet wurde, durchlief das Geschäftskonzept etliche Prototypphasen. Im Jahr 2008 konnte das erste seriell produzierte Produkt, eine Möbelserie aus Karton, auf diversen Designmessen vorgestellt werden und erfuhr sehr positive Resonanz. Die Produktionsstätte befand sich zu diesem Zeitpunkt in einer 60 m2 großen Garage in Unterfranken und wir wussten: Um das Projekt „diefabrik" weiterzuentwickeln, war es notwendig, nicht nur eine neue Räumlichkeit, sondern auch einen neuen Standort zu suchen. Schnell war klar, dass ein experimentelles Designunternehmen sich auch in einer experimentierfreudigen Stadt niederlassen muss, und durch einen glücklichen Zufall konnte 2010 eine denkmalgeschützte Fabrikhalle in Leipzig bezogen werden. Heute verfügen wir über eine gut ausgestattete Produktionswerkstatt und ein langsam gewachsenes Netzwerk aus Handwerkern, Künstlern und Designern, mit denen gemeinsam neue Produkte entwickelt und herstellt werden. Dabei liegen allen Neuentwicklungen genau die gleichen Richtlinien zugrunde wie den ersten Prototypen aus dem Jahr 2008.

Um dieses Ziel zu erreichen, mussten folgende Fragen beantwortet werden: Wie kann man im Voraus, also schon während des Designprozesses und der Ideenfindung, die Herstellung und den Verkauf so miteinbeziehen, dass man den fertigen Entwurf ohne große finanzielle Risiken eigenständig umsetzen kann? Wie gestaltet man die Produktion aus, dass immer noch genug Raum für Neuentwicklungen bleibt? Wie schafft man es als Nischenhersteller, seine Produkte auf einem ohnehin überfluteten Designartikelmarkt zu positionieren und direkt an den Endkunden zu verkaufen?

Der Designansatz und seine Anwendung

Diese drei Fragen werden auf höchst unterschiedliche Art und Weise beantwortet. Die Begriffe *Nachhaltigkeit und Einzigartigkeit* nehmen dabei stets eine zentrale Rolle ein, wobei *Nachhaltigkeit* eher in den wirtschaftlichen Bereich und *Einzigartigkeit* in die Vermarktung und das Design einfließt. In diesem Zusammenhang bezeichnet Nachhaltigkeit nicht nur die Verwendung von recyclebaren Materialien, sondern einen gesamtheitlichen Ansatz, den wir unseren Produkten zugrunde legen. Nachhaltigkeit fängt für uns schon mit der Frage an, wie wir als Designer und Hersteller die Entwicklung und die Produktion von Produkten rechtfertigen, die bereits in tausendfacher Ausführung auf dem Markt erhältlich sind, wie beispielsweise Tische, Lampen oder Stühle. Wenn wir nun eine Neuentwicklung anstreben, so versuchen wir, das Thema grundsätzlich neu zu interpretieren und mit einer nachhaltigen Ausrichtung umzusetzen. Zum einen geschieht das durch eine innovative Verwendung von ökologischen Werkstoffen, zum anderen durch geschicktes Wiederverwerten und Umnutzen von Materialien und Gegenständen. Weiterhin wird das Thema Nachhaltigkeit auch konzeptionell als Quelle für Ideen genutzt, beispielsweise durch das Aufgreifen von gesellschaftlichen Handlungen, die als Grundlage für ein Produkt dienen können. Obwohl Nachhaltigkeit sehr wichtig für unsere Produktentwicklung und Produktion ist, versuchen wir, das Thema in der Öffentlichkeitsarbeit nicht unnötig zu strapazieren. Das bedeutet, dass das Design in erster Linie überzeugend sein muss, unabhängig vom nachhaltigen Charakter, der manchmal auf den ersten Blick nicht ersichtlich ist. Für die Außendarstellung ist die Einzigartigkeit unserer Produkte in puncto Design und Funktion viel wichtiger. Einzigartigkeit kennzeichnet dabei ein Produkt, das eine emotionale Bindung bei Kunden/Benutzern hervorruft und dadurch über ein Alleinstellungsmerkmal verfügt. Oder anders formuliert: Wenn ein Produkt eine emotionale Bindung hervorrufen kann, so ist es einzigartig. Einzigartigkeit erlangt man im Produktdesign nicht notwendigerweise nur mit schönen Proportionen, einer tollen Ästhetik oder einer hohen Funktionalität, sondern auch, wenn dem Produkt eine besondere Geschichte vorangeht oder folgt. Diese innovative, teilweise spielerische Herangehensweise an ein Thema ist für die Einzigartigkeit unserer Produkte von großer Bedeutung, denn nur so können wir uns von der Masse abgrenzen und am Markt konkurrieren. Beide Bereiche, Nachhaltigkeit und Einzigartigkeit, hängen unmittelbar miteinander zusammen und bedingen sich gegenseitig. Nachhaltigkeit funktioniert wirtschaftlich nur mit einem einzigartigen Produkt mit emotionaler Bindung, genauso wie sich eine emotionale Bindung nur mit nachhaltiger Produktentwicklung wirtschaftlich kreieren lässt. Wie das genau funktioniert, verdeutlicht folgendes Beispiel.

Die Tombox

Bei dem Produkt mit dem Namen *Tombox* werden alte passive Lautsprecherboxen aus den 70er, 80er und 90er Jahren zu mobilen Musikanlagen für das 21. Jahrhundert umgebaut. In das alte Lautsprechergehäuse werden ein wiederaufladbarer Akku, ein Verstärker, eine Ladeelektronik sowie ein 3,5-mm-Klinkenkabel eingebaut, so dass nun mp3-Spieler, Laptops oder Smartphones an die Tombox angeschlossen und verstärkt werden können. Der alte Lautsprecher bleibt so weit wie möglich unverändert, lediglich defekte Bauteile werden gleichwertig ersetzt. Jede Tombox verfügt somit über eine einzigartige Ästhetik und einen unverwechselbaren Klang, dabei sind die Arbeitsschritte bei der Herstellung immer identisch. Durch geschicktes Wiederverwerten werden also Einzelstücke in Serie produziert, ohne dabei einen Mehraufwand an Zeit oder Material einzusetzen. Weil nicht nur das Gehäuse, sondern auch der Originallautsprecher und die damit verbundene akustische Entwicklung weiterverwertet werden, kann die Herstellung sehr effizient gestaltet werden. Man muss an dieser Stelle erwähnen, dass es heutzutage eine unglaubliche Vielfalt an alten Lautsprechern gibt, die keine Verwendung finden, so dass man sich um Materialnachschub keine Sorgen machen muss. Vor allem die Qualitätslautsprecher von Firmen wie beispielsweise Braun, SABA oder Grundig stehen auch 30 Jahre nach ihrer Herstellung modernen Lautsprechern in nichts nach und können ohne Probleme umgebaut werden.

Dieses Projekt sieht sich somit nicht nur als Beispiel für die Materialwiederverwertung, sondern auch für die Wertschätzung von Qualität. Aus neueren, billig produzierten Lautsprechern kann man keine Tombox bauen, da zum einen die Technik nicht dafür ausgelegt ist, über zehn Jahre lang zu funktionieren, und weil zum anderen das Design der Lautsprecher sehr kurzfristig angelegt ist. Zum Beispiel kann der Korpus nicht geöffnet werden, ohne dabei die Box zu zerstören. So macht sich die damalige Investition in die Qualität der Lautsprecher heute, fast eine Generation später, noch deutlich bemerkbar.

Dadurch, dass jede Tombox ein Unikat ist und in den unterschiedlichsten Ausführungen angeboten wird, ist eine emotionale Bindung zum Produkt sehr schnell aufgebaut. Es wird nicht nur nach Funktion oder Design ausgewählt, sondern auch anhand der Frage: „Passt diese Box zu mir?"

Dieses Beispiel veranschaulicht, wie eng die emotionale Bindung und die nachhaltige Herstellung miteinander verbunden sind. Es wäre zwar schön, wenn es ein solches Designprojekt schaffen würde, den Elektroschrott zu minimieren oder gar ein globales Umdenken im Konsumverhalten zu bewirken, viel wichtiger ist aber, zu zeigen, wie man durch Wiederverwertung die Effizienz steigern und Ressourcen schonen kann. Ein Produkt wie die Tombox – mit ihrer ungewöhnlichen Vielfalt – ist ohne die Wiederverwertung von alten Lautsprechern undenkbar. Viel zu zeitaufwendig und zu teuer wären die Herstellung der einzelnen Lautsprechergehäuse, die akustische Entwicklung und der Materialeinsatz, und es ist fraglich, ob man dann eine ähnliche Qualität erreichen würde. Gleichzeitig ist die Positionierung eines Produktes mit einer interessanten Hintergrundgeschichte wie die der Tombox viel leichter auf dem Markt für mobile, batteriebetriebene Musikanlagen zu positionieren – vor allen Dingen dann, wenn man sich dazu noch in puncto Qualität und Preis mit Konkurrenzprodukten messen kann.

Die Schlaglochlampe

Ein weiteres Produkt aus dem Portfolio unseres Unternehmens ist das Lampenschirmprojekt mit dem Namen „Schlaglochlampe". Hier geht es weniger um die direkte Wiederverwertung von Reststoffen, wie etwa Lautsprechern, als vielmehr um ein konzeptionell ausgerichtetes Designobjekt. Grundlage für das Konzept sind die Einflüsse und Auswirkungen unserer gesellschaftlichen Aktivität auf unsere Umwelt. Täglich werden Reststoffe, Nebenprodukte und Formen als Resultat unserer Aktivität produziert, die oftmals sehr leicht wahrzunehmen sind, wie zum Beispiel Müllberge. Manche fallen nicht durch Akkumulation von Material, sondern durch das Fehlen eines solchen auf. Zu diesen Erzeugnissen gehören Schlaglöcher. Durch Krafteinwirkungen des Straßenverkehrs sowie winterliche Witterungsbedingungen entstehen jedes Jahr hunderttausende davon, die mühevoll repariert werden, nur um im Folgejahr an anderer Stelle wieder aufzutauchen. Hinzu kommt, dass Schlaglöcher großen Einfluss auf den Straßenverkehr und unser Fahrverhalten ausüben und wir dadurch tagtäglich mit ihnen konfrontiert werden. Diese Konfrontation macht Schlaglöcher zu einem gesellschaftlichen Thema, wie man jedes Jahr am medialen Interesse sehen kann. Der Kreislauf des Entstehens und Verschwindens und die Konfrontation dienen als ideale Grundlage, um aus diesem „seriell produzierten Nebenprodukt unserer Gesellschaft" ein konzeptionelles Designobjekt mit einmaliger Geschichte herzustellen. Es geht bei diesem Projekt nicht wirklich um Wiederverwertung oder um ökologische Materialien, geschweige denn darum, Schlaglöcher zu beseitigen oder das Autofahren zu kritisieren, sondern vielmehr um die Tatsache, dass anhand eines Schlaglochs die Auswirkungen unserer Handlungen auf unsere Umwelt sehr schön veranschaulicht werden können. Für uns war es zudem interessant, einem Produkt eine Form zugrunde zu legen, die völlig ungenutzt bleibt und nur negativ in Erscheinung tritt, obwohl in ihre Entstehung eine enorme Menge an Energie und Zeit investiert wird, zwar unbewusst – aber dennoch. Des Weiteren gibt es, dank dem erwähnten Kreislauf, eine endlose Auswahl an Schlaglochformen, so dass sich effizient und ohne große Mühe ein Serienprodukt mit Unikatcharakter herstellen lässt. Die Entscheidung, aus einer Schlaglochform Lampenschirme zu produzieren, liegt darin begründet, dass erstens ein Schlagloch immer halbkugelförmig ist und zweitens ein Lampenschirm nicht nur über einen funktionalen Wert verfügt, sondern auch von einem künstlerischen Standpunkt aus betrachtet werden kann. Um aber aus einem Schlagloch ein Designobjekt herstellen zu können, muss es zuallererst mit Gips abgegossen werden, um die Form samt ihrer Geschichte zu sichern. Dieser Gipsabdruck dient dann direkt als Werkzeug für die weitere Produktion im Thermoformverfahren. Hierbei wird ein zu 100 Prozent biologisch abbaubarer Thermoplast erhitzt und über den Gipsabdruck gezogen. Mit dem Abkühlen härtet der lichtdurchlässige Biokunststoff zu einer widerstandsfähigen, glänzend weißen Oberfläche aus. Die Lampenschirme werden in limitierten Kleinserien von jeweils 20 Stück hergestellt und können anhand der beigefügten Adresse des Schlaglochs genau zu ihrem Ursprung zurückverfolgt werden. Das langfristige Ziel des Projekts ist es, Schlaglochlampen von Schlaglöchern aus allen größeren Städten Deutschlands herzustellen, um dann ein einzigartiges Serienprodukt mit Unikatcharakter sowie lokalem Kolorit anbieten zu können.

Herausforderungen und Konsequenz

Ressourceneffizienz und eine nachhaltige Produktion betreffen in erster Linie die wirtschaftliche Ausrichtung eines Unternehmens. Oftmals wirken sich diese beiden Faktoren aber auch direkt auf die Ästhetik der zu produzierenden Güter aus. Bei uns ist das ein erwünschtes Zusammenspiel, anhand dessen man als Kunde den direkten Weg vom Designprozess über die Produktion bis hin zum fertigen Produkt nachvollziehen kann. Das Resultat lebt in erster Linie von der innovativen Idee, aber genauso von ihrer konsequenten Umsetzung. Diese Konsequenz ist auch der Grund, warum unser Unternehmen nur als Nischenhersteller funktionieren kann. Um in einem größeren Maßstab dieselben Produkte zu produzieren, müsste man zum Teil den Designansatz modifizieren, da es ansonsten unmöglich wäre, die benötigten Rohstoffe ausreichend zu beschaffen. Manche Produkte, wie etwa die Tombox, sind aber von vornherein fast nicht skalierbar. Zu stark ist man vom Rohstoff „alte Lautsprecher" abhängig, der für eine Großproduktion zu individuell und unterschiedlich ist.

Es gibt immer wieder Vertreter großer Vertriebsketten für Designartikel, die sehr daran interessiert sind, die Tombox in ihr Programm aufzunehmen. Die Bedingung ist aber meist, dass wir mindestens 40 gleiche Ausführungen der Tombox produzieren müssten, weil ansonsten die Vielfalt für den Kunden zu verwirrend sei. Diese Herangehensweise verdeutlicht die Probleme, die der Massenmarkt verursacht und wieso oftmals der Sinn eines Produktes während der Massenproduktion verloren geht. Aber Ziel unseres Unternehmens ist es nicht, Produkte massenweise herzustellen, sondern einem Nischenmarkt – direkt und ohne Vertriebsketten – einzigartige Designobjekte anbieten zu können. Von daher ist das Dasein als Nischenhersteller im Geschäftsmodell einkalkuliert. Natürlich hat das Herstellungskonzept auch Nachteile, insbesondere bei der Entwicklung von neuen Produkten. Anders als großen Firmen mit eigener Entwicklungsabteilung geschieht bei uns vieles parallel. Somit sind unsere Prototypphasen sehr kurz und stellen oftmals gleichzeitig die erste Verkaufsphase dar. Das liegt daran, dass wir nicht immer über die Kapazitäten und die Zeit verfügen, hunderte Prototypen zu bauen und über mehrere Monate zu testen. Vor allen Dingen bei den etwas komplizierteren Produkten, wie beispielsweise der Tombox, machte sich das bemerkbar. Da die Musikanlage aus vielen Bauteilen besteht, die miteinander harmonieren müssen, mussten anfangs etliche Kinderkrankheiten bewältigt werden, vor allen Dingen im Bereich der Stromversorgung. Hier war der direkte Kontakt, den wir zu unseren Kunden haben, von großer Hilfe, da Kritikpunkte und Anregungen uns ohne Umwege erreichten und wir schnell reagieren konnten. Auch wenn wir auf die Probleme aus der Anfangsphase hätten verzichten können, zeigte uns zumindest die Reaktion unserer Kunden, dass es einen großen Zuspruch für unsere Herstellungsphilosophie gibt. Ähnlich positive Reaktionen erhalten wir bei allen unseren Produkten, insbesondere wenn uns Passanten nachts beim Abgießen von Schlaglöchern nach dem Sinn unserer „Straßenbauertätigkeit" befragen.

Die eigentliche Herausforderung besteht darin, auch in der Zukunft neue, innovative Produkte zu entwickeln, die gleichermaßen aktuell und zeitlos sind sowie in das Herstellungskonzept von diefabrik passen. Nur wenn sich die Produktfamilie stetig weiterentwickelt und Platz für neue Ideen bleibt, kann das Geschäftsmodell wirtschaftlich erfolgreich sein. Der Platz in der 400 m² großen Halle ist natürlich begrenzt, aber solange die Produktfamilie aufeinander abgestimmt ist und effizient produziert wird, sind etliche Produkte auf dieser Fläche realisierbar.

Man könnte die Arbeitsweise auch mit der eines Gärtners vergleichen, der seine Fläche so bewirtschaftet, dass er eine Vielzahl von Pflanzen aufeinander abstimmt, die sich gegenseitig positiv beeinflussen, um dann einen möglichst zufriedenstellenden und nachhaltigen Ertrag zu ernten. Dabei wird auch der Gärtner jedes Jahr sein Sortiment anpassen, erweitern oder verändern müssen, um seine Bebauungsweise auf die Anforderungen des Marktes abzustimmen.

Innovative Produkte mit Umweltbonus

Babak Norooz

Nowaste steht für ein originäres, konsequentes Unternehmenskonzept. Schon der Unternehmensname, abgeleitet von englisch „no waste" (= ohne Verschwendung), signalisiert die klare und nachhaltige Positionierung. Eine Positionierung, die unschwer erkennen lässt, was die Unternehmensgründer bewegt: Es geht um innovative Produkte mit Umweltbonus.

Das Produkt

Innovative Produkte brauchen natürlich innovative Rohstoffe. In diesem Fall Rohstoffe, die schon vorhanden sind, die nicht eigens angebaut oder erzeugt und nicht aus fernen Ländern über Kontinente hinweg befördert werden müssen. Ein solcher „innovativer" Rohstoff ist Baumsaft, deutscher Baumsaft. Ein Nebenprodukt aus der Papierherstellung, das von unserem Unternehmen einer deutlich höherwertigen Verwendung zugeführt wird.

Das Unternehmen fertigt aus dem Baumsaft umweltfreundliche Trinkbecher. Die Becher sind stabil, hygienisch und spülmaschinenfest. Sie sind stapelbar, bruchsicher sowie einfach zu bedrucken und zu gestalten. Das Produkt besteht zu 100 Prozent aus natürlichen Rohstoffen und kann deshalb ganz einfach auf dem Kompost entsorgt werden. Das hilft, Entsorgungskosten zu minimieren. Damit verbindet der Becher höchste qualitative Ansprüche mit einem positiven, natürlichen Image.

Wie alles anfing

Der Anstoß zur Entwicklung eines derart umweltfreundlichen Produktes kam vor knapp vier Jahren, als ich zum ersten Mal einen Becher aus Bagasse in der Hand hielt. Ein thailändisches Einwegprodukt, das ausschließlich aus Rohrzuckerfasern besteht und insofern ohne jede Umweltbelastung seinen Weg in die Natur zurückfindet.

Diese bagassebasierten Produkte zu importieren erschien mir zu teuer, und damit begann die Suche nach inländischen Alternativen. Gut drei Jahre intensiver Forschungs- und Entwicklungsarbeit gingen ins Land, bis wir aus dem natürlichen Baumsaftrohstoff ein derartiges Produkt gestalten konnten.

Vor dem Hintergrund, dass es sich hier um ein vollkommen neues Produkt und um einen Rohstoff handelt, der in dieser höherwertigen Form noch keine Verwendung fand, ist es unschwer vorstellbar, wie viele Hürden bis zur erprobten Marktreife und Lebensmittelzulassung überwunden werden mussten.

Motivation

In einer Welt, in der sich Meere auf Strände „erbrechen", wo Müllberge zu Mittelgebirgen werden, wo Menschen wissentlich oder unwissentlich zur größten Bedrohung des Ökosystems und seines Gleichgewichts avancieren, wollten wir als Unternehmen ein Zeichen setzen. Das mag idealistisch klingen, war aber in Bezug auf das Produkt ein vollkommen realistischer Ansatz. Die Devise hieß: Weg von den biologisch nicht abbaubaren Plastikmüllbergen, weg von der Verschwendung von Ressourcen – und dennoch nützliche, formschöne und interessante Produkte produzieren. Das ist möglich, ist intelligent, notwendig und mit Blick in die Zukunft auch überfällig.

Der Anfang war klassisch: ein Ein-Mann-Unternehmen, unterstützt von einem stillen Teilhaber. Dann kam der erste Ingenieur hinzu und die Entwicklungsarbeit nahm Fahrt auf. Heute sind wir bereits zu viert im Büro in Hanau, haben jeweils ein Vertriebsbüro in Kassel und Hongkong und zwei freie Handelsvertreter für Deutschland.

Potentiale

Das eigentliche Ressourceneinsparpotential ist in unserem Unternehmen die Ressourcenschonung. Dadurch, dass ein sonst ungenutztes Nebenprodukt als Hauptrohstoff für andere Produkte dient, werden Ressourcen eingespart. Dass das aus diesem Nebenprodukt gefertigte Endprodukt CO_2-neutral ist, biologisch restlos verrottet (Kompost) und zudem ein stabiles Mehrwegprodukt ist, unterstreicht den Ressourceneinsparcharakter nachhaltig.

Der natürlich-biologische Charakter dieser Produkte steht für Authentizität. Das gibt nicht nur ein gutes Gefühl, es macht Sinn – und es machte ebenfalls Sinn, diese Chance zu nutzen.

Technologisch bestehen keinerlei Risiken. Ein Risiko liegt lediglich in der Akzeptanz durch die Anwender und Nutzer. Diese zu erreichen kostet Zeit, Kommunikationsaufwand und damit Geld. Die Knowhow-Entwicklung für die Herstellung und die Sicherung des Rohstoffzuganges sind gegeben, nun gilt es, dieses natürliche Produkt mit seinen bemerkenswerten Eigenschaften zu verkaufen – in Deutschland und weltweit. Denn auch die beste Entwicklung nützt nichts, wenn sie nicht zur Anwendung kommt.

Aber: Die Menschen werden zunehmend sensibler für die Natur, für natürliche Produkte, für ein natürlicheres Leben. Sie spüren, dass etwas geschehen muss. Hier kommt unser Produkt ins Spiel. Es gibt – und da zählt der Grundgedanke – den Menschen die Chance, selbst etwas zu tun und selbst Dinge zu verändern.

Den Anwendungsmöglichkeiten sind keine Grenzen gesetzt. Zielgruppen des Produkts sind unter anderem Kantinen, die Gastronomie, Hotels und Freizeitanlagen, Krankenhäuser, Seniorenresidenzen, Kindergärten, Schulen und Universitäten. Auch für die Werbebranche, Konzert- und Festivalbetreiber sowie Privatpersonen ist das Produkt interessant. Die Märkte sind vorhanden, doch bisher vornehmlich von Plastikprodukten beherrscht. Doch das wird sich unserer Ansicht nach ändern, weil Plastik ein erhebliches Problem in Bezug auf die Ökologie und Ressourcenschonung darstellt – bei dem Produkt unseres Unternehmens ist das nicht so.

Erfahrungen und Einsichten

Freude ist die stärkste Kraft. Nowaste macht uns Freude. Und Freude kann Unmögliches möglich machen. Dann fällt das Dranbleiben, das Entdecken, das Herausfinden leichter. Und immer wieder kommen neue Perspektiven in Sicht, auf Dinge, die eigentlich schon da sind – nur bisher nicht gesehen wurden.

Im Verlaufe der bisherigen spannenden Entwicklung wurden wir immer wieder damit konfrontiert, Widerstände zu meistern, aus Fehlern zu lernen, neue Möglichkeiten zu erschließen, Know-how aufzubauen, begrenzte Mittel und Ressourcen intelligent einzusetzen.

Ohne Neugierde und Begeisterung geht das nicht, denn sie führen immer wieder zu neuen Lösungen und Alternativen. Sie helfen, stets das Ganze im Auge zu behalten richten und sich nicht von den unzähligen technischen Details, die es zu bewältigen gilt, aufhalten zu lassen.

Nach dem Motto „Es gibt immer eine Lösung, man muss sie nur finden" haben wir gelernt, dranzubleiben, weiterzugehen – Details zu lösen, um das Ganze zu gewinnen. Aus dieser Sicht- und Arbeitsweise hat sich ein stabiles wie kreatives Engagement entwickelt, das viel leisten kann, ohne dass dabei Freude und Spaß zu Fremdwörtern werden.

Stoffliche Verwertung moderner Batteriesysteme
Wie man auf den Erfolg hinarbeiten kann

Interview mit Reiner Weyhe

Einleitendes

Seit 1996 verfolgt das mittelständische, konzernunabhängige Recyclingunternehmen Accurec das Ziel, für alle gängigen modernen Batteriesysteme ein optimiertes Verwertungskonzept zu entwickeln und zu betreiben. Dadurch sind Recyclingverfahren für Nickel-Cadmium-Batterien, Nickel-Metallhydrid-Batterien, Primär-Gerätebatterien und Lithium-Ionen-Gerätebatterien entstanden, die zum überwiegenden Teil bereits im industriellen Maßstab installiert wurden. Inzwischen recycelt das Unternehmen mit 30 Mitarbeitern am Standort Mülheim an der Ruhr jährlich fast 80 Millionen Altbatterien und erwirtschaftet damit einen Umsatz von 7 Millionen Euro. Dabei gelingt es dem Unternehmen zum Beispiel, Kunststoff abzutrennen und Metalle wie Eisen, Blei, Nickel, Kupfer, Zink, Kobalt, Silber oder Mangan zurückzugewinnen. Rund 78 Prozent einer Altbatterie können wiederverwertet werden. 2013 eröffnet Accurec am neuen Standort Krefeld Europas größte Pilotanlage für Batterien aus der Elektromobilität, ein Förderprojekt des Bundesministeriums für Umwelt, Naturschutz und Reaktorsicherheit, und für Photovoltaikmodule.

Recyclingverfahren

Das Recycling von Akkusystemen ist mit der Einführung der 1. Batterieverordnung 1998 systematisch erforderlich geworden. Im September 2006 konnte mit der EU-Direktive 2006/66/EC eine zukunftsweisende Neuregelung verabschiedet werden. Die EU-Direktive wurde mit der Verabschiedung des Batteriegesetzes (BattG) im Juni 2009 in nationales Recht umgesetzt und ist seit dem 1. Dezember 2009 in Kraft.[1] Mit der Einführung der EU-weiten Sammlungs- und Verwertungspflicht von Altbatterien werden zusätzliche kapazitive und qualitätsbezogene Anforderungen an bestehende und zukünftige Recyclingprozesse gestellt. Das Recycling von Batterien ist allerdings anspruchsvoll. Schadstoffe und Schwermetalle machten die Entwicklung von effizienten und emissionsfreien Verfahren nötig. Für moderne Batteriesysteme wie Nickel-Cadmium- und Nickel-Metallhydrid-Batterien konnte das Unternehmen diese in der Vergangenheit entwickeln. Einige Verfahren konnten gemeinsam mit der RWTH Aachen, am Institut für Maschinenelemente und Maschinengestaltung (IME), entwickelt werden und spiegeln den Status der BAT (Best Available Technology) wider. Für sein energieeffizientes und emissionsfreies Recycling mittels Hochvakuum-Ofen wurde das Unternehmen 2008 mit dem Kaiserpfalzpreis der deutschen Metallurgieindustrie und 2012 mit dem Deutschen Rohstoffeffizienz-Preis ausgezeichnet.

Abbildung 1: Ein Hochvakuum-Ofen, der nahezu ohne Emissionen Akkus in ihre Komponenten zerlegt (Quelle: Accurec).

Das Interview

RKW:
Wenn Sie den Begriff Ressourceneffizienz hören, was fällt Ihnen spontan dazu ein?

Weyhe:
Zunächst die Notwendigkeit, die sogenannten Sekundärrohstoffe erreichbar zu machen. Sekundärrohstoffe sind diejenigen Rohstoffe,

die aus Aufarbeitung von Abfällen gewonnen werden können. Wir als Unternehmen haben eine langjährige Erfahrung im Bereich Batterierecycling und stellen fest, dass diese erste Hürde nicht immer überschritten wird. Gerade Akkumulatoren werden beispielsweise noch in viel zu geringer Anzahl dem Recycling zugeführt. Die Gründe sind:

a) die noch nicht ausreichende Bereitschaft der Konsumenten, Altbatterien gezielt einer Sammlung zuzuführen, und

b) der erhebliche wirtschaftliche Druck, der auf den Rücknahmesystemen lastet und sie daran hindert, alle Potentiale auszunutzen, die zur Verfügung stehen.

Weiterhin fällt mir dazu ein, dass viele Verfahrensansätze gut gemeint sind – aber nie daran gedacht wurde, dass sie auch wirtschaftlich sein müssen. Sind sie nicht wirtschaftlich, wird sich auch keine Rohstoffeffizienz einstellen.

RKW:
Beziehen wir dieselbe Frage einmal konkret auf Ihr Unternehmen: Was bedeutet Ressourceneffizienz für Accurec?

Weyhe:
Im Hinblick auf die eben genannten Punkte heißt das zunächst einmal, immer wieder den Finger in die Wunde zu legen. Es geht darum, Hersteller für das Thema zu sensibilisieren und davon zu überzeugen, dass Ressourceneffizienz auch ihrer Unterstützung in der Organisation bedarf. Darüber hinaus bedeutet es für uns, bei der Entwicklung der Verfahren immer das klare Ziel vor Augen zu haben, die jeweils günstigsten Techniken zu kombinieren.

RKW:
Das scheint Ihrem Unternehmen ganz gut zu gelingen, denn Sie haben 2012 den Deutschen Rohstoffeffizienz-Preis des Bundesministeriums für Wirtschaft und Technologie und der Deutschen Rohstoffagentur erhalten. Wofür genau?

Weyhe:
Seit über 15 Jahren beschäftigen wir uns ausschließlich mit dem Thema Altakkus. Man muss zur Erklärung sagen, dass alle acht bis zehn Jahre diese einen massiven Technikumbruch erfahren, dem man auch im Bereich Recycling folgen muss – was eine nicht zu verachtende Herausforderung darstellt. Wir sind gemeinsam mit dem IME im-

mer einen Schritt vorangegangen und mit innovativen Verfahren am Markt erschienen, die die Kunden auch gerne angenommen haben, denn sie waren sauber, plausibel und bezahlbar. Diese konsequente Umsetzung über den langen Zeitraum hat letztendlich zu dieser Auszeichnung geführt.

RKW:
Beschreiben Sie bitte den Weg der Forschung und Entwicklung Ihres Unternehmens bis zu diesem „Gipfel". Welche Erfahrungen haben Sie dabei gemacht, gab es Herausforderungen, wie gelang das Lösen von Problemen? Das wären sicherlich für andere Unternehmen interessante Erfahrungswerte.

Weyhe:
Wir stehen permanent in Kontakt mit den Herstellern von Batterien und Batterieanwendungen. Sobald sich hier neue Trends zeigen (z. B. Elektromobilität), kommen meist die Kunden auf uns zu und möchten wissen, wie man es sich in der Recyclingbranche vorstellt, mit den Produkten am EOL (End of Life) umzugehen. Es folgen normalerweise Orientierungsversuche, die üblicherweise die Schwierigkeiten und Besonderheiten grob umreißen. Sobald die Produkte in den Markt gebracht werden oder „drohen", bald im Abfallstrom aufzutauchen, versuchen wir, den potentiellen Abfallstrom zu prognostizieren und mögliche Verfahren auszuloten. Wenn uns, und das muss nicht immer der Fall sein, technisch dazu etwas einfällt, wird dies im Labormaßstab getestet, mit Anlagenbauern diskutiert und ein Business-Modell erarbeitet.

Letztendlich ist von den Faktoren „Markterwartung" und „Wirtschaftlichkeit" dann die Umsetzung bei uns abhängig. Für die bisher angepackten Abfallmaterialien hat das gut funktioniert – insofern waren unsere Erfahrungen dahingehend durchweg positiv. Natürlich gibt es immer auch unerwartete technische Probleme zu lösen und wirtschaftliche Herausforderungen zu bewältigen, davon darf man sich aber nicht entmutigen lassen.

RKW:
Was sind die nächsten Schritte für Ihr Unternehmen in puncto Ressourceneffizienz, wie geht es weiter? Wie schätzen Sie Ihre eigenen Perspektiven ein?

Weyhe:
Wir sind ein typisches mittelständisches Unternehmen – in einem eher überschaubaren europäischen Nischenmarkt. Das, was wir ange-

regt haben, müssen wir erst einmal umsetzen und mit den Investitionen Geld verdienen. Üblicherweise dauert dieser Zyklus drei bis sechs Jahre. Mit der Installation und Markteroberung der Lithium-Ionen- und PV-Recycling-Werke sind wir die nächsten drei Jahre erst einmal gut ausgelastet. Ideen haben wir immer, aber an der Stelle müssen wir uns bremsen, um unseren mittelständisch orientierten Eigenfinanzierungsgrad nicht zu verlassen.

RKW:
Wenn Sie zurückblicken, was können andere Unternehmen aus Ihren Erfahrungen lernen? Was würden Sie diesen mit auf den Weg geben?

Weyhe:
Was ich in unserer kleinen Altbatteriewelt nach langen Jahren feststelle, ist, dass sich wirklich sehr wenige Unternehmen wissenschaftlich mit den Aufgabenstellungen beschäftigen. Welcher promovierte Ingenieur würde bei der heutigen Fachkräftediskussion sich auch zu einem kleinen Batterierecycler hingezogen fühlen – verständlich, oder? Unserer Meinung nach verlangen aber die Komplexität der Materialien und die anspruchsvolle Arbeitssicherheit respektive der Emissionsschutz, dass man sich dem Thema ingenieurtechnisch nähert. Das bedeutet manchmal auch einen Mehraufwand in der Entwicklung und den Investitionen, aber das muss man durchhalten. Irgendwann versteht der Kunde das und folgt Ihrem Ansatz.

Es geht um das Thema Ressourceneffizienz und um innovative Projekte, die Möglichkeiten dazu etwas zu verbessern. Als Unternehmen muss man daher bereit sein, auch einmal etwas mehr als sonst in die Forschung und Entwicklung zu investieren, wissenschaftlichen Austausch zu suchen und vielleicht auch einmal einen Blick über den Tellerrand zu wagen – unsere Erfahrung hat uns gelehrt, dass dies nicht zum Schaden des Unternehmens war.

RKW:
Herr Weyhe, herzlichen Dank für das interessante Gespräch.

Endnoten

1   Gesetz zur Neuregelung der abfallrechtlichen Produktverantwortung für Batterien und Akkumulatoren (Batteriegesetz – BattG) vom 25. Juni 2009.

Erfolgreich durch Kreislaufführung

Gerd Timmer und Jan Timmer

Optisch sind sie sich schon ähnlich: der Kleiderbügel und der Bumerang. Das Nordhorner Unternehmen Timmer ETS sorgt dafür, dass sich Kleiderbügel auch verhalten wie die australischen Wurfgeräte – dass sie nicht, wie dies früher üblich war, nur einmal verwendet und dann als Müll entsorgt werden, sondern zur mehrmaligen Nutzung in die textile Kette zurückkehren. Das ist in allen Dimensionen des Wortes nachhaltig: ökologisch, ökonomisch und sozial.

Kleiderbügel im Kreislauf

Geschäftsidee und Gründung

Das inhabergeführte Familienunternehmen Timmer ETS (ETS steht für European Textile Services) befindet sich seit seiner Gründung 1995 kontinuierlich auf Wachstumskurs. Wie bei vielen anderen erfolgreichen Unternehmensgründungen hat auch bei dieser Geschäftsidee zunächst der Zufall mitgeholfen. Quasi im Vorbeifahren wurde Firmengründer Gerd Timmer auf große Mengen Kunststoff-Kleiderbügel aufmerksam, die auf einer Deponie lagerten. Er setzte mit seinem Wagen zurück, schaute genauer hin und dachte sich angesichts der einwandfrei wirkenden Produkte: Das muss doch nicht sein, dass sie dort liegen. Die hochwertigen Wertstoffe müssen sich doch besser nutzen lassen.

Kleiderbügel-Management ist sicher ein außergewöhnliches Geschäft – doch eines mit Potential, wie sich bei den folgenden umfangreichen Recherchen herausstellte. Bis zu einer Milliarde neuer Kleiderbügel kamen Mitte/Ende der 90er Jahre jährlich allein in der deutschen Bekleidungswirtschaft in den Umlauf.[1] Es handelte sich tatsächlich um Einwegprodukte, die für den Modehandel darüber hinaus ein echtes Entsorgungsproblem darstellten. Wer kann sich nicht an Kleiderbügel-Kartons vor den Geschäften erinnern? Sie auf diese Weise den Konsumenten zur Mitnahme anzubieten war früher ein gängiger, aber „unschöner" Entsorgungsweg. In wesentlich größerem Stil fanden sich Kleiderbügel im Restmüll und in den „Gelben Säcken" des Dualen Systems, bei dem sie mit ihren Haken manches Sortierförderband vorübergehend zum Stillstand brachten.

Gerd Timmer plante zunächst, die gebrauchten Kunststoff-Kleiderbügel zu sammeln, sie ausnahmslos zu schreddern und das auf diesem Weg gewonnene Granulat zur Herstellung von Neuprodukten zu verkaufen. Schnell wurde klar, dass sich dieses Geschäftsmodell wirtschaftlich nicht rechnen würde. Die funktionale und optische Unversehrtheit der gebrauchten Kleiderbügel führte dann zur Idee der Wiederverwendung statt Wiederverwertung – und damit zu einer höheren Stufe der Wertschöpfung.

Ressourcenschonendes Geschäftsmodell

So funktioniert das Kreislaufsystem (siehe auch Abbildungen 3 und 4): Die Bekleidungsindustrie beliefert den Modehandel mit Ware. Man unterscheidet Hänge- und Liegeware. Hängeware wird mit einem Kleiderbügel ausgeliefert. Sie kommt direkt in dieser Form an den Point of Sale oder wird zuvor aus Präsentationsgründen auf einheitliche, unternehmenseigene Kleiderbügel „umgebügelt". Die mitgelieferten Bügel sind somit entweder direkt oder spätestens mit dem Verkauf der Ware an die Konsumenten „überflüssig". Unser Unternehmen holt die Bügel per eigenen Fuhrpark (sechs LKW, die mindestens die strenge Abgasnorm ‚Euro 5', teils sogar ‚Euro 6' erfüllen) oder in Kooperation mit namhaften Logistikdienstleistern beim Einzelhandel ab. Am Firmensitz in Nordhorn überprüfen etwa 200 fachkundige Mitarbeiter die Bügel auf ihre Qualität und sortieren sie nach Formen, Farben, Größen und Marken. Intakte Bügel werden dorthin wieder ausgeliefert, wo sie die Bekleidungsindustrie benötigt – weltweit. Der Stückpreis der gebrauchten, qualitätsgeprüften Kleiderbügel liegt dabei deutlich unter dem von Neubügeln, was sie für die Bekleidungsindustrie interessant macht. Der Einzelhandel spart seinerseits Entsorgungskosten und erfüllt zudem die Vorgaben der Verpackungsverordnung. Das System schont somit in ökonomischer und ökologischer Hinsicht Ressourcen und überzeugt mit kontinuierlich zunehmender Tendenz Handels- und Industrieunternehmen der Branche. Unser Aufbereitungs- und Entsorgungsvolumen liegt aktuell bei über 100 Millionen Kleiderbügeln jährlich.

Abbildung 1: Etwa 200 Mitarbeiter sortieren die gebrauchten Kleiderbügel und überprüfen, ob deren optische und funktionale Qualität für den Wiedereinsatz ausreicht (Quelle: Franz Frieling).

Die Kleiderbügel schaffen problemlos mehrere Umläufe durch die textile Kette, die fünfmalige Wiederkehr ist keine Besonderheit. Eigenen Schätzungen zufolge werden für die Herstellung von einem Kilogramm Kunststoff für die Kleiderbügel-Neuproduktion durchschnittlich zwei Liter Erdöl, diverse Chemikalien und natürlich Energie benötigt – was die ressourcenschonende Komponente des Mehrweg-Modells deutlich macht. Dennoch sind auch die widerstandsfähigsten Kleiderbügel früher oder später am Ende ihres Lebenswegs angekommen. Beschädigte, bei der Qualitätsprüfung aussortierte Bügel werden auf zwei eigenen Schredderanlagen zu Granulat weiterverarbeitet, das zum Beispiel zur Herstellung von Neubügeln eingesetzt wird. Auch die Metalle der Haken werden weiterverkauft. So ist der Kreislauf wirklich rund.

Herausforderungen, permanente Weiterentwicklung und besondere Stärken

Gerd Timmer hat als Pionier mit seinem Team ein neues Geschäftsmodell kreiert. In der Anfangsphase ging es nicht nur darum, potentielle Kunden von der Idee zu überzeugen, sondern effiziente logistische Strukturen und Arbeitsabläufe zu etablieren. Wie müssen Kleiderbügel beschaffen sein, damit sie mehrere Umläufe durch die textile Kette überstehen? Nach welchen Kriterien sind sie zu sortieren? Auf Fragen wie diese gab es damals noch keine Antworten. Anfangs in einer gemieteten Gewerbeimmobilie aktiv, bezogen wir 2002 auf einem 4,5 Hektar großen Gelände mit Bahnanschluss eine moderne eigene Betriebsstätte, die inzwischen durch einen Anbau erweitert wurde. Sie umfasst unter anderem die schlanke Verwaltung, eine Sortierhalle mit ergonomischen Arbeitstischen, zwei Schredderanlagen sowie ein optimal temperiertes Hochregallager, in dem Kleiderbügel korrosionsfrei bevorratet werden können und das eine permanente, kurzfristige Lieferfähigkeit gewährleistet.

Abbildung 2: Die moderne Betriebsstätte von Timmer ETS in Nordhorn/Grafschaft Bentheim (Quelle: Franz Frieling).

Mit den Großbetrieben des Handels hat Timmer ETS individuelle Bügelmanagement-Konzepte erarbeitet, die immer ausgereifter werden und optimal auf die jeweiligen Unternehmensbedürfnisse abgestimmt sind. Während zum Beispiel die einen die Bügel lieber in Kunststoffmehrwegbehältern sammeln und übergeben, nutzen andere bevorzugt Mehrwegkartons in Europaletten-Größe. Steuerte das Unternehmen zu Beginn oftmals jede einzelne Filiale an, so führen die großen Handelsunternehmen ihre gebrauchten Kleiderbügel heute meist im Rahmen ohnehin notwendiger Fahrten in Eigenregie in ihre Zentral- beziehungsweise Regionallager zurück. Dort stellen wir immer häufiger Wechselbrücken zur Verfügung, die eine höchst effiziente Abholung ermöglichen.

Auch die zahlreichen Mittelständler der Branche bleiben mit ihren oft kleinen Geschäftslokalen und geringen Bügelmengen nicht außen vor. Wir kooperieren mit Logistikdienstleistern, die die Handelsun-

Kreislauf-Modell ‚Großkunde'

```
                    Bekleidungshersteller
                         o. Handel
                      kauft neue Bügel
Timmer ETS liefert                              Ware wird hängend an
gebrauchte Kleiderbügel                         den Handel geliefert
an Bekleidungshersteller
oder Handel         Bekleidungshersteller
                    setzt die Kleider-
                    bügel bereits in            Die Ware kommt ohne
Kleiderbügel werden bei   Produktion und        Verzögerung via Cross
Timmer ETS aufbereitet    Logistik ein          Docking in die Filialen

    Container mit Kleider-      Nach Abverkauf der Ware
    bügeln werden von           werden die Kleiderbügel in
    Timmer ETS abgeholt         Containern gesammelt
```

Abbildung 3: Das Schema zeigt, wie der Rückführungs- und Belieferungskreislauf mit den Großbetrieben des Handels funktioniert.

ternehmen mit Mode beliefern. Diese nehmen nicht mehr benötigte Bügel in speziellen Kartons mit zurück zu ihren Zentrallagern, wo wir diese übernehmen. So werden Touren optimal ausgelastet und Leerfahrten vermieden. Aus demselben Grund ist unser Unternehmen seit 2010 auch als Spediteur aktiv. Nach bestandener Prüfung sind wir nicht mehr nur für den Werks-, sondern für den internationalen gewerblichen Güterkraftverkehr zugelassen und dürfen nun neben Kleiderbügeln auch andere Produkte transportieren.

Ohnehin hat sich das Unternehmen seit jeher als Service-Dienstleister und weniger als „Entsorgungsunternehmen" verstanden. Der Nachfrage entsprechend wächst die Dienstleistungspalette. Seit 2011 werden zum Beispiel Kleiderbügel und Vignetten auf Wunsch individuell bedruckt, zum Beispiel mit dem Slogan oder Markenlogo der Kunden. Auch unter die Neubügelproduzenten ist unser Unternehmen gegangen, lässt diese – zum Teil unter Verwendung des selbstgeschredderten Granulats – von einem kleinen Spezialunternehmen auf eigenen Werkzeugen fertigen. Auch wenn Kleiderbügel mittlerweile viele Umläufe durch die textile Kette überstehen, ab und an müssen sie doch durch Neubügel ersetzt werden. Wir beliefern die Kunden somit aus einer Hand und schenken bei der Produktion der Neubügel dem Faktor Qualität besondere Beachtung. Je höher diese ist, desto mehr künftige Umläufe der Bügel sind sichergestellt.

Kreislauf-Modell ‚kleiner Einzelhändler'

- Bekleidungshersteller kauft neue Bügel
- Einzelhändler ordert 10er Bund Mehrwegkartons
- Timmer ETS liefert gebrauchte Kleiderbügel an Bekleidungshersteller oder Handel
- Bekleidungshersteller setzt die Kleiderbügel bereits in Produktion und Logistik ein
- Ware wird hängend an den Handel geliefert
- Kleiderbügel werden bei Timmer ETS aufbereitet
- Die Ware kommt ohne Verzögerung via Cross Docking in die Filialen
- Mehrwegkartons mit Kleiderbügeln werden von Timmer ETS abgeholt
- Zentrallager/ Logistikdienstleister

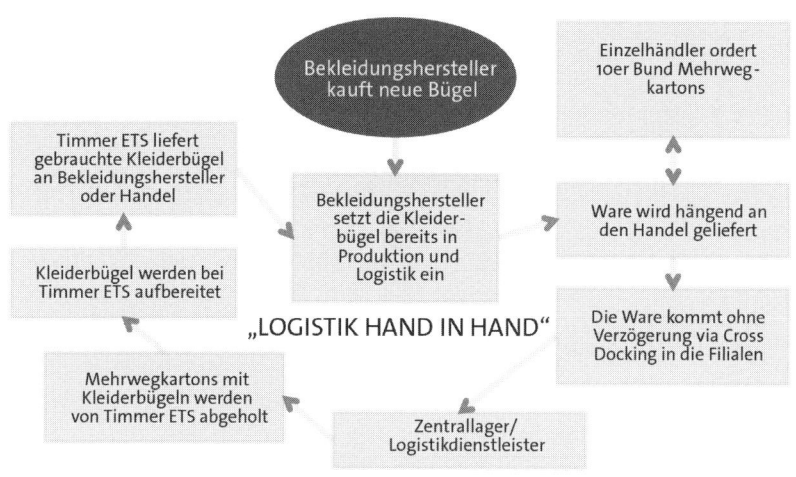

„LOGISTIK HAND IN HAND"

Abbildung 4: Im Falle des mittelständischen Modehandels weist das Kreislaufmodell durch die Einbindung von Logistikdienstleistern meist eine Station mehr auf als bei den großen Unternehmen.

Seit 1999 beteiligen wir uns am Standard-Kleiderbügel-Rückführ-System (SKRS®), einem Rationalisierungsprojekt der Modebranche auf freiwilliger Basis. In Arbeitskreisen mit Vertretern aus Industrie und Handel wurde ein Standard-Kleiderbügel-Sortiment vereinbart. Denn naturgemäß ist die Rückführ- und Sortierlogistik von Kleiderbügeln umso effizienter, je kleiner die Variantenzahl der Bügel im Markt ist.

Hohe Transparenz – nachgewiesene Zuverlässigkeit

Um den Kunden bereits vom ersten Geschäftskontakt an das Gefühl der Sicherheit und des Vertrauens zu vermitteln, haben wir uns 2006 als erstes Unternehmen unserer Branche dem aufwendigen und anspruchsvollen Zertifizierungsprozess für das Gütezeichen „Entsorgungsfachbetrieb" unterzogen. Dieses zeichnet uns als nachweislich qualifizierten Betrieb aus, der einen fach- und sachgerechten Umgang mit dem Wirtschaftsgut Kleiderbügel beziehungsweise den damit verbundenen Abfällen sicherstellt. Der anteilig geringe Restmüll wird sortenrein getrennt und seinerseits an zertifizierte Entsorgungsunternehmen übergeben. 2011 wurde zudem das Qualitätsmanagement nach EN ISO 9001 zertifiziert. So ist gewährleistet, dass alle Unternehmensprozesse den Kundenanforderungen gerecht und überdies laufend verbessert werden. Im Rahmen beider Zertifizierungen werden wir jährlich durch den TÜV Nord als unabhängige, externe Überwachungsorganisation auf den Prüfstand gestellt.

Eines ist noch zu erwähnen: Sämtliche ein- und ausgehenden Lieferungen werden datentechnisch erfasst. Die Kunden erhalten über die in den Kreislauf zurückgeführten oder zu Sekundärrohstoff verarbeiteten Kleiderbügel einen Entsorgungsnachweis, der ihnen auch als Dokument im Hinblick auf die Einhaltung der Verpackungsverordnung dient.

Ausblick und Empfehlungen aus der Praxis

Brachliegende Ressourcen erkennen und „heben" – daraus entwickelte sich unsere Geschäftsidee. Wir sind überzeugt, dass dem Beispiel des Nischenprodukts Kleiderbügel noch viele weitere vergleichbare folgen können, dass noch manches, was aktuell als „Müll" entsorgt wird, als Wertstoff genutzt werden kann. Dann gilt es, den Markt akribisch zu analysieren und die Idee, von der man überzeugt ist, mit aller Kraft und Leidenschaft in die Tat umzusetzen.

Unser Unternehmen wird inzwischen in zweiter Generation durch Jan Timmer, den Sohn des Firmengründers, geleitet und in die Zukunft geführt. Gerd Timmer steht ihm dabei nach wie vor zur Seite. Als Erfolgsrezept erachten wir beide unsere intensive persönliche Präsenz sowohl im Betrieb als auch bei den Kunden, unser offenes Ohr sowie den Blick für Prozesse und Probleme beziehungsweise deren Optimierung und Behebung. Wir werden durch einen langjährigen ehemaligen Warenhaus-Manager unterstützt, der uns mit betriebswirtschaftlichem Know-how in administrativen Belangen „den Rücken frei hält" und zudem Praxiswissen der Kundenseite in die Unternehmung einbringt. Last, but not least sind die motivierten, zuverlässigen Mitarbeiter und Auszubildenden unser großes Plus. Diese schätzen die familiäre Atmosphäre und die hohen Sozialstandards ihres Arbeitgebers, der am Standort Deutschland ein auf Nachhaltigkeit ausgerichtetes Geschäftsmodell betreibt.

Endnoten

1   Vgl. Bundesverband Bekleidungsindustrie, Bundesverband des Deutschen Textileinzelhandels, Centrale für Coorganisation: Die Kleiderbügel in der Bekleidungswirtschaft.

Effizient dank Wiederverwendung

Dirk Steiger

Der Hamburger Standort Philips Medical Systems DMC GmbH im Stadtteil Fuhlsbüttel ist Teil des niederländischen Konzerns Royal Philips Electronics. Hier wird seit über 80 Jahren Medizintechnik für den Weltmarkt entwickelt und gefertigt. Seit Mitte der 90er Jahre werden auf dem Gelände auch genutzte Komponenten von Röntgensystemen in einem speziellen Retouren- und Recycling-Center aufbereitet und wieder in die Produktionslinie von Neugeräten eingefügt.

Entstanden ist das Retouren- und Recycling-Center aus der Idee heraus, Ressourcen effizienter zu nutzen und den Zugang zu hochwertigen und seltenen Rohstoffen langfristig zu sichern. Die Argumente hierfür lagen klar auf der Hand: eine verbesserte Umweltbilanz sowie Kostenersparnis. Ein weiterer Vorteil, der mit dem Recyclingprozess einhergeht, ist die Defektanalyse. Hier geht es um Ursachenforschung in Bezug auf den Ausfallgrund. Man versucht herauszufinden, warum der Strahler sein Lebensende erreicht hat. Dies können normale Verschleißerscheinungen durch die Nutzung oder eben auch andere Ursachen sein. Damit liefert die Defektanalyse Komponentendaten, die für die Verbesserung oder auch die Neuentwicklung von Produkten genutzt werden können.

Ein Wort zur Umweltbilanz

Jedes Material, das wiederverwendet wird, schont die Umwelt. Denn der Qualifizierungsprozess, in dem die Materialien zur Wiederverwendung vorbereitet werden, ist im Vergleich zum Herstellungsprozess weitaus umweltfreundlicher. Zum Qualifizierungsprozess gehört zum Beispiel die Qualitätskontrolle, elektrische Prüfung und Kennzeichnung. Nach entsprechender Qualifizierung werden mittlerweile bis zu 70 Prozent der Komponenten ein weiteres Mal verwendet.

Der Aspekt geringerer Produktionskosten

Die Produktion der Komponenten für die Röntgensysteme ist kostenintensiv. Grund hierfür sind insbesondere die hohen Kosten, die bei der Gewinnung und Herstellung hochwertiger und seltener Materialien wie etwa Aluminium, Beryllium und Rhenium anfallen. Die Wiederverwendung der Materialien reduziert die Produktionskosten, da sie nur aufbereitet und nicht erneut eingekauft werden müssen. Durch die Mehrfachnutzung von wiederaufbereiteten Komponenten sinkt der Bedarf an seltenen Materialien, mit dem Effekt einer deutlichen Kosteneinsparung.

Das Potential der Datenanalyse

Die Qualitätsdatenanalyse der genutzten Komponenten trägt entscheidend dazu bei, dass eine Produktoptimierung stattfinden kann. Darum werden alle Komponenten, die nach Hamburg zurückkommen, hinsichtlich Lebensdauer, Verwendungsprofil und eventuellem Ausfallgrund analysiert. Diese Daten werden in einer Datenbank erfasst und permanent zur Verbesserung der Qualität bestehender Produkte verwendet, fließen aber auch in die Entwicklung von neuen Produkten ein. Wenn ein Röntgenstrahler also nach seinem Lebensende zurückgeliefert und die Ursache dieses Ausfalls eindeutig gefunden wird, kann diese Ausfallursache durch gezielte Konstruktions- oder Designänderungen behoben werden. Unser Unternehmen lernt damit bei der Demontage mehr über die genutzten Produkte, erkennt Materialschwächen und Optimierungspotential für die Konstruktion. Produktentwickler überführen diese Erkenntnisse dann in die Produkte zukünftiger Generationen. So soll es beispielsweise keine Klebeverbindungen mehr geben, da diese aufgrund von Alterung nicht wiederverwendbar sind. „Design for Reuse" nennt sich diese nachhaltige Vorgehensweise.

Von Anfang bis Ende – der Recyclingprozess im Überblick

Kommt eine Komponente nach Ablauf der Lebensdauer in die Retourenannahme, muss sie zuerst desinfiziert werden. Das geschieht zum Schutz der Mitarbeiter, die im Anschluss die Analyse des Materials durchführen. Hier gilt: Ohne Desinfektion ist eine weitere Bearbeitung nicht erlaubt. Erster Analyseschritt nach der Desinfektion ist die

Eingangsprüfung. Hier beurteilen geschulte Mitarbeiter zunächst den Umfang der Funktionsfähigkeit. Je nach Ergebnis entscheiden die Mitarbeiter nach dieser ersten Qualitätsprüfung, in welcher Reihenfolge sie den jeweiligen Retouren- oder Recyclingprozess abarbeiten.

Eine Option ist das Zerlegen, das sortenreine Sortieren und Recyceln der Metalle. Der zweite Weg bedeutet im ersten Schritt ebenfalls ein Zerlegen. Danach wird jedoch nicht entsorgt. Was folgt, ist eine nicht standardisierte Abfolge von Prozessen zur Wiederaufbereitung. Denn jede Komponente, die am Lebensende zurückgeliefert wird, wurde unterschiedlich stark beansprucht. So wird beispielsweise ein System in Asien pro Tag weitaus häufiger benutzt als ein System in Europa. Dies hat einen Einfluss auf die einzelnen Bauteile der Komponente und deren mögliche Wiederverwendung. Von der Demontage in Einzelteile nimmt der Röntgen-Rückläufer auf der Recycling-Straße die Abzweigung hin zu verschiedenen Prüfstationen für Funktionen und Material, zum Waschen und in den reinraumähnlichen Demontagebereich. Besonders wichtig bei der Wiederaufbereitung der Materialien ist die Einhaltung definierter Qualitätsstandards. Die Röhren der Röntgenstrahler sind zum Beispiel sogenannte Vakuumartikel und benötigen zur Verarbeitung die reinraumähnliche Umgebung.

Besonderheiten beim Recycling der Röntgenröhren

Jede Komponente ist mit ihrem Anwenderprofil beziehungsweise ihrer Historie ein Unikat, für das ein fest vorgegebener Recyclingprozess nicht sinnvoll ist. Darum lässt sich die Aufbereitung der genutzten Komponenten nicht nach „Schema F" abwickeln. So sind manche Komponenten fast vollständig, andere wiederum nur in Teilen wiederverwendbar.

Ganz besondere Aufmerksamkeit im Prozess gilt den Röntgenstrahlern. Sie sind empfindliche Vakuumartikel. Bei ihnen dürfen keine Brüche im Kreislauf der Wiederaufbereitung entstehen. Um sie zu qualifizieren und wiederzuverwenden, muss ein sicherer Materialfluss gewährleistet sein. Darum hat unser Unternehmen die Entscheidung, ob ein Röntgenstrahler wiederverwendet oder entsorgt werden soll, an den Anfang der Retouren-Straße gesetzt. Teil für Teil wird wiederaufbereitet und zu 100 Prozent kontrolliert. Am Ende der Straße werden die für gut befundenen Teile wieder in den regulären Produktionsprozess eingefügt.

Bei den Strahlenschutzgehäusen aus Aluminium ist es etwas einfacher. Sie durchlaufen diesen Recyclingprozess direkt – und damit ohne Umwege – in Richtung Entfettung. Danach werden sie neu lackiert, kontrolliert und zum Schluss wieder als einsatzfähige Komponenten in die Produktion eingesteuert.

Ein paar Zahlen – erfolgreiche Zwischenbilanz

Jedes Teil, jede Komponente, die wiederverwendet werden kann, muss nicht beim Lieferanten eingekauft werden. Auf diese Weise lassen sich wertvolle Rohstoffe, wie Aluminium und andere Materialien, mehrfach nutzen. Pro Jahr ergibt das einen knapp zweistelligen Millionenbetrag als Gewinn. Und seit 2007 haben wir uns mit dem Programm EcoVision selbstverpflichtende Nachhaltigkeitsziele gesetzt, etwa die Erhöhung der Energieeffizienz um 25 Prozent. Schon kurz nach der Inbetriebnahme 2009 hat das Retouren- und Recycling-Center das erste Einsparziel erreicht. Konkret hat sich durch das Recycling der Röntgenstrahler der jährliche Energieverbrauch um mehr als 1,85 Millionen kWh reduziert und es wurden außerdem rund 150 Tonnen Rohstoffe eingespart.

Auch die Wiederaufbereitungsquote von Material hat sich in den vergangenen Jahren stetig erhöht. Mit ihr geht allerdings auch ein wachsender Beobachtungsaufwand einher. Hintergrund ist der über die Jahre gestiegene Qualitätsanspruch an das retournierte Material. Dieser Qualitätsanspruch hat direkte Auswirkungen darauf, wie die Wiederverwendung vorzubereiten ist. So sind zusätzliche Qualitätsprüfungen im Bereich Retouren und Recycling eingeführt worden, damit nur zu 100 Prozent geprüftes Material in den Produktionsprozess neuer Produkte gelangt. Das verhindert ein ungewolltes Nacharbeiten im Produktionsprozess selbst. Immer neue Technologien helfen im Gegenzug aber auch die Wiederverwendungsrate der Komponenten zu erhöhen.

Das Beispiel des Retouren- und Recycling-Centers zeigt, dass es sich lohnt, eine Wiederverwendung von Komponenten systematisch in einen Produktionsprozess zu integrieren. Die Einsparpotentiale durch die Wiederverwendung von Materialien, der damit einhergehende Umweltschutz und die Möglichkeit zur Qualitätssteigerung der Produkte durch die Datenanalyse der genutzten Komponenten seien hier noch einmal zusammenfassend genannt.

Ausblick und Perspektiven

Der effiziente Umgang mit Ressourcen jeder Art muss ein Bestandteil unseres Lebens sein. Dies gilt im privaten Bereich genauso wie im wirtschaftlichen Umfeld. So sollte die Produktrücknahme eines Altgerätes oder eines aufgrund von Ausfällen zurückgegebenen Produktes als Chance genutzt werden, eine Wiederverwendung zu prüfen. Dies war für uns der richtige Schritt und wir werden den eingeschlagenen Weg weiterverfolgen. Die Aufgabe ist es nun, mit der Zeit immer neue Ideen und Technologien zur Wiederverwendung zu entwickeln, die den Prozess weiter verbessern.

Fazit – Mit Ressourceneffizienz Zugang zu Rohstoffen sichern

Alexander Sonntag

Die Kreislaufführung von Rohstoffen ist eine wichtige Strategie auf dem Weg zu einer ressourcenschonenden Wirtschaftsweise. Deutschland nimmt in diesem Bereich traditionell eine Vorreiterrolle ein. So wurden die Deutschen in der Vergangenheit unter dem Slogan „Recycling lebt vom Mitmachen" vor allem im privaten Bereich zu einem Volk der „Mülltrenner". Dank zukunftsweisender Gesetze, dem Engagement der Konsumenten und nicht zuletzt auch der Innovationskraft zahlreicher Unternehmen ist Deutschland in den vergangenen Jahrzehnten dem Ziel einer Kreislaufwirtschaft ein großes Stück näher gekommen. In der Folge konnten die Recyclingquoten für zahlreiche Stoffe deutlich erhöht werden. Trotz aller Erfolge sind weitere Anstrengungen notwendig, um das Ideal einer echten Kreislaufwirtschaft zu verwirklichen. Denn um wertvolle Rohstoffe möglichst lange im Kreislauf halten zu können, muss das Ziel die möglichst vollständige und hochwertige Nutzung ausgedienter Stoffe, Bauteile oder Produkte sein.

Dies stellt Unternehmen vor so unterschiedliche Aufgaben wie die Entwicklung neuartiger Recyclingtechnologien, die Etablierung von Recyclingsystemen, die Verwendung von Sekundärrohstoffen und nicht zuletzt die stärkere Berücksichtigung der Nachnutzungsphase bereits während der Produktgestaltung. Recycling ist also nicht nur ein Thema für Entsorgungsbetriebe, sondern betrifft nahezu alle Branchen. Für Unternehmen verspricht die Beschäftigung mit diesem Thema nicht nur zusätzliche Anforderungen, sondern vor allem auch attraktive Chancen. Wie das funktionieren kann, zeigen die präsentierten Unternehmensbeispiele. Sie spiegeln einen Ausschnitt der großen Bandbreite wider, mit der sich Betriebe, vom Start-up bis zum Konzern, dem Thema in der Praxis nähern und wie diese davon profitieren.

Kreislaufführung kann auf verschiedenen Ebenen erfolgen. Anstatt Abfälle kostspielig auf Deponien zu beseitigen, lassen sich diese etwa energetisch verwerten. Im Sinne einer echten Kreislaufführung ist es jedoch meist zu befürworten, Abfälle so oft wie möglich aufzubereiten und die gewonnenen Sekundärrohstoffe zu nutzen. Dies ist jedoch nicht in jedem Fall der einzige Weg. Teilweise ist es vorteilhafter, ganze Bauteile oder Produkte wiederzuverwenden. Dies gilt nicht etwa nur für Elektroaltgeräte oder Hightech-Produkte. Das Unternehmen Timmer ETS vereint die beiden Wege vorbildhaft. So lange wie möglich werden Kleiderbügel wiederverwendet. Dies ist nicht nur ökologisch sinnvoll, sondern auch ein ökonomisch elementarer Bestandteil des Geschäftsmodells. Erst wenn dieser Weg nicht mehr offensteht, werden die Bügel geschreddert und stofflich wiederverwertet – und zwar überwiegend für das gleiche Produkt.

Dem Gedanken der vollständigen Kreislaufführung hat sich auch das Cradle-to-Cradle-Konzept verschrieben. Produkte sollten demnach so konzipiert sein, dass sie entweder vollständig stofflich verwertet oder aber kompostiert werden können. Dabei wird insbesondere die Qualität der Kreislaufführung thematisiert. Um Stoffe dauerhaft in Kreisläufen führen zu können, ist darauf zu achten, deren Qualität in den Recyclingprozessen zu erhalten oder sogar zu steigern. Die Unternehmen zeigen eindrucksvoll, dass Kreislaufführung nicht in jedem Fall mit dem sogenannten Downcycling einhergehen muss. Morethanshelters steht hier beispielhaft für die konsequente Einbeziehung des Cradle-to-Cradle-Gedankens in der Produktentwicklung. Re- und Upcycling wird dabei bereits von Anfang an konsequent mitgedacht.

Interessant ist zudem, welch unterschiedlichen Stoffströme und Materialien die einzelnen Unternehmen nutzen. Ob Holzwerkstoff, Baumsaft, Kunststoff oder Metalle, sie haben zahlreiche Möglichkeiten entwickelt, Abfälle einer neuen Verwendung zuzuführen. Dabei handelt es sich sowohl, wie im Falle von Philips, um eigene Abfälle als auch um die anderer Branchen. So wählte Nowaste Baumsaft, ein Abfallprodukt aus der Papierindustrie, als Rohstoff für seine umweltfreundlichen und kompostierbaren Trinkbecher.

So verschieden wie die gewählten Ansätze sind auch die Arbeitsweisen der Unternehmen. Sie reichen von weitgehend automatisierten industriellen Prozessen über die Sortierung per Hand bis zur Einzelfertigung. Auch die Zielgruppen weichen dementsprechend deutlich voneinander ab. Von der Gewinnung von Rohstoffen für die Industrie über die Herstellung von Produkten für eine breite Kundenschicht bis zur Gestaltung von Einzelstücken reicht dabei die Palette. Ein Beispiel für Letzteres ist diefabrik, die bewusst individuelle Stücke für eine schmale Zielgruppe anbietet.

Entsprechend variantenreich sind auch die Herangehensweisen und der Aufwand, den die Unternehmen in die Entwicklung ihres Geschäfts investieren mussten. Je nach Branche und Geschäftsmodell gingen ein bewusstes Produktdesign, die Einrichtung eines Rücknahmesystems oder sogar umfassende Forschungs- und Entwicklungsaktivitäten voraus. Ein Erfolgsbeispiel für konsequente Forschung und Entwicklung ist die Firma Accurec. Sie zeigt eindrucksvoll, dass in Kooperation mit Universitäten auch kleine und mittlere Unternehmen zukunftsträchtige Technologien hervorbringen und zu einem technologischen Vorreiter werden können.

Von ihrem Engagement profitieren die Unternehmen in unterschiedlicher Weise. Während Accurec Rohstoffe gewinnt und diese verkauft, bietet Timmer ETS seinen Kunden ein komplettes Servicepaket rund um die Rücknahme und Lieferung von Kleiderbügeln. Diefabrik oder Nowaste nutzen hingegen die Möglichkeit, sich durch die besondere Ästhetik oder den ökologischen Wert des eigenen Produktes bewusst von ihren Wettbewerbern zu unterscheiden. Auch das Beispiel Philips ist hervorzuheben. Das firmeneigene Rücknahme- und Recyclingsystem hilft dem Unternehmen nicht nur dabei, Kosten zu reduzieren und den eigenen Umweltzielen gerecht zu werden. Der Konzern profitiert darüber hinaus von den dadurch erzielten Lerneffekten. So wird aus einem Recyclingsystem ein wichtiger Baustein im Qualitäts- und für das Innovationsmanagement.

Kreislaufführung ist eine makroökonomische und ökologische Notwendigkeit. Sie wird sich allerdings nur dann in stärkerem Maße durchsetzen, wenn sie sich auch rechnet. Die vorgestellten Unternehmen zeigen, dass Kreislaufführung eine lohnende Strategie darstellen kann und auf diesem Weg bereits zahlreiche Ansätze erfolgreich umgesetzt wurden. Sie unterscheiden sich in ihrer Branchenzugehörigkeit, Größe, Motivation, Arbeitsweise, ihren Geschäftsmodellen und dem dafür notwendigen Aufwand. Ihr Erfolg zeigt deutlich: All diese Unternehmen haben in völlig verschiedener Weise das Thema Ressourceneffizienz und im Speziellen die Kreislaufführung von Stoffen oder Produkten als Innovationstreiber genutzt. Gemeinsam ist ihnen dabei die Begeisterung, mit der die Verantwortlichen von ihren Leistungen berichten. Es scheint höchst zufriedenstellend zu sein, das Gute mit dem Günstigen zu verbinden.

II

Fazit und Ausblick

Mit „grünen Innovationen" zum Markterfolg

Jens Clausen und Klaus Fichter

Einleitung

Eine schnelle Markteinführung und der Markterfolg entscheiden vorrangig über den Erfolg neuer Produkte und Technologien. Dabei sind Widerstände zu überwinden, denn Neues stößt auf Vertrautes, muss akzeptiert werden und verdrängt etablierte Produkte und Anbieter. Seit zwei Jahrzehnten weist das Leitbild einer nachhaltigen Entwicklung einen Innovationspfad, der darauf abzielt, natürliche Ressourcen zu erhalten und den Klimaschutz zu fördern.

Wenn jedoch Nachhaltigkeitsinnovationen – auch „grüne Innovationen" genannt – die notwendige rasche nachhaltige Entwicklung ermöglichen sollen, müssen auch sie Markteintrittsbarrieren ganz unterschiedlicher Art und Höhe überwinden. Dabei fehlt es nicht an innovativen Technologien und Lösungen, die es ermöglichen würden, wirtschaftliche Fortschritte mit Ressourcen- und Klimaschutz zu verbinden. Aber warum geht es in einigen Märkten rasch und in anderen Märkten nur langsam voran? Warum haben manche Unternehmen viel Erfolg mit nachhaltigen Produkten und andere weniger – trotz erheblicher Anstrengungen in Produktentwicklung und Marketing?

Mit diesen Fragen hat sich das Borderstep Institut für Innovation und Nachhaltigkeit in seinem Forschungsprojekt „Diffusionspfade von Nachhaltigkeitsinnovationen" befasst. Im Fokus standen Bedingungen von und Einflussfaktoren auf Diffusionsprozesse von Nachhaltigkeitsinnovationen sowie Handlungsstrategien zur Beschleunigung der Diffusion. Das Vorhaben analysierte die Diffusionspfade von 100 Nachhaltigkeitsinnovationen aus zehn Produktfeldern und damit ein breites Spektrum von Produkten und Dienstleistungen, Konsum- und Investitionsgütern für private Konsumenten und professionelle Käufergruppen. Für jedes Produkt wurden seine Eigenschaften charakterisiert (z. B. Erprobbarkeit, Wahrnehmbarkeit etc.), typische Käufer und Anbieter identifiziert und institutionelle Rahmenbedingungen sowie mögliche Pfadabhängigkeiten analysiert. Durch einen Blick auf die Branchenstrukturen und Marktführer wurde die Analyse abgerundet und so insgesamt Daten zu 22 Einflussfaktoren auf die Diffusion erhoben.

Im Rahmen des Vorhabens wurden sowohl die Diffusion von Produkten der Energieerzeugung (z. B. Photovoltaik), der Verarbeitung neuer Rohstoffe (z. B. Verpackungen auf Stärkebasis) wie auch meist kombinierte Beiträge zur Ressourcen- und Energieeffizienz (z. B. energiesparende und leichte Mini-PCs) oder zur Substitution von materiell und energetisch aufwendigen durch weniger aufwendige Dienstleistungen (z B. Telefonkonferenzen) untersucht.

Die dabei ermittelten Pfadtypen können auch für kleine und mittlere Unternehmen sowohl Denkanstöße für ihre Strategie als auch Anregungen für Kooperationen zum Markterfolg für „grüne Innovationen" liefern.

Diffusionsdynamik verschiedener Typen von Nachhaltigkeitsinnovationen

Durch die Auswertung der Daten zu den 100 Diffusionsfällen konnten in einer Clusteranalyse fünf Typen von Diffusionspfaden unterschieden werden, deren Ausbreitung in Abbildung 1 idealtypisch charakterisiert sind. Die fünf Pfadtypen wurden von Fichter und Clausen (2013) wie folgt beschrieben:

Pfadtyp 1: Effizienzsteigernde Investitionsgüter etablierter Anbieter

Ein Beispiel für diesen Typus sind ressourcen- und energieeffiziente Server und eine Reihe anderer IT-Spezialprodukte für Rechenzentren. Viele der Nachhaltigkeitsinnovationen dieses Typs erreichen schon wenige Jahre nach ihrer Markteinführung Marktanteile von über 10 Prozent, nach fünf Jahren oftmals bereits über 50 Prozent. Sie entwickeln sich rasch zur dominanten Technologie. Für die hohe Diffusionsdynamik sind drei Faktoren ausschlaggebend. Es handelt sich um Verbesserungsinnovationen bekannter und breit genutzter Investitionsgüter etablierter Hersteller, häufig aus dem IT-Kontext. Der Innovationsgrad ist eher gering und die Adoptoren (professionelle Nutzer wie z. B. Betreiber von Rechenzentren) sind mit dem Innovations-

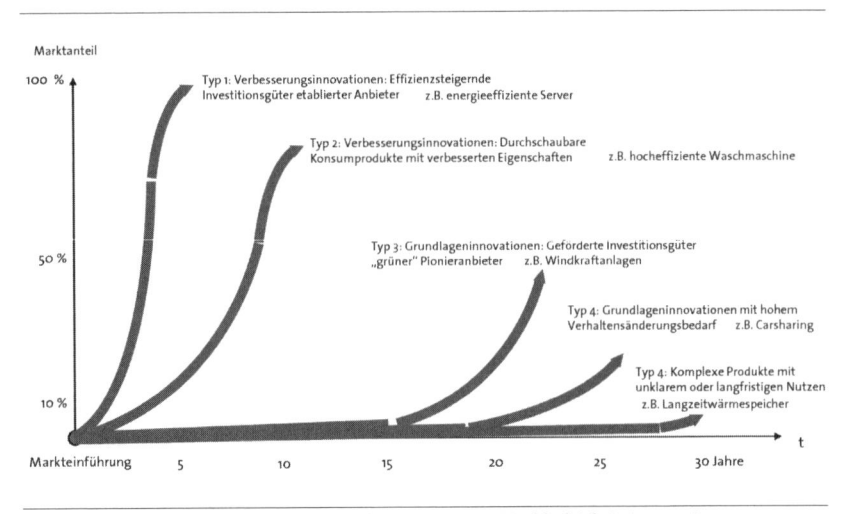

Abbildung 1: Diffusionsdynamik verschiedener Typen von Nachhaltigkeitsinnovationen. (Quelle: Fichter und Clausen 2013).

gegenstand vertraut. Die etablierten Hersteller verfügen in der Regel über langjährige Erfahrung mit der Technologie und dem Markt, über umfangreiche FuE- sowie Marketingressourcen und über etablierte Vertriebswege und Servicekonzepte. Durch die verbesserte Energie- oder Ressourceneffizienz sind schnelle Einsparungen möglich, die Wirtschaftlichkeit dieser Verbesserungsinnovationen ist in der Regel hoch.

Pfadtyp 2: Durchschaubare Konsumprodukte mit verbesserten Eigenschaften

Auch bei diesem Pfadtyp handelt es sich in erster Linie um bekannte Produkte wie zum Beispiel Waschmaschinen, die hinsichtlich ihrer Effizienz oder anderer Eigenschaften verbessert worden sind. Vornehmlich sind es aber Konsumprodukte für Endverbraucher. Diese Konsumprodukte zeichnen sich dadurch aus, dass sie für den Verbraucher entweder vertraut, gut „durchschaubar" oder beides gleichzeitig sind. Produkte wie Fair-Trade-Kaffee, Waschmittel aus nachwachsenden Rohstoffen oder Biobaumwolle sind wenig komplex und hinsichtlich ihrer Funktion und Handhabung für den Nutzer gut „durchschaubar". Außerdem lassen sich die Verbesserungsinnovationen in der Regel gut erproben (z. B. durch preiswerte Testangebote oder einmaligen Kauf), bevor man sich dauerhaft für sie oder gegen sie entscheidet. Der Erwerb und die Nutzung von Produkten dieses Pfadtyps verlangen wenig Verhaltensänderung.

Pfadtyp 3: Geförderte Investitionsgüter „grüner" Pionieranbieter

In diesem Diffusionspfad finden sich viele zentrale Grundlageninnovationen der Umwelttechnologie. Wind- und Wasserkraft, Wärmepumpen, Solarthermie, Blockheizkraftwerke und Passivhäuser sind typische Technologien und Produkte dieses Pfadtyps. Manche Produkte haben komplett neue Produktkategorien oder Märkte generiert. Gemeinsam ist den Produkten dieses Pfadtypus außerdem, dass sie Investitionsgüter darstellen, die überwiegend von professionellen Investoren (z. B. große und kleine Wasserkraftwerke), aber zum Teil auch von privaten Nutzern (z. B. Passivhaus oder Solarthermie) langfristig genutzt werden.

Förderlich auf die Diffusionsdynamik wirkt sich aus, dass die Produkte und Technologien dieses Pfadtyps in der Regel technisch gut kompatibel sowie in der Öffentlichkeit gut wahrnehmbar sind. Hinzu kommt häufig eine wirksame staatliche Förderung, beispielsweise durch das Erneuerbare-Energien-Gesetz (EEG) oder das Marktanreizprogramm. Einige Unsicherheiten hemmen aber die Diffusion, da es sich bei den Innovationen um grundlegende Neuerungen handelt, mit denen es keine oder nur wenig Erfahrung gibt. Die Unsicherheit wird dadurch verstärkt, dass sich die Produkte dieses Pfadtyps in der Regel schlecht oder gar nicht erproben lassen und außerdem eine hohe und langfristige Kapitalbindung erfordern.

Pfadtyp 4: Grundlageninnovationen mit hohem Verhaltensänderungsbedarf

Zentrale Merkmale der Innovationen dieses Pfadtyps sind ihr hoher Innovationsgrad oft in Verbindung mit großen Fortschritten zu höherer Ressourcen- oder Energieeffizienz und die schwierige Routinisierbarkeit. Ob Bioenergiedörfer, Elektroautos, Carsharing oder die Nutzung von Skysails durch die Mannschaft eines modernen Containerschiffs: Deutliche Verhaltensänderungen sind bei den Innovationen dieses Pfadtypus auf Seiten der Adoptoren – also der „Übernehmer" oder Nutzer der Innovation – notwendig. Diese Notwendigkeit zeigt sich in der statistischen Analyse als einer der signifikantesten Faktoren: Nimmt diese Notwendigkeit zur Verhaltensänderung zu, nimmt der erreichbare Marktanteil ab. Entsprechend langsam verbreiten sich die Innovationen dieses Diffusionspfadtyps. Die Diffusionsdynamik wird weiter gehemmt durch den Umstand, dass die bisher genutzten Technologien und Lösungen in der Regel hohe Bindungskräfte aufweisen. Die Vorläuferprodukte, mit denen die neuen Lösungen konkurrieren, sind also durch starke technische, wirtschaftliche, organisatorische oder kulturelle Pfadabhängigkeiten geprägt. Innovatoren müssen in diesem Diffusionspfad folglich besonders starke Widerstände überwinden. Empirisch ist auffällig, dass diese Aufgabe häufig von neu gegründeten und jungen Unternehmen sowie im Falle des Carsharing zunächst für einige Jahre von Non-Profit-Organisationen übernommen wurde (Fichter und Weiß 2012).

Pfadtyp 5: Komplexe Produkte mit unklarem oder langfristigem Nutzen

Zentrale Merkmale der Innovationen dieses Pfadtyps sind die hohe Komplexität der jeweiligen Technologie oder Lösung (z. B. Langzeitwärmespeicher, Wärmenetze oder wärmegetriebene Kältemaschinen) und die auf Adoptorenseite bestehende Unsicherheit über den Nutzen. Die geringe technische, institutionelle oder kulturelle Anschlussfähigkeit ist nicht nur in der Gegenwart ein Problem. Noch gravierender scheint zu sein, dass sich viele Investitionsgüter dieses Pfadtyps langfristig nur rentieren, wenn die zukünftigen Rahmenbedingungen stimmen. So ergeben durch Solarkollektorfelder gespeiste Nahwärmenetze mit Langzeitwärmespeichern nur dann Sinn, wenn alle drei technologischen Komponenten gemeinsam existieren. Ohne klare Zukunftsperspektive und langfristige politische Pläne und Sicherheiten stagniert dagegen die Weiterentwicklung der Innovationen. Auch die Entstehung wirtschaftlich starker Anbieter kommt nicht voran. Hier entsteht also ein für diesen Diffusionspfadtyp oft charakteristischer „Teufelskreis". Aufgrund der zum Teil auch auf politischer Seite bestehenden Informationsdefizite zu den Potentialen einer Innovation oder der Unsicherheiten über den langfristigen Nutzen werden langfristige Förderstrategien nicht entwickelt. Damit fehlen wiederum die notwendigen verlässlichen Rahmenbedingungen für potentielle Investoren.

Maßnahmen zur Förderung der Diffusion

Je nach Produkt- und Pfadtyp sind für eine schnelle Diffusion einer Nachhaltigkeitsinnovation, etwa eines besonders ressourcen- oder energieeffizienten Produktes, sehr unterschiedliche Maßnahmen hilfreich und das Spektrum dieser Maßnahmen geht weit über die Maßnahmenpalette der Markteinführung hinaus. Viele der hilfreichen Maßnahmen lassen sich auch nicht durch ein Unternehmen allein durchführen, sondern haben die Bildung von Partnerschaften oder die Aktivität eines Branchenverbandes zur Voraussetzung. Denn letztlich zielt die Förderung der Diffusion einer Nachhaltigkeitsinnovation nicht auf die Stärkung der Position eines bestimmten Unternehmens im Wettbewerb mit anderen Anbietern, sondern auf die Vergrößerung des Marktanteils, den eine nachhaltige Innovation älteren, weniger nachhaltigen Produkten abnehmen kann. In dieser Frage kann es sinnvoll sein, den Wettbewerb zwischen den Anbietern zurückzustellen und zunächst gemeinsam darauf hinzuwirken, dass das gemeinsame Produkt am Markt gut angenommen wird. Der Kampf um Marktanteile beginnt dabei letztlich noch vor der Markteinführung eines Produktes mit den hohen Anstrengungen, die oft zur Entwicklung besonders nachhaltiger Produkte erforderlich sind. Hier kommt es darauf an, das Angebot staatlicher FuE-Förderprogramme zu kennen und es für das eigene Unternehmen zu nutzen. Oft sind dabei Kooperationen mit Universitäten, Hochschulen oder privaten Forschungsinstitutionen hilfreich und manchmal auch gefordert. Ein Beispiel dafür sind Cluster oder Netzwerke. Und manchmal ist es zweckmäßig, eine komplexe Produktentwicklung gemeinsam mit Partnern anzugehen, die an verschiedenen Positionen der entstehenden Wertschöpfungskette Wissen und Erfahrungen einbringen. Solche „Greentech Innovation Communities" haben sich immer wieder als wirksam und erfolgreich erwiesen (Fichter und Beucker 2012).

Im nächsten Schritt geht es oft darum, den richtigen staatlichen Rahmen zu schaffen, in dem sich eine Innovation im Markt durchsetzen kann. Dies ist eine Aufgabe, die meist nur für Branchenverbände oder sehr große Unternehmen lösbar ist. Ein in Deutschland bisher sehr selten eingesetztes Instrument sind kooperative Diffusionsstrategien wie zum Beispiel Roadmaps, in denen die Wirtschaft bestimmte Anstrengungen zusagt und der Staat im Gegenzug bestimmte rechtliche Fragen regelt, ein Label wie beispielsweise den „Blauen Engel" entwickelt oder gegebenenfalls für einen befristeten Zeitraum Förderungen auslobt. Solche Roadmaps könnten zukünftig die Position von Selbstverpflichtungen einnehmen, mit denen es in den vergangenen Jahren eher zweifelhafte Erfahrungen gegeben hat.

Wichtig ist weiter das Gewinnen öffentlicher oder privater Großverbraucher als Leitkunden. Auch der Zugang zu Großkunden erfordert dabei manchmal die Kooperation mehrerer neuer Anbieter, denn kaum ein Großkunde mag sich im Einkauf eines wichtigen Produktes auf nur einen Lieferanten verlassen. Ein wichtiges Signal für den endgültigen Markterfolg einer Innovation ist dabei auch der Markteinstieg etablierter Anbieter. Die Übernahme des Windkraftanlagenherstellers Tacke 1997 durch General Electric war genauso ein Signal für die Etablierung dieser Technologie wie die Listung der ersten Ökoprodukte bei großen Einzelhändlern und einige Jahre später bei den Discountern. Zusätzliche Anbieter vergrößern letztlich den zugänglichen Markt, weil auch risikoaverse Kunden, die nie bei einem neuen und unbekannten Anbieter kaufen würden, durch das Angebot einer Innovation durch einen ihnen schon bekannten Akteur unter Umständen zu Adoptoren werden.

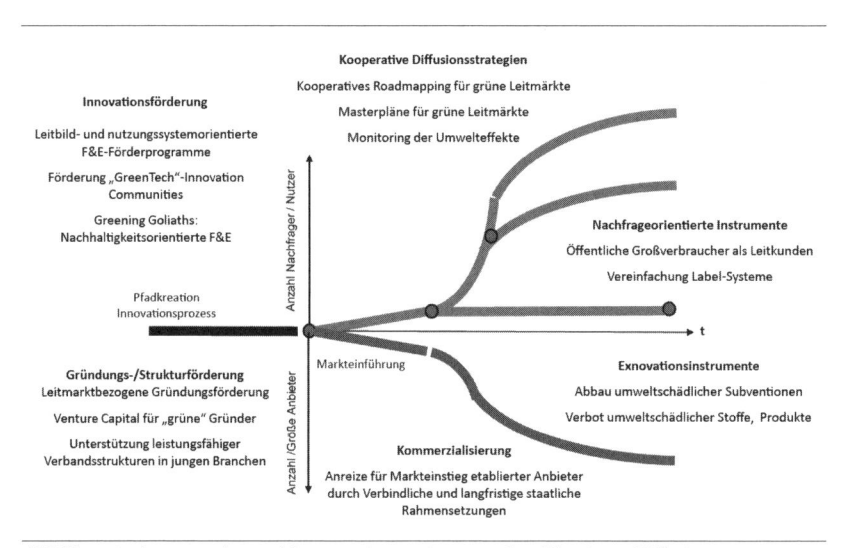

Abbildung 2: Ansatzpunkte und Interventionsoptionen zur beschleunigten Diffusion von Nachhaltigkeitsinnovationen (Quelle: Fichter und Clausen 2013).

Der endgültige Gewinn einer Nachhaltigkeitsinnovation über Vorgängerprodukte manifestiert sich im Verbot einer nicht nachhaltigen Vorläuferlösung. Solche Exnovationsinstrumente ergänzen daher die Förderung von Innovationen dort, wo das Nicht-Nachhaltige aus der Welt geschafft werden muss. Dies geschieht bisher nur selten auf Produktebene. Bekannte Fälle sind die Glühbirne und das Atomkraftwerk.

Mit Blick auf den Staat als handelnden Akteur schließt sich der Kreis der Diffusionsförderung mit der leitmarktbezogenen Gründungsförderung. Durch die Idee, gezielt in „grünen" Leitmärkten Gründungen zu stimulieren und zu fördern, kann der Staat dazu beitragen, den Nachschub guter Ideen zu vergrößern und die erste Phase ihrer Etablierung als Angebot am Markt zu fördern. Auch aus der Position eines etablierten Unternehmens ist ein solcher Vorgang von Bedeutung. Durch die Kooperation mit Gründern, anderen innovativen Unternehmen oder die Übernahme eines aussichtsreichen Start-ups kann das eigene Produktportfolio ergänzt und abgerundet werden. Genauso ist es möglich, sich durch eine solche Übernahme Zugang zu einem Produkt zu sichern, welches früher oder später die Nachfolge eines eigenen Produktes übernehmen wird – weil es einfach besser oder nachhaltiger ist.

Literatur

Fichter, Klaus; Clausen, Jens (2012): Erfolg und Scheitern „grüner" Innovationen. Diffusionspfade für Nachhaltigkeitsinnovationen. Broschüre. Berlin. Online unter www.borderstep.de.

Fichter, Klaus; Clausen, Jens (2013): Erfolg und Scheitern „grüner" Innovationen. Warum einige Nachhaltigkeitsinnovationen am Markt erfolgreich sind und andere nicht. Metropolis-Verlag. Marburg.

Fichter, Klaus; Beucker, Severin (2012): Innovation Communities: Kooperation zahlt sich aus. Ein Leitfaden für die Praxis. Berlin. Online unter www.borderstep.de.

Fichter, Klaus; Weiß, Ralf (2012): Erfolg und Scheitern „grüner" Innovationen. Start-ups: Produktpioniere für eine Green Economy. Broschüre. Berlin. Online unter www.borderstep.de.

Innovationsförderung für Ressourceneffizienz

Hans-Dieter Belter

Die weltweite Verknappung der materiellen Ressourcen ist zu einem der wichtigsten Ausgangspunkte für unternehmerische Innovationsaktivitäten geworden. Das betrifft sämtliche Energieträger, Wasser, Roh- und Werkstoffe sowie Materialien. Deren Einsparung, Veredlung oder Substitution sind generelle Ziele und stellen nicht nur eine wirtschaftliche, sondern auch eine ökologische Herausforderung dar. Die Erhöhung der Ressourceneffizienz erstreckt sich dabei sowohl auf die Gestaltung von Produkten und Verfahren sowie die Organisation der Produktionsprozesse als auch auf das Umfeld der Produktion, wie Transport und Lagerhaltung oder Entsorgung. Innovationsideen werden über Forschungs- und Entwicklungsprojekte, Investitionen oder technisch-organisatorische Maßnahmen umgesetzt.

Innovationsförderung des Bundes für Ressourceneffizienz

Mit der Förderung setzt der Bund meistens Anreize dafür, dass kleine und mittlere Unternehmen (KMU) das hohe finanzielle Risiko für Forschung und Entwicklung eingehen. Zur Markteinführung und Marktdurchdringung notwendige Aufwendungen können nur mit wenigen Programmen unterstützt werden. Von der Innovationsförderung des Bundes können in der Regel kleine und mittlere Unternehmen mit einer Beschäftigtenzahl von bis zu 249 Mitarbeitern, programmspezifisch allerdings auch bis zu 1.000 Beschäftigten profitieren.

Da die Erhöhung der Ressourceneffizienz viele Prozesse erfasst und durch verschiedene technologische Wege erreicht werden kann, bietet der Bund auch vielfältige Fördermaßnahmen an. Im Bereich der angewandten Forschung sind dies in erster Linie einige Fachprogramme des Bundesministeriums für Bildung und Forschung (BMBF), wie zum Beispiel Forschung für die Nachhaltigkeit (FONA), Forschung für die Produktion von morgen und Werkstoffinnovationen für Industrie und Gesellschaft (WING).

Für die kleinen und mittleren Unternehmen (KMU) des innovativen Mittelstands kommen insbesondere folgende Innovationsfördermaßnahmen in Betracht:

• *go-effizient des Bundesministeriums für Wirtschaft und Technologie (BMWi):*
Mit dem Modul Rohstoff- und Materialeffizienz im Förderprogramm „go-inno" werden KMU durch externe Beratung darin unterstützt, ihren Rohstoff- und Materialeinsatz zu verringern. KMU können somit erste Schritte gehen, um Kosten in laufenden Prozessen zu senken und ressourcensparende, zukunftsfähige Produkte zu entwickeln. Auch die Wiederverwertung von Rohstoffen kann durch den externen Beraterblick sondiert werden. Die Beratung kann als Potentialanalyse (typische Inhalte: Stoffstromanalyse, Ermittlung der Materialverluste, materialeffiziente Produktgestaltung, Vorschläge für geeignete Maßnahmen) oder darauf aufbauend als Vertiefungsberatung (typische Inhalte: detaillierte Maßnahmenplanung, vertiefte Analyse von Einsparpotentialen, fachliche Umsetzungsbegleitung, Beratung zu weiteren Fördermöglichkeiten) durchgeführt werden. Die Förderung erfolgt über Gutscheine, die 50 Prozent der Beratungskosten abdecken.[1]

• *KMU-innovativ: Ressourcen- und Energieeffizienz des Bundesministeriums für Bildung und Forschung (BMBF):*
Hier werden anspruchsvolle und risikoreiche industrielle Forschungs- und vorwettbewerbliche Entwicklungsvorhaben von KMU auf dem Gebiet der Ressourcen- und Energieeffizienz unter Einbeziehung des Klimaschutzes unterstützt. Förderwürdig sind themenübergreifend Vorhaben in den Bereichen Konzepte für Nachhaltigkeit und Klimaschutz in Industrie und Wirtschaft, Funktionalisierung von Oberflächen für den erweiterten Einsatz biogener Werkstoffe, energieeffizientere Produktionsmaschinen und -anlagen sowie deren Komponenten und nachhaltiges Wassermanagement. KMU können von diesem Programm durch anteilige Zuschüsse zu den Projektkosten profitieren.[2]

• *Umweltinnovationsprogramm (UIP) des Bundesministeriums für Umwelt, Naturschutz und Reaktorsicherheit (BMU):*
Im Fokus dieser Förderung stehen großtechnische Erstanwendungen von technologischen Verfahren und Verfahrenskombinationen, die Umweltbelastungen möglichst vermeiden oder vermindern. Förderfähig sind bauliche, maschinelle oder sonstige Investitionen in Deutschland einschließlich der Inbetriebnahme sowie gegebenenfalls der erforderlichen Messungen zur Erfolgskontrolle in den Bereichen: Abwasserbehandlung/Wasserbau, Abfallvermeidung, -verwertung und -beseitigung sowie Sanierung von Altablagerungen, Bodenschutz,

Luftreinhaltung (einschließlich Maßnahmen zur Reduzierung von Gerüchen), Minderung von Lärm und Erschütterungen, Energieeinsparung, Energieeffizienz und Nutzung erneuerbarer Energien, umweltfreundliche Energieversorgung und -verteilung sowie Ressourceneffizienz und Materialeinsparung. Zur Reduzierung der Umweltbelastung sowie des Ressourcen- und Energieeinsatzes werden periodisch wechselnde Themenschwerpunkte ausgeschrieben und gezielt ausgewählte Projekte gefördert.[3]

• *Zentrales Innovationsprogramm Mittelstand (ZIM):*
Mit dem ZIM stärkt das Bundesministerium für Wirtschaft und Technologie (BMWi) die Innovationskraft und Wettbewerbsfähigkeit mittelständischer Unternehmen nachhaltig und breitenwirksam. Die Förderung trägt generell dazu bei, mittelständische Unternehmen zu mehr Anstrengungen für marktorientierte Forschung, Entwicklung und technologische Innovationen anzuregen, mit Forschung und Entwicklung verbundene technische und wirtschaftliche Risiken von technologiebasierten Projekten zu mindern, FuE-Ergebnisse zügig in marktwirksame Innovationen umzusetzen, die Zusammenarbeit von Unternehmen und Forschungseinrichtungen zu stärken, den Technologietransfer auszubauen und das Engagement für FuE-Kooperationen und die Mitwirkung in Innovationsnetzwerken zu erhöhen sowie das Innovations-, Kooperations- und Netzwerkmanagement in mittelständischen Unternehmen zu verbessern.

Zur erfolgreichen Entwicklung des ZIM – im Innovationsreport des DIHK vom Dezember 2012 wurde das ZIM zum vierten Mal hintereinander als „Best Practice" der Innovationsförderung herausgestellt und 2011 als beste Innovationsförderung mit der Dieselmedaille ausgezeichnet – haben insbesondere folgende Merkmale beigetragen:

• Offenheit für alle Technologien, Themen und Branchen (Bottom-up-Prinzip),

• die KMU entscheiden über Projektinhalte, Partner im In- und Ausland und passfähige Handlungsformen (Einzel-, Kooperations- oder Netzwerkprojekt),

• die Zusammenarbeit von KMU und industrienahen Forschungseinrichtungen ist deutlich angewachsen und führt zu breitem Technologietransfer,

• die unbürokratische Antragstellung und Administration.

Die Förderung erfolgt für die Unternehmen über anteilige Zuschüsse zu den Projektkosten.[4]

Ressourceneffizienz ist eine Querschnittsthematik, die auch viele Technologiebereiche durchdringt. Im ZIM sind alle modernen Technologiefelder vertreten, wobei moderne Produktionstechnologien führend sind. Diese führen in der Regel auch zu einer Erhöhung der Ressourceneffizienz. Insbesondere zielen jedoch die Themenbereiche Werkstoff-, Energie- und Umweltschutztechnologien überwiegend auf die Effizienzerhöhung der eingesetzten materiellen Ressourcen.

- *Weitere Maßnahmen des Bundesministeriums für Wirtschaft und Technologie (BMWi):*
Aus dem Bereich der Forschungsinfrastruktur für den Mittelstand tragen auch die technologieoffenen Programme „Industrielle Gemeinschaftsforschung im Rahmen der Arbeitsgemeinschaft industrieller Forschungsvereinigungen (AiF)" und „INNO-KOM-Ost" für die ostdeutschen privaten externen Industrieforschungseinrichtungen zur Erhöhung der Ressourceneffizienz bei.[5]

Anreize der Förderung für Innovationsprojekte des Mittelstands – Beispiele aus dem ZIM

In den aufgeführten Innovationsprogrammen des Bundes werden ständig tausende Projekte mittelständischer Unternehmen unterstützt, die auf eine Erhöhung der Ressourceneffizienz abzielen. Bei aller Unterschiedlichkeit der inhaltlichen Schwerpunkte führen sie in ihrer Komplexität dazu, die Kosten in der Produktion und der Anwendung insbesondere durch Einsparung von Energie und Material zu reduzieren, zukünftig neue Märkte zu erschließen, neue Geschäftsmodelle zu entwickeln und umzusetzen, den Zugang zu Rohstoffen zu erkunden und zu sichern und Roh- und Werkstoffe zu veredeln und/oder zu recyceln.

Dies wird nachfolgend anhand von drei exemplarischen Förderbeispielen von Netzwerken, Kooperationen und Einzelprojekten aus dem ZIM verdeutlicht:

Beispiele

Das Netzwerk „Intelligente LED-Beleuchtungstechnik" mit seinen vierzehn Partnern entwickelt auf LED-Technik basierende Systeme zur Beleuchtung, insbesondere von Straßen, Wegen und Plätzen. Neuartige Grundlage dafür sind intelligente Steuerungssysteme für individuelle, integrierbare und adaptive Lichtanwendungen, die eine höhere Energieeffizienz ermöglichen. Erste erfolgreiche Anwendungen wurden in Erfurt und Leipzig realisiert.

Das Netzwerk „MineWaterTec" vereint Kompetenzen von sieben Partnern in der Rohstoffgewinnung und im Umweltschutz des Bergbaus. Mit seinem gebündelten Know-how kann das Netzwerk für alle Abschnitte eines Bergbauzyklus Problemanalysen, standortspezifische technische Lösungskonzepte sowie deren Umsetzung vor Ort anbieten. Damit wird das Netzwerk in aufstrebenden Schwellen- und Entwicklungsländern tätig.

Im Netzwerk „Assisted Growth – Ressourcenmanagement im kontrollierten Anbau von Pflanzen" entwickeln acht Partner Verfahren mit dem Ziel einer ressourceneffizienteren Versorgung von Pflanzen mit Nährstoffen und Wasser.

Die Beispiele zeigen, dass die mittelständischen Unternehmen sich aktiv neuen Herausforderungen zur Erhöhung der Ressourceneffizienz stellen und dabei hochinnovative ökonomische und ökologische Resultate erzielen. Dabei ist ihnen die Innovationsförderung des Bundes für Forschung und Entwicklung eine wertvolle und verlässliche Hilfe.

Endnoten

1   Einzelheiten unter: www.demea.de/foerderung/go-effizient.
2   Einzelheiten unter: www.kmu-innovativ.de.
3   Einzelheiten unter: www.umweltinnovationsprogramm.de.
4   Einzelheiten unter: www.zim.bmwi.de.
5   Einzelheiten unter: www.aif.de und www.fue-foerderung.de.

Fazit und Ausblick

Ingrid Voigt

Die Vorstellung Torsten Henzelmanns, dass wir im Jahr 2050 fünf Planeten Erde benötigten, wenn das derzeitige Wachstum des Rohstoffbedarfs bis dahin fortgeschrieben würde, verdeutlicht wie kaum ein anderer Vergleich den Handlungsdruck im Umgang mit den natürlichen Ressourcen. Daher sind die fachlichen Beiträge von Experten und Wissenschaftlern in diesem Buch aus unterschiedlichen Blickwinkeln auf eine Kernbotschaft fokussiert: Wir müssen die Wirtschaftsentwicklung und den Ressourcenverbrauch voneinander entkoppeln. Um dieses Ziel zu erreichen, ist ein ressourceneffizientes Wirtschaften zwingend notwendig. Den Handlungsbedarf und die Vorreiterrolle der angewandten Forschung haben zwei einführende Beiträge anschaulich erläutert.

Vor der Aufgabe des sparsamen Einsatzes von Material und Energie stehen nicht nur die Großunternehmen mit Vorteilen zum Beispiel bei der Beschaffung und Produktion, sondern vor allem auch kleine und mittlere Unternehmen (KMU) in Deutschland. Ressourceneffizienz, verstanden als Materialeffizienz und Energieeffizienz, wird somit über kurz oder lang neben der Fachkräftesicherung zu einer unumgänglichen Herausforderung für Sie als Mittelständler. Dass deutsche Unternehmen mit Angeboten zur Material- und Energieeffizienz bereits erfolgreich sind, beweist deren Anteil von 15 Prozent am globalen Markt der Umweltwirtschaft. Doch noch gibt es viele nicht erschlossene Reserven und Möglichkeiten in kleinen und mittleren Unternehmen, in Produktion und Dienstleistung, die Wertschöpfungsprozesse ressourceneffizienter zu gestalten. Der hohe Anteil von KMU, ihre Präsenz in allen, sehr unterschiedlichen Branchen und auch die Vielfalt, in der sie ihre spezifischen Vorteile in ganz verschiedenen Geschäftsmodellen am Markt realisieren, erfordern sehr unterschiedliche, betriebsspezifische Strategien.

Erkenntnisse, Botschaften und Anregungen für Sie

Ohne alle Aussagen in den einzelnen Kapiteln zu wiederholen, wage ich den Versuch einer Zusammenfassung der mir für den Mittelstand wichtig erscheinenden Aussagen.

1. Ressourcenknappheit und Klimawandel sind ein *Megatrend*, der angetrieben wird von Globalisierung, Urbanisierung, ressourcenintensiven Konsummustern und der nachholenden Industrialisierung der Schwellenländer sowie vom Wachstum der Weltbevölkerung.

2. Der global wachsende Bedarf an Rohstoffen und Energieträgern vor dem Hintergrund begrenzter Vorkommen und teilweise politisch gesteuerter Märkte lässt tendenziell eine weitere deutliche Verknappung, Lieferengpässe und Preisschübe erwarten. Für Unternehmen erzeugen die damit verbundenen, teilweise schwankenden Preise, eine unsichere Verfügbarkeit und allgemein die schwere Kalkulierbarkeit einen Handlungsdruck, der zudem durch Umweltaspekte noch verstärkt wird. Als rohstoffarmes, hochindustrialisiertes und innovatives Land kann Deutschland diesem Megatrend Ressourcenknappheit und Klimawandel letztlich nur durch *Ressourceneffizienz* begegnen.

3. Ressourceneffizienz, also Material- und Energieeffizienz, lässt sich grundsätzlich über zwei Wege erreichen: Entweder wird weniger Rohstoff und Energie pro Produkteinheit eingesetzt oder die Produkte bleiben länger im Gebrauch, wobei der Zeitraum des vollständigen physischen Produktlebenszyklus einzubeziehen ist. Ressourceneffizienz ist demnach, wie der erste Weg zeigt, direkt *produktivitätssteigernd* für das Unternehmen. Ein sparsamer Umgang mit Material und Energie fördert somit die Wettbewerbsfähigkeit und schont die Umwelt. Die Beschäftigung mit dem Thema Ressourceneffizienz ist für Unternehmen eine Chance, ihre *Zukunftsfähigkeit* zu sichern.

4. Die Leitmärkte der Umweltwirtschaft waren in den vergangenen Jahren mit einer durchschnittlichen Ausweitung von circa 12 Prozent Wachstumsmärkte und werden diesen Charakter auch im nächsten Jahrzehnt mit durchschnittlich fast

6 Prozent behalten. Damit sind die Leitmärkte für ressourceneffiziente Angebote *„grüne Zukunftsmärkte"*. Ressourceneffizienz wirkt mit ihrem Querschnittscharakter ebenso auf andere deutsche Schlüsselindustrien und macht sich dort als „Greening" bemerkbar.

5. Deutsche Unternehmen haben am internationalen Markt der Umwelttechnik zurzeit einen Anteil von rund 15 Prozent und profitieren vom internationalen Marktwachstum. „Made in Germany" hat in diesem Bereich einen *guten Ruf*. Vor allem Mittelständler bestimmen die deutschen Produkte am Weltmarkt. Sie werden diese Position allerdings nur halten und verbessern können, wenn sie weiterhin forschen und entwickeln.

6. Kleine und mittlere Unternehmen prägen den Wirtschaftsstandort Deutschland. Ihre flachen Hierarchien und persönliche Beziehungen zwischen Unternehmen und Umfeld sowie die persönliche Ausstrahlung des Unternehmers auf die Mitarbeitenden macht sie beweglich und führt zu unkonventionellen Lösungen. Sie sind teilweise innovativer, als es die Statistik ausweist, und viele sind in der Lage, selbst Ressourceneffizienzinnovationen anzugehen. KMU sind im Wertschöpfungsprozess häufig Zulieferer und Systemlieferanten und werden in dieser Funktion mittelbar von Ressourceneffizienzstrategien der Großunternehmen betroffen. Das heißt, jedes KMU wird, sei es als Finalproduzent oder Zulieferer, Produzent oder Dienstleister, über kurz oder lang vor der *Herausforderung* Ressourceneffizienz stehen.

7. Ein Einstieg in das Thema Ressourceneffizienz ist – wie die Unternehmensbeispiele zeigen – bereits für etablierte Produkte und laufende Prozesse möglich und *profitabel*. Mit einem breiten Maßnahmenbündel, von organisatorischen Veränderungen bis zu Investitionen in effiziente Anlagen, können bereits relativ kurzfristig Einsparungen an Energie und Material erzielt werden, die unmittelbar kostensenkend wirken. Dennoch besagt die Unternehmenserfahrung, dass dieses im laufenden Prozess nicht „nebenher" machbar ist, sondern eines planvollen Vorgehens und einer klaren Aufgabenstellung und -verteilung bedarf. Das Erfahrungswissen der Mitarbeitenden einzubeziehen bedeutet nicht nur, zu-

sätzliches Potential zu integrieren, sondern Ressourceneffizienz als eine permanente Aufgabe auf allen Ebenen zu verankern. In der Regel stärker kostensenkend als die Verbesserungen an bestehenden Produkten wirken Innovationen, zum Beispiel für Nachfolgeprodukte von am Markt etablierten Erzeugnissen.

8. Erst grundlegend neue Angebote bergen das Potential besonders hoher Einsparungen an Energie und Material. Daher sollten sich Unternehmen fragen: „Welches Produkt (oder welche Dienstleistung) wird verlangt, und wie kann man es mit niedriger Umweltbelastung zur Verfügung stellen?"[1] Ressourceneffizienz erfordert somit auch ein Umdenken – weg vom Denken ausschließlich in Sachgütern hin zum Suchen nach Lösungen.

   Innovationen sind auf verschiedenen Gebieten möglich: dem der material- und energieeffizienten Produkte, der sparsamen Technologien und der ressourcenschonenden Geschäftsmodelle. Im Gegensatz zu den eher kurzfristig realisierbaren Effizienzsteigerungen im laufenden Geschäft erfordern sie neben einer klaren Strategie auch eine längere und finanziell aufwendigere Entwicklung. Solche *Ressourceneffizienzinnovationen* wirken somit zwar eher mittelfristig, allerdings mit größerem Effekt als Verbesserungen im „laufenden Geschäft". Viele der Unternehmensbeispiele zeigen, dass Innovationen mit dem Fokus auf Ressourceneffizienz nicht nur neue Märkte, sondern erst recht solche mit *Wachstumspotential* eröffneten. Andere junge Unternehmen stehen mit ihren Innovationen noch am Anfang einer aussichtsreichen und erfolgreichen Entwicklung.

9. Eine besondere Bedeutung für ressourceneffizientes Wirtschaften kommt *neuen Geschäftsmodellen* zu. Zum einen, weil der Gebrauch von Gütern für den Nutzer wichtiger wird als deren Besitz. Ein anderer Grund besteht darin, dass materielle Produkte mit Dienstleistungen gebündelt ressourcensparende Effekte im Einsatz ermöglichen, die zudem eine herausgehobene Stellung des anbietenden Unternehmens am Markt mit sich bringen kann. Solche Spezialisierungsvorteile können KMU durch Kooperationen auf vertikaler und horizontaler Ebene der Wertschöpfungsstufen erreichen.

10. Kleine und mittlere Unternehmen können Innovationsprojekte häufig nur dann erfolgreich bewältigen, wenn sie mit anderen Unternehmen beziehungsweise Forschungseinrichtungen oder gar in Netzwerken ihre Kräfte vereinen. Diese *Kooperationen* bündeln nicht nur die verteilten Kompetenzen der kleineren Unternehmen zu einem breiteren Angebot. Sie ermöglichen es durch die Spezialisierung der Einzelnen ebenso, modulare Systeme für spezifische regionale Umweltbedingungen anzubieten. Und: KMU können allein oder in Kooperationen die Innovationsvorhaben häufig nur mit finanzieller Förderung bewältigen.

11. Auch die Erfahrungen von in diesem Buch vorgestellten kleinen und jungen Unternehmen bestätigen, dass nach der Forschung und Entwicklung letztlich erst der Marktzugang, die Kundenakzeptanz der neuen Produkte und der erzielte Umsatz über den Erfolg der Innovation entscheiden. Als spezielle *Markteintrittsbarrieren* für ressourcenschonende Innovationen kristallisieren sich wohl die noch zu schwach ausgeprägte Bereitschaft der Nutzer zu Verhaltensänderungen, zum Beispiel beim Gebrauch von Konsumgütern, oder die mangelnde Kenntnis von Gesetzgebung, Verwaltungsvorschriften, Ausschreibungsverfahren bei Investitionsgütern heraus. Sie sind für KMU ohne die Lobby eines Großunternehmens eine besondere Herausforderung.

12. Unternehmen können sich für ihre eigene Geschäftstätigkeit mit dem Fokus auf die *Kreislaufführung der Rohstoffe* auch künftig den Zugang zu den tendenziell knapper und teurer werdenden Rohstoffen sichern. Um Rohstoffe möglichst lange zu nutzen und im Kreislauf zu belassen, können nicht mehr genutzte, ausgediente Rohstoffe, Bauteile und Produkte vollständig und hochwertig verwertet werden. Diese Betrachtungsweise eröffnet KMU Perspektiven für die Entwicklung neuartiger Recyclingtechnologien, die Etablierung von Recyclingsystemen oder den Einsatz von Sekundärrohstoffen für neue Produkte.

Eine Annäherung an das ideale Ziel geschlossener Stoffkreisläufe, wie es das „Cradle-to-Cradle-Prinzip" verfolgt, wird sich von einem Unternehmen kaum kurzfristig und auch nicht ohne Kooperationen, nicht ohne vernetzte Strukturen über alle Ebenen der Wertschöpfungskette verwirklichen lassen.

13. Der mit ressourceneffizientem Denken einhergehende Wandel von der Produkt- zur Lösungsorientierung erfordert es, die Produkt-, Prozess- und Geschäftsmodellinnovationen zu kombinieren. Ebenso sind *unternehmensindividuelle und maßgeschneiderte Lösungen* für den Kunden erforderlich, so dass sich die bloße Übernahme standardisierter Lösungen eher nicht eignet. Das hat zur Folge, dass von KMU Kompetenz im Management der Innovationsprozesse gefordert ist, um diese Innovationen erfolgreich zu machen.

14. Einige spezifische Hürden haben alle Innovationsprojekte und insbesondere auch die mit ressourcensparenden Effekten zu bewältigen: den *Marktzugang, die Akzeptanz bei den Kunden und die Verbreitung im Markt.* Unabhängig von Branchen und Technologien kann davon ausgegangen werden, dass Wachstumsmärkte für neue Produkte, neue Anbieter und junge Unternehmen besser geeignet sind als gesättigte oder schrumpfende Märkte. Diese Erkenntnis ist eine zentrale ermutigende Botschaft, allerdings mit der Einschränkung, dass diese Märkte aufgrund des Wachstums zugleich sehr dynamisch sind. Speziell für die material- und energiesparenden Angebote spielen das Umdenken und die notwendige Verhaltensänderung der Nutzer eine ausschlaggebende Rolle.

15. Um eine rasche Marktdiffusion zu erreichen, sollten Unternehmen ihre eigene Position auch unter diesem Kriterium einschätzen und in ihrer Ressourceneffizienz- und Innnovationsstrategie dem Kundenverhalten und Marktzugang einen besonderen Stellenwert beimessen. Ein spezifisches *Maßnahmenbündel* von Marketinginstrumenten kann ebenso wie Kooperationen und Partnerschaften verschiedener Art die Markteintrittsbarrieren überwinden helfen.

16. Finanzielle Förderungen für Innovationsprojekte sollen Anreize für KMU schaffen, trotz ihrer geringeren finanziellen Möglichkeiten in Forschung und Entwicklung sowie Innovation zu investieren. Die Erfahrungen der in diesem Buch vorgestellten KMU, die eine Förderung genutzt haben, besagen,

> dass erst diese finanzielle Hilfe den Erfolgsweg geebnet hat – sei es die Beratungsförderung externer Spezialisten und die technologieoffene Förderung des Zentralen Innovationsprogramms des Bundesministeriums für Wirtschaft und Technologie, seien es spezielle Umweltinnovationsprogramme anderer Bundesministerien oder auf Landesebene – die Ausschau nach Fördermitteln kann die eigene finanzielle Basis der KMU verbreitern. Dennoch ist zu beachten, dass viele Innovationsprogramme stark technologiegeprägt sind und die schwierige Markteinführung nur selten in die Förderung einbeziehen.

Womit können KMU in Zukunft rechnen?

1987 wurde erstmalig im Bericht der Brundlandt-Kommission das Leitbild einer nachhaltigen Entwicklung formuliert: „Nachhaltige Entwicklung ist eine Entwicklung, die die Lebensqualität der gegenwärtigen Generation sichert und gleichzeitig zukünftigen Generationen die Wahlmöglichkeit zur Gestaltung ihres Lebens erhält."[2] Nachhaltigkeit bedeutet ein umfassendes Verständnis für Wirkungen in ökonomischen, ökologischen und sozialen Dimensionen. Der effiziente Umgang mit Rohstoffen und Energie sowie der Klimaschutz stehen wegen ihres hohen Stellenwerts nicht nur für die Wirtschaft, sondern auch für die Gesellschaft und die Erhaltung unseres Wohlstands auf der Agenda aller politischen Ebenen.

Deutsche Unternehmen müssen sich daher bereits seit den 90er Jahren mit entsprechenden Gesetzen, wie etwa dem Kreislaufwirtschaftsgesetz, befassen. Die Bundesregierung hat im Herbst 2010 ein langfristiges, bis zum Jahr 2050 reichendes Energiekonzept vorgelegt.[3] Es formuliert unter anderem für das Jahr 2020 solche Ziele wie die Reduzierung der Treibhausgase um 40 Prozent, die Senkung des Primärenergieverbrauchs um 20 Prozent und einen Anteil erneuerbarer Energien von 18 Prozent. Verursacht durch die Reaktorkatastrophe von Fukushima verabschiedete die Bundesregierung im Sommer 2011 die beschleunigte Umsetzung des Energiekonzepts mit einem Ausstieg aus der Kernenergie bis 2022, dem schnelleren Ausbau der erneuerbaren Energien sowie einer Verbesserung der Energieeffizienz[4]. Die weitreichenden Ziele, Leitideen und Maßnahmen zur Rohstoffeffizienz sind in dem im Februar 2012 beschlossenen Deutschen Ressourceneffizienzprogramm (ProgRess) zusammengefasst.[5] Mit den Beschlüssen der Bundesregierung auf beiden Gebieten haben die

Megatrends Ressourcenknappheit und Klimaschutz noch größeres Gewicht in der Politik erhalten. Damit sind die Themen Material- und Energieeffizienz zwar einerseits langfristig im politischen Handeln verankert, andererseits aber, wie die Diskussion über die Finanzierung der „Energiewende" zeigt, wechselnden aktuellen politischen Entscheidungen unterworfen.[6] Für Unternehmen heißt das: Die generelle „Marschrichtung" Ressourceneffizienz ist vorgegeben, allerdings können sich die konkreten Rahmenbedingungen für Effizienzmaßnahmen schnell ändern. Unmittelbar betroffen sind davon auf verschiedene Weise etwa Wirtschaftlichkeitsrechnungen und Entscheidungen der Unternehmen.

Ebenso werden sich Unternehmen weiterhin, vermutlich sogar zunehmend, auf neue gesetzliche Rahmenbedingungen einstellen müssen, wie sie mit dem 2011 beschlossenen Energieverbrauchsrelevante-Produkte-Gesetz (EVPG) oder der Novellierung des Kreislaufwirtschaftsgesetzes 2012 bereits in der jüngsten Vergangenheit geschaffen wurden.

Ferner gilt es, den Wettbewerb im Auge zu behalten.[7] In dieser Situation zukünftige konkrete Entwicklungen und Rahmenbedingungen zu prognostizieren ist schwer möglich. Allerdings sollte unabhängig von aktuellen Entscheidungen eine Erkenntnis nicht aus dem Blick geraten: Ressourceneffizienz sichert Wettbewerbsfähigkeit und Zukunftsfähigkeit auf Wachstumsmärkten.

Womit KMU in Zukunft rechnen können, sind aus heutiger Sicht Förderprogramme. Einige Beispiele: Die Richtlinie für das BMWi-Programm „go-effizient", mit dem Beratungsleistungen zur Materialeffizienz bezuschusst werden können, gilt bis 2016.[8] Auch die Richtlinie für das auf den Mittelstand zugeschnittene ZIM wurde bis 2014 fortgeschrieben.[9] Weiterhin können KMU bis Ende 2014 für die KfW-Mittelstands-Beratung zur Energieeffizienz Anträge stellen.[10]

Was Sie ebenfalls beachten sollten: Betrachtet man zum Beispiel den gestiegenen Anteil von Bioprodukten bei Lebensmitteln in Deutschland oder die Reaktionen auf Unfälle in der asiatischen Textilproduktion, so kann wohl zukünftig mit einer größeren Sensibilität der Käufer zumindest in Deutschland gerechnet werden.[11] Auch wenn Kaufentscheidungen für einzelne Produkte von sehr unterschiedlichen Kriterien geprägt sind, so sollten tendenzielle Veränderungen aufmerksam verfolgt werden. Wenn sich dieses Umdenken ebenso auf Kaufentscheidungen bei anderen Gütern auswirkt, könnte die Hürde für den Markteintritt in einigen Bereichen niedriger werden.

Das sollte Sie zusätzlich ermutigen, zwar nicht blauäugig und ohne kritisches Hinterfragen, aber doch zuversichtlich und optimistisch die Zukunft mit innovativen ressourceneffizienten Lösungen zu planen.

KMU können neben der finanziellen Förderung mit Informationen, kostenfreien Veranstaltungen und Orientierungsgesprächen spezifischer, auch regionaler Stellen von Kammern und Verbänden rechnen.[12] Das RKW wird Sie auf dem Gebiet Material- und Energieeffizienz auch weiterhin mit Angeboten unterstützen – sei es mit Workshops und Praxisleitfäden zum Management nachhaltiger Innovationen oder mit spezifischen Projekten einzelner RKW-Landesverbände, von denen Sie zusätzlich zu den bundesweiten Energieeffizienz-Impulsgesprächen profitieren können.[13]

Ein Appell zum Schluss

Wir haben in diesem Buch für Sie Fachwissen zusammengestellt, vor allem jedoch der Vorstellung von Unternehmen und ihren Projekten breiten Raum gelassen. Zu Wort kamen KMU aller Größenordnungen – kleinste, kleine und mittlere – sowie einige wenige Großunternehmen. Vertreten sind – wie unter Ihnen als angesprochenen Lesenden – viele Branchen: Unternehmen aus den Leitmärkten der Umwelttechnik, technologieorientierte, produzierende und „reine" Dienstleistungsunternehmen.

Die eine oder andere Erfolgsgeschichte, die Erfahrung von anderen Unternehmen und manche ihrer Ratschläge sollten Sie überzeugen, motivieren und ermutigen, selbst ein individuelles Konzept in Sachen Energieeffizienz und Materialeffizienz in Angriff zu nehmen oder sich auf diesen Gebieten noch stärker zu engagieren. Mit dem jeweiligen Fazit zu den einzelnen Themenbereichen ist es uns hoffentlich gelungen, das Expertenwissen mit den Erfahrungen so zu verknüpfen, dass Sie als Mittelständler konkrete Denkanstöße und Ansatzpunkte für Umsetzungsaktivitäten in diesem Handlungsfeld mitnehmen können.

Wie denken Sie darüber? Welche Erfahrungen haben Sie in Ihrem Unternehmen gemacht, die für andere von Interesse sein könnten? Welcher Plan ist aufgegangen, was hat sich nicht umsetzen lassen? Wir würden uns sehr freuen, wenn Sie mit uns im Gespräch bleiben!

Wie können KMU den Innovationstreiber Ressourceneffizienz nutzen?

- Ressourceneffizienz ist eine Herausforderung für alle Unternehmen – ob groß oder klein, jetzt oder später.

- Ressourceneffizienzmaßnahmen können Kosten senken und sich somit bereits relativ kurzfristig rentieren.

- Mittel- und langfristig können Innovationen in energie- und materialsparende Produkte, Technologien und Geschäftsmodelle zur Zukunftsfähigkeit der KMU beitragen und Wettbewerbsvorteile sichern.

- Neue Geschäftsmodelle, die den Gebrauch materieller Güter und nicht deren Besitz in den Vordergrund stellen, werden für die Ressourceneffizienz bedeutsamer.

- Neue ressourcensparende Angebote haben spezifische Markteintrittsbarrieren zu überwinden, die häufig mit der noch unzureichenden Bereitschaft der Nutzer zu Verhaltensänderungen verbunden sind.

- Innovationen der KMU im Bereich der Ressourceneffizienz werden begünstigt durch die Bereitschaft zum „Querdenken" und die Offenheit für Neues, zum Beispiel für neue Partnerschaften und für Netzwerke mit anderen KMU und Forschungseinrichtungen sowie das Eingehen von Allianzen in den Bereichen Entwicklung und Vertrieb.

- KMU sollten die Unterstützung durch die öffentliche Förderung und die einschlägigen Einrichtungen und Verbände nutzen.

Endnoten

1 E. v. Weizsäcker, K. Hargroves, M. Smith; München (2010): Faktor Fünf, S. 41.

2 „Brundlandt-Bericht" (1987).

3 Energiekonzept der Bundesregierung (2010), http://www.bmwi.de/BMWi/Redaktion/PDF/Publikationen/energiekonzept-2010, abgerufen am 24.3.2013.

4 Energiepaket der Bundesregierung (2011), http://www.bmwi.de/DE/Themen/Energie/Energiepolitik/energiekonzept,did=485008.html, abgerufen am 24.3.2013.

5 Deutsches Ressourceneffizienzprogramm ProgRess (2012), http://www.bmu.de/themen/wirtschaft-produkte-ressourcen/ressourceneffizienz/progress-das-deutsche-ressourceneffizienzprogramm/, abgerufen am 24.3.2013.

6 Vgl. Energiegespräch vom 16.3.2013, http://www.bundesregierung.de/Content/DE/Artikel/2013/03/2013-03-21-energiegespraech-bund-laender-kanzlerin.html, abgerufen am 24.3.2013.

7 Der im März 2013 vom Technologiekonzern Bosch angekündigte Ausstieg aus der Photovoltaiksparte wegen der preisgünstigeren asiatischen Angebote und der sich ändernden Förderung bestätigt, dass sich selbst für Großunternehmen „grüne Technologien" kurzfristig rechnen müssen. Vgl. http://www.wiwo.de/unternehmen/industrie/ausstieg-aus-solargeschaeft-3000-stellen-bei-bosch-stehen-auf-der-kippe/7973596.html, abgerufen am 24.3.2013.

8 Richtlinie BMWi-Innovationsgutscheine, geändert am 19.12.2011, www.demea.de/download/richtlinie_bmwi-innovationsgutscheine_191211-1, abgerufen am 24.3.2013.

9 Neufassung der Richtlinie Zentrales Innovationsprogramm Mittelstand vom 18.6.2012, http://www.zim-bmwi.de/download/infomaterial/richtlinie_zim.pdf, abgerufen am 24.3.2013.

10 Richtlinie über die Förderung von Energieberatungen im Mittelstand, http://www.kfw.de/kfw/de/I/II/Download_Center/Foerderprogramme/versteckter_Ordner_fuer_PDF/RL_EBM_BMWi_2012_03.pdf, abgerufen am 24.3.2013.

11 Die Bio-Branche 2012, http://www.boelw.de/uploads/pics/ZDF/ZDF_Endversion_120110.pdf, abgerufen am 24.3.2013.

12 z. B. Zentrum für Ressourceneffizienz, http://www.vdi-zre.de/aktuelles/; Mittelstandsinitiative Energiewende, http://www.mittelstand-energiewende.de/.

13 RKW Baden-Württemberg: Europäisches Projekt „S-Line: Nachhaltigkeit und Effizienz der Ressourcen im Fahrzeugbau"; RKW Nord: Partnerschaft Umwelt-Unternehmen und Ecostep; RKW Hessen: PIUS; in einigen Regionen Materialeffizienz-Beratung und -Qualifizierung; bundesweit Energieeffizienz Impulsgespräche.

Die Autoren

Hans-Dieter Belter, Ministerialrat Dr. oec., Jahrgang 1948, leitete bis Mai 2013 das Referat VII A6 „Zentrales Innovationsprogramm Mittelstand; Kooperation, Netzwerke, Einzelprojekte" im Bundesministerium für Wirtschaft und Technologie. Er war zuständig für die technologieoffene FuE-Förderung von KMU, seit 2008 für das Zentrale Innovationsprogramm Mittelstand (ZIM). Bereits vor seiner Tätigkeit im Bundeswirtschaftsministerium lag sein Arbeitsschwerpunkt im Bundesministerium für Forschung und Technologie (BMFT) auf dem Gebiet Innovationsförderung.
Kontakt: hans-dieter.belter@bmwi.bund.de

Andreas Blaeser-Benfer, Dr., war nach dem Studium der Volkswirtschaftslehre an der Universität Duisburg-Essen wissenschaftlicher Mitarbeiter der Technischen Universität Freiberg und promovierte dort im Themenbereich Innovationsmanagement. Seit dem Jahr 2001 ist er beim RKW Kompetenzzentrum in verschiedenen Funktionen tätig, zuletzt als verantwortlicher Gruppenleiter für das Thema Technologie- und Innovationsmanagement im Fachbereich Innovation. Er veröffentlichte im Rahmen seiner Tätigkeit beim RKW viele praxisorientierte Schriften und Studien und ist in mehreren Gremien als Experte tätig.
Kontakt: blaeser@rkw.de

Jens Clausen, Dr., ist Diplomingenieur für Maschinenbau und leitet als Senior Researcher das Borderstep-Büro Hannover. Im Mittelpunkt seiner Forschungsarbeit stehen Fragen der Gründungs-, Innovations- und Diffusionsforschung, nachhaltige Zukunftsmärkte sowie die Frage nachhaltiger Wärme- und Kälteversorgung.
Kontakt: clausen@borderstep.de

Daniel Cölle studierte Geowissenschaften/Mineralogie mit Schwerpunkten in Kristallographie und anorganischer Chemie an der Universität Hamburg. Anschließend war er Mitarbeiter an der Technischen Universität Hamburg-Harburg im Arbeitsbereich Werkstoffphysik und -technologie, mit Blick auf Hochtemperatureigenschaften von Technischen Keramiken/Oxidkeramiken. Aktuell ist er Leiter der Forschung und Entwicklung bei der EKW GmbH in Eisenberg/Pfalz nach Eintritt in das Unternehmen als wissenschaftlicher Mitarbeiter im Jahr 1996.
Kontakt: daniel.coelle@ekw-feuerfest.de

Heiner Depner, Dr., studierte an der Justus-Liebig-Universität Gießen Wirtschaftsgeographie. Von 2000 an untersuchte er als wissenschaftlicher Mitarbeiter zunächst an der Johann Wolfgang Goethe-Universität Frankfurt am Main und danach an der Philipps-'Universität Marburg die Überbrückung von Unterschieden zwischen nationalen Innovationssystemen durch deutsche Unternehmen der Automobilindustrie in China. 2006 promovierte er an der Universität Marburg zu dem Thema. 2007 kam er zum RKW Kompetenzzentrum, wo er im Fachbereich Innovation zunächst Themen wie Mass Customization oder Open Innovation bearbeitete. Seit 2010 untersucht er die Wirkungen von Innovationsförderprogrammen des BMWi.
Kontakt: depner@rkw.de

Norbert Eisenreich, Dr., studierte Physik an der Technischen Universität München und arbeitet seit 1975 am Fraunhofer-Institut für Chemische Technologie ICT. Über die Beschäftigung mit Raketentreibstoffen hat er in den 1990er Jahren den Weg zum Thema Nachhaltigkeit gefunden. Zunächst befasst mit dem Recycling von Kunststoffen, insbesondere ihrer schnellen Identifizierung mit Hilfe der Nahinfrarotspektroskopie und ihrer hydrothermalen Entsorgung, entwickelte er in der Folge hydrothermale Biomasseaufschlussverfahren und Verfahren der werkstofflichen Nutzung der extrahierten Komponenten.
Kontakt: ne@ict.fraunhofer.de

Klaus Fichter, Prof. Dr., ist Gründer und Leiter des Borderstep Instituts für Innovation und Nachhaltigkeit. Als außerplanmäßiger Professor lehrt er an der Carl von Ossietzky Universität Oldenburg und hat dort die Professur für Innovation und Nachhaltigkeit (PIN) inne. Im Mittelpunkt seiner Forschungsarbeit stehen theoretische Fragen der Evolutorischen Ökonomik und der Interaktionsökonomik sowie empirische und anwendungsbezogene Aspekte des Innovationsmanagements, der Generierung von Nachhaltigkeitsinnovationen und „grüner" Zukunftsmärkte.
Kontakt: E-Mail: fichter@borderstep.de

Sabine Flamme, Prof. Dr., hat an der FH Münster im Fachbereich Bauingenieurwesen studiert und im Jahr 2002 promoviert. Seit 1994 war sie Projektleiterin in der INFA – Institut für Abfall, Abwasser und Infrastruktur-Management GmbH und seit 2001 Sachgebietsleiterin für den Bereich mechanische und energetische Abfallbehandlung. Zum Wintersemester 2005/2006 hat sie einen Ruf an die FH Münster, Lehrgebiet Abfallwirtschaft angenommen. Zusätzlich leitet sie seit Herbst 2005 die Geschäftsstelle der Gütegemeinschaft Sekundärbrennstoffe und Recyclingholz e. V. (BGS). Seit 2006 ist sie die wissenschaftliche Leiterin der INFA GmbH und seit 2007 Geschäftsführerin der neovis GmbH & Co. KG. Schwerpunkte ihrer Forschungstätigkeit liegen aktuell im Stoffstrom- und Ressourcenmanagement und besonders in der Erhöhung der Wertschöpfung im Bereich Urban Mining. Im Juni 2012 wurde sie mit dem Urban Mining Award aus-gezeichnet.
Kontakt: flamme@fh-muenster.de

Sebastian Fleiter, Jahrgang 1971, studierte freie bildende Kunst und visuelle Kommunikation an der Kunsthochschule Kassel. Er ist Gründer und Geschäftsführer der Nachrichtenmeisterei GbR, eines Kreativverbundes und Existenzgründerzentrums am Kulturbahnhof Kassel. 2010 als Kreativpilot der Bundesrepublik Deutschland ausgezeichnet, hielt er in den Jahren 2011 und 2012 eine Vortragsreihe mit The Electric Hotel und nahm unter anderem an international besetzten Ausstellungen im In- und Ausland teil.
Kontakt: fleiter@fleiter.net

Julia Geiping absolvierte ihr Studium an der FH Münster im Fachbereich Bauingenieurwesen und ist seit 2010 wissenschaftliche Mitarbeiterin im Labor für Abfallwirtschaft, Siedlungswasserwirtschaft und Umweltchemie (kurz LASU). Ihre aktuellen Forschungsschwerpunkte sind die hochwertige energetische Verwertung von Sekundärbrennstoffen und insbesondere die Qualitätssicherung und die Erhöhung der Wertschöpfung im Bereich von Elektroaltgeräten. Seit Mitte 2010 ist sie Mitarbeiterin der Gütegemeinschaft Sekundärbrennstoffe und Recyclingholz e. V. (BGS).
Kontakt: j.geiping@fh-muenster.de

Jörg Haupt hat das Studium der Betriebswirtschaftslehre sowie das Studium der Rechtswissenschaften in Würzburg abgeschlossen. Danach folgten Tätigkeiten in einer internationalen Rechtsanwaltskanzlei sowie Führungsaufgaben bei einem mittelständischen Handelsunternehmen. Seit 2011 ist er Geschäftsführer bei dem Spirituosenhersteller Lautergold Paul Schubert GmbH.
Kontakt: haupt@lautergold.de

Nuna Hausmann studierte Politikwissenschaft und Ethnologie in München und Ecuador mit Schwerpunkt auf Internationaler Politik und Entwicklungszusammenarbeit. Ihre Erfahrung in diesem Bereich erweiterte sie durch ihre Arbeit bei verschiedenen Stiftungen und Nichtregierungsorganisationen in Argentinien und Israel. Kurz nach Gründung des Vereins dazugestoßen, ist sie bei morethanshelters als Projektmanagerin verantwortlich für die Entwicklung eines bedürfnisorientierten Konzepts für die Implementierung des Shelter Systems in den Krisengebieten.
Kontakt: nh@morethanshelters.org

Wolfgang Hentschel ist seit 1991 im Haus Auto-Kabel in der Geschäftsleitung tätig. Nach seiner Ausbildung zum Fahrzeugbau-Ingenieur hat er Aufgaben in mehreren namhaften Automobilzulieferunternehmen wahrgenommen. Seine Schwerpunktthemen bei Auto-Kabel waren die Automatisierung der Fertigung, der Auf- und Ausbau mehrerer Standorte in Europa sowie die Entwicklung neuer Prozesstechno-

logien und innovativer Produkte. Aktuell betreut Herr Hentschel in der Geschäftsleitung die Ressorts Vertrieb (D), Qualitätsmanagement und IT.
Kontakt: wolfgang.hentschel@autokabel.com

Torsten Henzelmann, Prof. Dr., studierte Wirtschaftsingenieurwesen an der Technischen Universität Kaiserslautern. Danach war er in zwei Energieversorgungsunternehmen im Bereich Energiemanagement und Consulting tätig. In dieser Zeit erfolgte eine externe Promotion über Wandlungsprozesse in Energieversorgungsunternehmen. Zurzeit ist er Partner und Leiter des Competence Center „Civil Economics, Energy & Infrastructure" sowie Leiter der Praxisgruppe GreenTech bei Roland Berger Strategy Consultants. Sein Tätigkeitsschwerpunkt liegt dabei auf der Beratung international führender Industrie- und Dienstleistungsunternehmen sowie Umwelttechnikunternehmen und öffentlichen Institutionen in allen Fragen der Unternehmensführung.
Kontakt: Torsten.Henzelmann@rolandberger.com

Stefan Hölldobler, geboren 1983, studierte Produktdesign an der West Australian School of Art and Design in Perth, Australien. Nach dem Studium arbeitete er in Indonesien als Möbeldesigner und erhielt dort Einblick in die Welt der Massenproduktion. Zurück in Deutschland, arbeitete er als freiberuflicher Produktdesigner und gründete 2010 das Unternehmen „diefabrik" in Leipzig. „diefabrik" gewann im Jahr der Gründung den Designpreis der Designers' Open sowie den Kreativpilotenwettbewerb 2011.
Kontakt: info@diefabrik.org

Gottlieb Hupfer studierte nach einer Mechanikerlehre Wirtschaftsingenieurwesen und begann seinen Berufsweg im Vertrieb und Produktmanagement eines mittelständischen Chemieunternehmens. Ende der 80er Jahre begann er mit dem Aufbau der ursprünglich aus der Schweiz stammenden EnviroChemie im Frankfurter Raum. Er ist CEO und Gesellschafter der EnviroChemie-Gruppe und ehrenamtlich im Vorstand des südhessischen Unternehmerverbandes aktiv.
Kontakt: gottlieb.hupfer@envirochemie.com

Daniel Ishikawa, Jahrgang 1982, hat sich mit der Gründung der Furniture Leasing Corporation auf die bundesweite Vermietung von Möbeln und Elektroartikeln für den Wohnbereich spezialisiert. Zu seinen Hauptkunden zählen die Personalabteilungen großer Firmen mit internationalen Mitarbeitern, aber auch Immobilienmakler und Eigentümer von Wohnungen und Häusern, die ein unmöbliertes Objekt schnell ausstatten wollen. Daniel Ishikawa machte seinen Master of Science an der London School of Economics und seinen MBA an der Waseda Business School in Tokyo.
Kontakt: ishikawa@furnitureleasing.de

Mark Junge, Dr.-Ing., hat nach Maschinenbaustudium und Promotion an der Universität Kassel im Jahr 2002 die maxPlant GbR gegründet. Dort war er bis 2007 Gesellschafter. Von 2003 bis 2008 war er als wissenschaftlicher Mitarbeiter im Fachgebiet „Umweltgerechte Produkte und Prozesse" am Institut für Produktionstechnik und Logistik der Universität Kassel tätig. 2007 gründete er die Limón GmbH. Diese konnte sich seitdem zu einem der führenden Energieeffizienzdienstleister in der Industrie entwickeln. 2011 gewann das Unternehmen den Hessischen Gründerpreis.
Kontakt: junge@limon-gmbh.de

Daniel Kerber ist der Initiator von morethanshelters. Er arbeitet seit mehr als 15 Jahren an der Schnittstelle zwischen Architektur, Design und Kunst. In weitreichender Forschung hat er sich seit mehr als einem Jahrzehnt mit der sogenannten informellen Architektur in Krisenregionen beschäftigt. Anfang 2012 gründete er den gemeinnützigen Verein morethanshelters, um Konzepte von menschenwürdigem Wohnen zu realisieren. Als Geschäftsführer von morethanshelters vereint er die Ergebnisse dieser Forschung mit seinen Kompetenzen in Leichtbau und Projektmanagement.
Kontakt: dk@morethanshelters.org

Peter Krämer absolvierte ein Studium des Bauingenieurwesens und des internationalen Infrastrukturmanagements. Seit 2008 ist er wissenschaftlicher Mitarbeiter am Labor für Abfallwirtschaft, Siedlungswasserwirtschaft, Umweltchemie an der Fachhochschule Münster. Forschungsschwerpunkte sind die Qualitätssicherung von Ersatzbrennstoffen und die Aufbereitung von Elektroaltgeräten.
Kontakt: peterkraemer@fh-muenster.de

Ulrich Lang studierte Kunststofftechnik an der FH Würzburg-Schweinfurt, fungierte unter anderem als Entwicklungsleiter für Tageslichtsysteme, Objektberater und absolvierte zudem eine Weiterbildung zum Energieberater. Heute ist er ein anerkannter Experte in Sachen Sonnenlicht-Management. Beim Komplettanbieter für technischen Sonnenschutz, der Warema Renkhoff SE, baute er den Fachbereich Objektberatung auf, den er bis heute leitet. Ulrich Lang sucht mit seinem Team engen Kontakt zu Architekten und Fachplanern und ist ein gefragter Experte zum Thema „Nachhaltiges Bauen mit intelligentem Sonnenschutz". Er referiert hierzu regelmäßig auf verschiedensten Branchen- und Expertenforen.
Kontakt: ulrich.lang@warema.de

Michael Minis ist Gründer und Geschäftsführer von tamyca, Deutschlands größter Plattform für privates Carsharing. Schon während des Studiums des Wirtschaftsingenieurwesens Maschinenbau an der RWTH Aachen und an der Swinburne University in Melbourne war er im Bereich erneuerbare Energien unternehmerisch tätig. Ebenfalls während des Studiums gründete er im August 2010 gemeinsam mit Kommilitonen tamyca. Im Mai 2011 gründete er außerdem die Tausch- und Wiederverkaufsplattform www.tauschteddy.de, die es Eltern ermöglicht, nicht mehr gebrauchte Kinderkleidung an andere Familien weiterzugeben.
Kontakt: michael@tamyca.de

Kai Morgenstern, Dr. rer. nat., studierte Physik in Göttingen. Im Anschluss an die Promotion im Bereich Klimatologie beschäftigte er sich als Unternehmensberater in Kanada mit Emissionen und Energieeffizienz im Bergbau. Beim Fraunhofer-Institut für Bauphysik war danach die erneuerbare Energieversorgung in Kommunen sein Arbeitsgebiet. Neben der industriellen Energieerzeugung und Abwärmenutzung spielte dabei die Gebäudeenergieeffizienz und insbesondere die effiziente Heizwärmeversorgung von Gebäuden eine wichtige Rolle. Seit 2012 leitet er beim RKW das Projekt Energieeffizienz Impulsgespräche, das kleine und mittlere Unternehmen für das Thema Energieeffizienz sensibilisiert und ihnen vor Ort betriebsindividuelle Einsparpotentiale aufzeigt.
Kontakt: morgenstern@rkw.de

Reimund Neugebauer, Prof. Dr.-Ing. habil. Prof. E.h. Dr.-Ing. E.h. mult. Dr. h.c., studierte Maschinenbau an der TU Dresden und sammelte nach seiner Promotion zunächst Industrieerfahrung. 1990 wurde er Direktor des Instituts für Werkzeugmaschinen der TU Dresden. 1991 gründete er das Fraunhofer-Institut für Werkzeugmaschinen und Umformtechnik IWU, das er 21 Jahre leitete und ab 1994 in Personalunion als Professor für Werkzeugmaschinen und Umformtechnik der TU Chemnitz zu einem internationalen Zentrum der Produktionstechnik ausbaute. Sein langjähriger Forschungsschwerpunkt liegt auf dem Gebiet der ressourceneffizienten Produktion. Reimund Neugebauer ist seit Oktober 2012 Präsident der Fraunhofer-Gesellschaft.
Kontakt: reimund.neugebauer@zv.fraunhofer.de

Thomas Nopper studierte Wirtschaftsingenieurwesen an der Hochschule für Technik und Wirtschaft in Dresden. Seit 2012 arbeitet er im Marketing und Vertrieb bei der Dresdner Lackfabrik novatic GmbH & Co. KG.
Kontakt: info@novatic.com

Babak Norooz ist technisch versierter Kaufmann, Unternehmer und Firmeninhaber von Norotec International Consulting, die er 2004 gründete. Norotec ist international etabliert mit Schwerpunkt Naher Osten. 2010 gründete er Nowaste. Nowaste (von englisch „no waste", ohne Verschwendung) steht für ein originäres und konsequentes Unternehmenskonzept, das sich mit der Herstellung und dem Vertrieb von „Nature Care Products" befasst. Der natürliche Rohstoff für diese nachhaltigen Produkte ist Baumsaft. Für dieses innovative Unternehmen erhielt Babak Norooz in 2012 den Gründerpreis der Stadt Hanau.
Kontakt: norooz@nowaste.eu

Vanessa Pegel arbeitet als freie Journalistin und Redaktionsleiterin des Gesellschaftsmagazins „Charakter" in Göttingen. Nach ihrem Studium der Soziologie an der Georg-August-Universität schrieb sie für verschiedene Magazine, bevor sie die Chefredaktion des Szenetitels „Diggla" und später die des „Stadtmagazin37" übernahm. Neben ihrer Tätigkeit als freie Journalistin ist sie heute außerdem für einige Unternehmen als PR-Texterin aktiv.
Kontakt: pegel@the-electric-hotel.com

Jutta Quaiser studierte Chemieingenieurwesen und begann ihre berufliche Laufbahn bei einem familiengeführten Reinigungsmittelhersteller in Mainz. Bei EnviroChemie ist sie in der Marketingkommunikation tätig und leitet dort den Bereich Presse und Öffentlichkeit. Die Koordination der internationalen Unternehmenskommunikation gehört zu ihren Hauptaufgaben.
Kontakt: jutta.quaiser@envirochemie.com

Ralf Reiter studierte Werkstoffwissenschaften an der Friedrich-Alexander-Universität in Erlangen. Er arbeitet seit 1983 bei der Schott AG. Seit 2007 ist er als Director Global Devolopment and Application für den globalen Produktentwicklungsprozess im Bereich Advanced Optics verantwortlich. In dieser Funktion hatte er maßgeblichen Anteil am Gewinn des Sonderpreises des Best Innovator Award 2012/2013.
Kontakt: ralf.reiter@schott.com

Gerhard Riebesehl, geboren 1946, war seit 1980 als Laborleiter bei den Hamburger Asphaltmischwerken beschäftigt. Er war langjähriges Mitglied der Arbeitsgruppe Asphalttechnik des Deutschen Asphaltverbandes (DAV) und Mitglied des Europäischen Asphaltverbandes (EAPA). Darüber hinaus ist er Mitglied des Arbeitskreises „Temperaturabsenkung" der Forschungsgesellschaft für Straßen- und Verkehrswesen und aktuell geschäftsführender Gesellschafter der Storimpex AsphalTec GmbH, Glinde.
Kontakt: G.Riebesehl@Asphaltec.de

Martin J. Schneider, Dr., arbeitet als wissenschaftlicher Mitarbeiter am Lehrstuhl für Technologie- und Innovationsmanagement an der Philipps-Universität Marburg. Er studierte Wirtschaftswissenschaften an der Universität Hohenheim und promovierte im Fach Betriebswirtschaftslehre an der Philipps-Universität Marburg. Martin Schneider lehrt an unterschiedlichen Institutionen und forscht in den Themenfeldern Business Model Innovation, quantitative Methoden, strategisches Management, Technologie- und Innovationsmanagement sowie Intellectual Property Management.
Kontakt: martin.schneider@wiwi.uni-marburg.de

Alexander Sonntag absolvierte zunächst eine Ausbildung zum Tischler. Anschließend studierte er Soziologie an der Goethe-Universität Frankfurt am Main. Seit 2012 ist er als wissenschaftlicher Mitarbeiter beim RKW Kompetenzzentrum im Fachbereich Innovation tätig. Ein Schwerpunkt seiner Tätigkeit bildet das Projekt „Management nachhaltiger Innovationen", das vom Bundesministerium für Wirtschaft und Technologie gefördert wird und sich mit Best Practice in ressourcen- und materialeffizienter Produktgestaltung auseinandersetzt.
Kontakt: sonntag@rkw.de

Mario Spiewack studierte an der Otto-von-Guericke-Universität Magdeburg Maschinenbau mit dem Schwerpunkt Produktionstechnik und Fabrikmanagement. Studienbegleitend und nach seinem Studium arbeitete er mehr als sechs Jahre am Fraunhofer-Institut für Fabrikbetrieb und -automatisierung IFF in Magdeburg als Projektleiter und Wissenschaftler im Bereich Unternehmensstrategie und -strukturen. Seit mehr als fünf Jahren ist er als Netzwerkkoordinator an der Experimentellen Fabrik Magdeburg im Zentrum für Produkt-, Verfahrens- und Prozessinnovation tätig und leitet seitdem erfolgreich Firmennetzwerke mit dem Fokus auf der Umsetzung und Vermarktung neuer innovativer Produkte mit hoher Alleinstellung.
Kontakt: mario.spiewack@exfa.de

Dirk Steiger ist Manager Operations bei der Philips Medical Systems DMC GmbH Hamburg. Er startete seine Karriere 1996 bei Philips mit einer Ausbildung zum Industrieelektroniker. 2002 folgte die Fortbildung zum Technischen Fachwirt IHK. Seit 2005 ist er Leiter einer der zwei Röntgenstrahlerfertigungen am Hamburger Standort. Mitte 2010 hat er zusätzlich die Leitung des Retouren- und Recycling-Centers übernommen.
Kontakt: dirk.steiger@philips.com

Michael Stephan ist Professor für Betriebswirtschaftslehre, insbesondere für Technologie- und Innovationsmanagement, sowie geschäftsführender Vorstand des Marburger Instituts für Innovationsforschung und Existenzgründungsförderung (MAFEX) an der Philipps-Universität Marburg. Michael Stephan studierte Wirtschaftswissenschaften an den Universitäten Basel und Hohenheim. Im Anschluss an eine zweijährige Tätigkeit bei den Vereinten Nationen (UNCTAD) in New York und Genf hat er im Fach Betriebswirtschaftslehre an der Universität Hohenheim promoviert. Nach einer vierjährigen Post-Doc-Zeit unter anderem an der Humboldt-Universität zu Berlin sowie am Massachusetts Institute of Technology folgte er 2006 dem Ruf an die Philipps-Universität Marburg. In seinen Forschungsarbeiten beschäftigt sich Michael Stephan mit Fragen des Innovationsmanagements und der ressourcenorientierten Unternehmensführung. Er ist Autor mehrerer Fachbücher und Artikel zum Thema.
Kontakt: michael.stephan@staff.uni-marburg.de

Gerd Timmer ist Gründer des Nordhorner Unternehmens Timmer ETS. Seit Ende der 80er Jahre beschäftigt er sich mit der Kreislaufführung von Kleiderbügeln, zuvor war er als Kunstschlosser-Meister selbstständig. Der 68-Jährige ist auch nebenberuflich außerordentlich aktiv. Intensiv war er in der kirchlichen und politischen Jugendarbeit sowie zwei Jahrzehnte – teils als Fraktionsvorsitzender – im Stadtrat tätig. Er ist Botschafter der niederländischen Partnerstadt Ootmarsum sowie des dort ansässigen Künstlers Ton Schulten. Heimat- und Brauchtumspflege sind weitere Schwerpunkte seines Engagements.
Kontakt: gerd.timmer@timmer-ets.de

Jan Timmer, Jahrgang 1976, ist in zweiter Generation Geschäftsführer des Nordhorner Familienunternehmens Timmer ETS, das auf Kleiderbügel-Management spezialisiert ist. Früh stand fest, dass er den elterlichen Betrieb übernehmen würde, das prägte seinen Werdegang. An die Ausbildung schlossen sich mehrmonatige Praktika und Lehrgänge an: in der Hauptverwaltung und Logistik von Galeria Kaufhof, bei Metro, DHL, Karstadt Logistik, Fiege Logistik, BASF sowie der Sparkasse Osnabrück. Wie sein Vater Gerd ist auch Jan Timmer nebenberuflich politisch aktiv.
Kontakt: jan.timmer@timmer-ets.de

Elisabeth Trillig studierte in Marburg Betriebswirtschaftslehre mit den Schwerpunkten Technologie- und Innovationsmanagement und Marketing und beschäftigte sich ausführlich mit dem Thema innovative Mobilitätsdienstleistungen. Seit 2012 ist sie als wissenschaftliche Mitarbeiterin beim RKW Kompetenzzentrum im Fachbereich Innovation tätig. Unter anderem schreibt sie dort in der Schriftenreihe „Impulse für das Innovationsmanagement" anwendungsorientiert über einzelne Themenbereiche des Innovationsmanagements.
Kontakt: trillig@rkw.de

Ingrid Voigt, Dr. oec., widmete sich in ihrer langjährigen beruflichen Tätigkeit dem Thema Innovation – zuerst in einem Industrieunternehmen, später in der Beratung von KMU. Bis 2012 war sie stellvertretende Geschäftsführerin und Leiterin des Fachbereichs Innovation im RKW Kompetenzzentrum. Hier verantwortete sie die Themen Innovationsförderung, Innovationsmanagement, Kreativwirtschaft sowie Material- und Energieeffizienz. Langjährige Erfahrungen sammelte sie insbesondere auf dem Gebiet der Innovationsförderung von KMU. Zuletzt legte sie besonderes Gewicht auf die Verbindung von Innovation in KMU mit der Kreativwirtschaft sowie des Innovationsmanagements mit Aspekten der Nachhaltigkeit. In verschiedenen Gremien, unter anderem in der Jury des Innovationswettbewerbs „TOP 100", ist sie als Expertin tätig.
Kontakt: voigt@rkw.de

Tim Vollborth, Jahrgang 1980, hat sein akademisches Studium der Wirtschaftsingenieurwissenschaften 2005 an der Fachhochschule Merseburg abgeschlossen. Seit 2006 ist er als Projektleiter beim RKW Rationalisierungs- und Innovationszentrum der Deutschen Wirtschaft e. V. im Themenbereich Produktions- und Dienstleistungssysteme beschäftigt. Dabei sammelte er Erfahrungen in zahlreichen nationalen und internationalen Projekten zur Produktivitätssteigerung, Innovationsförderung und kundenindividuellen Produktion. Im Leitungskreis der Offensive Mittelstand vertritt er das RKW von Beginn an.
Kontakt: vollborth@rkw.de

Reiner Weyhe, Dr. Ing., studierte Maschinenbau an der Universität Duisburg-Essen. Im Rahmen einer externen Promotion vertiefte er sich in den Sachgebieten der Verfahrenstechnik und Metallurgie an der Rheinisch-Westfälischen Technischen Hochschule Aachen. Er ist seit 1996 Geschäftsführer und Mitbegründer der Accurec Recycling GmbH.
Kontakt: reiner.weyhe@accurec.de

Cornelia Wiemeyer gründete Anfang 2012 mit ihren Kollegen Julia Ackermann und Christopher Schumann eine Agentur für nachhaltiges Veranstaltungsmanagement – die greenstorming GmbH. Als diplomierte Sozialwissenschaftlerin und mit einem breiten Hintergrundwissen im nachhaltigen Veranstaltungsmanagement ist sie auf die Konzeption und Realisierung nachhaltiger Veranstaltungen spezialisiert. Auftraggeber kommen sowohl aus der Privatwirtschaft als auch aus unterschiedlichen Regierungsinstitutionen. Greenstorming wurde 2012 mit dem Nachhaltigkeitspreis des Businessplan-Wettbewerbs Berlin-Brandenburg ausgezeichnet.
Kontakt: wiemeyer@greenstorming.de

Wolfgang Wrobel studierte nach der Berufstätigkeit als Maschinenschlosser und Technischer Zeichner an der RWTH Aachen Maschinenbau. Danach folgten Berufsstationen im In- und Ausland als Projektleiter und Entwicklungsingenieur in der Energietechnik, Werkleiter und Manufacturing Director in der Elektrotechnik, Leiter Produktion und Technik in der Sanitärindustrie. Seit 2006 ist er selbstständig und arbeitet heute für das Ingenieurbüro UPW GbR als geschäftsführender Gesellschafter. Die Schwerpunktthemen sind Ressourceneffizienz und Innovationsmanagement. Das Ingenieurbüro UPW GbR ist autorisierte Agentur der demea (Deutsche Materialeffizienzagentur).
Kontakt: wolfgang.wrobel@ing-upw.de

W. Axel Zehrfeld ist seit 2001 Geschäftsführer des RKW Rationalisierungs- und Innovationszentrum der Deutschen Wirtschaft e. V. sowie des RKW Kompetenzzentrums. Vor seiner Zeit beim RKW war er schon in diversen wirtschaftsfördernden Einrichtungen als Geschäftsführer und Vorstandsmitglied tätig. Das RKW Kompetenzzentrum mit seinen Schwerpunktthemen Fachkräfte, Innovation und Gründung richtet sich primär an den Mittelstand.
Kontakt: zehrfeld@rkw.de